Java und XML für Dummies - Schummelseite

W0410924

Java Program Excerpts

SAX (Kapitel 3, 4, 5 und 6)

```
SAXParserFactory fact = SAXParserFactory.newInstance();
SAXParser saxParser = fact.newSAXParser();
XMLReader xmlReader = saxParser.getXMLReader();
xmlReader.setContentHandler(new MyContentHandler());
xmlReader.parse(new File("MyDoc.xml").toURL().toString());
public void startDocument()
public void startElement(String uri, String localName,
                          String qualName, Attributes attribs)
public void characters(char[] charArray,
                        int start, int length)
public void endElement(String uri, String localName,
                        String qualName)
public void endDocument()
```

DOM (Kapitel 7, 8 und 9)

```
DocumentBuilderFactory fact =
   DocumentBuilderFactory.newInstance();
DocumentBuilder builder = fact.newDocumentBuilder();
Document doc = builder.parse
   (new File(args[0]).toURL().toString());
new MyTreeTraverser (doc);
Node child = node.getFirstChild();
while (child != null) {
   new MyTreeTraverser (child);
   child = child.getNextSibling();
}
NamedNodeMap attribs = node.getAttributes();
for (int i = 0; i < attribs.getLength(); i++) {
   System.out.println(attribs.item(i).getNodeName());
   System.out.println(attribs.item(i).getNodeValue());
}
```

JDOM (Kapitel 10 und 11)

```
SAXBuilder builder = new SAXBuilder(false);
Document doc=builder.build
   (new File(args[0]).toURL().toString());
new MyEltTraverser (doc.getRootElement());
List children = element.getChildren();
for (int i=0; i<children.size(); i++) {
   Element child = (Element)children.get(i);
   new MyEltTraverser(child);
}
```

XSLT (Kapitel 12 und 13)

```
TransformerFactory fact = TransformerFactory.newInstance();
StreamSource oldStream = new StreamSource(new File(args[0]));
StreamSource xslStream = new StreamSource(new File(args[1]));
StreamResult newStream = new StreamResult(new File(args[2]);
Transformer transformer = fact.newTransformer(xslStream);
transformer.transform (oldStream, newStream);
```

Java und XML für Dummies - Schummelseite

JAXB (Kapitel 14 und 15)

```
FileInputStream nightmareIn=new FileInputStream("Nite.xml");
Nightmare nightmare = Nightmare.unmarshal(nightmareIn);
String severity = nightmare.getSeverity();
nightmare.setSeverity("very " + severity);
FileOutputStream nightOut=new FileOutputStream("Nite.xml");
nightmare.validate();
nightmare.marshal(nightOut);
```

JAXM (Kapitel 16)

```
URLEndpoint endpoint = new URLEndpoint (urlEndpoint);
SOAPConnectionFactory connFactory =
   SOAPConnectionFactory.newInstance();
SOAPConnection connection = connFactory.createConnection();
MessageFactory messFactory = MessageFactory.newInstance();
SOAPMessage request = messFactory.createMessage();
SOAPPart soapPart = request.getSOAPPart();
SOAPEnvelope envelope = soapPart.getEnvelope();
SOAPElement elt = envelope.getBody();
elt=elt.addChildElement
   ("find_business", "", "urn:uddi-org:api");
Name name = envelope.createName("generic");
elt.addAttribute(name, "1.0");
elt = element.addChildElement("name");
elt.addTextNode(businessName);
SOAPMessage response = connection.call(request, endpoint);
```

JAXR (Kapitel 17)

```
Properties props = new Properties();
props.setProperty("javax.xml.registry.queryManagerURL",
   "http://www.systinet.com:80/wasp/uddi/inquiry/");
props.setProperty("javax.xml.registry.factoryClass",
   "com.sun.xml.registry.uddi.ConnectionFactoryImpl");
ConnectionFactory factory = ConnectionFactory.newInstance();
factory.setProperties(props);
Connection conn = factory.createConnection();
RegistryService registryService = conn.getRegistryService();
BusinessQueryManager manager =
   registryService.getBusinessQueryManager();
Vector names = new Vector();
names.add("%Burd%");
BulkResponse response = manager.findOrganizations
  (null, names, null, null, null, null);
```

JAX-RPC (Kapitel 18)

```
import java.rmi.Remote;
import java.rmi.RemoteException;
public interface StockIFPort extends Remote {
   public double getQuote(String s) throws RemoteException;
   public String getSymbol(String s) throws RemoteException;
}
public class StockImpl implements StockIFPort { ... }
StockIFPort_Stub stub = (StockIFPort_Stub)
   (new StockQuote_Impl().getStockIFPort());
String symbol = stub.getSymbol("Sun");
double quote = stub.getQuote(symbol);
```

Java und XML
für Dummies

Barry Burd

Java und XML für Dummies

Übersetzung aus dem
Amerikanischen
von Uwe Thiemann

mitp

Bibliografische Information Der Deutschen Bibliothek
Die Deutsche Bibliothek verzeichnet diese Publikation
in der Deutschen Nationalbibliografie;
detaillierte bibliografische Daten sind im Internet über
<http://dnb.ddb.de> abrufbar.

ISBN 3-8266-3044-0
1. Auflage 2003

Übersetzung der amerikanischen Originalausgabe:
Barry Burd: Java & XML For Dummies

Printed in Germany

Cartoons im Überblick

von Rich Tennant

»Lasst ihn durchatmen! Lasst ihn durchatmen! Er kommt schon wieder auf die Beine. Er war nur gerade reinem HTML-Code ausgesetzt. Der muss irgendwie vom Server auf seinen Bildschirm geraten sein.«

Seite 23

»Die Kinder stehen sofort auf. Als wir das Haus verkabelt haben, haben wir vibrierende Funkempfänger in die Etagenbetten eingebaut.«

Seite 55

»Na, das ist festlich - ein Miniatur-Intranet inmitten eines Schwarms von Java-Applets.«

Seite 299

Echte Programmierer trachten danach, die Benutzer mit Fehlermeldungen zu beleidigen.

Seite 369

Fax: 001-978-546-7747
Internet: www.the5thwave.com
E-Mail: richtennant@the5thwave.com

Inhaltsverzeichnis

Einführung 17

Wie dieses Buch verwendet wird 17
Konventionen in diesem Buch 18
Was Sie nicht lesen müssen 18
Dumme Unterstellungen 19
Wie das Buch aufgebaut ist 20
Teil I: Es geht los 20
Teil II: Mehrzweck-Werkzeuge 20
Teil III: Spezial-Werkzeuge für die Webdienst-Revolution 21
Teil IV: Der Top-Ten-Teil 21
Die Symbole in diesem Buch 21
Wie es weitergeht 22

Teil I
Es geht los 23

Kapitel 1
Java und XML: Mit vereinten Kräften auf der Suche nach dem Heiligen Gral 25

Warum Software nicht funktioniert 26
Portabler Code und portable Daten 28
Bedenken Sie die Tatsachen 30
Die Partnerschaft zwischen Java und XML 31
Java-Werkzeuge zur XML-Bearbeitung 32
Webdienste (heiße Sache) 34
Ihre Firma erzeugt Software 34
Meine Firma erfährt von Ihrer Software 35
Ich verwende Ihre Software 36
Mehr Java-Werkzeuge 37

Kapitel 2
Versuchen Sie dies! 39

Schrauben und Muttern 39
Systemanforderungen 39
Mit Java an den Start 40
Ein Befehlszeilenfenster öffnen 41

Mit Ihrem Klassenpfad herumspielen 41
Der Wert der CLASSPATH-Variablen 42
Klassenpfad-Beispiele 43
Den Klassenpfad einrichten 44
Ihren Klassenpfad spontan einrichten 49
Ein wenig Code ausführen 50
Platz für Dateien schaffen 50
Die Dateien erzeugen 51
Java-Programme ausführen 53

Teil II Allzweckwerkzeuge 55

Kapitel 3 Daten von oben bis unten untersuchen (mit SAX) 57

Ereignisse behandeln 58
Ereignisgesteuerte Programmierung 58
SAX-Ereignisse 61
Aufstehen und loslegen (einfaches Beispiel) 62
Die CallSAX-Klasse 63
Drei Anweisungen erzeugen einen XML-Parser 63
Das XML-Dokument abrufen 65
Ruf mich, falls etwas passiert 66
Rückruf-Methoden 69
Parser sind nicht billig, aber ... 72
Wann wird die SAX-API verwendet 73

Kapitel 4 Ihr Dokument überprüfen 75

Ich mache niemals Fehler 76
Prüfen, ob ein Dokument gut ist 76
Den Code ausführen 79
Eine Fehlerbehandlungsroutine erzeugen 80
Validierungsfehler 83
Einen Dokument-Lokator verwenden 85
Schema-Validierung 87
Funktionen und Eigenschaften 88

Kapitel 5
Nützliche Werkzeuge in der SAX-API 89

Leerraum? Was für Leerraum? 90
Leerraum mit einer DTD 90
Leerraum ohne eine DTD 92
Nicht gültig? Kein Problem! 93
Namensbereiche verwenden 93
Ein Beispiel mit Namensbereichen 95
Über die Namensbereichsfähigkeit 97
Mit Verarbeitungsanweisungen arbeiten 99
Die Ausgabe 100
Methodenaufrufe 103

Kapitel 6
SAX-Programmiertechniken 105

Stacks für SAX 105
Was ist dein Problem? 106
Alternative Lösungen 106
Einen Stack verwenden 107
Warum ein Stack so nett funktioniert 109
Wörter, Wörter, Wörter 110
Machen Sie dies nicht 111
Machen Sie dies 111
Fallstudie: MIDI-Musik-Synthese 113
Java-Sound 118
Ein Programm zur Interpretation des XML-Dokuments 118
Den Code ausführen 120
Den Inhalts-Handler verstehen 121
Die Musik-Klassen 125

Kapitel 7
Daten von innen nach außen erfassen (mit DOM) 129

DOM vorstellen: Das Dokumentobjektmodell 129
DOM-Knoten 130
SAX gegen DOM (Die Schlacht der Bits) 133
Wie man aufsteht und loslegt (ein einfaches Beispiel) 135
DOM aufrufen 136
Das DOM-Ergebnis bearbeiten 137
Sich in einer Baumstruktur von Knoten zu Knoten schwingen 138
Die Klasse MyTreeTraverser verstehen 140

DOM-Knotentypen 144
Die Knotentypen verstehen 145
Die Knotentypen darstellen 148
Wann verwenden wir die DOM-API? 152

Kapitel 8
Nützliche Werkzeuge in der DOM-API **155**

Ein Sack voller Tricks 155
Das Dokument und einige der benötigten Klassen 156
Das Herz des DOM-Codes 158
DOM verwenden, um ein Dokument zu erstellen 161
Ein Dokument von Grund auf erstellen 161
Ihr brandneues XML-Dokument 164
Die Schritte zur Erzeugung eines XML-Dokuments 164

Kapitel 9
DOM-Programmiertechniken **167**

Keine Stacks, bitte! 168
Ein konkretes Beispiel 170
Mit dem Root-Element beginnen 171
Wie Rekursion einen Stack ersetzt 172
Die Technologie richtig einsetzen (ein faszinierendes Beispiel) 176
Swing mit DOM verwenden 176
Lade diesen Code! 178

Kapitel 10
Daten elegant untersuchen (mit JDOM) **189**

Elegantes JDOM 190
Sprachunabhängigkeit 190
Auf in Richtung Sprachabhängigkeit 191
Konstruktoren in JDOM verwenden 191
Der JDOM-Baum 192
Mit dem allgegenwärtigen Knoten zurechtkommen 192
Die JDOM-API verstehen 193
Anfangen und loslegen (ein einfaches Beispiel) 194
JDOM in Aktion rufen 194
Ein XML-Dokument 196
Den JDOM-Baum durchschreiten 197
Den gesamten Inhalt mit JDOM abdecken 199
DOCTYPE abrufen 201

Die Fackel weitergeben 202
Inhaltsobjekte bearbeiten 203
Ein Dokument mit JDOM erstellen 205
Den JDOM-Code ausführen 207
Den JDOM-Code bewundern 208
Wann die JDOM-API verwendet wird 209

Kapitel 11
JDOM voll ausreizen 211

Was wir tun müssen 212
Einen Java-Frame beschreiben 213
Einige Swing-Klassen 214
Java-Layouts 215
Frames innerhalb von Java-Programmen manuell programmieren 217
Das XML-Dokument lesen und interpretieren 220
Der Code, der einen Frame erzeugt 221
Der Code zum Erzeugen einer Komponente 222
Die Klasse AttributeHandler 225

Kapitel 12
XML-Daten umwandeln 231

Daten strecken und biegen 232
Daten reorganisieren 232
Die erweiterbare Stylesheet-Sprache (XSL) 233
Wie Sie loslegen (ein einfaches Beispiel) 235
Ein XSL-Stylesheet 237
Der Code, der die ganze Arbeit erledigt 238
Wie der Code funktioniert 240
Tipps und Tricks 241
Eigenschaften 241
Parameter 243

Kapitel 13
XML-Daten im Web betrachten 247

Von XML zu HTML 247
Ein XML-Dokument ohne Stylesheet 249
Ein Stylesheet anwenden, um HTML-Code zu erzeugen 250
Ihre XML-Daten zur Verfügung stellen 253
Ein Stylesheet mit dem Internet Explorer anwenden 253
Den Server arbeiten lassen 253

Kapitel 14
Benutzerdefinierten Code für Ihr Dokument erzeugen (mit JAXB) 263

Die Idee hinter JAXB 264
Vielseitiger versus benutzerdefinierten Code 264
Die Vorteile der Benutzeranpassung 264
Die Essenz von JAXB 265
Einen Dokumenttyp beschreiben 267
Die generierte Klasse erzeugen 268
Einige nützliche Dokumente 268
Den Schema-Compiler ausführen 269
Eine generierte Klasse 270
Eine generierte Klasse verwenden 271
Wann die JAXB-API verwendet werden soll 275

Kapitel 15
JAXB optimal nutzen 277

Generierte Klassen erzeugen 277
Ein XML-Dokument 277
Ein Dokument beschreiben 279
Elementdeklarationen 281
Die Inhaltsvalidierung durchführen 283
Mehr Bindungsdeklarationen 284
Die generierten Klassen 285
Die generierten Klassen verwenden 290
Ein Dokument schreiben 293
Auf den Bildschirm schreiben 293
Ein Bindungsschema verändern 293
Den String-Standardwert verwenden 294
Zu einem Klassentyp konvertieren 295

Teil III
Spezialwerkzeuge für die Webdienst-Revolution 299

Kapitel 16
SOAP-Nachrichten mit JAXM versenden 301

Nachrichten senden und empfangen 301
Standards, Standards, Standards 302
SOAP 303
Eine UDDI-Abfrage zusammenstellen und versenden 305
Die vielen Versionen von JAXM 305

Ihren Computer für die Verwendung von JAXM einrichten 306
Eine UDDI-Antwort 307
Eine UDDI-Abfrage durchführen 309
Eine Anfrage erzeugen und zusammensetzen 311
Mein kleiner Helfer 313
Nachrichten und Nachrichtendaten darstellen 315
Auf eine UDDI-Abfrage antworten 316
Ein Überblick 317
Ihren Webserver einrichten 317
Der Code, der auf eine Abfrage antwortet 319
Eine UDDI-Antwort generieren 320

Kapitel 17
Mit XML-Registern arbeiten 325

UDDI-Register 326
Alles über Register 326
Mit einem Register arbeiten 327
Informationen über ein UDDI-Register erhalten 327
Die Verwendung von JAXR vorbereiten 328
Ein Register finden 329
Meine Empfehlungen 330
Eine Abfrage ausführen 331
Den Code analysieren 332
Ein wenig Gerede über die Parameter der findOrganizations-Methode 333
Die Hilfsklasse 334
Daten in einem Register veröffentlichen 337
Den Code ansehen 338
Den Code analysieren 339
Die Hilfsklasse 340
Einen Keystore verwenden 344
Registereinträge löschen 345
Der Zyklus von veröffentlichen/abfragen/löschen 345
Unternehmen herauspicken 348

Kapitel 18
Webdienstprozesse automatisieren (mit JAX-RPC) 351

Die Details in den Griff bekommen 353
Die Serverseite der Geschichte 357
Webdienstcode schreiben 357
Ties und ein WSDL-Dokument erzeugen 359
Das WSDL-Dokument veröffentlichen 364
Die Clientseite der Geschichte 364

Das WSDL-Dokument abrufen 364
Stubs erzeugen 366
Den Clientcode schreiben und ausführen 367

Teil IV
Der Top-Ten-Teil 369

Kapitel 19
Zehn wichtige Websites 371

Kapitel 20
Zehn Wege zur Vermeidung von Fehlern 375

Sechs SAX-Haken 375
Diese verflixten DOM-Gefahren 377

Stichwortverzeichnis 379

Einführung

Ich dachte, die seien verrückt. Sie wollten ein *Für-Dummies*-Buch über Java und XML. »Wie wär's denn mit *Neurochirurgie für Dummies*?« habe ich gefragt. Und sie antworteten: »Heb dir deine Scherze für das Buch auf.«

Also habe ich angefangen zu schreiben, und dabei habe ich gemerkt, dass sie letzten Endes gar nicht verrückt waren (jedenfalls nicht in dieser Hinsicht). Ich kann ein einfaches, lesbares Buch über Java und XML schreiben. Ich brauche mich nur ständig selbst zu fragen, was meine Leser wissen wollen und was nicht. Ich muss jede meiner Erklärungen Korrektur lesen und nach schwammigen Stellen, Schlupflöchern und anderen Unklarheiten Ausschau halten.

Ja, ich bekomme es hin. Ich kann ein klares, hilfreiches Buch über Java und XML schreiben, ohne das eigentliche Thema zu verhackstücken.

Wie dieses Buch verwendet wird

Ich wünschte, ich könnte sagen: »Öffnen Sie eine beliebige Seite des Buchs und beginnen Sie, Code zu schreiben. Füllen Sie die Lücken aus und sehen Sie nicht zurück.« In gewisser Weise stimmt das – aber ich will ehrlich sein: Wenn Sie den Zusammenhang nicht verstehen, ist es schwierig, mit Java und XML zu arbeiten. Das gilt für die Arbeit mit XML in jeder Programmiersprache, nicht bloß in Java. Wenn Sie Code tippen, ohne zu wissen, worum es geht, und der Code nicht ganz genau macht, was Sie wollen, dann bleiben Sie schlicht und einfach stecken.

Darum teilt dieses Buch das Thema in umgängliche Happen auf. Jeder Happen ist (mehr oder weniger) ein Kapitel. Sie können einsteigen, wo immer Sie wollen – Kapitel 5 oder Kapitel 10 oder sonst wo. Sie können auch anfangen, in der Mitte eines Kapitels herumzustöbern. Ich habe versucht, die Beispiele interessant zu gestalten, ohne die Kapitel voneinander abhängig zu machen. Wenn ich eine wichtige Idee aus einem anderen Kapitel verwende, füge ich eine kleine Anmerkung ein, damit Sie sich zurechtfinden.

Generell rate ich Ihnen Folgendes:

- ✔ Wenn Sie etwas schon wissen, geben Sie sich nicht damit ab, darüber zu lesen.
- ✔ Wenn Sie neugierig sind, fürchten Sie sich nicht davor, vorzugreifen. Sie können immer noch in einem früheren Kapitel etwas nachschlagen, wenn es wirklich notwendig ist.

Konventionen in diesem Buch

Nahezu jedes technische Buch beginnt mit einer Legende der Schriftarten, und *Java & XML für Dummies* ist da keine Ausnahme. Es folgt eine kurze Erläuterung der Schriftarten in diesem Buch.

- ✔ Neue Ausdrücke sind *kursiv* gesetzt.
- ✔ Wenn Sie etwas eingeben müssen, das in den normalen Text eingefügt ist, sind die Zeichen, die Sie eintippen, `in dieser Schrift` gesetzt. Beispiel: »Tippen Sie `java CallSAX` in der Befehlszeile ein.«
- ✔ Sie finden diese Schriftart noch einmal. Ich verwende sie für Java-Code, XML-Tags, Dateinamen, Webadressen (URLs), Meldungen auf dem Bildschirm, Befehle und dergleichen.

  ```
  <Bemerkung>
  Sie müssen beispielsweise eine XML-Datei oder eine Java-Datei ein-
  tippen. Die Zeilen der Datei werden auf diese Weise hervorgehoben.
  </Bemerkung>
  ```

- ✔ Ich verwende diese Schriftart *`in kursiv`*, um Dinge anzuzeigen, die Sie ändern müssen, wenn Sie sie auf Ihrer Tastatur eingeben. Beispielweise könnte ich Sie auffordern, Folgendes einzugeben:

  ```
  public class BeliebigerName
  ```

  Das bedeutet, dass Sie `public class` eintippen und dann einen Namen angeben sollen, den Sie sich selbst ausdenken.

Was Sie nicht lesen müssen

Dieses Buch ist kein Roman. Sie können hin- und herspringen, einen Abschnitt hier und ein Kapitel da lesen, ohne irgendwie verloren zu gehen. Viele der Kapitel sind vollständig in sich geschlossen, und die meisten Erörterungen erhalten nützliche Verweise auf das, was Sie wissen müssen.

Jedes Kapitel ist in Abschnitte und Unterabschnitte gegliedert. Manchmal nimmt ein Beispiel einen ganzen Abschnitt in Anspruch. Sie können also durcheinander geraten, wenn Sie in der Mitte eines Abschnitts einsteigen. Das ist schon in Ordnung: Ich habe die entsprechende Unterabschnitte mit Sätzen gekennzeichnet wie »Das Beispiel wird fortgesetzt ...« und »Der nächste Schritt in diesem Prozess ...«. Wenn Sie einen solchen Satz lesen und einen Leser-Schwindelanfall bekommen, wissen Sie, dass Sie ein bisschen zurückgehen müssen.

Ich gehe davon aus, dass Sie nicht alles in der vorgegebenen Reihenfolge lesen. Falls Sie also alles über den Inhalt eines Kapitels wissen (oder sich einfach nicht dafür interessieren), können Sie zu den interessanteren Inhalten vorrücken. Natürlich sind Sie dann von den Verweisen auf die Ideen in den ausgelassenen Kapiteln verwirrt, aber Sie werden die wichtigen technischen Fragen dennoch verstehen.

Dumme Unterstellungen

In diesem Buch werde ich Ihnen, dem Leser, einige Dinge unterstellen. Lesen Sie also diese Unterstellungen und finden Sie heraus, ob Sie in das Raster passen, und berücksichtigen Sie, wo das nicht der Fall ist.

- ✔ **Ich unterstelle, dass Sie mit den üblichen Menüs und Dialogfelder Ihres Computers zurechtkommen.**

  Sie brauchen kein »Poweruser« von Windows, Linux oder Unix zu sein, aber Sie sollten ein Programm starten können, eine Datei finden, eine Datei in ein bestimmtes Verzeichnis verschieben – solche Sachen eben. In den meisten Fällen, in denen Sie die Inhalte dieses Buchs nachvollziehen, tippen Sie Code auf Ihrer Tastatur ein. Sie fahren nicht mit der Maus irgendwohin und klicken.

  Einige Java-Organisationsaufgaben tauchen oft in diesem Buch auf und einige davon sind wichtig, damit Ihr Java-Code läuft. Für diese Aufgaben gebe ich Ihnen Schritt-für-Schritt-Anleitungen. Wenn ich diese Anweisungen schreibe, stelle ich mir vor, Sie seien ein Windows-Anwender, der gerade die Verwendung von Linux lernt, oder ein Unix-Anwender, der in eine Windows-Umgebung geschubst wurde.

  Natürlich kann Ihr Computer auf mehrere Milliarden Weisen eingerichtet sein, und meine Anweisungen passen womöglich nicht auf Ihre spezielle Situation. Wenn Sie also zu diesen plattformspezifischen Aufgaben gelangen, versuchen Sie, den Schritten in diesem Buch zu folgen. Falls diese Schritte nicht recht passen, schlagen Sie in einem Buch nach, das auf Ihr System zugeschnitten ist.

- ✔ **Ich unterstelle, dass Sie Java-Code lesen und verstehen können.**

  An einigen wenigen Stellen erkläre ich obskure (oder selten verwendete) Java-Funktionen, doch meistens überlasse ich Java und deren Syntax anderen Büchern. Ohnehin ist der Großteil meines Java-Codes selbst dokumentierend und leserfreundlich.

  Sollten Ihre Java-Kenntnisse schwach sein, gibt es ein ausgezeichnetes Buch, das Ihnen helfen kann. Es heißt *Java 2 für Dummies* und ist in Ihrer Buchhandlung erhältlich.

- ✔ **Ich unterstelle Ihnen wenig oder gar keine Erfahrung mit XML.**

  Wenn Sie Wörter lesen können, können Sie auch den Tags in einem XML-Dokument Sinn entnehmen. Das ist nicht besonders schwierig. Ab und zu erkläre ich einige weniger bekannte XML-Konzepte. Das meiste davon ist selbsterklärend, so dass Sie es im Vorbeigehen aufnehmen können.

Abgesehen davon brauchen Sie keine XML-Dokumente von Hand zusammenzusetzen, um den Beispielen in diesem Buch zu folgen. In vielen Beispielen gebe ich Ihnen ein Dokument und Ihr Java-Code bearbeitet das Dokument. Sie brauchen nur zu wissen, wie Sie Java-Tags lesen, und dann höflich zu nicken.

In anderen Beispielen starten Sie mit einem Java-Programm und dieses erzeugt für Sie ein XML-Dokument. Es ist hilfreich, die allgemeine Struktur von XML-Dokumenten zu verstehen, aber um das Programm zu schreiben, brauchen Sie die Details der XML-Syntax nicht zu kennen.

Wenn Sie natürlich mehr über XML erfahren wollen, können Sie in Ihren Buchladen laufen und *XML für Dummies* von Ed Tittel kaufen. Für jeweils 100 Leute, die dieses Buch aufgrund meiner Empfehlung kaufen, erhalte ich ein freundliches Schulterklopfen.

Wenn Sie XML-Dokumente von Hand schreiben oder ein Bearbeitungswerkzeug benötigen, das vorhandene Dokumente analysiert, versuchen Sie XML Spy von Altova. Es ist zwar teuer, aber zum Arbeiten mit XML-Dateien gibt es nichts Besseres. (Nähere Informationen erhalten Sie unter `www.xmlspy.com`.)

Wie das Buch aufgebaut ist

Das Buch ist in Unterabschnitte gegliedert, die in Abschnitten gruppiert sind, die wiederum Kapitel ausmachen, die ihrerseits schließlich in vier Teilen zusammengefasst sind. Die Teile des Buchs sind hier aufgeführt.

Teil I: Es geht los

Dieser Teil enthält Ihre vollständigen Durchführungsinstruktionen. Dazu gehört eine Tour durch die großen technischen Konzepte zusammen mit der Begründung, warum Java mit XML verwendet wird. Ebenfalls enthalten ist eine vollständige Anweisung zur Einrichtung Ihres Computers.

Teil II: Mehrzweck-Werkzeuge

Die Werkzeuge in diesem Teil sind für jedes Problem passend, das mit einem XML-Dokument zu tun hat. Sie können Code schreiben für Finanzbearbeitungen, Systemplanungen, Genealogie, Literatursuche oder jede andere Aufgabe, die strukturierte, selbstbeschreibende Daten verwendet.

Jedes Werkzeug in diesem Teil betrachtet ein XML-Dokument auf seine eigene, einzigartige Weise. Das erste Werkzeug arbeitet beispielsweise mit Tags und das zweite mit ganzen XML-Elementen. Alle Werkzeuge haben ungefähr dieselbe Bearbeitungsleistung mit einigen wichtigen Unterschieden, die ich in den Kapiteln erwähne.

Teil III: Spezial-Werkzeuge für die Webdienst-Revolution

Einige Leute sagen, es sei ein neues Paradigma im Computerwesen. Andere bezeichnen es als einen großen Evolutionssprung des Web. Wer weiß? Vielleicht ist es auch nur ein großer Trug. So oder so hat das Webdienst-Modell einen enormen Einfluss auf die Software-Entwicklung. Während ich diese Worte schreibe, zieht Microsoft alle Register, um Webdienste mit dem .NET Framework voranzutreiben.

Es gibt also keinen Zweifel: In den nächsten Jahren wird sich ein großer Teil der XML-bezogenen Aktivitäten auf Webdienste konzentrieren. Millionen von XML-Dokumenten werden nach Diensten suchen, Dienste beschreiben und Methoden aufrufen, die von den Diensten angeboten werden. Es ist ein sehr bedeutsamer Trend.

Daher befasst sich Teil III mit Webdienst-Werkzeugen. Sie werden einige spezialisierte Pakete verwenden, die sich auf XML und Webdienste beziehen. Wenn Sie eine XML-Liste für einen Tante-Emma-Laden verwenden und nicht planen, diese mit anderen Computern zu teilen, sind die Kapitel in Teil III nicht für Sie. Doch wenn Sie irgendwie an der Nutzung eines Netzwerks interessiert sind, dann sind diese Kapitel sehr lesenswert.

Teil IV: Der Top-Ten-Teil

Der Top-Ten-Teil ist ein kleiner Süßwarenladen. In diesem Teil finden Sie Listen – mit Tipps, Ressourcen und allen anderen Arten von Bonbons – zehn pro Kapitel.

Die Symbole in diesem Buch

Wenn Sie mich beim Schreiben dieses Buchs sehen könnten, sähen Sie mich, wie ich vor meinem Computer sitze und mit mir selbst spreche. Ich murmele jeden Satz mehrmals. Wenn mir ein zusätzlicher Gedanke kommt, eine Nebenbemerkung oder etwas, das nicht in den regulären Gedankenfluss gehört, drehe ich meinen Kopf ein wenig. Auf diese Weise weiß jeder, der mir zuhört (normalerweise niemand), dass ich auf einer momentanen Tangente bin.

In der gedruckten Version können Sie natürlich nicht sehen, wie ich meinen Kopf drehe. Ich muss also auf andere Weise einen Nebengedanken in seine eigene Ecke stellen. Ich mache dies mit Symbolen. Wenn Sie ein Tipp-Symbol oder ein Erinnerung-Symbol sehen, wissen Sie, dass ich einen kleinen Umweg mache.

Hier ist eine Liste der in diesem Buch verwendeten Symbole.

Ein Tipp ist eine zusätzliche Information – etwas Hilfreiches, das die anderen Bücher womöglich vergessen haben.

Jeder macht Fehler. Gott weiß, dass ich dann und wann welche gemacht habe. Jedes Mal, wenn ich glaube, dass die Leute für einen bestimmten Fehler besonders anfällig seien, markiere ich den Fehler mit einem Warnung-Symbol.

Frage: Was ist stärker als ein Tipp, aber schwächer als eine Warnung?
Antwort: Ein Erinnerung-Symbol.

Gelegentlich stoße ich auf einen interessanten technischen Leckerbissen. Dieser kann Ihnen helfen zu verstehen, was die Entwickler im Kopf hatten, als sie eine bestimmte Funktion erschufen. Sie müssen diesen Leckerbissen nicht lesen, aber Sie könnten ihn als nützlich empfinden. Vielleicht hilft er Ihnen auch, wenn Sie vorhaben, andere (schrulligere) Bücher über XML und Java zu lesen.

Wie es weitergeht

Wenn Sie hier angelangt sind, sind Sie startklar für die Reise. Betrachten Sie mich (den Autor) als Ihren Reiseführer, Gastgeber und persönlichen Assistenten. Ich tue, was ich kann, um die Dinge interessant zu halten und (noch wichtiger) für Sie verständlich zu gestalten. Falls Ihnen gefällt, was Sie lesen, senden Sie mir eine Nachricht. Meine E-Mail-Adresse, die ich eigens für (englischsprachige) Fragen und Anmerkungen zu diesem Buch eingerichtet habe, ist: `JavaXML@BurdBrain.com`.

Teil I

Es geht los

»Lasst ihn durchatmen! Lasst ihn durchatmen! Er kommt schon wieder auf die Beine. Er war nur gerade reinem HTML-Code ausgesetzt. Der muss irgendwie vom Server auf seinen Bildschirm geraten sein.«

In diesem Teil ...

Da wo ich herkomme, haben wir eine Redensart: »Wenn Sie nicht wissen, wohin es geht, halten Sie wahrscheinlich irrtümlich Mew Jeersex für Ihr Ziel.« So ungefähr, glaube ich jedenfalls, ist die Redensart.

Dieser Teil des Buchs erklärt, wohin es mit Java und XML geht. Der Teil enthält einen Überblick über die wichtigsten Themen des Buchs und ein Beispiel, um Ihren Computer brummen zu lassen. Ich schätze, Sie werden es mögen.

Java und XML: Mit vereinten Kräften auf der Suche nach dem Heiligen Gral

1

In diesem Kapitel

- Warum Java und XML gut zusammenarbeiten
- Java-Werkzeuge für die XML-Bearbeitung: ein Überblick
- Die große Bewegung Richtung Webdienste

Bei uns zu Hause feiern wir jeden Tag den 10. Mai. Am 10. Mai 1869 war nämlich der Tag des »Goldenen Bolzens« – die letzte Schwelle der Transkontinentalen Eisenbahn wurde gelegt. Die Vollendung dieses Ingenieurswunders des 19. Jahrhunderts – die Verbindung der beiden Seiten eines Kontinents durch die Eisenbahn – war ein Ereignis von enormer Wichtigkeit.

Natürlich geschehen Wunder nicht ohne weiteres. Dieses Wunder stieß auf seinem Weg auf viele Stolpersteine. Noch bis April 1869 wetteiferten die beiden Eisenbahngesellschaften (die eine arbeitete sich von der Westküste vor, die andere von der Ostküste) um staatliche Subventionen. Die Bosse jeder Gesellschaft wollten mehr Schienen verlegen als die Leute der anderen Gesellschaft. Also wurden die beiden sich nicht über einen Treffpunkt für die beiden Schienenstränge einig.

Beide Gesellschaften legten die Schienen entlang ihrer bevorzugten Routen, und anstatt sich zu treffen, verfehlten sie einander. Stellen Sie sich zwei Schienenstränge vor, die eine Gesamtdistanz von 5.000 Kilometern umspannen und dann einander bei Promontory in Utah verfehlen. Die Arbeitsteams der Gesellschaften waren nahe genug zusammen, um sich miteinander zu prügeln, während sie beide auf denselben 150 Kilometern zwei Schienenstränge verlegten.

An dieser Stelle fragen Sie sich vielleicht, was diese Eisenbahngeschichte mit Java und XML zu tun hat. Nun, viele meiner Geschichten schlagen große Bögen, bevor sie schließlich auf den Punkt kommen. Aber diese Eisenbahngeschichte ist gar nicht so ein Umweg. Für mich illustriert sie den eklatantesten Mangel an Standards in der Geschichte.

Es war nicht die mangelnde Einsicht, die diese Leute davon abhielt, einen Standard zu setzen. Ganz im Gegenteil, der ganze Zweck der Mühen war es, die Schienenstränge zu vereinen. Es lag auch nicht an mangelnder Kommunikation oder an zu knappen finanziellen Mitteln. Diese Leute weigerten sich einfach, übereinzukommen. Und weil sie sich weigerten, legten ihre Arbeiter 150 Kilometer Gleise parallel. Was für eine Verschwendung!

Falls diese Geschichte eine Moral hat, dann die, dass Standards wichtig sind. (Beachten Sie, dass ich »falls« geschrieben habe.) Ohne Standards wäre die moderne Welt eine technikfreie Zone. Wir würden Kerzen anzünden, weil die Glühbirnen Marke A nicht in die Fassungen von Marke B passen würden. Und wenn wir das Know-how aufbringen könnten, zwei Computer zu bauen, dann würde die Software des einen Computers nicht mit der des anderen kommunizieren.

Das soll reichen. Ich bin schließlich an einem wichtigen Punkt angelangt. Software-Standards sind wichtig. Darum geht es in einem Buch über Java und XML.

Warum Software nicht funktioniert

Vor langer Zeit, in einem sagenumwobenen Ort namens Philadelphia entwickelten zwei Menschen namens Mauchly und Eckert den ersten rein elektronischen Mehrzweck-Computer. Dieser wog über 30 Tonnen und verbrauchte so viel elektrische Energie, dass damit 150 heutige Haushalte hätten betrieben werden können. Einige Leute sagen, dass die Erfindung eines Computers der einfache Teil gewesen sei. Der schwierige Teil (ein Job, der die Zeit und die Energie der Menschen im Rest des Jahrtausends verbrauchen sollte), war die Entwicklung von Software, die auf diesem modernen Wunder effektiv ausgeführt werden konnte.

Ich möchte Sie nicht mit historischen Details langweilen. (Ich möchte schon, aber mein Lektor lässt mich nicht.) Das Problem mit der Software ist dreigeteilt:

- ✔ **Es gibt immer mehr als eine Möglichkeit, eine Lösung für ein Programmierproblem auszudrücken.**

  Wie geben Sie jemandem Anweisungen zum Reinigen eines Katzenklos? Sie könnte sagen: »Leeren Sie das alte Katzenstreu aus und fügen Sie dann neues Katzenstreu hinzu.« Sie würden also mit Äußerungen im Imperativ beginnen.

  Wenn Sie aber ein Computerprogramm schreiben, beginnen Sie nicht unbedingt mit derlei Anweisungen. In Java beginnen Sie beispielsweise damit, die *Objekte* zu konstruieren – wie etwa »Erzeuge Instanzen der Klassen `KatzenKlo` und `KatzenStreu`« –, bevor Sie angeben, was damit geschehen soll. Dies ist der Ansatz in der objektorientierten Programmierung.

  Es mussten Jahrzehnte vergehen, bis die Welt die Vorteile der objektorientierten Programmierung verstanden hatte. Wir haben miterlebt, wie FORTRAN, C und viele andere Sprachen in den Hintergrund gedrängt wurden, als neuere, besser verwendbare Sprachen in den Vordergrund traten. Die ultimative Herausforderung – die *beste* Möglichkeit zu finden, Anweisungen zu geben – ist ein niemals endender Kampf. Es kämpfen die Entwickler, die Firmen und die leidenschaftlichen Gläubigen gegeneinander.

- ✔ **Software ist virtuell, nicht physisch.**

  Das bedeutet, dass Sie Software mit Lichtgeschwindigkeit erzeugen, überarbeiten, ersetzen und zerstören können. Wenn wir Brücken so schnell wie Computerprogramme errichten könnten, hätten wir Milliarden von Brücken, die von Küste zu Küste reichen. Der durchschnittliche Hobbybastler könnte in wenigen Minuten eine Brücke bauen, und die meisten Brücken auf der Welt wären vollständig unbrauchbar – ein zusammengeschustertes Durcheinander.

Leichtfertig errichtete Strukturen neigen dazu, komplex und unhandlich zu sein. Wenn Sie hart daran arbeiten, ein physisches System zusammenzusetzen (z.B. eine echte Brücke), werden Sie von der Natur dazu gezwungen, das System so einfach und (wie wir hoffen) so zuverlässig wie möglich zu machen. Wenn Sie aber ein großes System ohne physische Anstrengungen zusammensetzen, kann das System Komplexitäten sprießen lassen, bis Sie seine Teile nicht vollständig verstehen. Interaktionen zwischen den Bestandteilen werden weniger vorhersagbar, das System wird unzuverlässig, und deswegen ist auch so viel Software so spröde.

- ✔ **Ohne rigorose Standards ist Software in nicht mehr als einem Kontext nützlich.**

  In alten Zeiten besaß jeder Computer seine eigene private Version von FORTRAN oder COBOL. Das funktionierte nicht gut, weil das Programm einer Person nicht auf dem Computer einer anderen ausgeführt werden konnte.

  Also gab es Standard-FORTRAN und Standard-COBOL und die Software-Welt machte eine Weile ganz nett weiter. Doch dann tauchten andere Sprachen in der Szenerie auf und brachten wieder alles durcheinander. Ihr Rechner betrieb nur FORTRAN oder C, während mein Rechner nur Algol, PL/1 oder COBOL betrieb. Hätten Sie damals ein FORTRAN-Programm mit mir teilen wollen, hätte ich viel Zeit und Geld darauf verwenden müssen, einen FORTRAN-Compiler auf meinem Computer einzurichten. Natürlich machte sich niemand allzu viel Sorgen über dieses Problem, weil die Vorstellung, Code mit anderen zu teilen, ungefähr so erschien, wie Gewinne mit der Konkurrenz zu teilen – das war keine besonders beliebte Idee.

  Heutzutage haben wir Internet, und Open-Source-Software ist der letzte Schrei; jeder möchte jedes anderen Code ausführen. Je mehr Sie teilen, desto begehrenswerter werden Ihre bezahlten Dienste. Aber es gibt allein in den USA eine halbe Million Programmierer, von denen jeder Code auf seine Weise schreibt – wie koordinieren Sie all diese Programmieraktivität?

Zu Beginn des dritten Jahrtausends haben wir teilweise Lösungen für jedes dieser Probleme gefunden. Was wir heute kennen, ist:

- ✔ **Zum Ausdrücken einer Programmierlösung:**

  Manche Programmiersprachen sind besser als andere. Manche Möglichkeiten zur Repräsentierung von Daten sind besser als andere. Für viele Applikationen ist objektorientierte Programmierung besser als gradlinige prozedurale Programmierung. Jeder hat seine bevorzugte Programmiersprache und seinen bevorzugten Programmierstil. Da niemand vernünftig und unbefangen ist, ist jeder bereit, seine Wahl zu verteidigen.

- ✔ **Zur virtuellen, komplexen und generell unzuverlässigen Natur der Software:**

  Die Leute, die Software-Technik studieren, verfügen über einige clevere Taktiken, um dieses Problem anzugehen. Gemäß diesen Leuten liegt die Antwort in einer standardisierten Disziplin zur Analyse, Gestaltung, Codierung und Wartung eines Software-Projekts, wobei jedem Detail im Software-Lebenszyklus Aufmerksamkeit gewidmet wird.

Das Versprechen der Software-Technik zeigte gemischten Erfolg. Einige Leute schwören darauf, einige verspotten sie, und andere ignorieren sie einfach. Auf die eine oder andere Weise ist Software-Technik eine lohnenswerte und edle Anstrengung.

- **Zu Standards und Portabilität:**

  So sehr es auch die Freidenker dieser Welt kränken mag: Die Erfahrung lehrt, dass industrieweite Standards das Leben erleichtern.

  Wenn jeder eine Standard-Programmiersprache verwendet, hat Ihr Code eine reelle Chance, auf meinem Computer ausgeführt zu werden und umgekehrt. Code ist von Plattform zu Plattform *portabel* geworden.

  Vielleicht möchten Sie mir Ihren Code verkaufen, oder vielleicht bemerken Sie, dass ich, wenn ich Ihren Code ausführe, darauf aufbauen und Verbesserungen daran vornehmen und letztlich Ihren Code besser verkäuflich mache.

  Wenn jeder ein Standardformat zur Repräsentierung von Daten verwendet, können meine Programme Ihre Daten lesen und Ihre Programme meine Daten – die Daten sind portabel geworden. Sicherlich ist diese Situation nicht immer wünschenswert, doch mit gemeinsamen genutzten Daten sind die potenziellen Profite Schwindel erregend. Teilen Sie Produktinformationen mit den Besuchern Ihrer Website. Teilen Sie die Formulierung einer finanziellen Übereinkunft mit Partnern und Kunden. Teilen Sie mit der Comics Markup Language Leckerbissen mit Ihren Freunden (mehr Informationen über ComicsML erhalten Sie unter `www.xml.com/pub/a/2001/04/18/comicsml.html`). Die Möglichkeiten sind grenzenlos.

Portabler Code und portable Daten

Java ist portabel. XML ist portabel – also was ist so toll daran? Im Reich der Portabilität ist die Kette so stark wie ihr schwächstes Glied. Nehmen wir einmal folgendes Szenario:

Ihre Firma geht eine Partnerschaft mit Josefs Hardware GmbH ein – eine Firma mit ungefähr 5.000 Angestellten. Die Produkte der beiden Firmen ergänzen sich gegenseitig, also wird ein Umsatzanstieg in einer der beiden Firmen auch der jeweils anderen nutzen. Während der ganzen Zeit, in der Sie im Geschäft waren (zwei ganze Jahre, einschließlich des Niedergangs von .com) haben Sie Ihre Daten im firmeneigenen Format gespeichert. Nun ist es an der Zeit, die Daten mit Ihrem Partner Josef gemeinsam zu nutzen.

Glücklicherweise ist Ihr eigenes Datenformat XML-basiert. Es ist leicht, Josefs Computer dazu zu bekommen, Ihre Daten zu lesen. Sie jonglieren einfach nur mit ein paar XML-Elementen.

Josef und Sie einigen sich auf eine Prozedur zur Datenumwandlung. Sie schicken Bevollmächtigte los, die an zwei Umwandlungsprogrammen arbeiten. Ein Programm wandelt Ihre Daten in ein Zwischenformat um, und ein weiteres Programm wandelt die Zwischendaten in Josefs Format um. Das Zwischenformat ist aus Gründen der sicheren Übertragung über öffentliche

Internetleitungen verschlüsselt. (Der Verschlüsselungsvorgang ist ein Ressourcenverschlinger, aber er ist eine notwendige Komponente, um die Sicherheit der Daten zu gewährleisten.)

Ihr Umwandlungsprogramm ist in Java für einen Unix-Rechner geschrieben, und Josefs Programm ist in C++ für einen Windows-Rechner geschrieben. Das geht in Ordnung, weil jedes Programm in seiner eigenen Umgebung ausgeführt wird.

Alles ist rosig, bis Josef Ihnen ein Memo schickt. Dies liest sich wie folgt:

An: Dich, den Geschäftführer deiner gut gehenden Firma
Von: Josef, deinem nicht so angesehenen Partner

Meine Gelder schwinden.
Woll'n wir uns verbinden?
Fusion – daran denke ich heiß.
Die Sektkorken knallen,
Brautjungfern gefallen,
Und Shareholder werfen den Reis.

Herzlichst

Dein armer, unterernährter Josef

Auf einmal geht's los. Sie werden eine Firma haben, mit einer Abteilung für Informationstechnologie und einem Satz von Computern. Die vereinte Firma wird mit Ihren Unix-basierten Rechnern arbeiten. Doch was ist mit den ganzen Daten? Erinnern Sie sich an das kostspielige Zwischenformat, das verwendet wurde, um verschlüsselte Daten über das Internet zu übertragen? Alle Daten werden künftig intern übertragen. Sie sparen eine Menge durch die Auslöschung dieses Übertragungsschrittes ein. (Zwei können billiger leben als einer. Darum gibt es Fusionen.)

Aber die beiden Programme, um die XML-Formate der Firmen zu verbinden, sind nicht kompatibel. Ihr Code ist in Java geschrieben, Josefs Code ist in C++ geschrieben. Den beiden Programmen zu erklären, die Engstelle in der Mitte auszulöschen, wird ein einziger, höllischer Albtraum sein. Versuchen Sie, den Windows-C++-Code auf Ihrem Unix-Rechner zu kompilieren. Was bekommen Sie? Sie erhalten eine Warnung nach der anderen. Versuchen Sie, den C++-Code auf Ihrem Unix-Rechner auszuführen. Was bekommen Sie?

```
Bus error (core dumped)
```

Welch eine unangenehme Situation! Was einst eine nützliche Datenkompatibilität war, hat sich nun in ein langfristiges Wartungsproblem verwandelt. Und warum ist alles so dumm gekommen? Weil Josefs C++-Code nicht portabel ist, darum. Josefs Daten sind portabel, aber sein Code ist es nicht.

Bedenken Sie die Tatsachen

Für den Fall, dass Sie nicht davon überzeugt sind, dass XML und Java plattformübergreifende Portabilität genießen, sehen Sie sich einmal diese Fakten über die beiden Technologien an:

- **In ihrer kurzen Lebensdauer ist XML der weltweite Standard zur Repräsentierung von strukturierten, selbstbeschreibenden Daten geworden.**

  Die XML-Registrierung, zu finden unter `www.xml.org`, listet über einhundert XML-Datenformate auf. Dazu gehören Formate für finanzielle Daten, Gesundheitsfürsorge, Kunst und Unterhaltung, Personalwesen, Multimedia und viele andere Bereiche. Der XML-Standard kapselt beinahe alle Arten von Daten auf eine flexible, erweiterbare und leicht zu wartende Weise ein.

- **Java kann als Bytecode auf einer virtuellen Maschine ausgeführt werden.**

  Eine »kompilierte« Java-Klassen-Datei, die unter Windows ausgeführt wird, läuft genauso auf Linux, Windows oder jeder anderen Plattform, die die Java Virtual Machine unterstützt.

  Bei Java gibt es keinen plattformspezifischen Code. Wenn Sie von einer `.java`-Quelldatei zu einer `.class`-Bytecodedatei wechseln, verlieren Sie keine Portabilität. Um die `.class`-Datei zu starten, benötigen Sie nur ein Betriebssystem, das eine Java Virtual Machine unterstützen kann. Und es sind Versionen der Java Virtual Machine für mindestens zwanzig verschiedene Betriebssysteme erhältlich.

- **Java basiert auf der objektorientierten Programmiertechnologie.**

  Java-Code ist wiederverwendbar. Sie können Methoden aus bestehenden Klassen aufrufen, Klassen erweitern oder Klassen strecken und biegen, damit sie Ihren spezialisierten Bedürfnissen entsprechen. Wenn jemand ein wunderbares Paket zum Ungang mit XML schreibt, das Teile und Stücke enthält, die Sie in Ihrer eigenen Arbeit verwenden können, können Sie das Paket importieren und die Klassen erweitern, so dass sie genau die Probleme lösen, die Sie lösen müssen.

  Das kooperative Modell funktioniert in beide Richtungen. Wenn Sie ein Paket für Ihre eigenen zu erwartenden Anforderungen zur Verfügung stellen, können andere Entwickler Ihr Paket übernehmen, verbessern und ein gutes Wort für Ihren Code einlegen.

Zusammengenommen gewährleisten diese Faktoren letztendlich, dass Software, die in einer Umgebung geschrieben ist, in allen anderen Umgebungen ausgeführt werden kann. Anstatt das Rad neu zu erfinden, wiederverwenden Programmierer das Rad. Dieses Ideal – die nahtlose Integration von Teilen aus vielen Quellen, um große, zuverlässige Software-Systeme zu generieren – war in den letzten paar Jahrzehnten der Heilige Gral des Computerwesens. Nun haben portabler Code und portable Daten das Ideal in Reichweite gebracht.

Die Partnerschaft zwischen Java und XML

Java und XML arbeiten gut zusammen. Sie bilden gemeinsam das virtuelle Äquivalent einer gut geschmierten Maschine. Warum sage ich das?

Also, für die Anfänger: Viel von dem Code, der zur Bearbeitung von XML geschrieben wurde, ist *in Java geschrieben*. Ich habe keine Statistiken, um dies zu beweisen, aber ich habe die Hilfsprogrammseite unter `www.xmlsoftware.com` besucht. Auf dieser Seite fand ich Verweise auf 79 Hilfsprogramme. Davon waren zehn in C++, sieben in Python, sechs in Perl und neun in anderen Nicht-Java-Sprachen geschrieben. Und kolossale 47 Hilfsprogramme waren in Java geschrieben. Die Entwicklergemeinschaft besitzt ganz klar eine Kapitalanlage in Java – und das aus vielen guten Gründen. Der beste davon ist wahrscheinlich, dass Java und XML auf das Internet zugeschnitten sind.

Seit seinen bescheidenen Anfängen in den 90er Jahren war Java eine Internet-fähige Sprache. Als es zum ersten Mal auf der Bildfläche erschien, war Java vorrangig ein Werkzeug zum Erstellen von Applets und anderen Webclient-Applikationen. Javas Kern-*API* (*Application Programming Interface, dt. Applikationsprogrammierschnittstelle*) enthielt ein Paket namens `java.net`. Dieses Paket enthielt eine Unterstützung für URLs, Sockel, Authentifizierung und andere Notwendigkeiten der Netzwerk-Codierung.

Mit der Zeit sahen die Leute immer mehr Verwendungsmöglichkeiten für serverseitiges Java.

- ✔ Der erste große Schub kam 1997, als Sun die Java Servlet API veröffentlichte. Mit einem Servlet antworten Sie dynamisch auf eine Anfrage an die Dienste Ihrer Website. (Beispielsweise können Sie auf die Schnelle eine benutzerdefinierte Webseite erstellen, die den Bedürfnissen eines bestimmten Besuchers entspricht.)
- ✔ 1998 begann Sun Microsystems damit, die JavaServer-Pages-Spezifikationen zu erstellen. Mit JSP erzeugen Sie eine Webseite, die sowohl HTML-Tags als auch Java-Programmlogik enthält.
- ✔ 1999 gab Sun die JSP-Unterstützung als Bestandteil des allseits beliebten Apache-Webservers bekannt.

XML wurde (zumindest teilweise) entwickelt, um sich der Schwächen von HTML anzunehmen, der Lingua Franca des Internets. Der ganze Vorwärtsschub für XML basierte auf der Attraktivität, Daten gemeinsam zu nutzen. Die Software von Firma A untersucht die Daten, die von Firma B veröffentlicht werden. Die Software von Firma A kann die Daten von Firma B lesen, weil die Daten in einem XML-Dokument gespeichert sind. Das gesamte Internet wird zur Infrastruktur für den Austausch von Daten.

Beginnend mit Version 1.4 enthält Javas Kern-API Pakete, die ausschließlich der Bearbeitung von XML-Dokumenten gewidmet sind. Diese Pakete helfen, das Band zwischen Java und XML zu festigen.

Java-Werkzeuge zur XML-Bearbeitung

In diesem Abschnitt erhalten Sie eine Zehn-Cent-Tour. Diese Tour umfasst Beschreibungen von verschiedenen nützlichen Java-APIs. Jede API steht kostenlos zum Download und zur Benutzung zur Verfügung. (Die meisten können unter `java.sun.com/xml` heruntergeladen werden.)

- ✔ **JAXP: die Java-API zur XML-Bearbeitung**

  Der Name JAXP ist ein allumfassender Name für verschiedene der Java-XML-Werkzeuge, die das Rückgrat der XML-Strategie von Java bilden. JAXP ist von allen Werkzeugsätzen, die in diesem Buch beschrieben werden, der ausgereifteste.

  JAXP ist im Grunde eine Sammlung von APIs – im Speziellen SAX, DOM und XSLT.

- ✔ **SAX: die einfache API für XML**

  SAX repräsentiert einen Mehrzweck-Ansatz zur Behandlung von XML-Dokumenten. Wenn Sie SAX verwenden, können Sie fast alles mit einem bestehenden XML-Dokument machen, weil der SAX-Ansatz für XML auf sehr niedriger Ebene stattfindet. (Diese API hat einen Spitznamen: QDAX, die Quick-and-Dirty – schnelle und schmutzige – API für XML.)

  SAX betrachtet ein XML-Dokument als eine Folge von Tags. Sie weisen jeder Art von Tag eine Aktion zu und führen die entsprechende Aktion für jedes Tag in einem Dokument durch. Dieser Tag-Ansatz macht SAX zu einem echten Geschwindigkeitsdämon. Wenn Sie viel Arbeit zu erledigen haben, können Sie sich darauf verlassen, dass SAX diese Arbeit in Rekordzeit schafft.

  Sie finden Material über SAX in den Kapiteln 3 bis 6.

- ✔ **DOM: Das Dokumentobjektmodell**

  Ebenso wie SAX ist die DOM-API ein Allzweckwerkzeug. Sie können fast jede Aufgabe mit DOM ausführen, weil DOM nicht auf bestimmte XML-Applikationen gerichtet ist.

  DOM betrachtet ein Dokument nicht als Sammlung von Tags. Stattdessen arbeitet DOM mit *XML-Elementen*. Hierfür erstellt ein DOM-Programm eine große Kopie eines Dokuments und speichert die Kopie im Arbeitsspeicher des Computers. DOM ist also nicht schnell. Wenn Sie DOM für ein großes XML-Dokument ausführen, dauert das lange. Das ist der Preis, den Sie dafür zahlen, mit Elementen anstelle von Tags umzugehen.

  Die Kapitel 7 bis 9 dieses Buchs befassen sich mit der DOM-API.

- ✔ **XSLT: Extensible Stylesheet Language Transformations**

  Mit XSLT können Sie ein XML-Dokument in beinahe jede andere Form umwandeln. Sie müssen nicht in prozeduralem Code (mach-dies-und-dann-mach-das) verloren gehen. Stattdessen erzeugen Sie Vorlagen. Wenn ein Teil eines Dokuments mit einer Vorlage übereinstimmt, verwendet der Computer diesen Teil des Dokuments, um seine Ausgabe zusammenzusetzen.

Ich behandele XSLT in den Kapiteln 12 und 13.

Sie können JAXP auf zweierlei Art auf Ihren Rechner bekommen:

- ✔ Sie können `java.sun.com/xml/jaxp` besuchen und die JAXP selbst herunterladen.
- ✔ Sie können JAXP als Bestandteil der Java 2 Plattform Standard Edition, Version 1.4 oder höher erhalten. Als ich das letzte Mal nachgesehen habe, war dies ein Download von 40 MB – aber er ist jedes Byte wert. Der Link zum Download ist `java.sun.com/j2se`.

SAX, DOM und XSLT sind im JAXP-Paket von Sun enthalten. Die nächsten beiden Elemente sind es nicht:

- ✔ **JDOM: das Java-Dokumentobjektmodell**

  Weder SAX noch DOM sind Java-spezifisch. Sie können DOM-Programme in C++ und Perl sowie einer Anzahl von anderen Programmiersprachen schreiben. Wenn Sie DOM-Programme in Java schreiben, setzt die Java-Kern-API aufgrund dieser Fehlanwendung Rost an. DOM bietet alles für alle Sprachen, also kann die Verwendung von DOM heikel und umständlich sein.

  Um diesem und anderen Nachteilen von DOM abzuhelfen, haben zwei Männer namens Jason Hunter und Brett McLaughlin JDOM erzeugt. In vielerlei Hinsicht ist JDOM eine Überarbeitung der Ideen, die hinter DOM stecken. Der große Unterschied ist, dass JDOM die Vorteile der Leistungsstärke von Java voll ausnutzt und eine geschmeidige, intuitive Baumstruktur verwendet, die bei DOM fehlt.

  Ja, JDOM ist auf Java zugeschnitten. Aber nein, JDOM ist kein Bestandteil des Java-Werkzeugsatzes von Sun. Stattdessen können Sie JDOM unter `www.jdom.org` herunterladen. (Mehr über JDOM erfahren Sie in den Kapiteln 10 und 11 dieses Buchs.)

- ✔ **JAXB: die Java-API zum XML-Binden**

  Als ich zum ersten Mal JAXB-Code sah, war ich eifersüchtig. Warum habe nicht ich mir das ausgedacht? Mit JAXB können Sie ein XML-Dokument nehmen und in eine Java-Klasse verwandeln. Wenn das Dokument ein `Sale`-Element verwendet, kann Ihr Java-Code eine `Sale`-Klasse verwenden. Wenn das `Sale`-Element ein `quantity`-Attribut besitzt, besitzt die `Sale`-Klasse die Methoden `getQuantity` und `setQuantity`. Geht es noch einfacher?

  JAXB ist Teil der XML-Suite von Sun, ist aber noch nicht mit JAXP oder der Kern-API von Java 3 gebündelt. Sie müssen also JAXB separat herunterladen. Die Homepage dafür ist `java.sun.com/xml/jaxb`. Für Ihren Lesegenuss behandle ich JAXB in den Kapiteln 14 und 15.

Es gibt noch drei weitere APIs, von denen ich Ihnen etwas erzählen muss. Aber zuvor stellen ich Ihnen den Star der Show vor – Webdienste.

Webdienste (heiße Sache)

Die Ära des Internets ist von hartnäckigen Wettbewerben gekennzeichnet, die alle zur ungefähr gleichen Zeit stattfanden. Ein Wettstreit war der »Browser-Krieg«. Er fand statt zwischen Netscape und Microsoft, und wir alle wissen, wer gewonnen hat. Später gab es das Gezanke zwischen Microsoft und dem US-Justizministerium. Dieser Streit warf die Möglichkeit auf, dass Microsoft eine unfaire Monopolstellung auf dem Software-Markt innehabe. (Also der Punkt scheint wohl klar zu sein.) Heute bemüht sich ein weiterer Wettkampf um die Bühnenmitte: eine Balgerei um die Stücke vom Webdienst-Kuchen – möglicherweise eine ganz, ganz große Sache.

Worum geht es eigentlich? Was sind Webdienste und was haben sie mit XML-Hunden wie Ihnen und mir zu tun? Die Antwort ist in Abbildung 1.1 zu sehen.

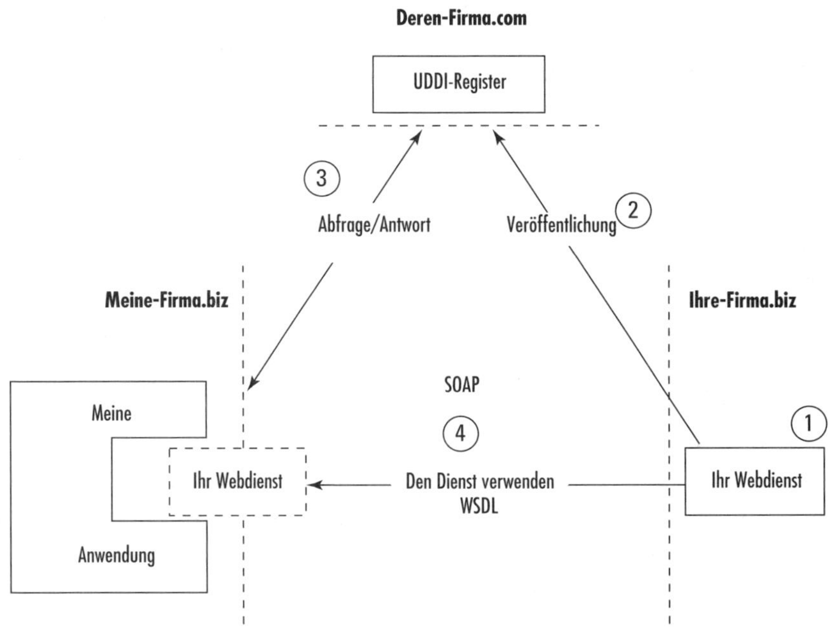

Abbildung 1.1: Der Lebenszyklus eines Webdienstes

Natürlich gehört zu Abbildung 1.1 auch eine Geschichte.

Ihre Firma erzeugt Software

Sie schreiben eine nützliche Software (siehe Kasten 1 in Abbildung 1.1). Ihre Software ist so nützlich, dass Sie beschließen, sie anderen anzubieten. (Sie bieten sie gegen Gebühr an.)

Sie möchten die Welt über die Verfügbarkeit Ihrer Software informieren. Wie machen Sie das? Sie können eine Annonce in der Zeitung aufgeben, einen Werbespot für das Nachtprogramm drehen oder eine Reklametafel durch die Stadt tragen. Besser ist es aber, die Informationen über Ihre Firma und deren Software ins Internet zu stellen. Ein Ort, an dem Sie derartige Informationen ablegen können, heißt *Registrierung*.

Wie bekommen Sie Informationen über Ihre Firma in eine Registrierung? Wieder einmal gibt es klobige Alternativen. Sie können einen netten Brief an den Manager der Registrierung schreiben oder Stunden damit verbringen, lästige webbasierte Formulare auszufüllen. Doch die beste Prozedur ist eine vollständig automatisierte. Sie benötigen ein standardisiertes Protokoll, um die Fakten über Ihre Firma zu beschreiben. Dann verwenden Sie das Protokoll, um Ihre Firma und deren Software zu beschreiben. Als Nächstes automatisieren Sie die Versendung der Beschreibung an die Registrierung. (Die Versendung heißt für die Registrierung *Veröffentlichung*. In Abbildung 1.1. sind wir jetzt bei Nummer 2.)

Zufälligerweise gibt es ein Standardprotokoll zur Beschreibung von Firmen und ihren Diensten. Es heißt *UDDI* (*Universal Description, Discovery and Integration*, dt. universelle Beschreibung, Aufspürung und Integration). Somit hat das, was wir Registrierung nennen, einen spezifischeren Namen. Es heißt *UDDI-Registrierung*. Falls Sie es noch nicht erraten haben, UDDI basiert auf XML.

An dieser Stelle der Geschichte ist XML auf zwei verschiedenen Schichten nützlich. Auf einer oberen Schicht beschreiben Sie Ihre Firma und deren Dienste mit XML-basiertem UDDI. Auf einer niedrigeren Schicht benötigen Sie einen Standard, um dieses UDDI-Dokument in die Registrierung eines entfernten Computers zu übertragen. Dieser Standard muss mit Windows, Unix, Java, C#, Peters Privater Programmiersprache und allem anderen am anderen Ende der Internetleitung funktionieren.

Sie haben Glück. Es gibt einen Standard zum Versenden von Informationen. Er heißt *SOAP* (*Simple Object Access Protocol*, dt. einfaches Objektzugriffsprotokoll). Natürlich basiert SOAP auf XML. Die Idee hinter SOAP ist, eine Nachricht in einen XML-Umschlag zu stecken. Sie senden dann diesen Umschlag über das Internet und lassen den Empfänger die Nachricht auspacken. Mit dem SOAP-Standard kann ein Java-Programm auf einem Windows-Computer Daten an ein Perl-Programm eines Linux-Rechners schicken. Die zugrunde liegende Plattform ist irrelevant.

Meine Firma erfährt von Ihrer Software

Sie haben Informationen in einer UDDI-Registrierung veröffentlicht. Nun warten Sie, während andere die Registrierung besuchen. In der Zwischenzeit entwickelt meine Firma ein sehr spezialisiertes Bedürfnis. Ich habe Software entwickelt, die eine dicke, fette Lücke in der Mitte hat. (Beispielsweise habe ich eine Website, die nach einem Währungsumrechner schreit. Ich weiß, dass es irgendwo Währungsumrechner gibt, die ich verwenden kann.)

Um diese Lücke zu füllen, sende ich eine automatisierte Abfrage an die UDDI-Registrierung. Diese Abfrage kann automatisiert werden, weil die Abfrage-Antwort-Mechanismen Teil der UDDI-Spezifikation sind. Ich sende also eine Abfrage an die UDDI-Registrierung, und was bekomme ich als Teil der Antwort? Ich erhalten Informationen über Ihre Software (siehe Schritt 3 in Abbildung 1.1).

In einer perfekten Welt würde ich unmittelbar zum nächsten automatisierten Schritt springen. Aber in der wirklichen Welt halte ich wahrscheinlich sechs oder sieben langweilige Konferenzen ab. Meine Partner vergleichen Alternativen, plaudern mit anderen Leuten beim Mittagessen und geben Geld für teure Berater aus. Letzten Endes entschließen wir uns, Ihre Software in mein System zu integrieren. Das ist Schritt 4 in Abbildung 1.1.

Aber von nun an nennen wir Ihr Zeug nicht mehr »Software«, sondern »*Webdienst*«. Schließlich stellen Sie es über webbasierte Protokolle zur Verfügung, und meine Firma selbst bietet ihre Dienste mit Hilfe des Dienstes Ihrer Firma an.

Um nun Ihren Dienst mit meiner Software funktionieren zu lassen, verwenden wir XML-Werkzeuge. Eines davon heißt *WSDL* (*Web Services Description Language*, dt. Webdienstbeschreibungssprache). WSDL ist ein XML-Standard zur Beschreibung der Art, in der Ihre Software von meiner Software in Aktion gerufen wird. (Wie UDDI zeichnet eine WSDL-Beschreibung ein Bild des Dienstes, den Sie anbieten. Aber im Gegensatz zu UDDI geht die WSDL-Beschreibung ins Detail, was die Software-Schnittstellen »unter der Motorhaube« anbelangt.)

Sie haben in der Registrierung ein WSDL-Dokument bestellt, das die technischen Details Ihres Webdienstes beschreibt. Meine Software kann das WSDL-Dokument herunterladen und selbst entscheiden, wie sie mit Ihrer Software umgeht. Da meine Software sich selbst konfiguriert, müssen weniger Leute Zeit damit verbringen, das Rad neu zu erfinden.

Ich verwende Ihre Software

Der Tag des Einsatzes ist schließlich gekommen. Um Ihren Dienst auf meiner Website zu verwenden, muss ich die Methoden Ihrer Klasse aufrufen. Ich rufe Methoden auf, die auf Ihrem Computer gestartet werden, und das Endergebnis ist nicht anders als beim Aufruf von Methoden auf meinem eigenen Computer. Das ist Punkt 4 in Abbildung 1.1. Hier fügt sich Ihr Webdienst nahtlos in die Applikation meiner Firma ein.

Wie üblich benötigt der Prozess Regeln und Vorschriften. Wie genau funktionieren diese Methodenaufrufe? Die Antwort bringt uns zurück zu SOAP. Mit SOAP transportieren wir UDDI-Dokumente, WSDL-Dokumente, Methodenaufrufe und vieles andere. Sie sehen, letztlich läuft alles auf SOAP zurück. Und SOAP ist eine Inkarnation von XML.

Das ist die Geschichte der Webdienste in 1.000 Worten oder weniger. Und das ist es, worum es eigentlich geht.

Mehr Java-Werkzeuge

Ich habe früher in diesem Kapitel einige Java-APIs zur Verwendung mit XML beschrieben. Mit dem grundlegenden Verständnis der Webdienste können Sie nun etwas über die drei zusätzlichen APIs lesen.

✔ **JAXM: die Java-API für XML-Messaging**

Eine SOAP-Nachricht ist ein gewöhnliches XML-Dokument mit einigen speziellen Anforderungen an die Elemente, die es enthält. Beispielsweise besitzt eine SOAP-Nachricht `envelope`- und `body`-Elemente. Daher stellten sich einige Leute, die mit SOAP-Nachrichten arbeiten, eine wichtige Frage: »Warum erzeugen wir nicht eine API, die Klassen und Methoden für die `envelope`- und `body`-Elemente besitzt?« Im Ergebnis erschufen Sie JAXM, mit Klassen und Methoden, die sich auf alle speziellen Elemente eines SOAP-Dokuments richten.

Suns Webseite für JAXM ist `java.sun.com/xml/jaxm`. Ich behandele die JAXM-API in Kapitel 16 dieses Buchs.

✔ **JAXR: die Java-API für XML-Registrierungen**

Sehen wir den Tatsachen ins Gesicht. Alles auf der Welt wird hochgradig spezialisiert. Wir haben Pillen, die uns glücklich machen, Pillen, die uns glücklich machen, ohne dass wir schläfrig werden, sowie Pillen, die uns glücklich schläfrig machen, ohne das wir schläfrig glücklich werden.

Die Java-Werkzeuge für XML werden auch spezialisiert. Nehmen Sie beispielsweise die API für XML-Registrierungen. Mit dieser API erledigen Sie einige der Dinge, die in Abbildung 1.1 zu sehen sind. Sie veröffentlichen Dienste in Registrierungen, und Sie fragen Registrierungen ab. Im Wesentlichen senden Sie SOAP-Nachrichten, aber Ihr Programm braucht sich nicht mit `envelopes` und `bodies` zu befassen. Tatsächlich können Sie JAXR-Programme schreiben, ohne das Geringste über SOAP-Elemente zu wissen. Mit JAXR können Sie Methoden namens `findOrganizations` und `createService` aufrufen. Die JAXR-API setzt SOAP-Nachrichten hinter den Kulissen zusammen.

Sie können die offizielle Geschichte von JAXR unter `java.sun.com/xml/jaxr` lesen. Die inoffizielle Geschichte erfahren Sie in Kapitel 17 dieses Buchs.

✔ **JAX-RPC: die Java-API für XML-basierte Remoteprozeduraufrufe**

Um einen veröffentlichten Webdienst in meine eigene Software-Umgebung zu bringen, rufe ich Prozeduren auf, die sich an anderer Stelle im Internet befinden. Heutzutage ist der goldene Standard, um andere Stellen im Internet zu erreichen, die Kommunikation mittels SOAP. Wenn ich Preise benötige, Wetternachrichten oder Songtitel, verwenden ich SOAP, um die Hände auszustrecken und ihre Methoden `getPrice`, `getRainfall` oder `getSongTitle` aufzurufen.

Ich kann SOAP-Nachrichten von Grund auf selbst erstellen, aber es ist besser, eine API zu verwenden, die Remotenachrichten am meiner Statt aufruft. Diese API heißt *JAX-RPC* und wird in Kapitel 18 beschrieben. (Die Homepage dieser API ist `java.sun.com/xml/jaxrpc`.)

Ich bin zu einem Entschluss gelangt: Wenn ich mit diesem Buch fertig bin, schicke ich die J- und X-Tasten meines Computers in Pension. Ich werde mit Papier und Bleistift arbeiten und etwas erschaffen, was die Welt wirklich benötigt – eine *dreifach* verschachtelte Abkürzung. Ich denke darüber nach, SAX und DOM zu integrieren. Das wäre dann »DSDA«, dies steht für »Dummies Simple API for XML and Document Object Model API«, und das wiederum steht für »Dummies Simple Application Programming Interface for Extensible Markup Language and Document Object Model Application Programming Interface«. Die Leute werden es »DSDA API« nennen (bevor sie anfangen, hilfloses Kauderwelsch zu reden), aber ich werde sie daran erinnern, dass das A in DSDA schon für API steht, und das wird ihnen wahrscheinlich den Rest geben. Immerhin verabscheut die Natur Redundanz.

Versuchen Sie dies!

2

In diesem Kapitel

- Die richtigen Werkzeuge verwenden
- Ihr System konfigurieren
- Ein Programm starten

Das Ziel dieses Kapitels ist es, Ihren Fingern ein wenig Übung zu verschaffen. Das Kapitel richtet sich an Süchtige – diejenigen, die ihre Finger nicht von der Tastatur lassen können. Sie wissen schon:

»Es ist Mitternacht. Ich muss bald aufhören zu arbeiten und ins Bett gehen.«

»Es ist 00:30 Uhr. Der Wasserhahn tropft. Ich sollte aufstehen und den Wasserhahn abdrehen.«

»Es ist 01:00 Uhr. Ich habe das mit dem Wasserhahn vergessen. Ich drehe ihn in einer Minute ab.«

»Es ist 01:30 Uhr. Ich stehe auf und drehe den Wasserhahn zu, sobald dieses Programm läuft.«

»Es ist 02:00 Uhr. Ich muss bald aufhören zu arbeiten und ins Bett gehen.«

Schrauben und Muttern

In diesem Kapitel erkläre ich nicht viel über Java und XML. Stattdessen bringe ich Sie dazu, etwas XML-orientierten Java-Code zu starten. Sie kopieren einfach den Code aus diesem Buch, ohne sich um die Anweisungen im Code Sorgen zu machen. (In Kapitel 3 fangen Sie an, sich um die Anweisungen im Code sorgen zu machen.)

Sie brauchen nichts von dem Code in diesem Buch abzutippen. Sie können den Code von der Webseite dieses Buchs herunterladen unter `www.mitp.de`. Sie finden den Code auch auf meiner Website – `www.users.drew.edu/bburd`.

Systemanforderungen

Entspricht Ihr System den *minimalen* Anforderungen, um die Beispiele dieses Buchs auszuführen? Die Antwort ist wahrscheinlich »Ja«. Der Code in diesem Buch wurde mit der Java 2 Plattform Standard Edition, Version 1.4 getestet. Diese Version erfordert einen Pentium-166-MHz-Prozessor oder schneller und mindestens 32 MB Arbeitsspeicher. Sie können den Code auch mit einem SPARC-Prozessor von Sun Microsystems ausführen.

Java 2 Version 1.4 kann unter Microsoft Windows ausgeführt werden – alle Versionen ab Windows 95 aufwärts. Wenn Sie Linux verwenden, benötigen Sie den Linux Kernel v 2.2.12 und glibc v2.1.2-11. Sie können den Code auch auf Solaris 7 oder Solaris 8 ausführen.

Weitere Details zu den Anforderungen von Java 2 Version 1.4 erhalten Sie auf den folgenden Webseiten: `java.sun.com/j2se/1.4/install-windows.html`, `java.sun.com/j2se/1.4/install-linux.html`, `java.sun.com/j2se/1.4/install-solaris.html`.

Mit Java an den Start

Um die Beispiele in diesem Buch auszuführen, benötigen Sie ein JDK (Java Development Kit). Diese Software läuft unter verschiedenen Namen, darunter Java Software Development Kit, JDK und SDK. Es gibt hierbei verschiedene Variationen.

- ✔ **Sie können die Java 2 Plattform Standard Edition von** `java.sun.com/j2se` **herunterladen.**

  Ich empfehle Java 2, Version 1.4 oder höher. Ab Version 1.4 enthält Java *JAXP* – die *Java API für XML-Bearbeitung*. Wenn Sie JAXP haben, können Sie das meiste des Codes in den Kapiteln 2 bis 10 kompilieren und ausführen. (Für den Code jenseits von Kapitel 10 werden Sie mehr herunterladen müssen.) Der einzige Grund, warum Sie den Code in Kapitel 1 nicht ausführen können, ist einfach: Es gibt keinen Code in Kapitel 1.

  Java 1.4 ist verfügbar für die Betriebssysteme Windows, Linux und Solaris.

- ✔ **Sie können eine ältere Java-Version verwenden.**

  Vielleicht mögen Sie Ihre ältere Version von Suns Java 2. Oder Sie haben Java 2, Version 1.3 vor einiger Zeit heruntergeladen und Ihre Internetverbindung ist nicht schnell genug, um jede Woche eine neue Version herunterzuladen. (Ist nur Spaß. Irgendwie jedenfalls.) Sie können Ihre vorhandene Java-Software verbessern, indem Sie die XML-Pakete separat herunterladen. Der reine JAXP-Download findet sich unter `java.sun.com/xml/jaxp`.

- ✔ **Sie können ein JDK verwenden, das in Ihre Lieblingsumgebung integriert ist.**

  Sie arbeiten mit Borland JBuilder, Sun Forte für Java, Metroworks CodeWarrior, IBM VisualAge für Java oder irgendeiner anderen Entwicklungsumgebung. Falls die Umgebung nicht Java 1.4 verwendet, ist das kein Problem.

  Der reine JAXP-Download unter `java.sun.com/xml/jaxp` ist nicht spezifisch für eine spezielle Betriebsumgebung. Sie können JAXP herunterladen, die `.jar`-Dateien heraussuchen, die Sie heruntergeladen haben, und diese `.jar`-Dateien dem Klassenpfad Ihres Systems hinzufügen. Wenn Sie den Code dieses Buchs kompilieren, dürfte Ihre Entwicklungsumgebung keine Probleme haben, die Klassen in diesen `.jar`-Dateien zu finden.

Falls dieses Gerede von `.jar`-Dateien und dem Klassenpfad Sie nervös macht, haben Sie keine Angst. Lesen Sie einfach weiter.

Ein Befehlszeilenfenster öffnen

Na, los doch: Nennen Sie mich einen rückwärts gewandten Snob! Ich schaue mir Leute an, die schicke, ganzheitliche Entwicklungsumgebungen benutzen, und sage: »Hey, was ist aus dem Eintippen von Befehlen und Code geworden?« Sie sind womöglich nicht meiner Meinung, und das ist auch gut so. Wenn Sie ein praktisches Java-IDE-Werkzeug verwenden wollen, dann tun Sie es ruhig. Wenn Sie andererseits genauso hart sind wie die Oldtimer (die bergauf im Schnee programmiert haben), können Sie auch die Befehlszeile Ihres Systems verwenden.

Die genaue Technik ist von Plattform zu Plattform verschieden. Hier ist eine Liste:

- ✔ Unter Windows 95, 98 oder Millennium wählen Sie START und AUSFÜHREN. Tippen Sie dann im Dialogfeld AUSFÜHREN `command` ein und klicken Sie auf OK.
- ✔ Unter Windows NT, 2000 oder XP wählen Sie START und AUSFÜHREN. Tippen Sie dann im Dialogfeld AUSFÜHREN `cmd` ein und klicken Sie auf OK.

In Windows NT, 2000 und XP werden bei `cmd` bzw. `command` zwei verschiedene Befehlszeilenfenster geöffnet. Das `cmd`-Fenster ist besser.

- ✔ Im Linux KDE Panel klicken Sie auf das Symbol mit dem Bild eines Bildschirms und einer Muschel.
- ✔ Auf dem Gnome-Arbeitsplatz klicken Sie auf das Symbol mit dem Bild einer Bildschirms und einer Pfote. (Wenn Sie sich ein wenig umsehen, können Sie auch den Bildschirm mit einer Muschel finden.)

Mit Ihrem Klassenpfad herumspielen

Ab und zu müssen Sie in diesem Buch den Klassenpfad Ihres Computers neu justieren, indem Sie die `CLASSPATH`-Variable bearbeiten (deren Wert dem Betriebssystem bekannt ist. Sie sind vielleicht schon mit der `PATH`-Variablen vertraut. Die `CLASSPATH`-Variable ist fast dasselbe. Der große Unterschied ist: Das gesamte Betriebssystem verwendet die `PATH`-Variable und nur Java verwendet die `CLASSPATH`-Variable.

Es gibt verschiedene Gründe, um an Ihrem Klassenpfad herumzudoktern:

- ✔ Wenn Sie zum ersten Mal Java auf einem bestimmten Computer installieren, müssen Sie den Klassenpfad einrichten.
- ✔ Bei allen folgenden Installationen sollten Sie sicherstellen, dass der Klassenpfad einen Eintrag enthält, der nur ein Punkt ist.
- ✔ Um einige der Beispiele in diesem Buch auszuführen, benötigen Sie zusätzliche Einträge im Klassenpfad.

Es ist mein Ziel, zwei Dinge zu beschreiben: welchen Wert die `CLASSPATH`-Variable annehmen sollte und wie Sie den Wert dieser Variablen einrichten können.

Der Wert der CLASSPATH-Variablen

Der Klassenpfad ist eine Sammlung von Positionen. Eine typische Position ist ein Verzeichnis auf der Festplatte Ihres Computers, aber auch andere Arten von Positionen sind möglich. Wenn Sie ein Java-Programm kompilieren oder ausführen, sucht der Computer an diesen Positionen nach einigen der Dateien, die er benötigt. (Anhängig davon, was Sie zu tun versuchen, sucht der Computer an diesen Stellen nach `.java`-Dateien, `.class`-Dateien oder beidem.)

Beispiel: Die `CLASSPATH`-Zeichenfolge

```
.;C:\JavaPrograms;C:\JARS\xerces.jar
```

listet drei Positionen auf.

- **Die erste Position, angezeigt durch einen Punkt, zeigt auf das derzeitige Arbeitsverzeichnis des Benutzers.**

  Wenn Sie beispielsweise ein Befehlszeilenfenster verwenden und die Befehlszeile `C:\Author>` wie in Abbildung 2.1 sehen, dann steht der Punkt des Klassenpfads für das Verzeichnis `C:\Author>`. Wenn Sie den `java`-Befehl eingeben, sucht der Computer im Verzeichnis `C:\Author>` nach allen `.class`-Dateien, die er benötigt.

Abbildung 2.1: Im Verzeichnis `C:\Author` arbeiten

- **Die zweite Position ist das Verzeichnis `C:\JavaPrograms`.**

  Nehmen wir an, zum Ausführen von `CallJDOM` benötigt der Computer eine zusätzliche `.class`-Datei namens `MyContentHandler.class`. Wenn der Computer diese `.class`-Datei nicht im Verzeichnis `C:\Author` finden kann, sucht er als Nächstes im Verzeichnis `C:\JavaPrograms`.

- **Die dritte Position ist eine Java-Archivdatei (eine `.jar`-Datei).**

  Ein *Java-Archiv* (*JAR*) enthält `.class`-Dateien und andere interessante Sachen. Wenn Ihr Klassenpfad eine JAR-Datei enthält, können Java-Programme in der JAR-Datei nach den Klassen suchen, die sie benötigen.

Eine JAR-Datei ist tatsächlich eine Sammlung von Dateien, die im ZIP-Format komprimiert sind. Wenn Sie eine Datei namens `xerces.jar` kopieren und den Namen der Kopie in `xerces.zip` ändern, können Sie die Datei mit Ihrem Lieblings-Entpackprogramm untersuchen. Sie können auch den `jar`-Befehl verwenden, der zur Java 2 Plattform gehört.

Ab Java 2 brauchen Sie in Ihren Klassenpfad keine Dateien einzubinden, die im Java-Download enthalten sind. Diese Dateien sind automatisch in Ihren Klassenpfad eingeschlossen.

Sie erinnern sich, der Klassenpfad ist eine Sammlung von Positionen.

- ✔ In Windows trennen Sie die Positionen durch Semikola voneinander.

  ```
  .;C:\JavaPrograms;C:\JARS\xerces.jar
  ```

- ✔ Wenn Sie `sh`, `ksh` oder `bash` in Unix oder Linux ausführen, trennen Sie die Positionen durch Doppelpunkte voneinander.

  ```
  .:/home/bburd/JavaPrograms:/usr/share/xerces.jar
  ```

- ✔ Wenn Sie `csh` ausführen, trennen Sie die Positionen durch Leerzeichen voneinander.

  ```
  (. /home/bburd/programs /usr/share/xerces.jar)
  ```

Klassenpfad-Beispiele

Bevor ich Ihnen sage, wie Sie Ihren Klassenpfad einrichten, möchte ich kurz ein paar Klassenpfad-Beispiele durchgehen. Sehen Sie sich einfach jedes Beispiel an und sagen Sie: »Wie nett!« Machen Sie nichts auf Ihrem Computer, bis Sie den nächsten Abschnitt erreichen.

Eine Position: Das Arbeitsverzeichnis

Sie haben gerade die neueste Java 2 Plattform Standard Edition von `java.sun.com/j2se` heruntergeladen. Ihr System besitzt keine `CLASSPATH`-Variable.

In diesem Fall sollten Sie das Arbeitsverzeichnis in Ihrem Klassenpfad vermerken. Der Wert der Variablen ist ein einfacher Punkt. Sie erkennen dies in Abbildung 2.2. (Ich hoffe, Sie können den winzigen Punkt in der Abbildung sehen.)

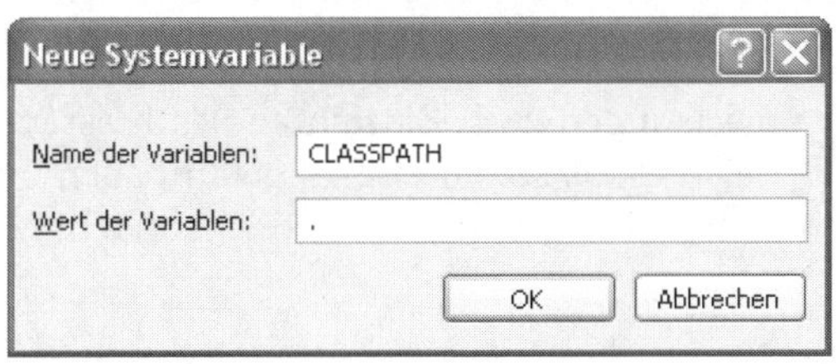

Abbildung 2.2: Das Arbeitsverzeichnis in `CLASSPATH` setzen

Mehrere Positionen, einschließlich des Arbeitsverzeichnisses

Sie haben gerade eine neue Version der Java 2 Plattform Standard Edition heruntergeladen. Wenn Sie unter den Einträgen im Klassenpfad nach einem einsamen Punkt suchen, werden Sie keinen finden. Sie fügen den Punkt am Anfang des Klassenpfads hinzu (siehe Abbildung 2.3).

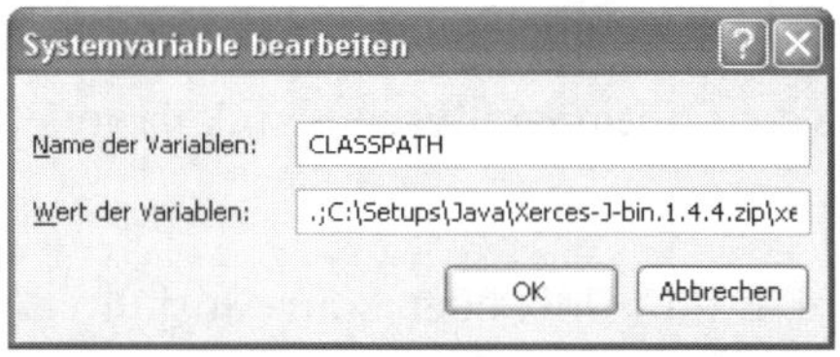

Abbildung 2.3: Das Arbeitsverzeichnis dem Klassenpfad hinzufügen

Verschiedene Positionen, einschließlich einer JAR-Datei

Sie haben gerade die JDOM-API heruntergeladen. Weil JDOM kein Bestandteil von Standard Java 2 ist, müssen Sie die JDOM-`.class`-Dateien Ihrer Java-Umgebung hinzufügen. Unter anderem fügen Sie `jdom.jar` Ihrem Klassenpfad hinzu (siehe Abbildung 2.4).

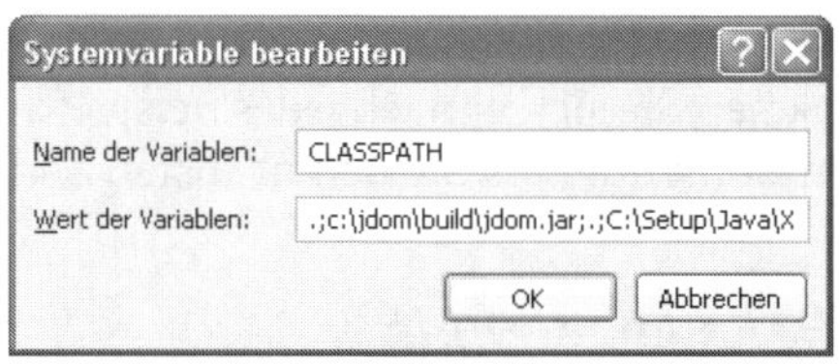

Abbildung 2.4: `jdom.jar` dem Klassenpfad hinzufügen

Den Klassenpfad einrichten

Die Art, in der Sie den Klassenpfad einrichten, hängt von einigen verschiedenen Dingen ab. Hauptsächlich variiert sie von einem Betriebssystem zum anderen. Wenn Sie Unix betreiben, ist Ihre Vorgehensweise von der von Ihnen gewählten Shell abhängig.

Dieser Abschnitt enthält Anweisungen zum Einrichten des Klassenpfads mit verschiedenen Betriebssystemen. (Wenn Sie so etwas schon einmal getan haben und sich beim Einrichten von Umgebungsvariablen wohl fühlen, dann tun Sie es einfach, ohne des Rest dieses Abschnitts zu lesen.)

Windows 2000

1. **Wählen Sie Start|Einstellungen|Systemsteuerung|System.**

   Das Fenster Systemeigenschaften erscheint.

2. **Im Fenster Systemeigenschaften wählen Sie die Registerkarte Erweitert. Klicken Sie dann auf die Schaltfläche Umgebungsvariablen.**

   Das Fenster Umgebungsvariablen erscheint.

3. **Überprüfen Sie im Fenster Umgebungsvariablen, ob es eine Variable namens `CLASSPATH` gibt.**

   Der Name ist nicht abhängig von Groß- und Kleinschreibung. Es könnte also `classpath`, `cLaSsPaTh` oder etwas Ähnliches sein.

   a. Wenn es eine Variable namens `CLASSPATH` gibt, wählen Sie die Zeile `CLASSPATH` im Fenster Umgebungsvariablen aus. Klicken Sie auf die Schaltfläche Bearbeiten, die sich unterhalb der Zeile `CLASSPATH` befindet.

   Es öffnet sich das Dialogfeld Variable bearbeiten (siehe Abbildung 2.5). Abhängig von Ihrer Konfiguration und der Stellung der Planeten kann das Dialogfeld auch Systemvariable bearbeiten, Benutzervariable bearbeiten und dergleichen heißen. Stellen Sie zunächst sicher, dass das kleine Feld Variablenname das Wort »CLASSPATH« enthält. Tippen Sie dann im Feld Variablenwert ein, was immer Sie zum Klassenpfad hinzufügen müssen. Um Ihre neue Ergänzung von dem zu trennen, was sich schon im Feld Variablenwert befindet, tippen Sie ein Semikolon.

Sie haben womöglich die Wahl zwischen der Bearbeitung einer Systemvariablen und einer Benutzervariablen. Die Sache ist die: Ein Computer kann mehrere Benutzer haben. (Wenn Sie alles entsprechend einrichten, werden Sie aufgefordert, Ihren Benutzernamen einzugeben, wenn Sie den Computer hochfahren.) Der Wert einer Systemvariablen gilt für jeden, der das System verwendet, aber der Wert einer Benutzervariablen gilt nur für einen Benutzer im System. Wenn Sie jetzt irritiert sind, haben Sie Glück gehabt! Es bedeutet, dass Sie sich um diesen Punkt keine Gedanken machen müssen. Wahrscheinlich funktionieren sowohl die System- als auch die Benutzervariable für Sie.

In Abbildung 2.5 muss ich beispielsweise einen Punkt (der das aktuelle Arbeitsverzeichnis bedeutet) dem Klassenpfad hinzufügen. Ich tippe also im Feld Variablenwert einen Punkt ein, dem ein Semikolon folgt.

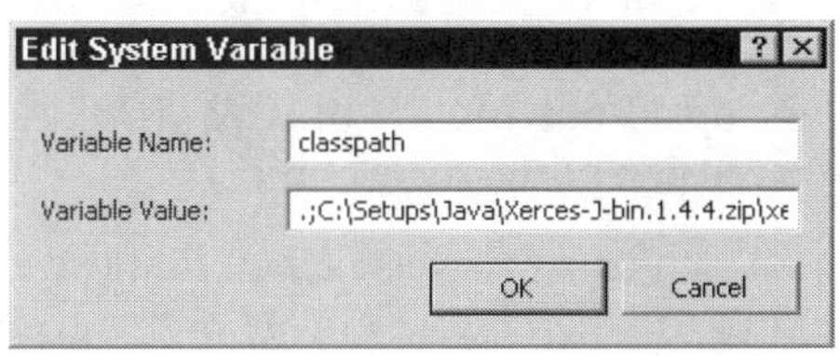

Abbildung 2.5: Dem Klassenpfad einen Punkt hinzufügen (Windows 2000)

   b. Falls das Fenster Umgebungsvariable nicht bereits eine Variable namens `CLASSPATH` enthält, klicken Sie auf die Neu-Schaltfläche. (Die erste Neu-Schaltfläche erzeugt eine

Variable für Sie allein. Die andere NEU-Schaltfläche, sofern verfügbar, erzeugt eine Variable für alle Benutzer im System.)

Das Dialogfeld NEUE VARIABLE wird geöffnet. (Der Name des Fensters lautet entweder NEUE SYSTEMVARIABLE oder NEUE BENUTZERVARIABLE.) Als Variablennamen tippen Sie `CLASSPATH` ein. Als Wert tippen Sie ein, was immer Sie im Klassenpfad benötigen. (Um herauszufinden, was Sie benötigen, lesen Sie den vorigen Abschnitt.)

In Abbildung 2.6 setze ich einen Punkt in das Feld VARIABLENWERT.

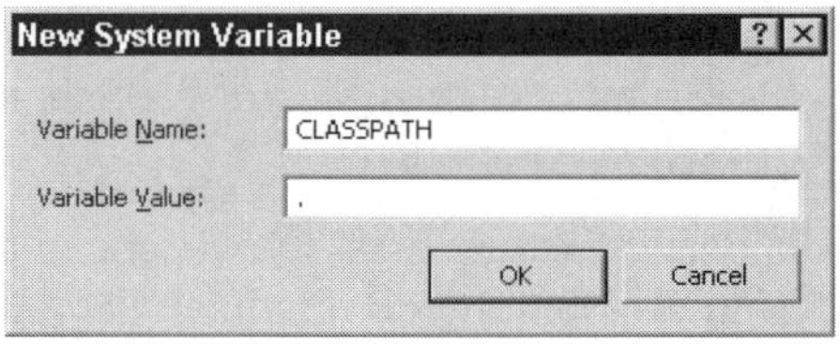

Abbildung 2.6: Eine `CLASSPATH`-Variable erzeugen (Windows 2000)

4. **Klicken Sie in jedem geöffneten Fenster auf OK.**

   Klicken Sie in den Fenstern VARIABLE BEARBEITEN oder NEUE VARIABLE und UMGEBUNGSVARIABLEN sowie SYSTEMEIGENSCHAFTEN auf OK.

Windows NT

1. **Wählen Sie START|EINSTELLUNGEN|SYSTEMSTEUERUNG|SYSTEM.**

   Das Fenster SYSTEMEIGENSCHAFTEN erscheint.

2. **Öffnen Sie im Fenster SYSTEMEIGENSCHAFTEN die Registerkarte UMGEBUNG.**

3. **Sehen Sie in den Listenfeldern der Registerkarte UMGEBUNG nach, ob es eine Variable namens `CLASSPATH` gibt.**

   Der Name CLASSPATH ist nicht abhängig von Groß- oder Kleinschreibung.

   a. Wenn es eine Variable namens `CLASSPATH` gibt, wählen Sie die Zeile CLASSPATH aus. Geben Sie unten auf der Registerkarte UMGEBUNG in das Feld WERT das ein, was immer Sie dem Klassenpfad hinzufügen müssen. (Um herauszufinden, was Sie eintippen müssen, lesen Sie den vorigen Abschnitt.)

      In Abbildung 2.7. muss ich beispielsweise einen Punkt dem Klassenpfad hinzufügen. Also gebe ich im Feld WERT einen Punkt ein, gefolgt von einem Semikolon.

   b. Wenn auf der Registerkarte UMGEBUNG keine Variable namens `CLASSPATH` angeboten wird, tippen Sie das Wort **CLASSPATH** in das Feld mit der Beschriftung VARIABLE (im unteren Bereich der Registerkarte UMGEBUNG). Im Feld WERT geben Sie ein, was Sie im Klassenpfad benötigen.

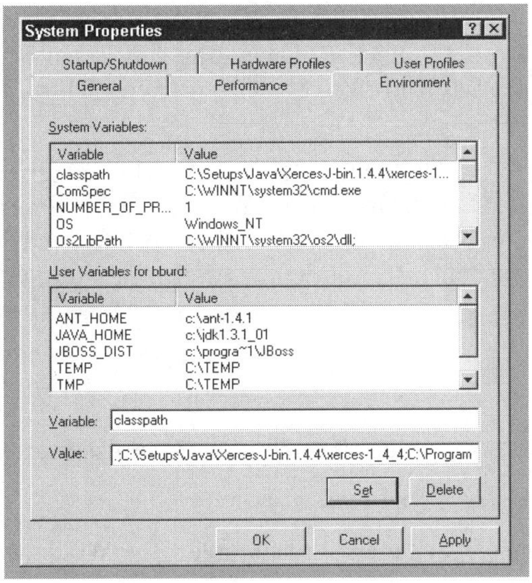

Abbildung 2.7: Einen Punkt dem Klassenpfad hinzufügen (Windows NT)

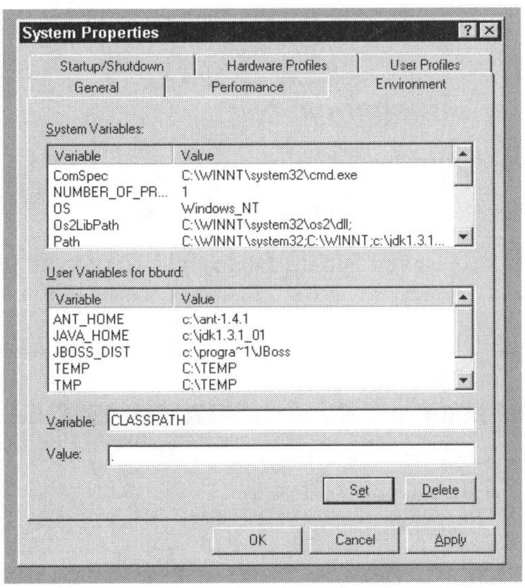

Abbildung 2.8: Eine `CLASSPATH`*-Variable erzeugen (Windows NT)*

In Abbildung 2.8 habe ich einen Punkt in das Feld VARIABLENWERT eingefügt.

4. Im Fenster SYSTEMEIGENSCHAFTEN klicken Sie auf die Schaltfläche SETZEN und dann auf OK.

Sie können leicht vergessen, die Schaltfläche SETZEN in Schritt 4 anzuklicken. Wenn Sie sie nicht anklicken, haben alle von Ihnen eingegebenen Änderungen keine Wirkung. Das kann Sie verrückt machen. (Ich sollte es wissen. Ich bin verrückt.)

In Windows NT oder 2000 betrifft die vorhin beschriebene Änderung keine Befehlszeilenfenster, die bereits geöffnet sind. Sie sollten alle Befehlszeilenfenster schließen, wenn Sie den vorigen Schritten gefolgt sind. Wenn Sie dann ein ganz neues Befehlszeilenfenster öffnen, wird die Änderung des Klassenpfads Wirkung zeigen.

Windows XP

1. **Wählen Sie START|SYSTEMSTEUERUNG|LEISTUNG UND WARTUNG|SYSTEM.**

   Es öffnet sich das Fenster SYSTEMEIGENSCHAFTEN.

2. **Folgen Sie den vorangegangenen Anweisungen für Windows 2000 (beginnend mit Punkt 2).**

   Das Dialogfeld UMGEBUNGSVARIABLEN ist genau wie sein Gegenstück in Windows 2000. Der einzige Unterschied ist, dass Windows XP schillernde Farben statt schlichtem Blau und Grau besitzt. Tragen Sie zum Schutz Ihrer Augen bitte eine Sonnenbrille.

Windows 95, 98 oder Millennium

1. **Wählen Sie START|PROGRAMME|ZUBEHÖR|EDITOR.**

   Diese Folge von Klicks öffnet den Editor von Windows

2. **Wählen Sie DATEI|ÖFFNEN. Geben Sie im Dialogfeld DATEINAME \autoexec.bat ein und klicken Sie auf ÖFFNEN.**

   Dieses kleine Ritual öffnet die Datei `\autoexec.bat` (siehe Abbildung 2.9).

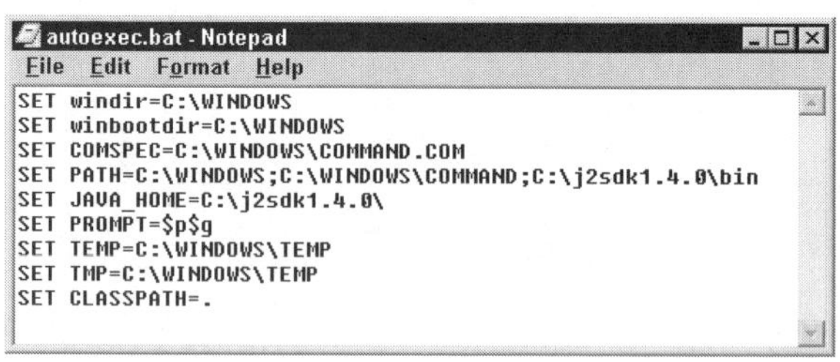

Abbildung 2.9: Die Datei `\autoexec.bat` bearbeiten (Windows 95, 98 oder Me).

3. **Bearbeiten Sie die Datei `\autoexec.bat`.**

   Falls die Datei eine Zeile enthält, die mit `CLASSPATH` oder `SET CLASSPATH` beginnt, nehmen Sie an dieser Zeile Änderungen vor. (Um herauszufinden, was Sie ändern müssen, lesen Sie den vorigen Abschnitt.)

   Falls die Datei keine solche Zeile enthält, fügen Sie eine `SET CLASSPATH`-Zeile der Datei `\autoexec.bat` hinzu. (Es ist egal, ob Sie die Zeile an den Anfang, in die Mitte oder an das Ende der Datei setzen.) Wenn Sie beispielsweise Java erstmalig installieren, ergänzen Sie die Datei `\autoexec.bat` mit der folgenden Zeile:

   ```
   SET CLASSPATH=.
   ```

4. **Wählen Sie DATEI|SPEICHERN.**

   Herzlichen Glückwunsch! Sie haben soeben Ihre Datei `\autoexec.bat` gespeichert.

5. **Wählen Sie START|BEENDEN|NEU STARTEN.**

   Die Änderungen haben keine Wirkung, bis Sie Ihr System neu gestartet haben.

Unix und Linux

Wie Sie den Klassenpfad in einem Unix-ähnlichen Betriebssystem einrichten, hängt von verschiedenen Dingen ab, darunter die Befehlsshell, die Sie verwenden. Wenn Sie beispielsweise `sh` oder `ksh` verwenden, fügen Sie eine Zeile der folgenden Art Ihrer `~/.profile`-Datei hinzu.

```
CLASSPATH=.;    export CLASSPATH
```

Wenn Sie `bash` verwenden, fügen Sie eine Zeile dieser Art einer der Dateien `~/.bashrc`, `~/.bash_profile`, `~/.bash_login` oder `~/.profile` hinzu. Ihre Wahl der Datei hängt davon ab, wie Sie die Befehlsshell verwenden und welche dieser Dateien bereits vorhanden sind. (Details erfahren Sie auf den `bash`-Seiten des Handbuchs.)

Wenn Sie `csh` ausführen, fügen Sie der Datei `~/.cshrc` eine Zeile wie die folgende hinzu:

```
set CLASSPATH=.
```

Bei einigen Versionen von `csh` verwenden Sie einen `setenv`-Befehl in der `~/.cshrc`-Datei:

```
setenv CLASSPATH .
```

Ihren Klassenpfad spontan einrichten

Es gibt vermutlich Dutzende von Wegen, Ihren Klassenpfad einzurichten. Beispielsweise können Sie Ihren Klassenpfad in einem Aufruf des Befehls `javac` oder `java` verwenden. Hierfür tippen Sie etwa Folgendes in das Befehlszeilenfenster Ihres Computers:

```
java -classpath .;C:\JavaPrograms CallJDOM
```

Dieser Befehl ruft die Hauptmethode der CallJDOM-Klasse auf und verwendet den Klassenpfad `.;C:\JavaPrograms`.

Wenn Sie Windows ausführen, können Sie eine Zeile wie

```
set CLASSPATH=.;C:\JavaPrograms
```

in das Befehlszeilenfenster eingeben. Das verändert den Klassenpfad für alle Befehle, die Sie in diesem speziellen Befehlszeilenfenster eingeben.

Der `set`-Befehl gilt nur für eine Kopie des Befehlszeilenfensters. Wenn Sie ein Befehlszeilenfenster öffnen und diesen `set`-Befehl eintippen, dann verwendet keines Ihrer anderen geöffneten Befehlszeilenfenster diesen geänderten Klassenpfadwert. Wenn Sie das Fenster schließen, in das Sie den `set`-Befehl eingetippt haben, geht der geänderte Klassenpfadwert verloren. Wenn Sie den geänderten Klassenpfad wiederhaben wollen, müssen Sie den `set`-Befehl erneut in einem Befehlszeilenfenster eingeben.

Ein wenig Code ausführen

In diesem Abschnitt werden Sie aufgefordert, das Buch niederzulegen. Legen Sie Ihre Finger auf die Tastatur und führen Sie ein wenig Java-Code aus. Der Code zählt Elemente in einem XML-Dokument. Wie der Code funktioniert, ist nicht wichtig. Wichtig ist, dass Sie den Code auf Ihrem Computer ausführen können. (Wenn Sie diesen Code ausführen können, dann ist Ihr Computer so eingerichtet, dass Sie viele Beispiele in diesem Buch ausführen können.)

Platz für Dateien schaffen

Unser unmittelbares Ziel ist es, drei Dateien auf der Festplatte Ihres Computers zu speichern. Sie sollten diese Dateien in speziellen Verzeichnissen ablegen. Ich habe beispielsweise ein Verzeichnis für alle meine Java-Programme generiert.

Ich denke außerdem in Form von Projekten. Alle drei Listings in diesem Kapitel fungieren als eine Einheit, also stelle ich mir die drei Listings als Teile eines Projekts vor. Wenn ich ein neues Projekt beginne, erzeuge ich ein neues Unterverzeichnis innerhalb meines Verzeichnisses für die Java-Programme.

Sie können dieselbe Folge von Befehlen in fast jedem Betriebssystem verwenden, um ein Verzeichnis und ein Unterverzeichnis zu erzeugen. (Die folgende Prozedur funktioniert auch mit dem Betriebssystem Wxroogtz 8270, das die Außerirdischen auf dem Planeten Glanxblag 7 Prima Prima verwenden.)

1. **Öffnen Sie ein Befehlszeilenfenster.**

   Beachten Sie die systemspezifischen Anweisungen im früheren Teil dieses Kapitels. (Beispielsweise öffnen Sie in Wxroogtz 8270 ein Befehlszeilen-Fenster, indem Sie Ihren siebten Fühler auf das Symbol `hShee~Ght~zaH` legen.)

2. **Erzeugen Sie ein Verzeichnis für Ihre Java-Programme.**

   Tippen Sie den Befehl

   ```
   mkdir JavaPrograms
   ```

   Es liegt ganz bei Ihnen, welchen Namen Sie für das Verzeichnis verwenden (anstelle des Namens `JavaPrograms`).

3. **Machen Sie das neue Verzeichnis zu Ihrem Arbeitsverzeichnis.**

   Tippen Sie den Befehl

   ```
   cd JavaPrograms
   ```

4. **Erzeugen Sie ein Unterverzeichnis für ein bestimmtes Projekt.**

   Wenn `JavaPrograms` Ihr Arbeitsverzeichnis ist, tippen Sie einen Befehl wie

   ```
   mkdir Chapter02Project
   ```

Nun haben Sie ein Verzeichnis (einen Ordner) namens `\JavaPrograms\Chapter02Project`. Sie können den Code aus den Listings 2.1, 2.2 und 2.3 in dieses neue Verzeichnis einfügen. Näheres erfahren Sie, wenn Sie weiterlesen.

Die Dateien erzeugen

Die Dateien, die Sie benötigen, um das Beispiel in diesem Kapitel nachzuvollziehen, sind in den Listings 2.1, 2.2 und 2.3 wiedergegeben. Zwei der Dateien sind Java-Quelldateien und eine ist eine XML-Datei. Zur Erinnerung: Sie brauchen nichts von dem Zeug in den Dateien zu verstehen. Sie müssen nur versuchen, diese Dateien auf die Festplatte Ihres Computers zu bekommen.

```
import javax.xml.parsers.*;
import org.xml.sax.*;
import java.io.*;
class CountSheep
    static public void main(String[] args) throws Exception
    {
        SAXParserFactory factory =
           SAXParserFactory.newInstance();
        SAXParser saxParser = factory.newSAXParser();
        XMLReader xmlReader = saxParser.getXMLReader();
        xmlReader.setContentHandler(new MyContentHandler());

        xmlReader.parse
           (new File("Sheep.xml").toURL().toString());
    }
}
```

Listing 2.1: `CountSheep.java`

```
import org.xml.sax.helpers.DefaultHandler;
import org.xml.sax.Attributes;
class MyContentHandler extends DefaultHandler
    int count=0;
    public void startElement(String uri,
                             String localName,
                             String qualName,
                             Attributes attribs)
    {
        if (qualName.equals("sheep"))
           System.out.println(++count + " Schaf");
    }
    public void endDocument()
    {
        System.out.println("Schlafen Sie gut!");
    }
}
```

Listing 2.2: `MyContentHandler.java`

```
<?xml version="1.0" encoding="UTF-8"?>
<Sheep>
    <sheep/>
    <sheep/>
    <sheep/>
</Sheep>
```

Listing 2.3: `Sheep.xml`

Sie haben die Wahl. Sie können tippen, bis die Finger bluten, oder Sie können den gesamten Code dieses Buches herunterladen, einschließlich des Codes in den Listings 2.1, 2.2 und 2.3.

✔ **Um den Code herunterzuladen, besuchen Sie** `users.drew.edu/bburd` **oder** `www.hungryminds.com/extras`.

  Nach dem Download des Codes kopieren Sie die Listings 2.1, 2.2 und 2.3 in das Verzeichnis `Chapter02Project`, das Sie zuvor erzeugt haben. Wenn Sie ein Windows-Mensch sind, können Sie die Dateien mit dem Windows-Explorer kopieren.

✔ **Wenn Sie den Code selbst tippen wollen, verwenden Sie einen einfachen, alten Texteditor.**

  Tippen Sie das Zeug in den Listings 2.1, 2.2 und 2.3. Nennen Sie diese Dateien `CountSheep.java`, `MyContentHandler.java` und `Sheep.xml` und speichern Sie sie in dem Verzeichnis `Chapter02Project`, das Sie gerade erzeugt haben.

Windows Notepad hängt in der Regel die Erweiterung `.txt` an den Namen einer neuen Datei, die Sie speichern. Sie denken, Sie speichern `CountSheep.java`, und stattdessen speichern Sie `CountSheep.java.txt`. Damit dies nicht passiert, schließen Sie den Dateinamen in Anführungszeichen ("") ein (siehe Abbildung 2.10).

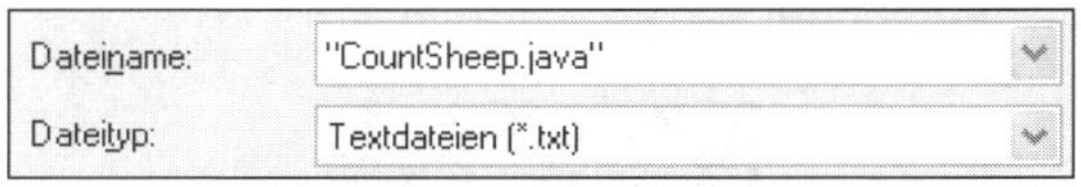

Abbildung 2.10: Eine Datei in Windows Notepad speichern

Es ist keine gute Idee, eine Textverarbeitung (wie z.B. Microsoft Word) zur Bearbeitung Ihrer Java- und XML-Dateien einzusetzen. Sie können zwar damit durchkommen, aber *Sie müssen diese Dateien im schlichten Textformat speichern.* In Word sehen Sie vielleicht ein Dialogfenster wie das in Abbildung 2.11. Klicken Sie in diesem Fall auf JA.

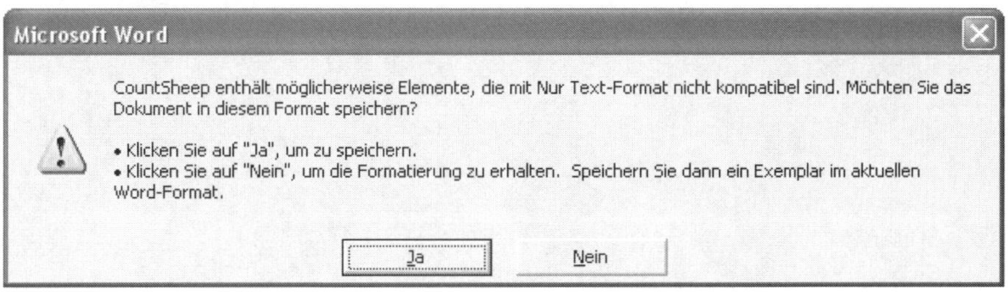

Abbildung 2.11: Sagen Sie JA zu einfachem Text.

Ich bekomme keine Schmiergelder dafür, dass ich den folgenden Tipp in mein Buch setze. Es gibt einen großartigen Texteditor, der Java- und XML-Syntax hervorhebt und Werkzeuge zur Kompilierung und Ausführung von Java-Code enthält. Er heißt TextPad, und Sie finden es unter `www.textpad.com`.

Java-Programme ausführen

Sobald Sie die Dateien in den Listings 2.1, 2.2 und 2.3 gespeichert haben, können Sie den Code auf beinahe jedem Betriebssystem ausführen, indem Sie die folgenden Zeilen in Ihrem Befehlszeilenfenster eingeben:

```
javac CountSheep.java
java CountSheep
```

Wenn Sie den Befehl `javac` eingeben, tippen Sie die Dateierweiterung `.java`. Wenn Sie den Befehl `java` verwenden, tippen Sie die Erweiterung `.java` *nicht ein.*

Wenn Sie den Code in der `CountSheep`-Klasse (Listing 2.1) erfolgreich ausführen, sollten Sie die Ausgabe erhalten, die in Abbildung 2.12 zu sehen ist.

Abbildung 2.12: Das Programm in Listing 2.1 ausführen

Wenn Sie diese Ausgabe erhalten, können Sie zu Kapitel 3 vorrücken. Wenn Sie diese Ausgabe nicht erhalten, lesen Sie die Anweisungen in diesem Kapitel noch zwei Mal. (Falls nötig, schicken Sie mir eine (englischsprachige) E-Mail an `JavaXML@BurdBrain.com`. Ich höre gerne etwas von Lesern.)

Teil II

Allzweckwerkzeuge

»Die Kinder stehen sofort auf. Als wir das Haus verkabelt haben, haben wir vibrierende Funkempfänger in die Etagenbetten eingebaut.«

In diesem Teil ...

Dieser Teil des Buchs ist für Kontrollfreaks. Sie zerlegen ein XML-Dokument, bis jedes kleinste Stück davon zu erkennen ist. Sie untersuchen jedes Stück und tun damit, was immer nötig ist. Dann setzen Sie das Ganze wieder zusammen und erstellen daraus etwas Neues. Dieses Neue kann jede Form annehmen – XML, HTML, normaler Text, Klang oder was immer Sie wollen. Sie sind der Chef.

Daten von oben bis unten untersuchen (mit SAX)

3

In diesem Kapitel

- Ereignisse behandeln
- Die Simple API zur XML-Bearbeitung verwenden
- Wann Sie diese API verwenden sollten

In diesem Kapitel geht es um SAX – die Simple API für XML. SAX ist so einfach, dass die Essenz davon in nur einem Satz zusammengefasst werden kann:

Beginne am Anfang und arbeite dich durch, bis du zum Ende gelangst.

Und da ich gerade beim Vorwärtsarbeiten bin, widme ich hiermit das gesamte Kapitel Zenon von Elea. Zenon war ein Philosoph des antiken Griechenlands. Er ist bestens bekannt dafür, die Leute darüber durcheinander zu bringen, was es heißt, sich vom Anfang zum Ende durchzuarbeiten. Zenons verwirrende Argumentation verläuft etwa so:

Stell dir vor, du versuchst von einem Ende eines Raumes zum anderen zu gelangen. Du beginnst an einem Ende und legst die halbe Strecke des Wegs zurück, um in die Mitte des Raums zu kommen. Dann legst du die Hälfte der verbleibenden Hälfte des Raumes zurück und hast drei Viertel des Wegs hinter dich gebracht. Doch dann legst du die Hälfte des verbleibendem Viertels zurück und hast sieben Achtel des Wegs zurückgelegt. In jedem Fall musst du unendlich viele Längen durchschreiten, um durch das Zimmer zu kommen. Aber du hast nicht die Zeit, um unendlich viele Längen zu durchschreiten. Schließlich wirst du sehr müde und musst zur Werbepause unterbrechen. Also wirst du es nie zur anderen Seite des Zimmers schaffen. Tut mir Leid!

Zenon wurde 490 v. Chr. geboren. 472 v. Chr., als er 18 Jahre alt war, hatte er einen Disput mit seinem Vater Teleutagoras. Er nannte seinen Vater einen alten Knacker, und sein Vater antwortete: »Erlaube dir keinen Scherz mit mir. Auch du wirst eines Tages ein alter Knacker sein.« Doch Zenon hatte, wie jeder anmaßende 18-Jährige, schnell eine Antwort parat.

Papa, das ist unmöglich. Ich werde noch nicht einmal das gesetzte Alter von 38 Jahren erreichen. Um es bis 38 zu schaffen, müsste ich 20 Jahre älter werden, als ich jetzt bin. Um 20 Jahre älter zu werden, müsste ich erst die Hälfte dieser Zeit leben und zehn Jahre älter werden. Um dann noch einmal zehn Jahre älter zu werden, müsste ich erst die Hälfte dieser Zeit leben und fünf Jahre älter werden. Der gesamte Prozess würde unendlich viele Schritte in Anspruch nehmen, und ich bin viel zu sehr damit beschäftigt, meine Jugend zu genießen, als dass ich unendlich viele Schritte machen könnte.

Zenons Vater, der selbst kein philosophischer Kauz war, schlug ein Gegenargument vor.

Der Mathematiker Leonhard Euler wird eines Tages beweisen, dass die Summe von unendlich vielen Zahlen wie 10 + 5 + 2½ + 1¼ usw. schließlich eine endliche Zahl ergibt – eine Zahl wie 20 beispielsweise. Wenn du lange genug wartest (oder auch, wenn du dich mit etwas anderem als Warten beschäftigst), wirst du schließlich das Alter von 38 Jahren erreichen.

Diese Erklärung war in Ordnung für Zenon. Aber wie jeder über 38 weiß, ist an der Geschichte noch etwas mehr dran. Tatsächlich gibt es unendlich viele Schritte, wenn man von einem Alter zum nächsten vorrückt. In dieser Hinsicht hatte Zenon Recht. Aber wenn man älter wird, erfordert jeder dieser Schritte immer weniger Zeit. Um von 18 auf 28 zu kommen, braucht es zehn Jahre. Aber dann, im Gegensatz zur allgemeinen Annahme, braucht es nur ein Jahr von 28 bis 33. Von 33 bis 35 ist es nur noch eine Woche. Und von da an ist es bis 50 nur noch eine Frage von Minuten, vielleicht sogar Sekunden.

So ist es kein Wunder, dass Sie unendlich viele Augenblicke erleben und dennoch älter werden können. Die Augenblicke schrumpfen schneller, als Ihnen die Natur Augenblicke vorsetzen kann.

Ereignisse behandeln

Das Wort *Ereignis* beschwört alle möglichen Arten von Bildern herauf. Für einen Nicht-Programmierer ist ein Ereignis nur »etwas, das passiert«. Wenn Sie den Umgang mit Fenstern und Frames in Java gewohnt sind, stellen Sie sich wahrscheinlich ein Ereignis als ein Vorkommnis vor, das ein Stück Programmcode ins Leben ruft. Beispielsweise ruft ein Mausklick oder ein Tastendruck den Code auf, der eine Option setzt und eine OK-Schaltfläche anzeigt. Der Klick oder Tastendruck selbst wird als *Ereignis* bezeichnet, weil er unabhängig von dem ausgeführten Programm stattfindet. Der Benutzer allein weiß, wann er diese Schaltfläche betätigen wird. Und wenn die Schaltfläche betätigt wird, wird einfach ein Teil des Java-Programms ins Leben gerufen, der mit der Situation umgeht. Dieses Szenario wird als *ereignisgesteuerte Programmierung* bezeichnet.

Ereignisgesteuerte Programmierung

SAX-Programme sind *ereignisgesteuert*. Was bedeutet das? Schön, dass Sie fragen.

Stellen Sie sich selbst zur schönsten Tageszeit vor: Sie gehen ins Bett und bereiten sich auf einen erholsamen Schlaf vor. Sie stellen Ihren Wecker. Nachdem der Wecker gestellt wurde, machen Sie es sich bequem, schließen die Augen und werden für einige Stunden bewusstlos. Dann findet ein wichtiges Ereignis statt: Ein bestimmte Tageszeit bricht an. Wenn dieses Ereignis stattfindet, schaltet der Wecker in den »Weck-den-Träumenden-auf«-Modus und verbreitet einen schrecklichen Lärm, um Sie aus dem Schlaf zu reißen.

Hier ist noch ein Szenario. Sie sind ein schwer beschäftigter Abteilungsleiter und arbeiten sich auf der Firmenleiter nach oben. Sie werden einige Stunden zu einem Zwei-Martini-Mittagessen weg sein, aber Sie möchten keine wichtigen Geschäfte verpassen. Bevor Sie das Büro verlassen, sagen Sie Ihrer Sekretärin: »Rufen Sie mich an, wenn etwas Wichtiges passiert.« Diese Anweisung zu geben, entspricht dem Stellen des Weckers. Sie weisen Ihre Sekretärin (Ihren Wecker) an, Sie aufzuwecken, wenn ein Ereignis stattfindet. Diese Forderung an Ihre Sekretärin (oder Ihren Wecker) zu richten, wird *Registrierung* genannt. In beiden Szenarien registrieren Sie sich bei einem Weckdienst. Sobald Sie registriert sind, können Sie Ihrer gemächlichen Nicht-Aktivität nachgehen und die ganzen echten Geschäfte ignorieren, bis ein Ereignis eintritt. Und dann.

Klingeling. Ihr Handy schreit nach Ihnen. »Hallo?«

»Hallo. Hier ist Ihre Sekretärin. Erinnern Sie sich an den geregelten Job, den Sie haben? Wie auch immer, ich habe hier die Verkaufszahlen für das erste Quartal. Es sind eine Million, vier Millionen und zwei Millionen.«

»Mal sehen. Das sind zusammen sieben Millionen«, sagen Sie. »Ich vermerke es in meinem Palm Pilot. Danke.« Sie legen auf.

Ein paar Gabeln später erhalten Sie einen weiteren Anruf. »Der Präsident der Großes Geld GmbH möchte den Handel abschließen. Sie reden von zehn Millionen Euro.«

»Hmm«, antworten Sie. »Das bringt unsere bisherigen Jahreseinnahmen auf 17 Megamäuse. Ich speichere diese Information in meiner Tabellenkalkulation. Danke für den Anruf.«

Jede dieser Interaktionen ist als *Rückruf* bekannt. Als Sie früher am Tag sich mit Ihrem Wunsch bei der Sekretärin registriert haben, haben Sie einen Rückruf angefordert. Jedes Mal, wenn dann ein Ereignis stattfindet, nimmt die Sekretärin einen Rückruf vor, um Sie über das Ereignis zu informieren. In der Java-Programmiersprache ruft die Sekretärin eine Ihrer vielen Methoden auf (eines Ihrer Java-Unterprogramme).

Das Wesentliche der ereignisgesteuerten Programmierung

Ereignisgesteuerte Programmierung besteht aus drei Teilen:

- ✔ **Registrierung:** Sie registrieren Ihren Wunsch, benachrichtigt zu werden, wann immer ein Ereignis eintritt. Sie registrieren diesen Wunsch bei einem anderen Stück Programmcode – einem weiteren Objekt, normalerweise etwas, das Sie importiert haben (wie z.B. einem Stück Code, das Bestandteil der API von jemand anderem ist). Dieses Objekt hält dann hinter den Kulissen Ausschau, ob das von Ihnen spezifizierte Ereignis eintritt.
- ✔ **Ereigniseintritt:** Ein bestimmtes Ereignis geschieht.
- ✔ **Rückruf:** Das andere Stück Programmcode nimmt einen Rückruf vor. Eine Ihrer Methoden wird aufgerufen.

Diese Aktion wird in Abbildung 3.1 dargestellt.

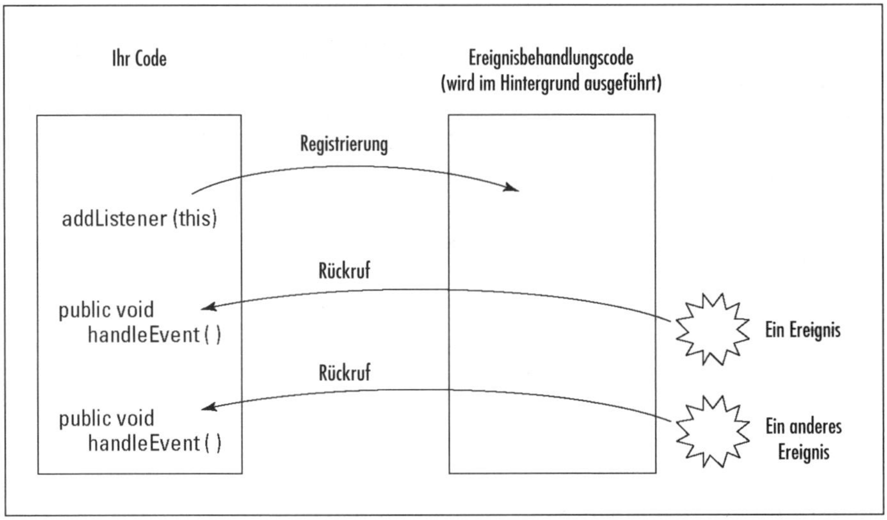

Abbildung 3.1: Ereignisregistrierung und Rückruf

Zwei Arten von Code (ein »Barryismus«)

Ich unterscheide zwischen aktivem und passivem Code. Dies gehört zwar nicht zur offiziellen Java-Terminologie, aber ich finde es trotzdem nützlich.

- ✔ **Aktiver Code besitzt eine Hauptmethode.** Wenn aktiver Code einmal gestartet wurde, übernimmt er das Podium. Aktiver Code enthält den Ausführungs-Thread, der das ganze Ballspiel kontrolliert.
- ✔ **Passiver Code sitzt nur da und wartet darauf, aufgerufen zu werden.** Eine passive `Würfel`-Klasse macht nichts, bis ein anderer Code die Methode `Würfel.roll()` aufruft.

Vielleicht denken Sie jetzt, dass ich sagen werde, passiver Code sei alles, was Sie für die ereignisgesteuerte Programmierung benötigen. Das werde ich aber nicht tun. Schließlich könnten Sie in dem Würfelbeispiel durchaus Ihre eigene Hauptmethode schreiben, um `Würfel.roll()` aufzurufen. Rückrufe würden regelmäßig und vorhersagbar vorgenommen, so dass keine Ereignisse stattfinden würden. Nein, zum ereignisbehandelnden Code gehört schon etwas mehr. Zur Ereignisbehandlung benötigen wir den Registrierungsschritt. Der passive Code beginnt damit, sich bei einem anderen Stück Programmcode zu registrieren.

Um diese Vorstellung der Registrierung zu verstärken, denken Sie sich ein Beispiel aus der Bildschirmwelt von Mäusen, Fenstern und Schaltflächen. Sie erzeugen ein Fenster oder einen Frame. Sie möchten, dass der Frame auf Mausklicks reagiert, also geben Sie folgenden Befehl ein:

```
button.addMouseListener(this);
```

Dieser Befehl registriert Ihren Frame bei der Schaltfläche. Dieser Befehl besagt: »Wann immer ein Mausereignis geschieht, rufe eine der Mausbehandlungsmethoden des Frames auf.« Wenn der Benutzer später mit der Maus klickt, erhält der Frame einen Rückruf. Der Computer ruft die `mouseClicked`-Methode des Frames auf.

SAX-Ereignisse

Sicher, SAX ist ereignisgesteuert, aber das bedeutet nicht, dass ein SAX-Programm auf Mausklicks wartet. Stattdessen folgt SAX-Code dem Modell Registrierung, Ereignis, Rückruf, das ich in den letzten Absätzen beschrieben habe. Jedes SAX-Programm besitzt zwei unerlässliche Codeteile:

- ✔ **Ein Stück Code, das Sie schreiben – die Behandlungsroutine.** (Ihre Behandlungsroutine kann eine vorgefertigte `DefaultHandler`-Klasse erweitern.)

  Die Behandlungsroutine entspricht dem zu Mittag essenden Abteilungsleiter in meiner Anekdote.

- ✔ **Ein Stück Code, das Sie normalerweise nicht schreiben – den Parser.** Der Parser spielt eine Rolle wie die Sekretärin in meiner kleinen Geschichte. Die Java-1.4-API besitzt einen integrierten Parser. Sie erzeugen eine *Instanz* dieses Parsers und registrieren dann Ihre Behandlungsroutine bei dieser Parserinstanz. Sie weisen die Instanz an, Ihre Behandlungsroutine zurückzurufen, wenn ein Ereignis eintritt.

Alles, was mit XML zu tun hat, ist neu und befindet sich noch im Fluss. Deshalb ist die Terminologie auf manch merkwürdige Weise zusammengesetzt. Während der Entwicklung der SAX Version 2 hatten einige Technikfreaks ein Namensgebungsfestival. Was normalerweise als »Parser« bezeichnet wird, ist in einer Java-Schnittstelle namens `XMLReader` enthalten. Es gab einmal eine Klasse namens `org.xml.sax.Parser`, aber diese Klasse wurde *abgelehnt* (das bedeutet, dass Sie sie sich von Ihren Schuhsohlen abkratzen sollen). Um die Dinge noch etwas komplizierter zu machen, gibt es ein weiteres Bearbeitungswerkzeug `javax.xml.parsers.SAXParser`. Sie verwenden diesen `SAXParser`, um selbst einen `XMLReader` herzustellen. Mit ein wenig Glück werden Sie sich schnell an diese zusammengewürfelte Terminologie gewöhnen. Für den Augenblick merken Sie sich, dass das, was ich als Parser bezeichne, normalerweise eine Instanz von `XMLReader` ist.

Das Registrieren-und-Rückruf-Szenario macht SAX ereignisgesteuert. Das Lustige ist nun, dass ein SAX-Ereignis nicht greifbar ist. Ein SAX-Ereignis erinnert Sie nicht an einen Tastendruck oder einen Mausklick. In SAX durchsucht der Parser ein XML-Dokument von oben bis unten. Wann immer der Parser auf etwas Interessantes stößt, löst er ein Ereignis aus und ruft die Behandlungsroutine auf. Danach liegt es bei der Behandlungsroutine, etwas mit dieser interessanten Begegnung zu tun.

Natürlich ist diese Plauderei über Ereignisse nett, aber alle Unterhaltung ohne Code lässt Java eine langweilige Sprache sein. Also gehen wir es an und betrachten ein wenig Code.

Aufstehen und loslegen (einfaches Beispiel)

Um loszulegen, benötigen Sie zwei Dinge – ein XML-Dokument und ein Java-Programm. Glücklicherweise sind XML-Dokumente keine Mangelware; ein gutes finden Sie in Listing 3.1.

```
<?xml version="1.0" encoding="UTF-8"?>
<MyThreeSins>
    <Sin rank="favorite">Faulheit</Sin>
    <Sin>Gefräßigkeit</Sin>
    <Sin>Neid</Sin>
</MyThreeSins>
```

Listing 3.1: Meine drei Sünden

Für dieses Java-Programm erzeugen wir zwei Klassen. (Streng genommen *benötigen* wir keine separaten Klassen, aber ich denke, dass der Code auf diese Weise weniger verwirrend ist. Die erste Klasse – der Code in Listing 3.2 – startet SAX und bringt den Ball ins Rollen. Der Code erzeugt einen Parser – und wendet dann den Parser auf das Dokument `MyThreeSins.xml` an.

```
import javax.xml.parsers.SAXParserFactory;
import javax.xml.parsers.SAXParser;
import javax.xml.parsers.ParserConfigurationException;
import org.xml.sax.XMLReader;
import org.xml.sax.SAXException;
import java.io.File;
import java.io.IOException;class CallSAX
{
    static public void main(String[] args)
        throws SAXException,
               ParserConfigurationException,
               IOException
    {
        SAXParserFactory factory =
            SAXParserFactory.newInstance();
        SAXParser saxParser = factory.newSAXParser();
        XMLReader xmlReader = saxParser.getXMLReader();
        xmlReader.setContentHandler(new MyContentHandler());
        xmlReader.parse
            (new File("MyThreeSins.xml").toURL().toString());
    }
}
```

Listing 3.2: SAX starten

Sehen Sie sich den Code in Listing 3.2 gut an. Sie werden Code wie diesen verwenden, um jedes Ihrer SAX-Programme auszuführen. Sie können sogar, mit leichten Veränderungen, den Code in Listing 3.2 für alle Beispiele in den Kapiteln 3, 4, 5 und 6 verwenden. Ich beziehe mich auf den Code in Listing 3.2 (und auf Codestücke, die ihm ähneln) als eine *SAX aufrufende* Klasse (oder etwas genauer eine `CallSAX`-Klasse). Von einem Beispiel zum anderen füge ich ein paar Anweisungen in meine SAX aufrufende Klasse ein, aber im Wesentlichen wird die SAX aufrufende Klasse durchgehend in diesem und den drei folgenden Kapiteln dieselbe sein.

Die CallSAX-Klasse

Gemessen an der einfachen Aufgabe, die es ausführt, verbraucht Listing 3.2 eine Menge Tinte. Zuerst gibt es die erforderlichen Importe. Dann gibt es eine Hauptmethode, die einige Anweisungen enthält, die einen Ausnahmefehler auslösen. Damit Sie diesen Code in einem Stück sehen können, habe ich alle Ausnahmen behandelnden Mechanismen in eine `throws`-Klausel gesteckt.

Oh, ja! Ich kann die Kritiker schon auf mich einbrüllen hören: »Ihr Code sollte stabiler sein. Verwenden Sie `try`-Anweisungen anstelle einer `throws`-Klausel.« Ja, schon gut – in der Praxis *würden* ein paar `try`-Anweisungen besseren Java-Code ergeben. Doch in diesem Buch opfere ich die Java-Reinheit, um die Java-XML-Techniken so deutlich wie möglich zu machen. Lassen Sie sich von einem anderen Buch beibringen, wie Sie großartigen, generischen Java-Code schreiben. (Versuchen Sie es z.B. mit *Java 2 für Dummies* von meiner bescheidenen Wenigkeit.) Dieses Buch hier konzentriert sich auf Java mit XML.

In Listing 3.2 befindet sich das Wesentliche innerhalb des Bodys der Hauptmethode. Es gibt fünf Anweisungen innerhalb des Bodys, und Sie werden erfreut sein zu erfahren, dass diese Anweisungen verwendet, wiederverwendet und wiederwiederverwendet werden können. Wann immer ich ein SAX-Programm schreibe, beginne ich einfach damit, ein älteres SAX-Programm auszugraben und diese Anweisungen daraus zu kopieren. Ich beschreibe diese Anweisungen in den nächsten Absätzen.

Drei Anweisungen erzeugen einen XML-Parser

In Listing 3.2 definieren die ersten drei Anweisungen im Body der Hauptmethode drei neue Objekte: `factory`, `saxParser` und `xmlReader`. Werfen Sie diese drei Objekte in einen Topf, fügen Sie Wasser hinzu und rühren Sie um. Voilà! Da ist Ihr SAX-Parser. Wenn Sie es detaillierter mögen, lesen Sie weiter.

✔ Die erste Anweisung erzeugt ein Factory-Objekt

Überall im Java-Universum finden Sie viele, viele `Factory`-Objekte. Eine *Factory* ist ein Objekt, das zur Erzeugung anderer Objekte verwendet wird. Und wozu benötigen Sie derartige Factories? Warum rufen Sie nicht einfach einen Konstruktor auf? Sie rufen keinen

Konstruktor auf, weil Sie sich nicht immer sicher sind, ein Objekt welcher Klasse Sie konstruieren.

Sehen Sie, manche Programmiererteams haben ihre eigenen Parser geschrieben. Es gibt `org.apache.crimson.XmlReaderImpl` und `org.apache.xerces.parsers.SAXParser`, um nur zwei zu nennen.

Schnell! Welchen Parser haben Sie in Ihrem Computer? Wenn Sie es nicht wissen (oder wenn Sie es wissen, sich aber die Möglichkeiten offen halten wollen), schreiben Sie lieber nicht den Namen Ihres Parsers in Ihren Code. Um es Ihnen zu ersparen, den Namen des Parsers zu spezifizieren, verwenden Sie eine Factory. Die Factory erstellt einen Parser, indem sie auf Ihrem System an einigen der Stellen angelt, an denen sich Parser normalerweise verbergen. Auf diese Weise müssen Sie sich nicht mit der Frage beschäftigen »Welchen Parser sollte ich verwenden?«.

Eine Liste der Stellen, an denen die Factory nach Parsern sucht, finden Sie auf der `javax.xml.parsers.SAXParserFactory`-Seite in der Java-1.4.-API-Dokumentation.

- ✔ Die Anweisungen zwei und drei konstruieren einen richtigen Parser (direkt aus der Factory für Sie).

Der Unterschied zwischen einem `SAXParser` und einem `XMLReader` hat mehr mit der Struktur der Java-Sprache als mit XML-Bearbeitung zu tun. Das Entscheidende ist, dass Sie diese Dinge verwenden, um das Ding zusammenzusetzen, dass ich als »Parser« bezeichne. Sobald Sie einen richtigen Parser haben, sind Sie dicht daran, echte XML-Bearbeitung vorzunehmen. In Listing 3.2 bezieht sich die Variable `xmlReader` auf den eigentlichen Parser.

VORSICHT TECHNIK!

`XMLReader` ist eine Schnittstelle, und `SAXParser` ist eine abstrakte Klasse. `XMLReader` listet Methoden auf, die implementiert werden müssen, wogegen `SAXParser` die Basisklasse bildet, die der Parser erweitern soll. (Ist das technisch genug für Sie?)

Wenn Sie auf Ihren Reisen auf die `org.xml.sax.Parser`-Schnittstelle stoßen, ist es am besten, sie zu ignorieren. Dies mag als Enttäuschung erscheinen; es ist der einzige Name in der API, der mit der Sache übereinstimmt, die Sie erzeugen wollen. Das Problem ist: Der Name `Parser` wurde zu einer Zeit verwendet, als alle die SAX-Version 1 benutzten. Mit den Namensbereichen in der SAX-Version 2 mussten die Leute von Java die Dinge ändern. Sie ersetzten die `Parser`-Schnittstelle durch `SAXParser` und `XMLReader`. (Eine Erläuterung von Namensbereichen in SAX finden Sie in Kapitel 5.)

Wählen Sie Ihren Parser aus

Die Factory in Listing 3.2 sucht in Ihrem Namen einen SAX-Parser aus. Sie wählt ihn aus den Parsern aus, die auf Ihrem System zur Verfügung stehen. Das mag in vielen Situationen gut und schön sein, aber gelegentlich möchten Sie Ihren Parser per Hand selbst auswählen. Vielleicht verwenden Ihre Kollegen oder Kunden Hänschen Lustigs SAX-Parser. Um also Konsistenz zu gewährleisten, möchten Sie auch Hänschen Lustigs SAX-Parser verwenden.

Sie können Ihr Programm anweisen, einen bestimmten Parser zu verwenden. Sagen wir, Sie möchten den Parser, dessen Code sich in der Klasse `org.apache.xerces.parsers.SAXParser` befindet. Entfernen Sie in Listing 3.2. die Aufrufe an `newInstance`, `newSAXParser` und `getXMLReader`. Fügen Sie anstelle dieser Anweisungen folgenden Code ein:

```
XMLReader xmlReader = XMLReaderFactory.createXMLReader
  ("org.apache.xerces.parsers.SAXParser");
```

Der Computer wird dann die SAXParser-Klasse im Paket `org.apache.xerces.parsers` verwenden, um Ihr Dokument zu parsen.

Nicht vergessen! Wenn Sie Ihren Lieblingsparser benennen, muss der Parser im Klassenpfad Ihres Computers erreichbar sein. (Informationen zum Einrichten des Klassenpfades finden Sie in Kapitel 2.)

Das XML-Dokument abrufen

Der Code in Listing 3.2 besitzt eine lange Zeile zum Abrufen eines Dokuments.

```
new File("MyThreeSins.xml").toURL().toString()
```

Was bedeutet all dies? Einige Parser dulden kaum relative Dateinamen (wie etwa `MyThreeSins.xml` ohne Verzeichnispfad). Andere Parser ersticken, wenn Sie ihnen relative Dateinamen vorsetzen. Im schlimmsten Fall interpretieren einige Implementierungen alles, was Sie zwischen Anführungszeichen setzen, als relativen Dateinamen, selbst wenn der von Ihnen gegebene Dateiname nicht relativ ist. (Eine Implementierung dieser Art nimmt den Namen

```
"c:\JavaPrograms\MyThreeSins.xml"
```

an und arbeitet ihn in

```
"file:/C:/JavaPrograms/c:\JavaPrograms\MyThreeSins.xml"
```

um. Das ist völliger Unsinn. Sie erhalten eine `FileNotFoundException`-Nachricht, wenn Sie es mit einem Namen wie diesem versuchen.)

In den meisten Fällen ist es am sichersten, eine bestimmte Logik zwischen sich und den Parser zu schalten. Lassen Sie diese Logik herausfinden, was der Dateiname sein sollte. In Listing

3.2. besteht diese Logik aus Aufrufen an den `File`-Konstruktor, die `toURL`-Methode und die `toString`-Methode. Und so funktioniert es:

- ✔ Der `File`-Konstruktor findet die Datei auf Ihrer Festplatte.
- ✔ Die Methode `toURL` stellt Ihre Datei als webfähige Ressource dar – etwas, das alle Parser gerne haben.
- ✔ Die Methode `toString` verwandelt diese abstrakte URL-Angelegenheit in eine echte Zeichenfolge. Diese wird dann in den Parser eingelesen.

Um dies zu testen, habe ich zwei etwas verschiedene Versionen des Codes in Listing 3.2 ausgeführt. Die eine Version sieht genau so wie Listing 3.2 aus; die andere verwendet einen absoluten Dateinamen:

```
xmlReader.parse(new File("c:\\JavaPrograms\\MyThreeSins.xml")
   .toURL().toString());
```

In beiden Fällen habe ich `System.out.println` aufgerufen, um die Zeichenfolge darzustellen, die an den Parser gesandt wurde, und in beiden Fällen war die Zeichenfolge dieselbe: `file:/C:/JavaPrograms/MyThreeSins.xml`. Diese Zeichenfolge ist die URL-Form der Datei `MyThreeSins.xml`

Sie sehen also, dass die Folge `File...toURL...toString` jeden vernünftigen Namen annimmt, den Sie an sie senden, und die richtige Möglichkeit findet, um diesen Namen an den Parser zu senden. Das ist großartig!

In einer Java-Zeichenfolge stellen Sie einen Backslash dar, indem Sie ein Backslash-Paar schreiben. Wenn Sie also in Ihrem Java-Programm absolute Pfadnamen hart codieren, wird eine Datei namens `MyThreeSins.xml` in Ihrem `JavaPrograms`-Verzeichnis als `"c:\\JavaPrograms\\MyThreeSins.xml"` dargestellt.

Ruf mich, falls etwas passiert

Jawoll! Sie haben einen Parser und ein XML-Dokument. Und was kommt jetzt? Da irgendjemand anders den Parser für Sie geschrieben hat (beispielsweise jemand bei `apache.org`), müssen Sie Ihren eigenen XML behandelnden Code schreiben. Was genau soll passieren, wenn der Parser auf ein neues Element stößt? Sie müssen Ihre Wünsche in einer spezialisierten Java-Klasse kapseln, die als *Handler-Klasse* bezeichnet wird.

Der Handler

Die Handler-Klasse enthält Methoden mit Namen wie `startDocument`, `startElement` und `endElement`. In der Anekdote einige Seiten zuvor über den geschäftigen Abteilungsleiter nimmt der Abteilungsleiter den Platz eines Handler-Objektes ein. Dieses Handler-Objekt wird beim Parser registriert (die persönliche Sekretärin des Abteilungsleiters). Wenn ein Ereignis stattfindet (der Parser bemerkt beispielsweise den Start eines neuen Elements), erhält das Handler-Element (auch bekannt als der geschäftige Abteilungsleiter) einen Rückruf. Dieser Verlauf wird in Abbildung 3.1 dargestellt.

Registrierung

In der Geschichte mit dem Abteilungsleiter passiert nichts, falls der Abteilungsleiter keine Anfrage registriert. Die Anfrage ist »Ruf mich an, wann immer *Blablabla* passiert.« In den Worten der SAX-Handler-Objekte passiert nichts, falls der Handler sich nicht beim Parser registriert. In Listing 3.2 geschieht diese Registrierung mit einer Codezeile.

```
xmlReader.setContentHandler(new MyContentHandler());
```

Wir erzeugen eine neue Instanz von `MyContentHandler`. Wir sagen ebenfalls: »Wann immer etwas Interessantes geparst wird, ruf eine der Methoden des `MyContentHandler`-Objekts auf.« Und was, so fragen Sie nun, ist ein `MyContentHandler`? Dessen Definition liegt bei Ihnen. Wie Sie einen `MyContentHandler` definieren, sehen Sie in Listing 3.3.

```
import org.xml.sax.helpers.DefaultHandler;
import org.xml.sax.Attributes;
class MyContentHandler extends DefaultHandler
{
    public void startDocument()
    {
        System.out.println("Dokumentstart.");
    }
    public void startElement(String uri,
                             String localName,
                             String qualName,
                             Attributes attribs)
    {
        System.out.print("Start-Tag: ");
        System.out.println(qualName);
        for (int i=0; i<attribs.getLength(); i++)
        {
            System.out.print("Attribut: ");
            System.out.print(attribs.getQName(i));
            System.out.print(" = ");
            System.out.println(attribs.getValue(i));
        }
    }
    public void characters
        (char[] charArray, int start, int length)
    {
        String charString =
            new String(charArray, start, length);
        charString = charString.replaceAll("\n", "[cr]");
```

```
        charString = charString.replaceAll(" ", "[blank]");
        System.out.print(length + " Zeichen: ");
        System.out.println(charString);
    }
    public void endElement(String uri,
                           String localName,
                           String qualName)
    {
        System.out.print("End-Tag: ");
        System.out.println(qualName);
    }
    public void endDocument()
    {
        System.out.println("Dokumentende.");
    }
}
```

Listing 3.3: Ein SAX-Handler

Das Ergebnis des Codes in den Listings 3.2 und 3.3 ist in Abbildung 3.2 zu sehen. Das Programm stellt die Namen von Elementen, die Werte von Attributen und die Zeichen innerhalb von Elementen dar. Das Programm macht dies mit Methoden wie `startElement`, `characters` und `endElement`. Wenn das XML-Dokument geparst wird, durchsucht der Parser das Dokument von oben bis unten. Wenn der Parser ein interessantes Ereignis bemerkt (der Start eines Elements, Zeichen in einem Element usw.), ruft er die passende Methode auf. Um genau zu sein, nimmt der Parser einen Rückruf an die passende Methode vor.

Abbildung 3.2: Was Sie schon immer über ein XML-Dokument wissen wollten

Rückruf-Methoden

Unser neuer `MyContentHandler` (in Listing 3.3) erweitert Javas vorgefertigte `Default-Handler`-Klasse. `MyContentHandler` besitzt außerdem fünf Rückruf-Methoden. Jede Methode sagt dem Computer, was zu tun ist, wenn eine bestimmte Art von Ereignis stattfindet. Wenn der Parser beispielsweise dem schließenden Tag `</Sin>` begegnet, ruft der Computer die Methode `endElement` zurück.

Die nächsten Abschnitte beschreiben die Rückrufmethoden in Listing 3.3.

Die Methode startDocument

Wenn der Parser mit dem Parsen beginnt, nimmt er einen Rückruf an die Methode `start-Document` vor. Im Grunde bedeutet ein Aufruf an diese Methode: »Hallo, Handler! Ich beginne, das Dokument `MyThreeSins.xml` zu parsen.« In Listing 3.3 macht der Handler etwas sehr Einfaches als Reaktion auf den Rückruf: Er stellt die Worte »Dokumentstart« auf dem Bildschirm dar.

Wenn Sie keine schicke, ganzheitliche Entwicklungsumgebung verwenden, stellt ein Aufruf an `System.out.println` Text im Eingabeaufforderungsfenster des Computers dar. In einer ganzheitlichen Entwicklungsumgebung wie etwa Forte for Java, JBuilder oder WebSphere Studio, stellt ein Aufruf an `System.out.println` womöglich Text in einem speziellen umgebungsspezifischen Fenster oder Rahmen dar.

Attribute und die Methode startElement

Die Methode `startElement` wird immer dann aufgerufen, wenn der Parser auf ein Start-Tag stößt. Wenn der Parser z.B.

```
<Sin rank="favorite">
```

in `MyThreeSins.xml` sieht, ruft er `startElement` auf.

Obwohl die Methode `startElement` vier Parameter besitzt, brauchen Sie sich nur über zwei von ihnen in diesem Kapitel Gedanken zu machen (`qualName` und `attribs`).

In diesem Beispiel ist der Parameter `qualName` einfach nur der Name des Elements. Der Name erscheint in Abbildung 3.2 in Zeilen wie `Start tag: MyThreeSins` und `Start tag: Sin`.

Der Parameter `attribs` ist vom Typ `Attributes` (oder genauer vom Typ `org.xml.sax.Attributes`). Ein `Attributes`-Objekt besitzt einen Haufen nützlicher Methoden – z.B. `getQName` und `getValue`.

- ✔ Wenn Sie nichts mit XML-Namensbereichen zu tun haben, gibt `getQName` ganz schlicht und einfach den Attributnamen zurück.

- Die Methode getValue gibt den Attributwert zurück. (Keine Überraschung an dieser Stelle.)

Sie können auf ein Attribut anhand eines Namens oder einer Zahl verweisen. In Listing 3.3 verweisen wir auf ein Attribut mit der Indexzahl i. Doch das Sin-Element besitzt ein Attribut namens rank. Wenn es also bequemer ist, können Sie attribs.getIndex("rank") und attribs.getValue("rank")aufrufen. Beim ersten Sin-Tag in Listing 3.1. ist der Wert für attribs.getIndex("rank") gleich 0. (Attribute werden von 0 an aufwärts nummeriert.) Und beim ersten Sin-Tag in Listing 3.1 ist der Wert von attribs.getValue("rank") gleich favorite.

Die Methode Characters

Es kommt der Punkt, an dem Sie etwas mit Zeichen tun möchten, die zwischen einem Start- und seinem End-Tag stehen. Darum geht es in der Methode Characters. Wenn der Parser auf Daten zwischen einem Start-Tag und End-Tag stößt, bekommt die Methode Characters einen oder zwei freundliche Rückrufe. In Listing 3.3 erzeugt die Methode Characters eine leicht veränderte Darstellung von allem, was sie in ihrem charArray-Parameter findet. Darum sehen Sie in Abbildung 3.2 Zeilen wie 4 Zeichen: Neid und 1 Zeichen: [cr].

Die Characters-Methode in SAX ist eine der kompliziertesten in der ganzen Sammlung. Für dem unachtsamen Benutzer hält die Methode etwa ein Dutzend Überraschungen bereit (meistens unangenehme). Hier sind ein paar Dinge, die Sie im Gedächtnis behalten sollten:

- **Verschiedene Parser implementieren die Characters-Methode verschiedenartig.**

  Einige der Unterschiede sind erheblich – z.B. die Anzahl der Aufrufe der Characters-Methode für dieselben Daten, wie die Parser mit Leerraum umgehen und auch wie sich derselbe Parser verhält, wenn Sie die Validierung ein- oder ausschalten.

  Zum Leerraum gehören Leerzeichen, Zeilenvorschübe, Absatzmarken, Tabulatoren und Seitenvorschübe.

- **Die Characters-Methode wird öfter aufgerufen, als Sie erwarten würden.**

  Beachten Sie die ersten drei Aufrufe an die Characters-Methode in Abbildung 3.2. Im XML-Dokument in Listing 3.1 stehen diese Aufrufe zwischen dem Start-Tag <MyThreeSins> und dem Start-Tag <Sin rank="favorite">.

  - Der erste Aufruf sendet überhaupt nichts an die Characters-Methode. (Der Parser scheint diesen Aufruf einfach nur so zum Spaß zu machen.)
  - Der zweite Aufruf schickte einen Zeilenumbruch an die Characters-Methode. In Listing 3.1 kommt dieser Zeilenumbruch unmittelbar nach dem <MyThreeSins>-Start-Tag.

- Der dritte Aufruf sendet drei Leerzeichen an die `Characters`-Methode. In Listing 3.1 sind diese Zeichen die Einrückung für das `<Sin rank="favorite">`-Start-Tag.

✔ **Der Parameter `charArray` enthält mehr als nur die Zeichen zwischen den Tags.**

Darum besitzt die `Characters`-Methode die Parameter `start` und `length`. Um Ihnen zu zeigen, dass ich Sie nicht belüge, habe ich ein Experiment gemacht. Ich habe die Variablen `start` und `length` aus der `charString`-Deklaration in Listing 3.3 entfernt. Die überarbeitete Deklaration sieht folgendermaßen aus:

```
String charString = new String(charArray);
```

In dieser neuen Deklaration habe ich den ganzen Inhalt des `charArray`-Parameters erfasst, nicht bloß die Zeichen, die von den `start`- und `length`-Werten entworfen werden. Das Ergebnis war in der Tat seltsam. Wenn ich diese Ausgabe an eine Textdatei sende, erhalte ich das seltsam aussehende Kauderwelsch, das in Abbildung 3.3 zu sehen ist.

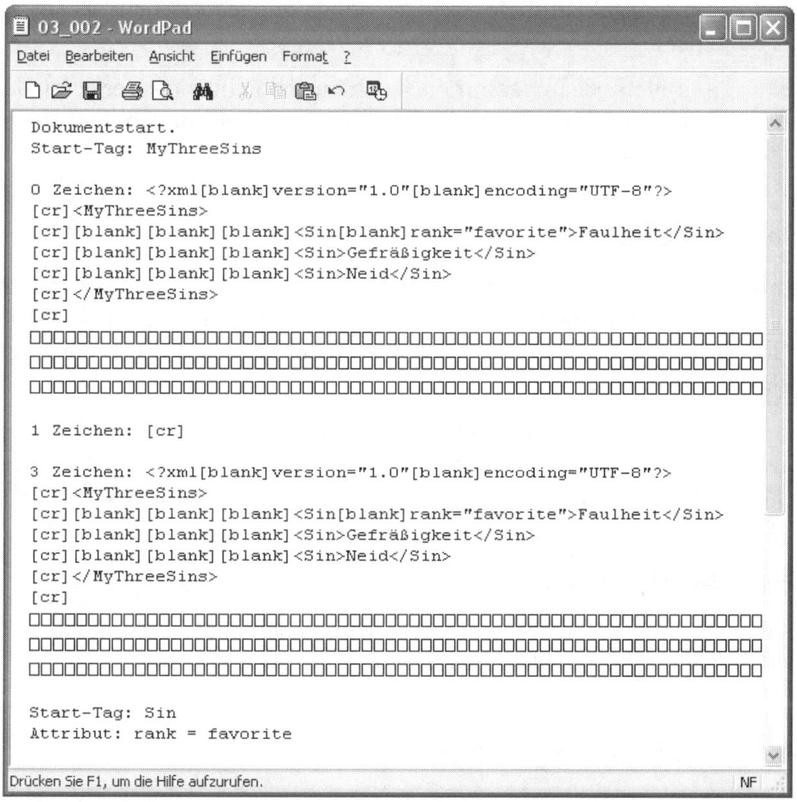

Abbildung 3.3: Alles in den `charArray`-Parameter schreiben

Abbildung 3.3 zeigt die ersten paar Zeilen der überarbeiteten Programmausgabe. Beachten Sie, was beim dritten Aufruf an die `Characters`-Methode geschieht. Anstelle der drei Leerzeichen aus Abbildung 3.2 sehen Sie den gesamten Inhalt der Datei `MyThreeSins.xml` und dann einige Zeichen. Wenn der Parser die `Characters`-Methode aufruft, packt der Parser all diesen Ramsch in den `charArray`-Parameter. Zu diesem Ramsch gehören Tausende von nutzlosen Nullbytes. (In Abbildung 3.3 stellt Microsoft Wordpad ein kleines Rechteck für jedes Nullbyte dar.)

In Listing 3.3 waren es nur die `start`- und `length`-Parameter der `Character`-Methode, die all das Irrelevante im `charArray` herausfiltern.

✔ **Ein Tag innerhalb eines anderen Tags zählt nicht als Zeichen.**

Sehen Sie sich noch einmal die XML-Datei in Listing 3.1 an. Wenn wir eine breitere Definition für das Wort *Zeichen* verwenden, fragen Sie sich wahrscheinlich, ob zu dem Zeug zwischen dem Start-Tag und dem End-Tag von `MyThreeSins` Zeichen wie `<Sin rank="favorite">` zählen. Teile des `<Sin>`-Tags sind jedoch nicht als Zeichen in Abbildung 3.2 aufgelistet.

Die `Characters`-Methode findet nur die Zeichen, die nicht von einer der anderen Methoden überwacht werden. Keine Tags oder Bearbeitungsanweisungen lösen einen Aufruf an die `Characters`-Methode aus.

Die Methode endElement

Wie die Methode `startElement` besitzt die Methode `endElement` einige Parameter. Der Parameter `qualName` der Methode `endElement` dient demselben Zweck wie der Parameter `qualName` der Methode `startElement`. Der Parameter speichert den Namen des Elements, das den Rückruf ausgelöst hat.

Beachten Sie, dass in Listing 3.3. die `endElement`-Methode einen Parameter weniger als die `startElement`-Methode besitzt. Im Speziellen besitzt die `endElement`-Methode keinen `Attributes`-Parameter. Das ergibt Sinn, weil ein XML-End-Tag niemals Attribute haben kann.

Die Methode endDocument

Was soll ich dazu sagen? Der Parser ist mit dem Durchsuchen des Dokuments fertig und ruft dann die Methode `endDocument` auf. Das ist alles.

Parser sind nicht billig, aber ...

Programmierer neigen dazu, etwas zu vergessen: Parser sind wiederverwendbar. Wenn Sie einmal eine Parserinstanz erzeugt haben, können Sie diese Instanz immer und immer wieder verwenden. Ich kann beispielsweise den Body von Listing 3.2 folgendermaßen umschreiben:

```
SAXParserFactory factory =
    SAXParserFactory.newInstance();
SAXParser saxParser = factory.newSAXParser();
XMLReader xmlReader = saxParser.getXMLReader();
xmlReader.setContentHandler(new MyContentHandler());
xmlReader.parse
    (new File("MyThreeSins.xml").toURL().toString());
xmlReader.parse
    (new File("SaintlyThoughts.xml").toURL().toString());
```

Wenn ich ein einziges `XMLReader`-Objekt erzeugt habe, kann ich das Objekt verwenden, um zwei (oder mehr) Dokumente zu parsen. Das ist gut, weil die Erzeugung eines Parsers recht zeitaufwändig sein kann.

Um meine Behauptung über die Erzeugung eines Parsers zu überprüfen, habe ich die Millisekunden gestoppt, die jeder der Schritte in den Listing 3.2 und 3.3 zum Vollzug benötigt. Die Ergebnisse waren wie folgt. Die Erzeugung eines Parsers in Listing 3.2 benötigte doppelt so viel Zeit wie der Methodenaufruf, der in Listing 3.3 durchgeführt wird. (Die Ergebnisse mögen variieren. Berufsmäßiger Fahrer auf gesperrtem Parcours. Die Daten unterliegen den örtlichen Steuern und Beschränkungen.)

Wann wird die SAX-API verwendet

Vor einiger Zeit versuchte ich zu entscheiden, welche Art von Hypothek ich für mein neues Haus aufnehmen sollte. Ich ging zu einer Kollegin in der Wirtschaftsabteilung. »Wirtschaft ist die Wissenschaft der Wahlmöglichkeiten«, sagte sie. Das hat mir die Dinge sicherlich verdeutlicht. Auch XML ist eine Wissenschaft der Wahlmöglichkeiten. Es gibt so viele Pakete und Entwürfe und Beta-Versionen, dass Sie leicht im Labyrinth verloren gehen können.

Und dann gibt es da noch die Anwendungsprogrammierschnittstellen (APIs). In diesem Kapitel (und in den Kapiteln 4, 5 und 6) verwende ich die SAX-API, um mit Dokumenten herumzufuchteln. In späteren Kapiteln verwende ich andere APIs. Wie wählen Sie also zwischen diesen APIs aus? Sie entscheiden von Fall zu Fall. Wie jede andere API ist SAX in einigen Situationen gut und in anderen schlecht.

Was also ist gut an SAX? Wann sollten Sie die SAX-API verwenden? Es gibt drei Fälle:

- ✔ **Verwenden Sie SAX, wenn das XML-Dokument lineare Daten repräsentiert.**

  Ein SAX-Parser beginnt am Anfang und arbeitet sich sorgsam zum Ende durch. Der Parser sieht ein Tag, dann noch eins und dann noch eins. Im Gegensatz zu anderen APIs betrachtet der SAX-Parser das Dokument nicht als eine Sammlung von verschachtelten Elementen. Wenn Sie es also mit einem Dokument zu tun haben, das tief verschachtelte Elemente enthält, vergessen Sie SAX. Für Elemente innerhalb von Elementen innerhalb von Elementen ist SAX nicht die richtige API.

Wenn andererseits Ihr Dokument nur leicht verschachtelt ist oder wenn es in Ihrer Anwendung Sinn ergibt, das Dokument linear zu durchlaufen, dann wählen Sie SAX aus und versuchen Sie es damit. SAX ist gut dafür, ein Element nach dem anderen zu bearbeiten, wie Sie in den nächsten Kapiteln sehen werden.

- ✔ **Verwenden Sie SAX bei jedem großen XML-Dokument.**

  Die SAX-API hat einen Tunnelblick. Wenn SAX mit einem bestimmten Start-Tag beschäftigt ist, sind alle umgebenden Tags (einschließlich des End-Tags, der zum Start-Tag gehört) unsichtbar. SAX marschiert in einem Dokument vorwärts, nimmt sich ein Tag, bearbeitet dieses und lässt es dann fallen, um zum nächsten Tag vorzurücken. Diese Kurzsichtigkeit kann hinderlich, aber auch ein Vorteil sein. Ganz gleich, wie groß ein XML-Dokument ist, der Parser sieht nur ein kleines Stück des Dokuments auf einmal. Das spart Arbeitsspeicher. (Und auch bei den heutigen günstigen Preisen kann Arbeitsspeicher immer noch eine knappe Ressource sein.)

- ✔ **Verwenden Sie SAX, wenn Sie eine fein abgestimmte Steuerung benötigen.**

  Im weiteren Verlauf des Buches lernen Sie komplexere Möglichkeiten kennen, mit XML-Dokumenten zu arbeiten. Tatsächlich fragen Sie sich vielleicht sogar, warum aus den letzten beiden Kapiteln alle XML-Dokumente verschwunden sind. Wenn Sie mit spezialisierten Auszeichnungssprachen arbeiten (Sprachen zur Business-to-Business-Bearbeitung z.B.), verwenden Sie Werkzeugsätze, die mit großen, applikationsspezifischen Ideen zu tun haben. Sie machen sich keine Gedanken mehr um Start-Tags und End-Tags und beginnen, sich Gedanken um die Abfrage einer Datenbank mit Webdiensten zu machen.

  Wenn Sie höhere Abstraktionsebenen erreichen, können Sie allgemeine Aufgaben schneller lösen. (Beispielsweise können Sie eine Datenbank mit nur wenigen Codezeilen abfragen.) Gleichzeitig verlieren Sie jedoch die Fähigkeit, benutzerdefinierte Optimierungen vorzunehmen. Wenn Sie auf der Ebene der Webdienste arbeiten, können Sie nicht einfach mit einem Start-Tag arbeiten, ohne wieder auf etwas wie SAX zurückzugreifen.

  Wenn Ihre Aufgabe also nicht durchschnittlich ist oder etwas dazu gehört, was noch niemand vor Ihnen gemacht hat, möchten Sie sich bestimmt auf einen feinkörnigen Werkzeugsatz wie die SAX-API verlassen.

Ihr Dokument überprüfen

4

In diesem Kapitel

- Validieren und überprüfen, wie syntaktisch korrekt Ihr Dokument ist
- Punkte in einem XML-Dokument lokalisieren
- DTD und Schema-Validierung vornehmen

Wenn Computer Ärger machen: Eine kurze Geschichte von Irrtum und Schuld

1970: »Der Computer machte einen Fehler.«

1975: »Das hier ist nicht in COBOL geschrieben.«

1980: »Ich kann nicht mit irgendjemandes Spaghetti-Code arbeiten.«

1990: »Ich verstehe keine Computer.«

1995: »Ich weiß nicht, worum es beim Internet eigentlich geht.«

1996: »Meine Festplatte ist zu klein.«

1997: »Ich habe nicht genug Arbeitsspeicher.«

1998: »Bill Gates ist schuld.«

1999: »Das ist nicht Y2K-fähig.«

2001: »Ich habe nicht genug Bandbreite«.

2002: »Ich muss mir ein Virus eingefangen haben.«

2003: »Dieser Code ist nicht portabel.«

2004: »Dieses Dokument ist nicht syntaktisch korrekt.«

2005: »Dies Dokument ist syntaktisch korrekt, aber nicht zulässig.«

2006: »Bill Gates ist schuld.«

2010: »Dies ist nicht in Java geschrieben und verwendet kein XML.«

2030: »Der Computer hat meine Sprache fehlinterpretiert.«

2040: »Ich sollte nicht so viel vor dem Computer sitzen.«

2060: »Der Computer hat meine Gedanken fehlinterpretiert.«

2100: »Ihre Gedanken haben meine Gedanken fehlinterpretiert.«

2200: »Ich werde meine Gedanken Ihre Gedanken aufrufen lassen.«

2300: »Diesmal hat der Computer wirklich einen Fehler gemacht.«

2500: »Ich sollte mal von meinem Stuhl aufstehen.«

2900: »Ich musste mein virtuelles Universum verlassen.«

3000: »Vor langer, langer Zeit war Bill Gates schuld.«

Ich mache niemals Fehler

Ich bin sicher, dass auch Sie niemals Fehler machen. Doch wenn Sie ein XML-Dokument bearbeiten, können viele Dinge schief gehen. Unter der Voraussetzung, dass das XML-Dokument schuld ist an dem, was schief geht, teilen sich die ekligen Dinge, die geschehen, in zwei Kategorien.

- **Das Dokument ist nicht syntaktisch korrekt.**

  Das Dokument verwendet nicht die richtige XML-Grammatik. Das Dokument folgt also nicht den Regeln, denen jedes XML-Dokument folgen muss. Niemand könnte das Dokument verstehen, es sei denn, er versucht zu raten, was der Autor schreiben wollte.

  Hier ist ein Beispiel für etwas Deutsches, das nicht so syntaktisch korrekt ist.

  *Drinnen machen? aber hallo. ; warum zum Eingang Geh zum Besitz *Kühe*

- **Das Dokument ist syntaktisch korrekt, aber nicht gültig.**

  Entweder besitzt das Dokument keine DTD (Dokumenttypdefinition) oder der Inhalt des Dokuments stimmt nicht mit dem überein, was in der DTD beschrieben ist. Die Zeilen im Dokument sind grammatikalisch korrekt, aber gemessen an den in der DTD gesetzten Regeln (oder an deren Fehlen) ergeben die Zeilen im Dokument keinen Sinn.

  Hier ist ein deutscher Satz, der syntaktisch korrekt, aber nicht gültig ist.

  Köstliches Provisorium schwächt ab, einst mit Dynastie befrachtet, erduldet nun Hochmütigkeit.

Prüfen, ob ein Dokument gut ist

Jede Art von Fehler (nicht syntaktisch korrekt oder nicht gültig) führt zu eigenen Problemen. Um unseren Verstand zu bewahren, nehmen wir zuerst den einfacheren Fall. Wir wollen ein Dokument betrachten, das nicht syntaktisch korrekt ist. Ein scheußliches Dokument dieser Art ist in Listing 4.1 zu sehen. Der Java-Code zum Lesen dieses Dokuments befindet sich in den Listings 4.2 und 4.3.

```
<?xml version="1.0" encoding="UTF-8"?>
<!-- IllFormedDoc.xml -->
<Greeting>
    Hallo Welt!
    <Question>
        Wie geht es?
     <Question>  <!-- Oh, nein! Dieses Start-Tag
                    sollte ein End-Tag sein!  -->
</Greeting>
```

Listing 4.1: Ein nicht syntaktisch korrektes Dokument

```
import javax.xml.parsers.SAXParserFactory;
import javax.xml.parsers.SAXParser;
import javax.xml.parsers.ParserConfigurationException;
import org.xml.sax.XMLReader;
import org.xml.sax.SAXException;
import java.io.File;
import java.io.IOException;public class CallSAX
{
    static public void main(String[] args)
        throws SAXException,
            ParserConfigurationException,
            IOException
    {
            SAXParserFactory factory =
            SAXParserFactory.newInstance();
            SAXParser saxParser = factory.newSAXParser();
          XMLReader xmlReader = saxParser.getXMLReader();
        xmlReader.setContentHandler(new MyContentHandler());
        try
        {
            xmlReader.parse
            (new File(args[0]).toURL().toString());
        }
        catch (SAXException s)
        {
            System.out.println("Es ist ein schwerwiegender Fehler aufge-
treten!");
            s.printStackTrace();
        }
    }
}
```

Listing 4.2: Den SAX-Parser aufrufen

```
import org.xml.sax.helpers.DefaultHandler;
import org.xml.sax.Attributes;
class MyContentHandler extends DefaultHandler
{
    public void startDocument()
    {
        System.out.println("START");
        System.out.println();
    }

    public void startElement(String uri,
                             String localName,
                             String qualName,
                             Attributes attribs)
    {
        System.out.print("Start-Tag: ");
        System.out.println(qualName);
    }
    public void endDocument()
    {
        System.out.println();
        System.out.println("Normal beendet!");
    }
}
```

Listing 4.3: Eine einfache Handler-Klasse

Vergleichen Sie den Code in Listing 4.2 mit dem entsprechenden Code in Kapitel 3 (Listing 3.2). In Kapitel 3 habe ich Sie davor gewarnt, dass all diese CallSAX-Listings einander ähneln würden. Nun ist es so weit. Listing 4.2 ist beinahe Wort für Wort identisch mit dem Code in Listing 3.2.

Ich konnte natürlich nicht widerstehen, zwischen Kapitel 3 und Kapitel 4 eine kleine Verbesserung vorzunehmen. Der Code in Listing 3.2 funktioniert nur für ein Dokument – das Dokument namens `MyThreeSins.xml`. Wenn es nun der einzige Ehrgeiz Ihres Lebens ist, die `MyThreeSins`-Datei immer und immer wieder zu parsen, dann ist der Code in Listing 3.2 genau das, was Sie wollen. Wenn Sie jedoch möchten, dass Ihr Code vielseitig ist (falls Sie sich also jedes Mal, wenn Sie das Programm ausführen, für eine andere Datei entscheiden möchten), befindet sich der Code, den Sie verwenden sollten, in Listing 4.2.

Listing 4.2 verwendet `args[0]` – allgemein bekannt als ein Befehlszeilenargument. Um den Code in Listing 4.2 auszuführen, gehen Sie zu Ihrer Eingabeaufforderung und tippen Sie etwas wie

```
java CallSAX MyThreeSins.xml
```

oder

```
java CallSAX Gourmet_Foods.xml
```

ein.

Was immer Sie nach dem Wort `CallSAX` eingeben, wird von Ihrem Programm als der Wert von `args[0]` interpretiert. Daher parst das Programm in dem ersten hier gegebenen Befehl die Datei `MyThreeSins.xml`. Der zweite Befehl weist das Programm an, die Datei `Gourmet_Foods.xml` zu parsen.

Gelegentlich möchten Sie, dass `args[0]` eine Zeichenfolge mit einem Leerzeichen darin ist. Umgeben Sie in diesem Fall die Zeichenfolge mit doppelten Anführungszeichen. Ein Befehl wie `java CallSAX "My XML File.xml"` würde Anführungszeichen (wie gezeigt) um den XML-Dateinamen herum erfordern.

Aus Gründen der Klarheit verwende ich gelegentlich Abkürzungen in dem Code, den ich für dieses Buch schreibe. Wenn Sie beispielsweise den Code in Listing 4.2 ausführen, ohne einen XML-Dateinamen anzugeben, erhalten Sie eine unangenehme `FileNotFoundException`-Meldung. In der Praxis sollten Sie die Java-Anweisung `try` verwenden, um sich von Fehlern dieser Art zu erholen. Im richtigen Leben vergessen die Leute ständig, Befehlszeilenargumente einzugeben. Doch in diesem Buch geht es nicht um `try`-Anweisungen in Java, und daher halte ich meinen Code so einfach wie möglich. Ich überlasse es Ihnen, diese zusätzlichen Nettigkeiten hinzuzufügen.

Den Code ausführen

Die Ausgabe der Listings 4.1, 4.2 und 4.3 ist eine Fehlermeldung (siehe Abbildung 4.1). Diese Nachricht erscheint, weil eine `SAXException` ausgelöst wird.

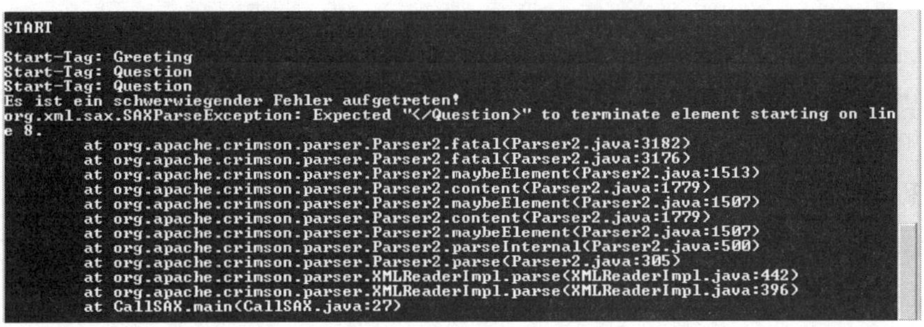

Abbildung 4.1: Ein nicht syntaktisch korrektes Dokument parsen

Um diesbezüglich zwangsneurotisch zu sein: Der Code löst in Wirklichkeit ein `SAXParseException` aus. Aber `SAXParseException` ist eine Unterklasse von `SAXException`, also ist jedermann glücklich.

Beachten Sie zwei Dinge bei der Ausgabe in Abbildung 4.1:

✔ **Das Programm wird nie dazu kommen, die Worte »Normal beendet!« auszugeben.**

Wenn der Parser in einem Dokument auf einen ungrammatischen Punkt stößt, gibt er einfach auf. Nach Abfangen von `SAXException` beendet der Code in Listings 4.2 und 4.3 einfach die Ausführung.

✔ **Die Fehlerdiagnostik zeigt fast ausschließlich auf Code, der im Hintergrund ausgeführt wird.**

Sie sehen keinen Verweis auf den Code aus Listing 4.3 in dem Stack-Protokoll von Abbildung 4.1. Das liegt daran, dass die Methoden aus Listing 4.3 nicht das eigentliche Parsen durchführen. Diese Handler-Methoden reagieren nur auf Parser-Ereignisse. (Eine Methode wie `System.out.println` würde sich, wenn sie aus der `startElement`-Methode heraus aufgerufen würde, nicht über den fehlenden Schrägstrich im XML-Dokument ärgern.)

In Abbildung 4.1 ist das Stack-Protokoll das Zeug mit all den vollständigen Klassennamen (Namen wie `org.apache.crimson.parser.Parser2.fatal`).

Das fehlende End-Tag wird vom Parser bemerkt und dieser Parser, der von der Hauptmethode in der Klasse `CallSAX` aufgerufen wird, ist die Methode, die den Ausnahmefehler behandelt.

Eine Fehlerbehandlungsroutine erzeugen

Die kümmerliche Fehlermeldung in Abbildung 4.1 ist für die meisten Programmieraufgaben unangemessen. Was tun Sie also, wenn Sie mehr Informationen wünschen? Können Sie einen Fehler, der die »syntaktische Korrektheit« betrifft, auf frischer Tat ertappen? Sie können dem Parser eine Fehlerbehandlungsroutine übergeben und diese einige Meldungen ausgeben lassen.

Um dem Parser einen Fehler-Handler zu geben, tun Sie zwei Dinge.

✔ **Sie definieren eine Fehler-Handler-Klasse.**

In Listing 4.4 gibt es einen Beispiel-Fehler-Handler.

✔ **Sie weisen den Fehler-Handler dem Parser zu.**

Um den Fehler-Handler zuzuweisen, fügen Sie die folgende Anweisung dem Code in Listing 4.3 hinzu:

```
xmlReader.setErrorHandler(new MyErrorHandler());
```

Diese neue Anweisung steht entweder unmittelbar vor oder hinter dem Aufruf an die `setContentHandler`-Methode.

```
import org.xml.sax.helpers.DefaultHandler;
import org.xml.sax.SAXParseException;
class MyErrorHandler extends DefaultHandler
{
    public void warning(SAXParseException e)
    {
        System.out.println("Warnung:");
        showSpecifics(e);
        System.out.println();
    }
    public void error(SAXParseException e)
    {
        System.out.println("Fehler:");
        showSpecifics(e);
        System.out.println();
    }
    public void fatalError(SAXParseException e)
    {
        System.out.println("Schwerer Fehler:");
        showSpecifics(e);
        System.out.println();
    }
    public void showSpecifics(SAXParseException e)
    {
        System.out.println(e.getMessage());
        System.out.println("   Zeile " + e.getLineNumber());
        System.out.println("   Spalte " + e.getColumnNumber());
        System.out.println("   Dokument " + e.getSystemId());
    }
}
```

Listing 4.4: Ein Fehler-Handler

Das Ergebnis des ausgeführten neuen Codes ist in Abbildung 4.2 zu sehen. Wenn beim Parsen ein Patzer auftritt, überprüft der Parser, ob ihm ein Fehler-Handler zugewiesen wurde. Falls ja, ruft der Parser eine Methode in dem Fehler-Handler auf. Abhängig von der Schwere des Fehler ruft der Parser die Methode `warning`, `error` oder (ächz!) `fatalError` auf.

Einige Methoden, die zu SAXParseException gehören

Wenn dem Parser nicht gefällt, was er sieht, ruft er eine Methode in Listing 4.4 auf. Ganz gleich, welche Methode aufgerufen wird, ihr wird `SAXParseException` übergeben. An diesem Punkt könnten Sie die Methoden des Ausnahmefehlers aufrufen, um mehr Informationen zu erhalten.

In Listing 4.4 rufe ich beispielsweise die Methoden `getMessage`, `getLineNumber`, `getColumn Number` und `getSystemId` auf.

- Die Methode getMessage zeigt eine kurze Zusammenfassung des Fehlers an.

  In Abbildung 4.2 sieht diese Zusammenfassung so aus:

  ```
  Expected "</Question>" to terminate element
  starting on line 8.
  ```

  Sie sehen diese Meldung zweimal in Abbildung 4.2. Beim ersten Mal sehen Sie sie wegen eines expliziten Aufrufs der Methode getMessage. (Der Aufruf befindet sich in meiner showSpecifics-Methode.) Beim zweiten Mal sehen Sie die Meldung wegen des Aufrufs von printStackTrace in Listing 4.2.

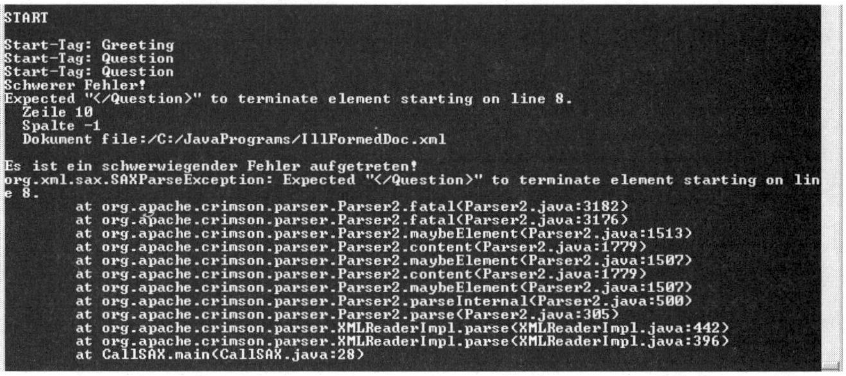

Abbildung 4.2: Was passieren kann, wenn Sie einen Fehler-Handler verwenden

- **Die Zeilennummer ist der Ort, an dem der Parser zur Ruhe kommt.**

  In Listing 4.1 befindet sich das schlechte Question-Tag in Zeile 8. Doch in Abbildung 4.2 ist die dargestellte Zeilennummer die 10. Der Parser verschlingt alle ihn umgebenden Kommentare, bevor er versucht, das beleidigende Question-Tag zu parsen. Bis der Parser also bemerkt hat, dass das Question-Tag schlecht ist, ist er schon zu Zeile 10 weiter gesprungen.

  Beachten Sie auch beim Berechnen der Zeilennummern, dass der Parser Leerzeilen *mitzählt*.

- **Eine Spaltennummer von -1 zeigt an, dass die Spaltennummer unbekannt ist.**

  Die Spaltennummer 1 würde uns sagen, dass der Parser an der öffnenden spitzen Klammer (<) des Greeting-End-Tags angekommen ist. Stattdessen sagt der Parser: »Ich weiß nicht, welche Spalte ich erreicht habe.«

Die org.xml.sax.Locator der Java-API-Dokumentation enthält einige interessante Hinweise über die Verschwommenheit dieser Werte von Spaltennummer und Zeilennummer. (Wie bei der Locator-Schnittstelle selbst habe ich später in diesem Kapitel mehr darüber zu berichten.)

✔ Die Methode `getSystemId` verrät uns den Namen des Dokuments, das uns so viel Angst bereitet.

Wenn Sie mit mehreren Dokumenten gleichzeitig arbeiten, kann diese Information recht nützlich sein.

Ein die syntaktische Korrektheit betreffender Fehler ist immer eine schlechte Nachricht

Es gibt noch eine Düsterkeit, die Sie zur Kenntnis nehmen sollten und die Fehler der syntaktischen Korrektheit betrifft. Wenn der Parser auf einen solchen Fehler stößt, rettet Ihnen der Besitz eines Fehler-Handlers im Allgemeinen nicht den Hals.

Sehen Sie sich noch einmal Abbildung 4.2 an und beachten Sie, was geschieht. Der Parser findet das schlechte `Question`-Tag, und die `fatalError`-Methode des Fehler-Handlers wird aufgerufen. Der Fehler-Handler stellt einige nette Informationen dar, aber dann drosselt der Parser heftig ab. In der Hauptmethode der `CallSAX`-Klasse löst der Parser einen Ausnahmefehler aus. Nach meinem Aufruf an `printStackTrace` kommt das ganze Programm zu einem quietschenden Halt. (Ich schätze, den Namen »*fataler* Fehler« gibt es nicht ohne Grund!)

Validierungsfehler

Da wir im letzten Abschnitt die Fehler erschlagen haben, die die syntaktische Korrektheit betreffen, ist es nun an der Zeit, sich zu den Validierungsfehlern zu bewegen. Als Erstes benötigen wir einen Sündenbock – ein Dokument, das klar und unzweideutig ungültig ist. Glücklicherweise habe ich ein solches Dokument gerade im Kopf. Das Dokument befindet sich in Listing 4.5 und die DTD des Dokuments in Listing 4.6.

```
<?xml version="1.0" encoding="UTF-8" standalone="no" ?>
<!DOCTYPE Greeting SYSTEM "InvalidDoc.dtd">
<!-- InvalidDoc.xml -->
<Greeting>
    Hallo Welt!
    <Question>          <!-- Kein Question-Element in der DTD -->
        Wie geht es?
    </Question>  </Greeting>
```

Listing 4.5: Ein schlechtes Dokument

```
<?xml version="1.0" encoding="UTF-8"?>
<!-- InvalidDoc.dtd -->
<!ELEMENT Greeting (#PCDATA)>
```

Listing 4.6: Eine unvollständige DTD

Normalität finden, wo es keine gibt

Lassen Sie uns damit anfangen, den Code in den Listings 4.2 und 4.3 anhand unserer neuen Datei `InvalidDoc.xml` auszuführen (Listing 4.5). Sie erhalten die Ausgabe in Abbildung 4.3. Das ist ziemlich unspannend, richtig? Selbst wenn Sie den Fehler-Handler in Listing 4.4 hinzufügen, stellt sich das Dokument als normal, normal, normal dar.

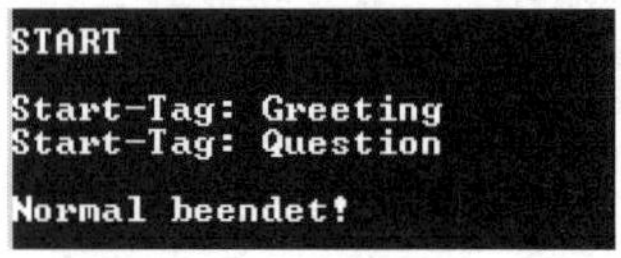

Abbildung 4.3: Ein Dokument mit ausgeschalteter Validierung parsen

Die Validierung einschalten

Bei dem Dokument in Listing 4.5 wünschen Sie nicht die selbstgefällige Meldung aus Abbildung 4.3. Stattdessen möchten Sie, dass der Computer die Unzulänglichkeiten des Dokuments erkennt. Hierfür müssen Sie die Dokumentvalidierung einschalten. Das ist einfach genug. Um diese Funktion einzuschalten, rufen Sie eine der Methoden der Parser-Factory auf. (Das stimmt schon. Sie rufen keine Parser-Methode auf. Sie rufen eine Parser-*Factory*-Methode auf.) Sie fügen dem Code in Listing 4.2 zwei Anweisungen hinzu.

✔ Nach dem Aufruf von `SAXParserFactory.newInstance` fügen Sie einen Aufruf von `factory.setValidating` hinzu:

```
factory.setValidating(true);
```

✔ Neben dem Aufruf von `xmlReader.setContentHandler` fügen Sie einen Aufruf von `xmlReader.setErrorHandler` hinzu:

```
xmlReader.setErrorHandler(new MyErrorHandler());
```

Wenn Sie den erweiterten Code anhand des Dokuments in Listing 4.5 ausführen (und der DTD in Listing 4.6) erhalten Sie die Ausgabe, die in Abbildung 4.4 zu sehen ist. Der Computer erzeugt zwei Fehlermeldungen – eine, wenn er bemerkt, dass sich innerhalb des `Greeting`-Tags etwas Illegales befindet, und eine weitere, wenn er ein nicht deklariertes `Question`-Tag bemerkt. Natürlich beziehen sich beide Meldungen auf denselben Fehler, nämlich, dass das `Question`-Tag nicht in der DTD deklariert ist.

Verfluchte Torpedos ...

Beachten Sie in Abbildung 4.4, dass beide Rückrufe Fehler sind. Dies sind keine Warnungen und sie sind keine schweren (fatalen) Fehler. Da es keine schweren Fehler sind, kommt der Parser wieder auf die Beine und bearbeitet den Rest des XML-Dokuments. Sie erkennen das in Abbildung 4.4 daran, dass der Durchlauf mit den Worten »Normal beendet!« endet.

Wenn Sie die Validierung einschalten, stellen Sie sicher, dass Sie einen Fehler-Handler bereithalten. Wenn Sie vergessen, `setErrorHandler` aufzurufen, wird Ihnen der Computer einen Warnhinweis geben, und Java wird seinen Standard-Fehler-Handler verwenden. Dieser ist zwar nicht schlecht, aber wohl nicht das, was Sie möchten.

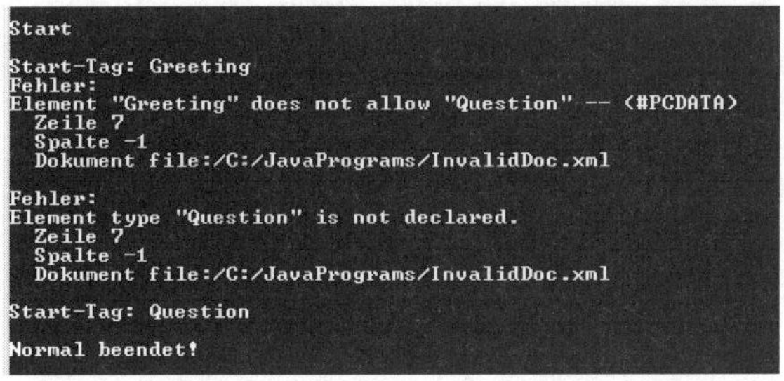

Abbildung 4.4: Ein Dokument mit eingeschalteter Validierung parsen

Einen Dokument-Lokator verwenden

Ich habe zuvor in diesem Kapitel die Methoden namens `getLineNumber` und `getColumnNumber` erläutert. Wenn ein Ausnahmefehler ausgelöst wird, geben Ihnen diese Methoden einige kurze, aber nützliche Berichte. Meine Frage ist daher, ob man diese Berichte auch dann erhalten kann, wenn keine Ausnahmefehler ausgelöst wurden? Wenn etwas Nettes innerhalb eines XML-Dokuments passiert und Sie die Position dieser Nettigkeit feststellen wollen, können Sie das mit den Methoden `getLineNumber` und `getColumnNumber` tun? Die Antwort ist: Ja, Sie können.

Um diese Aufgabe in Angriff zu nehmen, besitzt SAX ein hübsches Werkzeug namens `Locator`-Schnittstelle. Ein Lokator protokolliert den Weg, den der SAX-Parser während der Bearbeitung eines Dokuments geht. Jeder Lokator besitzt die Methoden `getColumnNumber` und `getLineNumber`. Das einzig Knifflige ist, einen Lokator zu lokalisieren. Listing 4.7 zeigt Ihnen, wie es geht.

```
import org.xml.sax.helpers.DefaultHandler;
import org.xml.sax.Attributes;
import org.xml.sax.Locator;
class MyContentHandler extends DefaultHandler
{
    Locator locator;
    public void setDocumentLocator(Locator locator)
    {
        this.locator=locator;
    }
    public void startDocument()
    {
```

```
        System.out.println("START");
        showSpecifics();
        System.out.println();
    }
    public void startElement(String uri,
                             String localName,
                             String qualName,
                             Attributes attribs)
    {
        System.out.print("Start-Tag: ");
        System.out.println(qualName);
        showSpecifics();
        System.out.println();
    }
    public void showSpecifics()
    {
        System.out.println
           ("  Zeile " + locator.getLineNumber());
        System.out.println
           ("  Spalte " + locator.getColumnNumber());
        System.out.println
           ("  Dokument " + locator.getSystemId());
    }
}
```

Listing 4.7: Einen Lokator erzeugen

Sie können den Code in Listing 4.7 zusammen mit dem XML-Dokument in Listing 3.1 und der `CallSAX`-Klasse aus Listing 3.2 ausführen. Wenn Sie all dies tun, erhalten Sie die Ausgabe, die in Abbildung 4.5 zu sehen ist.

Wenn Sie den Parser erstmalig starten, erzeugt er einen Lokator. Der Parser verwendet diesen Lokator, um zu protokollieren, wo er sich innerhalb des XML-Dokuments befindet.

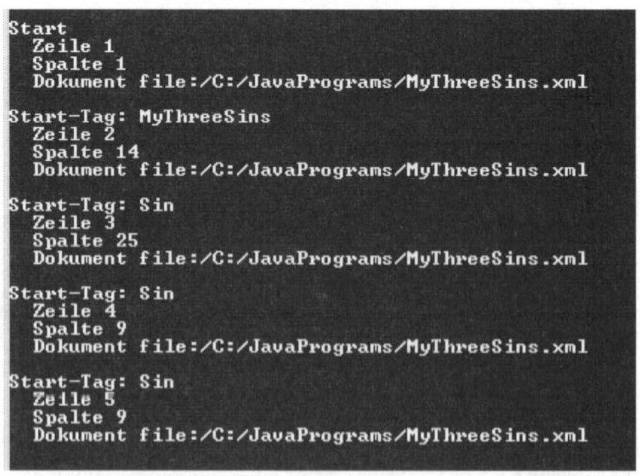

Abbildung 4.5: Einen Dokument-Lokator verwenden

Einen Lokator zu erstellen, wird als Ereignis betrachtet. Wie bei anderen Ereignissen verursacht diese Erzeugung eines Lokators einen Rückruf. Sie können die Methode verwenden, die zurückgerufen wird (nämlich die Methode `setDocumentLocator`), um einen Verweis auf den Lokator des Parsers zu erfassen. Ich mache dies in Listing 4.7. Überall im Rest des Handler-Codes verwende ich den Lokator, um zu ermitteln, wo Ereignisse innerhalb des Dokuments stattfinden.

Schema-Validierung

Bis zu dieser Stelle des Buchs haben wir Dokumente mit DTDs validiert. Aber die alte treue DTD ist nicht das letzte Wort bei der Dokument-Validierung. Es gibt einen Neuzugang namens *Schema*. Mit einem Schema definieren Sie mehr als nur Elemente und deren Attribute. Sie definieren ebenfalls Werttypen. Mit dem Schema in Listing 4.8 bestimmen Sie beispielsweise, dass die Zeichen zwischen den Start-Tags und End-Tags von `Children` eine Ganzzahl darstellen müssen.

```
<?xml version="1.0"?>
<!-- Children.xsd -->
<xsd:schema xmlns:xsd="http://www.w3.org/2001/XMLSchema">
<xsd:element name="Children" type="xsd:integer"/>
</xsd:schema>
```

Listing 4.8: Entschuldigung, halbe Kinder sind nicht zulässig

Gemäß dem Schema in Listing 4.8 ist das Dokument in Listing 4.9 schlecht, schlecht, schlecht. Die Zahl 2,5 ist keine Ganzzahl.

```
<?xml version="1.0" encoding="UTF-8" standalone="no"?>
<!-- Children.xml -->

<Children
    xmlns:xsi="http://www.w3.org/2001/XMLSchema-instance"
    xsi:noNamespaceSchemaLocation="Children.xsd"
>2.5</Children>
```

Listing 4.9: Wie viele Kinder haben Sie?

Damit Ihr Programm bei den Listings 4.8 und 4.9 aufschreit, fügen Sie dem Code in Listing 4.2 folgende Zeilen hinzu:

```
factory.setValidating(true);
factory.setNamespaceAware(true);

SAXParser saxParser = factory.newSAXParser();
saxParser.setProperty
```

```
    ("http://java.sun.com/xml/jaxp/" +
        "properties/schemaLanguage",
        "http://www.w3.org/2001/XMLSchema");
```

In diesen Zeilen funktioniert der Aufruf an `setValidating` genauso wie der `setValidating`-Aufruf zur DTD-Validierung. (Dies wurde bereits in diesem Kapitel beschrieben.) Die ganze Geschichte mit `setNamespaceAware` wird in Kapitel 5 behandelt. Mit der Methode `setProperty` befasse ich mich im nächsten Abschnitt.

Wenn diese neuen Anweisungen dem Listing 4.2 hinzugefügt sind, erhalten Sie die Ausgabe, die in Abbildung 4.6 zu sehen ist.

Abbildung 4.6: Entschuldigung! Das Dokument entspricht nicht seinem Schema.

Funktionen und Eigenschaften

Ein paar Absätze zuvor habe ich die Geister der Schema-Validierung durch den Aufruf einer Methode namens `setProperty` heraufbeschworen. Im Allgemeinen besitzt jeder Parser gewisse Optionen, die Sie einrichten können. Diese Optionen teilen sich in zwei Arten: *Features* und *Eigenschaften*. Ein *Feature* ist etwas, das entweder ein- oder ausgeschaltet sein kann (also `true` oder `false`), und eine *Eigenschaft* besitzt, einen eher allgemeinen Wert. (Ein Wert einer Eigenschaft ist vom Java-Typ `Object`.) Funktionen und Eigenschaften ermöglichen Ihnen eine feinkörnige Steuerung des Parsing-Prozesses.

Wie die meisten Dinge im Leben besitzt jedes Feature und jede Eigenschaft einen Namen und einen Wert. Ein typischer Name ist ein URI zur Schema-Validierung wie der Name `http://java.sun.com/xml/jaxp/properties/schemaLanguage`. Ein weiteres Beispiel ist:

```
xmlReader.setFeature
    ("http://xml.org/sax/features/namespaces", true);
```

Die Abkürzung *URI* steht für *Uniform Resource Identifier*. Jeder URL ist ein URI, aber einige URIs sind keine URLs. Details finden Sie unter `www.w3.org/Addressing`.

Einige Features und Eigenschaften sind standardmäßig allen Parsern zugeordnet. Andere Features und Eigenschaften gehören speziell zu bestimmten Parser-Implementierungen. Eine Liste der Standardfeatures und -eigenschaften finden Sie unter `www.saxproject.org`.

Nützliche Werkzeuge in der SAX-API

5

In diesem Kapitel

- Mit Leerraum arbeiten
- Namensbereiche verwenden
- Mit Verarbeitungsanweisungen umgehen

Es hat seine Vor- und Nachteile, ein Uniprofessor zu sein. Einer der Vorteile ist der Arbeitsplan. Während des Schuljahres arbeite ich 55 Stunden pro Woche, aber ich brauche von Mitte Mai bis Ende August keine Kurse zu geben. Ich kann den ganzen Sommer damit verbringen, dumme Bemerkungen für meine *Für-Dummies*-Bücher zu ersinnen.

Ein weiterer Vorteil ist die Arbeitsumgebung. Mit Ausnahme einiger Fakultätsmitglieder (die wissen schon, wer gemeint ist) ist beinahe jeder bei der Arbeit vernünftig und zuvorkommend. Natürlich ist nicht alles, was mit den Fakultätsmitgliedern zu tun hat, ein Vorteil. Die meisten dieser Leute sind so klug, dass man verrückt werden kann, wenn man sich einfach nur mit ihnen unterhält.

Eines Tages sagte jemand beim Essen: »Haben Sie heute Morgen in der New York Times diesen faszinierenden Leitartikel gelesen?« Und ich antwortete: »Nein, wir haben die örtliche Zeitung aus New Jersey.« Darauf sagte der andere: »In dem Artikel ging es um die Stadt Puerto Casado und den Verkauf von Land an der Grenze zwischen Brasilien und Paraguay. Sie haben schon 400.000 Hektar an Hochwürden Sun Myung Moon verkauft.«

»Denk schnell nach, Barry«, sagte ich zu mir selbst. »Was ist ein Hektar? Sind 400.000 Hektar viel Land, oder kann man nur einen bescheidenen Swimming-pool darauf errichten?« Dann erinnerte ich mich, dass der Name Brasilien gefallen war. Mir fiel ein, dass – im Gegensatz zum allgemeinen nordamerikanischen Glauben – die größte Nation in Südamerika Portugiesisch als Muttersprache spricht. Also sagte ich: »All diese Hektar in Brasilien! Ich frage mich, ob Sun Myung Moon Portugiesisch spricht.«

Nach einer betäubenden Stille sagte eine Frau am anderen Ende des Tisches: »Portugiesisch? Warum sollte Sun Myung Moon Portugiesisch sprechen müssen? Puerto Casado ist auf der paraguayischen Seite der Grenze. Und in Paraguay spricht man Spanisch.«

Wenn Sie beim Mittagessen dabei sein wollen, müssen Sie einen Kopf für Details haben. Daher geht es in diesem Kapitel um Details. Die Details bei der Verwendung von SAX.

Leerraum? Was für Leerraum?

In diesem Abschnitt geht es um die Auswirkungen einer DTD auf Leerraumzeichen – Leerzeichen, Tabulatoren, Zeilenvorschübe usw. Moment noch! Fangen Sie noch nicht an zu gähnen! So langweilig ist die Geschichte gar nicht.

Wie es das Schicksal will, ändert die Verfügbarkeit einer DTD die Art und Weise, in der der Parser Leerraum betrachtet. Hier ist eine Zusammenfassung:

- ✔ Wenn ein XML-Dokument eine DTD besitzt, betrachtet der Parser einen Teil des Leerraums als »ignorierbar«.
- ✔ Wenn ein XML-Dokument keine DTD besitzt, betrachtet der Parser keinen Leerraum als ignorierbar.

Sind Sie verwirrt? Wir beginnen mit der Vorstellung von ignorierbarem Leerraum. Leerraum, der zwischen Tags steht und nicht von Nicht-Leerraum-Zeichen begleitet wird, ist potenziell ignorierbar. Sehen Sie sich einmal Listing 5.1. an. Die Zeilenschaltung nach dem `MyThreeSins`-Start-Tag kann ignoriert werden, ebenso wie die drei Leerzeichen vor jedem `Sin`-Start-Tag. Die Zeilenschaltung nach jedem `Sin`-End-Tag kann ebenfalls ignoriert werden. Diese Zeichen tragen nichts zu den Daten bei. Sie plustern lediglich das Dokument auf und machen es besser lesbar.

```
<?xml version="1.0" encoding="UTF-8"?>
<!DOCTYPE MyThreeSins SYSTEM "Sins.dtd">
<!-- MyThreeSins.xml -->
<MyThreeSins>
   <Sin rank="favorite">Faulheit</Sin>
   <Sin>Gefräßigkeit</Sin>
   <Sin> Nicht-portierbaren Code schreiben </Sin>
</MyThreeSins>
```

Listing 5.1: Sünden mit Leerraum

Natürlich möchten Sie nicht Wörter wie `Faulheit` und `Gefräßigkeit` in Listing 5.1 ignorieren. Diese Wörter sind wirklich Bestandteil der Daten. Aber was ist mit den Leerzeichen innerhalb des letzten der drei `Sin`-Elemente? Die Leerzeichen sind ebenfalls Bestandteil der Daten.

(Siewürdenesnichtmögen,wennichinmeinenSätzenkeineLeerzeichenzwischendenWörternließe,oder?)

Daher werden Leerzeichen, die von Nicht-Leerzeichen begleitet werden, nicht als ignorierbar betrachtet.

Leerraum mit einer DTD

Um den Unterschied zwischen den beiden Arten von Leerraum zu erkennen, können wir ein wenig Code ausführen. Wir werden uns einen Inhalts-Handler ansehen, der zwischen ignorierbarem und nicht ignorierbarem Leerraum unterscheidet. Ein Handler dieser Art ist in Listing 5.2 zu sehen.

```
import org.xml.sax.helpers.DefaultHandler;
import org.xml.sax.Attributes;
class MyContentHandler extends DefaultHandler
{
    public void characters
        (char[] charArray, int start, int length)
    {
        System.out.print("Zeichen: ");
        myWriteString(charArray, start, length);
    }
    public void ignorableWhitespace
        (char[] charArray, int start, int length)
    {
        System.out.print("Ignorierbarer Leerraum: ");
        myWriteString(charArray, start, length);
    }
    void myWriteString
        (char[] charArray, int start, int length)
    {
         String charString =
         new String(charArray, start, length);
        charString = charString.replaceAll("\n", "[cr]");
        charString = charString.replaceAll(" ", "[blank]");
        System.out.print(length + " Zeichen: ");
        System.out.println(charString);
    }
}
```

Listing 5.2: Ich versuche, Sie zu ignorieren.

Um den neuen Inhalts-Handler in Aktion zu rufen, benötigen Sie eine SAX aufrufende Klasse. Die ist leicht zu finden. Baggern Sie einfach den Code in Listing 4.2 aus. Sie benötigen auch eine DTD, weil das Dokument in Listing 5.1 eine DOCTYPE-Deklaration besitzt. Damit alles geschmeidig läuft, verwende ich eine gut aussehende DTD, die in Listing 5.3 aufgeführt ist.

```
<?xml version="1.0" encoding="UTF-8"?>
<!-- Sins.dtd -->
<!ELEMENT MyThreeSins (Sin+)>
<!ELEMENT Sin (#PCDATA)>
<!ATTLIST Sin rank CDATA #IMPLIED>
```

Listing 5.3: Was genau sind Sünden?

Mit all diesen Dateien können Sie den Code in Listing 5.2 anhand des XML-Dokuments in Listing 5.1 ausführen. Die Ausgabe, die Sie erhalten, ist in Abbildung 5.1 zu sehen.

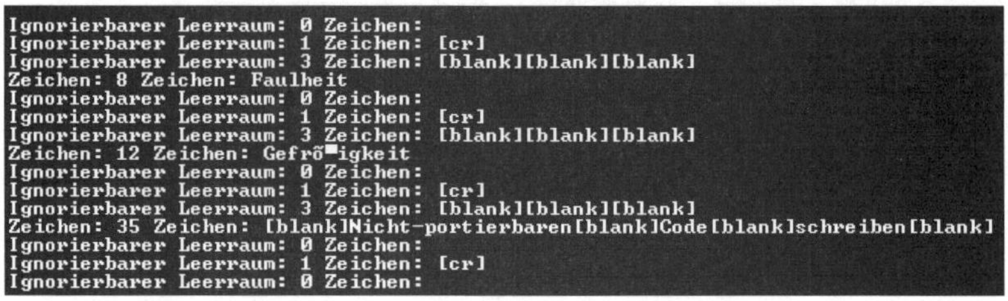

Abbildung 5.1: Zeichen gegen ignorierbaren Leerraum

Sehen Sie sich die Dinge in Abbildung 5.1 an und beachten Sie, wie der Parser die Methoden in Listing 5.2 aufruft. Für Dinge wie `Nicht-portierbaren Code schreiben` ruft der Parser die vertraute `Characters`-Methode auf. Doch für die Leerzeichen, die die `Sin`-Elemente einrücken, benutzt der Parser `ignorableWhitespace`. Wie Sie gleich sehen werden, geschieht dies nur, weil der Parser die DTD aus Listing 5.3 findet.

Wenn ein Parser die DTD eines XML-Dokuments findet, kann er die Methode `ignorableWhitespace` aufrufen. Es spielt keine Rolle, ob der Parser aufgefordert ist, das Dokument zu validieren oder nicht. Selbst wenn es keinen Aufruf an die `setValidating`-Methode gibt oder wenn es einen Aufruf an `setValidating(false)` gibt, kann ein Parser mit einer DTD `ignorableWhitespace` aufrufen.

Leerraum ohne eine DTD

Ein Parser, der die DTD eines Dokuments nicht findet, ruft nicht die Methode `ignorableWhitespace` auf. Um dies zu beweisen, nehmen wir ein weiteres Experiment vor. Wir entfernen die `DOCTYPE`-Deklaration aus der Datei in Listing 5.1. Wir können die Datei `Sins.dtd` (Listing 5.3) genau dort lassen, wo sie ist. (Es spielt keine Rolle, ob die DTD-Datei existiert. Es zählt nur, ob die DTD mit dem XML-Dokument verknüpft ist.)

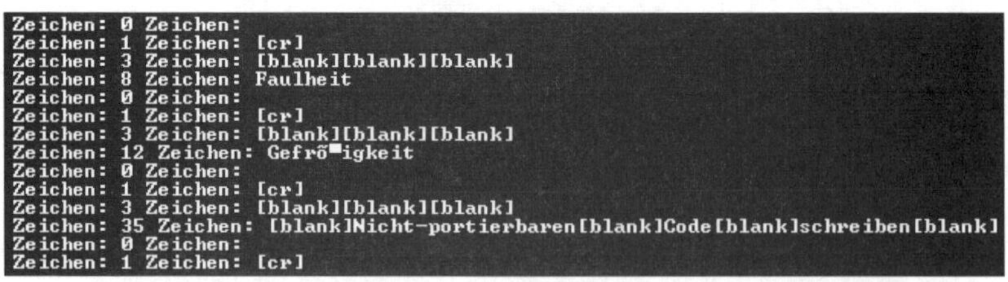

Abbildung 5.2: Den Code in Listing 5.2 ohne eine DTD ausführen

Wenn die `DOCTYPE`-Deklaration aus Listing 5.1 entfernt ist, führen wir den Code in Listing 5.2 aus und erhalten die Ausgabe aus Abbildung 5.2. Die Ausgabe führt keine Aufrufe der Methode ignorableWhitespace auf. Der gesamte Leerraum wird von der Characters-Methode behandelt.

Nicht gültig? Kein Problem!

Hier ist ein kleines Quiz. Was geschieht, wenn Sie factory.setValidating(true) dem SAX aufrufenden Code in Listing 4.2 hinzufügen und dem Programm ein ungültiges Dokument vorsetzen? Nehmen Sie als Beispiel das Dokument in Listing 5.4.

```
<?xml version="1.0" encoding="UTF-8"?>
<!DOCTYPE MyThreeSins SYSTEM "Sins.dtd">
<!-- InvalidSins.xml -->
<MyThreeSins>
    <Sin rank="favorite">Faulheit</Sin>
    <Sin>Gefräßigkeit</Sin>
    <Sin>Neid</Sin>
    <Vice> Nicht-portierbaren Code schreiben </Vice>
</MyThreeSins>
```

Listing 5.4: Ein ungültiges Dokument

Sie erinnern sich, die DTD für das Dokument in Listing 5.4 ist die Datei in Listing 5.3, und die DTD in Listing 5.3 besitzt kein Vice-Element (sie ist so rein wie der frisch gefallene Schnee). Welche Art von Leerraum wird der Parser bei dieser Kombination einer DTD und einer falsch initiierten Validierung sehen?

Antwort: Der Parser wird sowohl Zeichen als auch ignorierbaren Leerraum sehen. Warum? Weil die Validierung und das Parsen eines gültigen oder ungültigen Dokuments wenig mit dem Problem des ignorierbaren Leerraums zu tun haben. Der Knackpunkt ist, ob das Dokument eine DTD besitzt oder nicht. Wenn das Dokument mit einer DTD verknüpft ist, kann der Parser die Methode ignorableWhitespace aufrufen.

Namensbereiche verwenden

Falls Sie sich endlos lange den Code in den Kapitel 3 und 4 angesehen haben, ist Ihnen womöglich aufgefallen, dass ich zwei Parameter in den Methoden startElement und endElement ignoriert habe. Diese Parameter – uri und localName ergeben nur dann Sinn, wenn Sie mit *Namensbereichen* zu tun haben.

Namensbereiche beschreiben Elemente und Attribute. Mit Namensbereichen können Sie beispielsweise zwei verschiedene Arten von person-Elementen verwenden, zum Beispiel goodGuys:person und badGuys:person.

Was machen Sie mit XML-Namensbereichen? Wenn Sie sie verwenden, benötigen Sie ein Verfahren, um sie in Ihrem Java-SAX-Code zu kontrollieren. Und natürlich vermeiden manche Leute Namensbereiche, und Sie möchten auch diese Leute weiterhin glücklich machen.

Die große Frage ist also: Was geschieht, wenn der Parser einen Doppelpunkt in einem Element- oder Attributnamen erkennt? Was beispielsweise macht der Parser mit einem Attribut namens `Ohio:Akron`? Es gibt mindestens zwei Möglichkeiten:

- **Der Parser kann den Namen so behandeln, als bestünde er aus zwei getrennten Teilen, und mit jedem Teil separat arbeiten.**

  - **Der erste Teil, `Ohio`, wird als *Präfix* bezeichnet.**

    Das Präfix ist der »Name« des Namensbereichs. Zusammen mit einem `xmlns`-Attribut zeigt das Präfix auf eine Stelle, an der sich mehr Informationen über dieses Element oder Attribut befinden.

  - **Der zweite Teil, `Akron`, wird als *lokaler Name* bezeichnet.**

    Und warum wird er als *lokal* bezeichnet? Wenn Sie Wyoming besuchen, beziehen Sie sich wahrscheinlich auf die Gummihauptstadt der USA als »Akron, Ohio«. Wenn Sie aber in Ohio leben (wenn Sie also *lokal* in Ohio sind), dann sagen Sie nicht »Akron, Ohio«, sondern einfach »Akron«, weil Akron der lokale Name ist.

    Vor der Erfindung der Namensbereiche hätten Sie wahrscheinlich diesem Attribut einfach den Namen `Akron` gegeben.

  - **Zusammengenommen ist der zweiteilige Name `Ohio:Akron` ein *vollständig gekennzeichneter Name*. In diesem zweiteiligen Namen kennzeichnet das Wort `Ohio` das Wort `Akron`.**

  Ein Parser, der einen zweiteiligen Namen erkennt, wird als namensbereichsfähiger Parser bezeichnet.

- **Der Parser kann den Doppelpunkt wie jedes normale Zeichen in einem Elementnamen behandeln.**

  Was ist also, wenn ich mein Attribut `Ohio:Akron` nennen? Wer hält mich davon ab, Doppelpunkte in einem Element- oder Attributnamen zu verwenden? Ich kann in einem Elementnamen Unterstriche verwenden, oder? Warum also dann keine Doppelpunkte?

- **In seiner Gesamtheit wird der Name `Ohio:Akron` als *gekennzeichneter Name* bezeichnet.**

  Ein Parser, der einen einteiligen Namen erkennt, ist nicht namensbereichsfähig.

Die Original-XML-Spezifikation definierte keine Namensbereiche, und es wurde viel Code geschrieben, als es noch keine Namensbereiche gab. Als die Namensbereiche schließlich auftauchten, war es wichtig, den alten Nicht-Namensbereich-Code vorm Zusammenbrechen zu bewahren. Die gesamte Namensbereichsroutine musste in einer Weise hinzugefügt werden, die für die alten Programme grammatikalisch korrekt aussah. Darum denkt ein nicht namensbereichsfähiger Parser, dass `Ohio:Akron` nur ein großer Name sei.

Ein Beispiel mit Namensbereichen

Bis zu diesem Punkt des Buchs habe ich mich mit der Java-Standard-SAX zufrieden gegeben – der Grundeinstellung, in der der Parser nicht namensbereichsfähig ist. Darum hat sich mein Code bisher nicht mit den Parametern `uri` und `localName` in der Methode `startElement` befasst. In diesem Abschnitt verwenden wir schließlich diese beiden einsamen Parameter. Die Listings 5.5, 5.6 und 5.7 enthalten alles, was wir benötigen.

```
<!-- GOURMET_FOODS.xml -->
<GOURMET_FOODS
    xmlns="http://www.burd.org/ns/foods/1.0"
     xmlns:health="http://www.burd.org/ns/health/1.0">
    <FOOD name="PhillyCheeseSteak">
        <INGREDIENT content:grease="super"
    xmlns:content="http://www.burd.org/ns/content/1.0"/>

        <health:CALORIES>2530</health:CALORIES>
    </FOOD>

</GOURMET_FOODS>
```

Listing 5.5: Ein Dokument mit Namensbereichen

```
import javax.xml.parsers.SAXParserFactory;
import javax.xml.parsers.SAXParser;
import javax.xml.parsers.ParserConfigurationException;
import org.xml.sax.XMLReader;
import org.xml.sax.SAXException;
import java.io.File;
import java.io.IOException;class CallSAX
{
    static public void main(String[] args)
        throws SAXException,
             ParserConfigurationException,
             IOException
    {
         SAXParserFactory factory =
         SAXParserFactory.newInstance();
         factory.setNamespaceAware(true);
         SAXParser saxParser = factory.newSAXParser();
         XMLReader xmlReader = saxParser.getXMLReader();
         xmlReader.setContentHandler(new MyContentHandler());
        try
```

```
        {
            xmlReader.parse
            (new File(args[0]).toURL().toString());
    }
        catch (SAXException s)
        {
            s.printStackTrace();
        }
    }
}
```

Listing 5.6: Die Namensbereichsfähigkeit einrichten

```
import org.xml.sax.helpers.DefaultHandler;
import org.xml.sax.Attributes;
class MyContentHandler extends DefaultHandler
{
    public void startElement(String uri,
                             String localName,
                             String qualName,
                             Attributes attribs)
    {
        System.out.println("Start-Element:");
        System.out.println("\tURI: " + uri);
        System.out.println("\tlocalName: " + localName);
        System.out.println("\tqualName: "  + qualName);

        for (int i=0; i<attribs.getLength(); i++)
        {
            System.out.println("\tAttribut:");
            System.out.print("\t\tURI: ");
            System.out.println(attribs.getURI(i));
            System.out.print("\t\tLocal name: ");
            System.out.println(attribs.getLocalName(i));
            System.out.print("\t\tVollständiger Name: ");
            System.out.println(attribs.getQName(i));
            System.out.print("\t\tTyp: ");
            System.out.println(attribs.getType(i));
            System.out.print("\t\tWert: ");
            System.out.println(attribs.getValue(i));
        }
    }
    public void startPrefixMapping(String prefix, String uri)
    {
        System.out.println("Beginn der Präfix-Zuordnung:");
        System.out.println("\tPräfix: " + prefix);
```

```
        System.out.println("\tURI: "   + uri);
    }
    public void endPrefixMapping(String prefix)
    {
        System.out.println("Ende der Präfix-Zuordnung: ");
        System.out.println("\tPräfix: " + prefix);
    }
}
```

Listing 5.7: Ein schickerer Inhalts-Handler

Abbildung 5.3 zeigt, wie die Ausgabe beginnen würde, wenn Sie in Listing 5.6 auf den Aufruf von `setNamespaceAware` verzichteten. Es gäbe nichts wie einen URI oder einen lokalen Namen. Der Parser würde beim Durchkämmen nach Namen auf `xmlns:health` stoßen und denken: »Aha! Der XML-Programmierer hat sich einen Namen mit einem Doppelpunkt ausgedacht. Die ganze Chose, `xmlns:health`, ist nichts weiter als ein großer Name.«

In XML wird ein Doppelpunkt wie ein ganz gewöhnlicher Buchstabe behandelt. Ein Element wie `<:::>colons</:::>` ist zulässig. Der (lustig aussehende) DTD-Eintrags des Elements ist dann etwas in der Art wie `<!ELEMENT ::: (#PCDATA)>`.

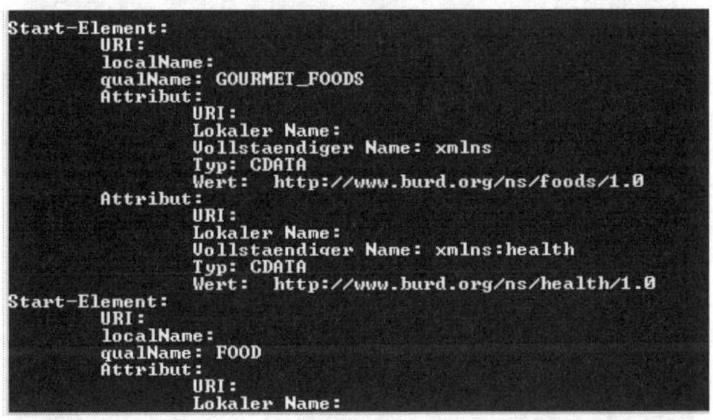

Abbildung 5.3: »Gourmet Foods« ohne Namensbereichsfähigkeit

Über die Namensbereichsfähigkeit

Mit dem Aufruf von `setNamespaceAware` in Listing 5.6 lernt der Parser ein paar neue Tricks:

- ✔ Der Parser erkennt, dass Elementnamen und Attributnamen aus zwei Teilen bestehen (einem Teil vor dem Doppelpunkt und einem Teil nach dem Doppelpunkt).
- ✔ Der Parser nimmt Rückrufe vor, wenn er einen Namensbereich betritt und verlässt.

Sehen Sie sich die Ausgabe in Abbildung 5.4 an, dann wissen Sie, was ich meine.

Der Parser beginnt am Anfang des Dokuments in Listing 5.5. Der Parser erkennt zwei `xmlns`-Attribute – eins für den Standard des Dokuments und eins für den `health`-Namensbereich. Als Antwort nimmt der Parser ein paar *Zuordnungen* vor. Das bedeutet, er erstellt sich selbst eine interne Straßenkarte. Anstatt nun die A1 einer dicken roten Linie zuzuordnen, ordnet der Parser den Namen `health` dem URI `http://www.burd.org/ns/health/1.0` zu.

Weil der Beginn der Zuordnung ein Ereignis ist, ruft der Parser die Methode `startPrefixMapping` des Handlers auf (Listing 5.7). Die Methode `startPrefixMapping` wiederum stellt etwas auf dem Bildschirm dar.

Sobald der Parser das Element `GOURMET_FOODS` erreicht, werden die Auswirkungen der Zuordnung sichtbar. Schließlich werden die Parameter `uri` und `localName` nützlich. In Abbildung 5.4 ist der URI des Elements `http://www.burd.org/ns/foods/1.0`, und das `localName`-Attribut des Elements ist nicht länger leer. Für dieses Element ist der lokale Name derselbe wie der gekennzeichnete Name (nämlich `GOURMET_FOODS`). Die Namen sind dieselben, weil sich in Listing 5.5 kein Doppelpunkt vor dem Wort `GOURMET_FOODS` befindet. Der URI `http://www.burd.org/ns/foods/1.0` wurde standardmäßig `GOURMET_FOODS` zugewiesen.

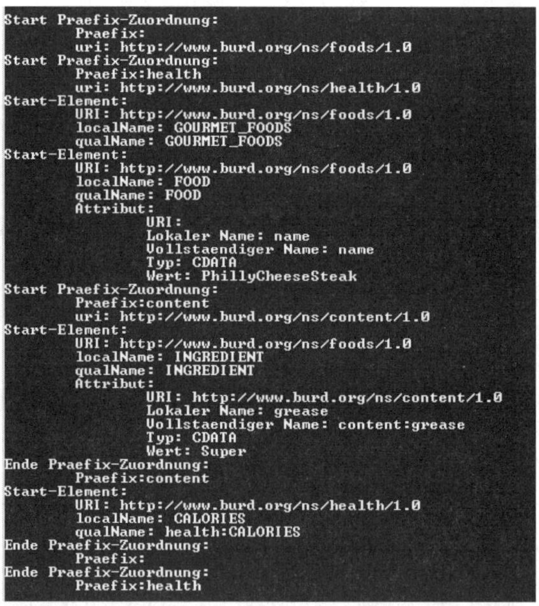

Abbildung 5.4: »Gourmet Foods« mit Namensbereichfähigkeit

Vergleichen Sie die `GOURMET_FOODS`-Situation mit der Ausgabe für das `CALORIES`-Element. In Listing 5.4 wird dem Wort `CALORIES` der Namensbereich `health` vorangestellt. Daher ist in Abbildung 5.4 der lokale Name des Elements `CALORIES` und der gekennzeichnete Name ist `health:CALORIES`.

Mit Verarbeitungsanweisungen arbeiten

Eine Verarbeitungsanweisung ist ein Anmerkung. Sie ist eine Anmerkung vom XML-Dokument an irgendeinen Bearbeiter. Mit einer XML-Verarbeitungsanweisung können Sie beispielsweise sagen: »Wenn du dieses Dokument darstellst, verwende bitte das AnnoyingBlink-Stylesheet.« Hier ist eine Verarbeitungsanweisung, um etwas Derartiges zu tun:

```
<?xml-stylesheet type="text/xsl" href="AnnoyingBlink.xsl"?>
```

Andere Verarbeitungsanweisungen versenden alle möglichen Arten von Meldungen. Eine Verarbeitungsanweisung kann im Grunde fast alles sagen, was Sie möchten (so lange Sie eine Software besitzen, die die Meldung versteht).

SAX besitzt einen netten Rückruf zur Beantwortung von Verarbeitungsanweisungen. Um Ihnen diesen Rückruf zu zeigen, habe ich ein XML-Dokument und etwas Java-Code erzeugt. Dieses Material ist in den Listings 5.8 und 5.9 zu sehen.

```
<?xml version="1.0" standalone="no"?>
<?xml-stylesheet type="text/xsl" href="AnnoyingBlink.xsl"?>
<!-- Birthday.xml -->
<Birthday>
    <?debug FirstLine.log ?>
    <Line>Happy Birthday!</Line>

    <?debug SecondLine.log ?>
    <Line>Wow! Sind Sie wirklich so alt?</Line>
</Birthday>
```

Listing 5.8: Einige Verarbeitungsanweisungen

```
import org.xml.sax.helpers.DefaultHandler;
import java.io.FileOutputStream;
import java.io.FileNotFoundException;
import java.io.PrintStream;
class MyContentHandler extends DefaultHandler
{
    PrintStream log = null;
    public void processingInstruction (String target,
                                      String data)
    {
        System.out.println("Verarbeitungsanweisung");
        System.out.println("\tZiel: " + target);
        System.out.println("\tDaten: " + data);
        if (target.equals("debug"))
            try
            {
                FileOutputStream f =
                    new FileOutputStream(data);
```

```
                log = new PrintStream(f);
            }
            catch (FileNotFoundException e)
            {
                e.printStackTrace();
                System.exit(1);
            }
    }
    public void characters
        (char[] charArray, int start, int length)
    {
        String charString =
            (new String(charArray, start, length)).trim();
        if (charString != null && log != null)
            log.print (charString);
    }
}
```

Listing 5.9: Umgang mit Verarbeitungsanweisungen

Um den Code in Listing 5.9 aufzurufen, benötigen Sie die übliche Art von Hauptmethode. Der Code in Listing 5.6 wird funktionieren (obwohl der Aufruf von `setNamespaceAware` durch diesen Code in diesem Beispiel nicht benötigt wird).

Die Ausgabe

Die Bildschirmausgabe der Listings 5.8 und 5.9 ist in Abbildung 5.5 dargestellt. Zusätzlich zu dieser Bildschirmausgabe erzeugt das Programm zwei Dateien namens `FirstLine.log` und `SecondLine.log`. Die Datei `FirstLine.log` enthält die Worte

```
Happy Birthday!
```

Die Datei `SecondLine.log` enthält die Worte

```
Wow! Sind Sie wirklich so alt?
```

(Anmerkung des Redakteurs: Sie müssen dem Autor vergeben. Als Angehöriger der geburtenstarken Jahrgänge ist er bezüglich seines Alters sehr selbstbewusst. Wir Redakteure versuchen, nicht darüber nachzudenken.)

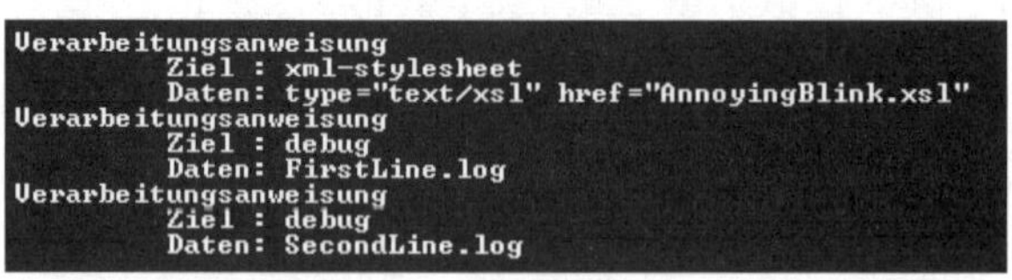

Abbildung 5.5: Die Bildschirmausgabe nach der Ausführung des Codes in Listing 5.9

up ...

Methodenaufrufe

Das Beispiel in Listing 5.9 ist von der Methode `processingInstruction` abhängig. Bei fast jeder Verarbeitungsanweisung, auf die der Parser stößt, nimmt er einen Rückruf an diese Methode vor.

Das Dokument in Listing 5.8 besitzt vier Verarbeitungsanweisungen (`?xml`, `?xml-stylesheet` und zwei `?debug`-Anweisungen), aber nur drei davon lösen Rückrufe aus. Die erste Anweisung (`?xml`) löst nie einen Rückruf aus, weil die `?xml`-Anweisung nur für den Parser interessant ist. Jede der drei verbleibenden Anweisung löst einen Rückruf aus (siehe Abbildung 5.5).

Jede Verarbeitungsanweisung besteht aus zwei Teilen:

✔ **Der erste Teil, unmittelbar nach dem öffnenden Fragezeichen, wird als *Zielabschnitt* (target) bezeichnet.**

  Beispielsweise gibt es in Listing 5.8 eine Verarbeitungsanweisung mit dem Ziel `xml-stylesheet`. Dieses Ziel zu treffen bedeutet, dem Prozessor zu sagen, welches Stylesheet hierher gehört. (Mehr über Stylesheets erfahren Sie in Kapitel 12.)

✔ **Der zweite Teil (alles nach dem Ziel) wird als *Datenteil (data)* bezeichnet.**

  Dieselbe Anweisung in Listing 5.8 besitzt einen solchen Datenteil:

```
type="text/xsl" href="AnnoyingBlink.xsl"
```

Diese beiden Teile werden an die Methode `processingInstruction` als Parameter übergeben (natürlich namens `target` und `data`).

Listing 5.9 besitzt `System.out.println`-Anweisungen, die das Ziel und die Daten auf dem Bildschirm darstellen (und Sie können die Ergebnisse in Abbildung 5.5 sehen). Aber Listing 5.9 macht noch mehr, wenn das Ziel einer Verarbeitungsanweisung zufällig das Wort `debug` ist. In dieser Situation ruft die Methode `new FileOutputStream(data)`auf. Dieser Aufruf nimmt jegliche Zeichenfolge, die sich im Datenteil der Verarbeitungsanweisung befindet, und verwendet diese Zeichenfolge, um eine neue Datei zu erzeugen.

Sobald Ihr Programm den neuen `new FileOutputStream("FirstLine.log")`-Konstruktor aufruft, sind alle Bytes in jeder `FirstLine.log`-Datei verschwunden. Falls eine Datei mit diesem Namen schon vorhanden war, löscht der Computer die alte und erzeugt eine neue.

In der `processinginstruction`-Methode wird die neue Datei mit der Variablen `log` verknüpft. Wenn der Parser später auf ein Element stößt und die `characters`-Methode aufgerufen wird, verwendet diese die `log`-Datei für die Ausgabe.

Listing 5.8 besitzt zwei `debug`-Verarbeitungsanweisungen, und diese sind mit einigen `Line`-Elementen vermischt. Bis der Parser das erste `Line`-Element erreicht hat, ist der `log`-Variablen der Wert `"FirstLine.log"` zugewiesen, so dass die `characters`-Methode in diese Datei (`FirstLine.log`) schreibt. Wenn der Parser dann das zweite `Line`-Element erreicht, hat sich der Wert der `log`-Variablen in `"SecondLine.log"` geändert, so dass die `characters`-Methode in diese Datei (`SecondLine.log`) schreibt. Ganz schön clever, was?

SAX-Programmiertechniken

6

In diesem Kapitel

- Stacks in Ihrem Code verwenden
- Auf lexikalisches Parsing zurückgreifen
- Eine große Fallstudie! Musik mit Java und XML abspielen

Hallo zurück. Während die Mitglieder des Orchesters ihre Plätze einnehmen, begrüßen wir Sie zu einer weiteren Ausgabe von *Musik am Nachmittag* hier bei KXML-FM. Unsere heutige Wahl stammt aus den Annalen des amerikanischen Blues: »XML Baby«, arrangiert für MIDI-Schnittstelle und Solo-SAX von Dirigent und Erzähler Barry Burd. Die Melody »XML-Baby« wurde 1929 von der Blueslegende Lumpy Scladero geschrieben und war bei Sängern und Liedermachern über Jahrzehnte hinweg beliebt. Neulich war diese Melodie in dem Film *XMN* mit den verrückten Mutanten des Professors enthalten. Sie wurde auch als Titelmelodie in der Cyber-Thriller-TV-Serie *Akte XML* verwendet. Ich sehe Dr. Burd am Dirigentenpult, er hebt seinen virtuellen Taktstock, und so ist es nun Zeit, sich zu entspannen, zurückzulehnen und die Füße hochzulegen und »XML Baby« zu genießen.

Stacks für SAX

Wir unterbrechen diese Sendung für eine wichtige Nachricht: *Einige Dinge sind schwierig, wenn Sie SAX verwenden*. Nehmen Sie beispielsweise das XML-Dokument in Listing 6.1. Das Dokument stellt einen Stapel von Papieren auf meinem Büroschreibtisch dar. Am Montag erhalte ich eine Nachricht von meinem Chef. Am Dienstag bekomme ich Reklamesendungen von einer Bank und von einer Telefongesellschaft für Ferngespräche. Am Mittwoch erhalte ich einen Brief von einem Kunden.

```
<?xml version="1.0" encoding="UTF-8"?>
<!--ClutteredDesk.xml-->

<Mail day="Montag">
    <Mail day="Dienstag">
        <Mail day="Mittwoch">
            <Item>Kunde: Lassen Sie uns diesen Kauf abschließen.</Item>
        </Mail>
        <Item>Bank: Nehmen Sie noch heute einen Kleinkredit auf!</Item>
        <Item>Telefon: Wechseln Sie noch heute Ihren Anbieter!</Item>
    </Mail>
    <Item>Chef: Erledigen Sie dies sofort.</Item>
</Mail>
```

Listing 6.1: Ein Stapel Papierpost

Die Briefe stapeln sich ein paar Tage. Am späten Mittwochnachmittag beschließe ich dann, meine Post durchzugehen. Zunächst befasse ich mich mit dem, was oben auf dem Stapel liegt. In Listing 6.1 liegt oben auf dem Stapel ein Mittwoch-Brief von meinem Kunden. Wenn ich mit diesem Brief fertig bin, gehe ich auf das ein, was nun oben auf dem Stapel verbleibt. Jetzt liegen die Werbebriefe vom Dienstag oben auf dem Stapel – von der Bank und der Telefongesellschaft. Sobald ich diese in den Papierkorb befördert habe, gehe ich zu dem einzigen Element über, das sich noch auf dem Stapel befindet. Das verbleibende Element ist der Montagsbrief von meinem Chef. »Bitte kümmern Sie sich bis Dienstag um diese Angelegenheit«, heißt es da. Hoppla!

Was ist dein Problem?

Wenn ich das Dokument in Listing 6.1 bearbeite, kommt eine interessante Frage auf: Wie gehe ich mit dem Text innerhalb von Elementen um? Wenn ich die Worte `Boss: Do this ASAP` anzeigen lasse, wie kann ich dann auch den Tag anzeigen, an dem diese Nachricht auf meinem Schreibtisch angekommen ist?

Stellen wir dasselbe Problem einmal ein wenig anders dar. Was ist der Unterschied zwischen einem SAX-Parser und einem Elefanten? Geben Sie auf? Also: Ein Parser vergisst immer. Ein Parser arbeitet einfach ein Dokument von oben nach unten durch. Wenn der Parser ein neues Ereignis auslöst, erinnert er sich an fast nichts mehr über früher ausgelöste Ereignisse. Wenn der Parser also in Listing 6.1 die Worte `Boss: Do this ASAP` sieht, weiß er nicht mehr, dass sich dieser Text innerhalb des `day="Montag"`-Elements befindet. Wenn Sie die Ausgabe in Abbildung 6.1 erzeugen wollen, wie machen Sie das?

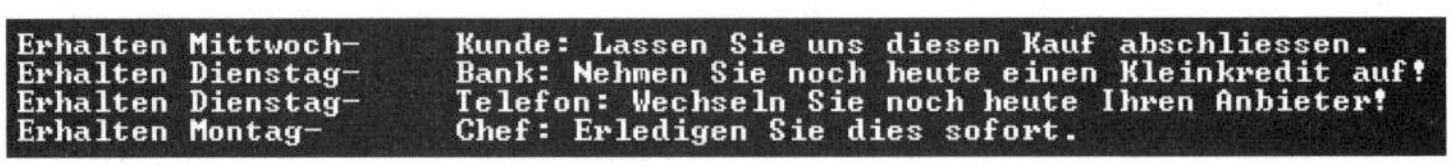

Abbildung 6.1: Post mit einem Datumsstempel darstellen

Alternative Lösungen

In einem SAX-Inhalts-Handler besitzt weder die `endElement`-Methode noch die `characters`-Methode einen `Attribute`-Parameter. (Wenn wir schon dabei sind, die `characters`-Methode besitzt überhaupt keine Parameter – keinen `qualName`, keinen `localName`, nichts von alledem.) In Listing 6.1 haben Sie zwei Alternativen, wenn Sie den Wert des `day`-Attributs darstellen wollen:

- ✔ **Sie können das `day`-Attribut anzeigen, wenn die `startElement`-Methode des `Mail`-Tags aufgerufen wird.**

  Wenn Sie dies tun, greifen Sie auf die Attribute des Dokuments in der falschen Reihenfolge zu. Sie stellen den Tag dar, an dem ein bestimmtes Objekt mit der Post gekommen ist, aber Sie stellen nicht den Text der Post dar, bis diese geöffnet wird. Sie erhalten eine irreführende Ausgabe wie die in Abbildung 6.2.

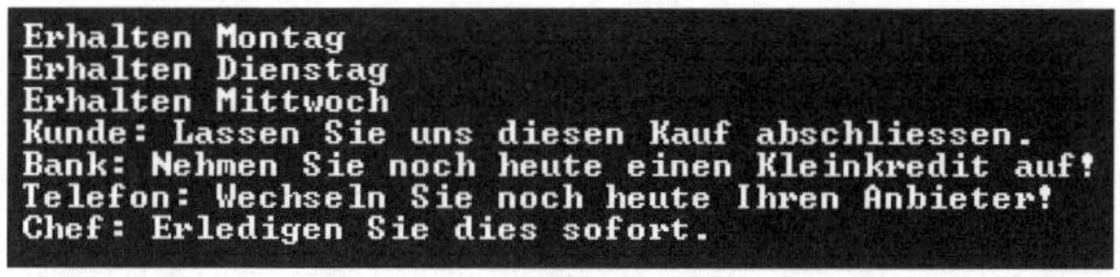

Abbildung 6.2: Ein fehlgeschlagener Versuch, Post mit einem Datumsstempel darzustellen

✔ **Sie können den Wert jedes Attributs irgendwo speichern, so dass die `characters`-Methode den Wert des relevanten Attributs kennt, wenn sie ausgeführt wird.**

Das ist der richtige Weg – aber es geht nicht einfach nur darum, einer `String`-Variablen einen Wert zuzuweisen. Sicher, wenn Sie das `Mail`-Start-Tag erreichen, können Sie den Wert des `day`-Attributs in einer `String`-Variablen speichern. Doch wenn Sie dann das nächste `Mail`-Start-Tag erreichen, zerstören Sie womöglich das Wort *Montag*, um das Wort *Dienstag* in derselben *String*-Variablen zu speichern. Das Problem ist also: Wie können Sie, wenn Sie das `Mail`-Element vom Dienstag verlassen, die Daten wiederherstellen, die sich zuvor im `Mail`-Element vom Montag befunden haben?

Die Antwort ist, einen *Stack* zu verwenden – einen Speicherbereich, der als »Lager« für Elemente eingerichtet wurde, die ein Programm womöglich später noch benötigt. Stacks sind ein ehrwürdiges Element des Computerwesens – aber das Konzept hinter ihnen ist einfach: Sie fügen Dinge einem Stack hinzu, fügen weitere Dinge hinzu, ohne das bereits Vorhandene zu zerstören, und entfernen später wieder Dinge aus dem Stack. Wann immer Sie Dinge aus dem Stack entfernen, kommen sie in der gegenteiligen Reihenfolge heraus, in der Sie sie hinzugefügt haben.

Es gibt einen recht einfachen Weg, zu behalten, wie der Stack funktioniert: *Sie entfernen immer das Element, das als letztes in den Stack aufgenommen wurde.* Was als Letztes in den Stack hineingeht, wird als Erstes wieder hinauskommen.

Einen Stack verwenden

Schlagen Sie die Klasse `java.util.Stack` in der Java-API-Dokumentation nach. Beachten Sie all die `p`-Methoden – `push`, `peek` und `pop`.

✔ Die `push`-Methode fügt ein neues Objekt oben auf dem Stack hinzu.

✔ Die `peek`-Methode sagt Ihnen, welches Objekt sich derzeit oben auf dem Stack befindet.

✔ Die `pop`-Methode nimmt das Element, das sich oben auf dem Stack befindet, und entfernt es aus dem Stack.

Es ist nun wichtig zu beachten, dass die Elemente eines XML-Dokuments wie ein Stack funktionieren. Wenn Sie mit der Bearbeitung der Mittwochspost durch sind, sind Sie bereit, die Dienstagspost zu bearbeiten. Wenn Sie in Listing 6.1 das `Mittwoch`-Element beenden, finden

Sie sich im `Dienstag`-Element wieder. Erzeugen Sie also einen Stack, um die Übersicht über Ihre Elemente zu behalten.

1. Schieben Sie in der `startElement`-Methode des `Mail`-Elements den Wert des `day`-Attributs auf den Stack.
2. Werfen Sie in der `characters`-Methode (oder was immer sonst Sie benötigen, um den aktuellen Attributwert zu kennen) einen Blick auf den Stack.
3. In der `endElement`-Methode des `Mail`-Elements werfen Sie den Wert des `day`-Attributs vom Stack.

Den Code zur Illustration dieser Technik finden Sie in Listing 6.2. Sie haben schon einen Teil des Materials gesehen, das zu diesem Listing gehört. Mit dem Inhalts-Handler in Listing 6.2 und dem XML-Dokument in Listing 6.1 erhalten Sie die Ausgabe, die in Abbildung 6.2 zu sehen ist. Als Code zum Aufruf von `MyContentHandler` können Sie Listing 4.2 verwenden (oder beinahe jeden anderen SAX aufrufenden Code in der Kapiteln 4 und 5).

```
import org.xml.sax.helpers.DefaultHandler;
import org.xml.sax.Attributes;
import java.util.Stack;

class MyContentHandler extends DefaultHandler
{
    Stack stack = new Stack();

    public void startElement(String uri,
                             String localName,
                             String qualName,
                             Attributes attribs)
    {
        if (qualName.equals("Mail"))
            stack.push(attribs.getValue("day"));
    }

    public void characters
        (char[] charArray, int start, int length)
    {
        String charString =
            (new String(charArray, start, length).trim());

        if (charString != null && !charString.equals(""))
        {
            System.out.print("Erhalten ");
            System.out.print(stack.peek());
            System.out.print(" -\t");
            System.out.println(charString);
        }
    }
```

```
    public void endElement(String uri,
                           String localName,
                           String qualName)
    {
        if (qualName.equals("Mail"))
            stack.pop();
    }
}
```

Listing 6.2: Einen Stack verwenden

Warum ein Stack so nett funktioniert

Abbildung 6.3 zeigt Ihnen, was geschieht, wenn Sie beginnen, den Code in Listing 6.2 ausführen zu lassen. Beim Dokument in Listing 6.1 ruft der Parser die `startElement`-Methode (mit seinem Aufruf an die `push`-Methode), dreimal hintereinander auf.

- ✔ Nach dem ersten Aufruf von `push` enthält der Stack nur die Zeichenfolge `"Montag"`.
- ✔ Nach dem zweiten Aufruf von `push` enthält der Stack drei Zeichenfolgen. Die zuletzt eingeschobene Zeichenfolge ist die Zeichenfolge `"Mittwoch"`, also befindet sich diese oben auf dem Stack.
- ✔ Nach dem dritten Aufruf von `push` enthält der Stack drei Zeichenfolgen. Die zuletzt eingeschobene Zeichenfolge ist `"Mittwoch"`, und daher befindet sich diese oben auf dem Stack.

Wenn der Code in Listing 6.2 End-Tags bearbeitet, ruft die `endElement`-Methode die `pop`-Methode des Stacks auf. An dieser Stelle kommen die Elemente in umgekehrter Reihenfolge aus dem Stack heraus. Eine grafische Illustration finden Sie in Abbildung 6.3.

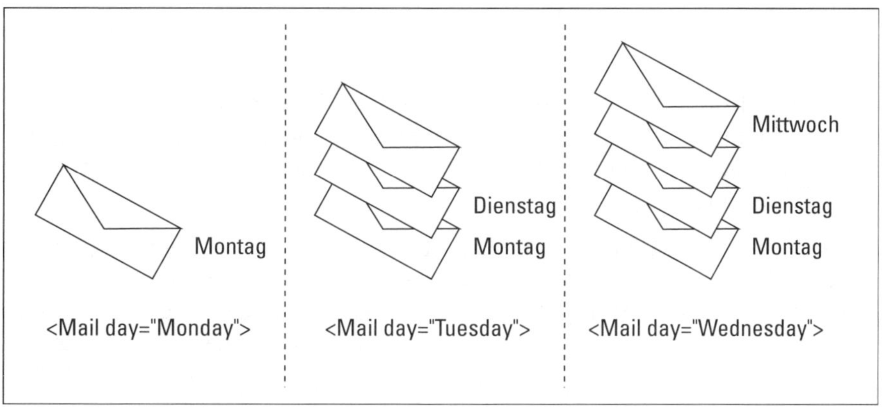

Abbildung 6.3: Elemente auf den Stack schieben

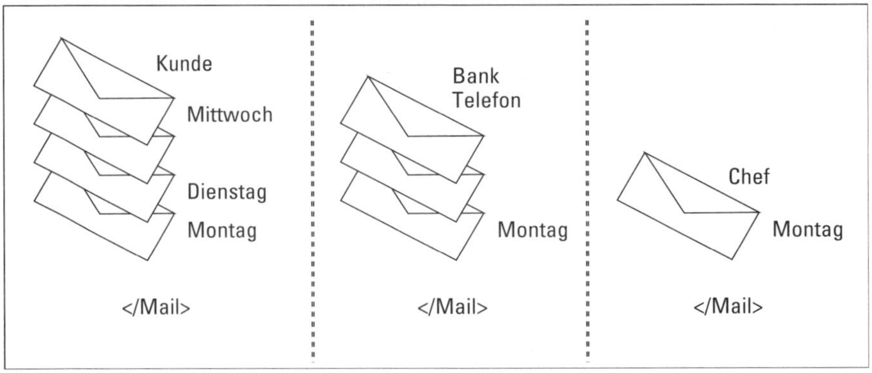

Abbildung 6.4: Elemente vom Stack werfen

Wörter, Wörter, Wörter

Mein erstes Beispiel in Kapitel 3 war ein `MyThreeSins`-Dokument. Als ich anfing, das Kapitel zu schreiben, war das Dokument ein wenig anders. Das ursprüngliche Dokument besaß keine `Sin`-Tags – nur ein Root-Tag und einige Zeilenumbrüche. Das Dokument sah etwa so aus wie das in Listing 6.3.

```
<?xml version="1.0" encoding="UTF-8"?>
<MyFourSins>
    Kleinkrämerei
    Bank ausrauben
    Gereizt sein
    Zu viel Geld verdienen
</MyFourSins>
```

Listing 6.3: Eine neue Sünde aneignen

Das Dokument in Listing 6.3 ist sicherlich syntaktisch korrekt. Für das menschliche Auge übermittelt das Dokument die gewünschte Botschaft, aber das Fehlen des `Sin`-Tags macht das Dokument schwierig zu bearbeiten. Listing 6.3 besitzt alle gewünschten Daten, aber diese sind nicht günstig kategorisiert.

Sobald ich den Fehler bemerkt hatte, korrigierte ich ihn. Doch in diesem Kapitel denke ich: »Wie oft musste ich schon mit den Fehlern anderer Leute zurechtkommen?« Die Leute erzeugen ständig missgestaltete XML-Dokumente – und wenn Sie Code schreiben, um mit den Daten anderer umzugehen, müssen Sie oft mit den Karten spielen, die Ihnen zugeteilt wurden.

Ich möchte daher, auch wenn es keine SAX-Programmiertechnik im strengen Sinne ist, ein paar Worte über *lexikalisches Parsen* verlieren. Das Wort *lexikalisch* bedeutet, dass Sie es *mit Worten zu tun haben*. Wenn Sie auf lexikalisches Parsen reduziert sind, haben Sie es mit Dingen zu tun, die kleiner als XML-Elemente und kleiner als XML-Tags sind. Sie nehmen einen Text innerhalb eines Dokuments und bearbeiten diesen Wort für Wort. Als XML-Liebhaber ist lexikalisches Parsen wahrscheinlich nicht Ihre Lieblingsaktivität. Doch XML-Dokumente sind textbasiert, also taucht lexikalisches Parsen von Zeit zu Zeit und von Dokument zu Dokument auf.

Dieser Abschnitt ist meiner Lieblingstechnik fürs lexikalische Parsen gewidmet – die Verwendung eines String-Tokenizers. Zuerst sehen wir uns an, was schief gehen kann, und dann, wie wir es beheben können.

Machen Sie dies nicht

Listing 6.4 enthält einen schlechten Inhalts-Handler – schlecht, weil der Programmierer von einer falschen Voraussetzung ausgeht. Der Programmier nimmt an, dass die SAX-Methode `characters` einmal für jede Zeile aufgerufen wird, die Zeichen enthält. Die entsprechende Ausgabe sehen Sie in Abbildung 6.5.

```
import org.xml.sax.helpers.DefaultHandler;

class MyContentHandler extends DefaultHandler
{
    public void characters
        (char[] charArray, int start, int length)
    {
        String charString =
            new String(charArray, start, length);

        System.out.println("Sünde: " + charString);
    }
}
```

Listing 6.4: Ein schlechter Inhalts-Handler

In Abbildung 6.5 wird die `characters`-Methode des Inhalts-Handlers nur einmal aufgerufen. Wer auch immer den Code geschrieben hat, hat nicht bemerkt, dass vier Textzeilen für den SAX-Parser wie ein großer Klumpen aussehen würden.

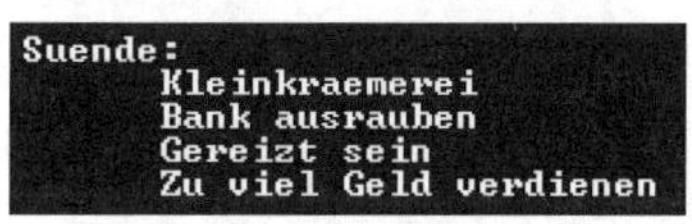

Abbildung 6.5: Vier Sünden, unkorrekterweise als eine dargestellt

Machen Sie dies

Um den Fehler in Listing 6.4 zu beheben, können Sie Code schreiben, der einen Textblock in Teile aufsplittet. Sie können das sehr elegant mit dem String-Tokenizer von Java tun. Ein besserer Inhalts-Handler, der den String-Tokenizer verwendet, ist in Listing 6.5 zu sehen.

```
import org.xml.sax.helpers.DefaultHandler;
import java.util.StringTokenizer;

class MyContentHandler extends DefaultHandler
{
    public void characters
        (char[] charArray, int start, int length)
    {
        String charString =
            new String(charArray, start, length);

        StringTokenizer tokenizer =
            new StringTokenizer(charString, "\n");

        while (tokenizer.hasMoreTokens())
        {
            String token = tokenizer.nextToken().trim();
            if (token != null && !token.equals(""))
                System.out.println("Sünde: " + token);
      }

    }
}
```

Listing 6.5: Die `StringTokenizer`-Klasse verwenden

Die Arbeit des Inhalts-Handlers in Listing 6.5 ist in Abbildung 6.6 zu sehen. Der Handler trennt ordnungsgemäß die vier Zeilen in dem Dokument aus Listing 6.3. Der Grund für diese Trennung ist, dass der Handler `StringTokenizer` verwendet. Der Konstruktor des Tokenizers bestimmt den Trennpunkt für jeden Teil des Texts. (Dieser Trennpunkt kann alles sein, aber in Listing 6.5 ist es eine Zeilenschaltung.)

Nachdem `charString` in vier Token unterteilt wurde, ruft der Code in Listing 6.5 die Methode `nextToken` auf. Jeder Aufruf von `nextToken` gibt eine Textzeile zurück. (In Listing 6.3 ist jede Textzeile eine separate Sünde.) Jede Zeile wird am Anfang mit dem Wort `Suende` dargestellt, und das ist genau das, was wir von Anfang an wollten. Am Ende ist die Welt dann doch wieder in Ordnung.

In der Praxis können Sie niemals darauf zählen, dass die SAX-`characters`-Methode einen Textbrocken von einer bestimmten Größe enthält. Ein Parser, der das Dokument in Listing 6.3 durchgeht, kann einen Aufruf, vier Aufrufe oder eine seltsame Anzahl von Aufrufen an die SAX-`characters`-Methode vornehmen. Um ein SAX-Programm von industrieller Stärke zu schreiben, müssen Sie diesen Möglichkeiten Rechnung tragen.

Abbildung 6.6: Vier Sünden korrekt dargestellt

Fallstudie: MIDI-Musik-Synthese

Wenn Sie eine neue Technologie erlernen, ist es nett, mit einem einfachen `Hello`-Programm zu beginnen. Doch wenn Sie erst einmal an dem `Hello`-Programm vorbei sind, möchten Sie sehen, wie die Technologie auf ein ernsthaftes Problem angewendet wird. Ein echtes Problem führt zu immer neuen Aspekten, und es ist gut, sich anzuschauen, wie diese Aspekte in Angriff genommen werden können.

Damit im Hinterkopf können wir zu unserem regulär angesetzten Programm zurückkehren – *Musik am Nachmittag* auf KXML-FM. Für den Beginn der Sendung habe ich eine einfache Auszeichnungssprache erzeugt. Sie heißt Barrys Music Markup Language. (Wenn wir sie Barrys MML nennen, unterscheiden wir sie dadurch von der echten, dem Industriestandard entsprechenden MusicXML, die unter `www.musicxml.org` beschrieben wird.)

Ich habe auch ein einfaches XML-Beispieldokument erzeugt. Für heute Nachmittag habe ich das Lied »XML Baby« vom Blueskünstler Lumpy Scladero ausgewählt.

My screen's a freezin' up baby, but my heart's XML-ting for you.

My screen's a freezin' up baby, but my heart's XML-ting for you.

You're my XLover baby, but I just can't get over you.

Ja, ich habe auch ein Notenblatt (siehe Abbildung 6.7).

Abbildung 6.7: Aus dem Archiv der Lump-Scladero-Stiftung

Ein Dokument, das den Anfang von »XML Baby« beschreibt, befindet sich in Listing 6.6.

```
<?xml version="1.0" standalone="no"?>
<!DOCTYPE song SYSTEM "song.dtd">

<song tempo="&Andante;">
    <measure beatlength="&eighth;">
        <beat/><beat/><beat/><beat/><beat/>

        <beat><!-- My -->
            <note pitch="&Eflat;" duration="&eighth;"/>
        </beat>
```

```
    <beat><!-- screen's -->
        <note pitch="&Eflat;" duration="&eighth;"/>
    </beat>

    <beat><!-- a -->
        <note pitch="&C;" duration="&eighth;"/>
    </beat>
</measure>

<measure beatlength="&eighth;">
    <beat><!-- free- -->
        <note pitch="&Eflat;" velocity="&forte;"
                              duration="&eighth;"/>
        <note pitch="&C;" octave="-1"
            velocity="&piano;" duration="&quarter;"/>
      <note pitch="&G;" octave="-1"
            velocity="&piano;" duration="&quarter;"/>
    </beat>
    <beat><!-- zin' -->
        <note pitch="&Eflat;" duration="&eighth;"/>
    </beat>

    <beat><!-- up -->
        <note pitch="&Eflat;" duration="&eighth;"/>
        <note pitch="&A;" velocity="&piano;"/>
    </beat>
    <beat><!-- ba- -->
        <note pitch="&Eflat;" duration="&eighth;"/>
    </beat>

    <beat>
        <note pitch="&Bflat;" velocity="&piano;"/>
    </beat>
    <beat><!-- by -->
        <note pitch="&C;" duration="&half;"/>
    </beat>

    <beat>
        <note pitch="&A;" velocity="&piano;"/>
    </beat>
    <beat/>
</measure>

<measure beatlength="&sixteenth;">
    <beat>
        <note pitch="&C;" octave="-1" velocity="&piano;"/>
        <note pitch="&G;" octave="-1" velocity="&piano;"/>
```

```
        </beat>
        <beat/>
        <beat><!-- but -->
            <note pitch="&F;" duration="&sixteenth;"/>
        </beat>
        <beat><!-- my -->
            <note pitch="&F;" duration="&sixteenth;"/>
        </beat>

        <beat><!-- heart's -->
            <note pitch="&F;" velocity="&forte;"
                              duration="&eighth;"/>
            <note pitch="&A;" velocity="&piano;"/>
        </beat>
        <beat/>
        <beat><!-- X -->
            <note pitch="&G;" duration="&sixteenth;"/>
        </beat>
        <beat><!-- M -->
            <note pitch="&F;" duration="&sixteenth;"/>
        </beat>

        <beat><!-- L- -->
            <note pitch="&Eflat;" velocity="&forte;"
                                  duration="&eighth;"/>
            <note pitch="&Bflat;" velocity="&piano;"/>
        </beat>
        <beat/>
        <beat><!-- ting -->
            <note pitch="&C;" duration="&eighth;"/>
        </beat>
        <beat/>

        <beat><!-- for -->
            <note pitch="&Bflat;" duration="&eighth;"/>
        </beat>
        <beat/>
        <beat><!-- you. -->
            <note pitch="&C;" duration="&half;"/>
        </beat>
        <beat/>
    </measure>

</song>
```

Listing 6.6: XML Baby!

Barrys Music Markup Language

Verglichen mit echten Notenblättern sind die Regeln für meine Musikauszeichnungssprache ziemlich dämlich. Doch auch so benötigen Sie ein paar Kenntnisse über Notenschrift, um die Regeln meiner Auszeichnungssprache zu verstehen. Wenn Sie ein musikalischer Analphabet sind, können Sie diesen Kasten auslassen und direkt zu Listing 6.8 übergehen,

Hier sind einige Höhepunkte von Barry Music Markup Language:

✔ **Jedes Dokument besitzt ein `song`-Element**

Jeder Song besitzt ein `tempo`-Attribut. Das Standardtempo ist `"&Moderato;"`. Dies steht für 2.000 Millisekunden pro ganzer Note.

✔ **Jeder Song besitzt einige `measure`-Elemente.**

✔ **Jedes `measure` besitzt einige `beat`-Elemente.**

Das, was ich als Beat, also als Takt bezeichne, ist nicht ganz dasselbe wie das, was die meisten Musiker als Takt bezeichnen würden. In meiner Terminologie ist ein Beat nur ein gleichförmiges Zeitintervall in einer Maßeinheit (measure). Ich kann eine Maßeinheit mit acht Beats beschreiben und dann die nächste (weniger detailliert) mit nur vier Beats. Es hängt davon ab, wie viele Noten ich in eine Einheit quetschen muss.

Also besitzt jedes `measure`-Start-Tag sein eigenes `beatlength`-Attribut. Die Standard-Beatlänge ist `"0.25"` oder `"&quarter;"` und steht für eine Viertelnote.

✔ **Jeder Beat besitzt einige `note`-Elemente.**

Eine Note hat ihre eigenen `pitch`-, `octave`-, `velocity`-, `duration`- und `dotted`-Attribute. Einige diese Attribute haben Standardeinstellungen.

In dem Java-Code werden die `pitch`- und `octave`-Attribute zu einem Pianotastenabstand verbunden. Ich nummeriere die Noten auf einem Piano, so dass sich das 1-gestrichene C in Oktave 0 befindet, das C darunter in Oktave -1 usw. Die Oktaven beginnen mit den A-Noten. Das A unter dem 1-gestrichenen C befindet sich also in Oktave 0, und das A über dem 1-gestrichenen C in Oktave 1.

Die Attribute `duration` und `dotted` zusammen mit dem `tempo`-Attribut des Songs machen zusammen die Länge einer Note aus.

Das `velocity`-Attribut einer Note (eine Zahl von 0 bis 127) stellt die Lautstärke dar, mit der die Note gespielt wird. (Der Ausdruck *velocity*, eigentlich Geschwindigkeit, entstammt der MIDI-Musikwelt.)

Natürlich können Sie auch viele dieser Details einer DTD abjagen. Die DTD für meine einfache Musikauszeichnungssprache befindet sich in Listing 6.7.

```
<?xml version="1.0" encoding="UTF-8"?>
<!-- Song.dtd -->

<!ENTITY Largo "4000">
<!ENTITY Andante "3000">
<!ENTITY Moderato "2000">
<!ENTITY Allegro "1000">

<!ELEMENT song (measure*)>
<!ATTLIST song tempo CDATA "&Moderato;">

<!ENTITY sixteenth "0.0625">
<!ENTITY eighth "0.125">
<!ENTITY quarter "0.25">
<!ENTITY half "0.5">
<!ENTITY whole "1.0">

<!ELEMENT measure (beat*)>
<!ATTLIST measure beatlength CDATA "&quarter;">

<!ELEMENT beat (note*)>

<!ELEMENT note EMPTY>
<!ATTLIST note
    pitch CDATA #REQUIRED
    octave CDATA "0"
    velocity CDATA #IMPLIED
    duration CDATA "&quarter;"
    dotted CDATA "false"
>

<!ENTITY A "57">
<!ENTITY Asharp "58">
<!ENTITY Bflat "58">
<!ENTITY B "59">
<!ENTITY C "60">
<!ENTITY Csharp "61">
<!ENTITY Dflat "61">
<!ENTITY D "62">
<!ENTITY Dsharp "63">
<!ENTITY Eflat "63">
<!ENTITY E "64">
<!ENTITY F "65">
<!ENTITY Fsharp "66">
<!ENTITY Fflat "66">
<!ENTITY G "67">
<!ENTITY Gsharp "68">
```

```
<!ENTITY Aflat "68">

<!ENTITY piano "45">
<!ENTITY forte "120">
```

Listing 6.7: Meine Musikauszeichnungssprache definieren

Java-Sound

Wie bei nahezu jedem XML-Dokument ist das Dokument in Listing 6.6 nutzlos ohne ein Computerprogramm, das es interpretiert. Darum habe ich ein SAX-Programm geschrieben, das das Dokument liest und Songs abspielt.

Mein SAX-Programm verwendet die Java-Sound-API, um Töne zu spielen. Diese API ist Bestandteil der standardmäßigen Java-Kernimplementierung. Wenn Sie noch nie mit der Java-Sound-API gearbeitet haben, dann haben Sie jetzt das Vergnügen. Die API verwendet MIDI-Notenschrift (*Musical Instrument Digital Interface*), um Töne auf der Soundkarte eines Computers abzuspielen. Um die Dinge einfach zu halten, verwendet mein Programm nur zwei Funktionen der Java-Sound-API:

- ✔ **Das Programm erzeugt einen MIDI-Kanal.**

  Dieser MIDI-Kanal ist unbedingt zum Anspielen von Noten notwendig.

- ✔ **Das Programm spielt Noten.**

  Ein MIDI-Kanal besitzt Methoden namens `noteOn` und `noteOff`. Mein Programm setzt eine Verzögerung zwischen den Aufruf dieser beiden Methoden. Darum wird jede Note für eine kurze Zeit mit einem Nachklang versehen.

Ein Programm zur Interpretation des XML-Dokuments

Ich bin sehr stolz auf mich. In dem Java-Code dieses Abschnitts habe ich es geschafft, den XML-Kram vom Musik-Kram zu trennen. Ich habe hierfür den Code in fünf Klassen eingeteilt. Die Klassen `CallSAX` und `MyContentHandler` befassen sich fast ausschließlich mit XML. Die anderen drei Klassen – `Song`, `Measure` und `Note` – erledigen die musikalische Arbeit. Wenn Sie also kein Musiker sind, können Sie direkt hinter die drei Klassen springen. (Warum auch nicht? Ich habe in der High School auch einige Musikklassen übersprungen.) Lesen Sie lediglich die Namen der Methodenaufrufe in den Klassen `Song`, `Measure` und `Note`. Dann nicken Sie wissend mit dem Kopf und fahren fort.

In Kenntnis dessen sehen wir uns die Inhalts-Handler-Klasse dieses Abschnitts an. Diese Klasse befindet sich in Listing 6.8.

Wie üblich rufen Sie den Inhalts-Handler durch Ausführen einer `main`-Methode auf (die in Listing 4.2 passt hier).

```
import org.xml.sax.helpers.DefaultHandler;
import org.xml.sax.Attributes;

class MyContentHandler extends DefaultHandler
{
    Song song;
    Measure measure;

    public void startDocument()
    {
        song = new Song();
    }


    public void startElement(String uri,
                            String localName,
                            String qualName,
                            Attributes attribs)
   {
        if (qualName.equals("song"))
            song.setTempo(attribs.getValue("tempo"));
        if (qualName.equals("measure"))
           measure = new Measure
               (song, attribs.getValue("beatlength"));
        if (qualName.equals("note"))
        {
           Note note = new Note(song);

           note.setPitch (attribs.getValue("pitch"));
           note.setOctave (attribs.getValue("octave"));
           note.setVelocity (attribs.getValue("velocity"));
           note.setDuration (attribs.getValue("duration"));
           note.setDotted (attribs.getValue("dotted"));

           Thread noteThread = new Thread(note);
           noteThread.start();
        }
    }

    public void endElement(String uri,
                          String localName,
                          String qualName)
    {
```

```
        if (qualName.equals("beat"))
        {
            try
            {
                Thread.sleep(measure.getBeatlength());
            }
            catch (InterruptedException e)
            {
                e.printStackTrace();
            }
        }
    }

    public void endDocument()
    {
        System.exit(0);
    }

}
```

Listing 6.8: Ein Inhalts-Handler, der Musik spielt

Den Code ausführen

Wenn Sie eine Soundkarte haben und musikalischem Stümpertum gegenüber tolerant sind, können Sie meinen Musik abspielenden Code selbst ausprobieren. Folgen Sie nur diesen einfachen Schritten:

1. **Kopieren Sie die Listings für diesen Abschnitt von der Website des Buchs auf Ihre Festplatte.**
2. **Kompilieren Sie die `.java`-Dateien.**
3. **Führen Sie die `main`-Methode der `CallSAX`-Klasse aus.**

   Wenn Sie von der Eingabeaufforderung Ihres Systems aus arbeiten, geben Sie einfach

   ```
   java CallSAX JavaJive.xml
   ```

   ein.

Wenn Sie dies gemacht haben, hören Sie Ihren Computer eine Ding-Dong-Version von »XML Baby« spielen. (Bei all der Komplexität meiner Musikauszeichnungssprache wundern Sie sich wahrscheinlich, warum die Musik so plump klingt. Das liegt in der Natur des Musikmachens. Noten auf ein simuliertes MIDI-Keyboard zu hämmern ist einfach. Noten wirklich musikalisch klingen zu lassen ist schwieriger.)

Normalerweise biete ich eine Abbildung zur Illustration, wenn ich ein neues Programm einführe. Bei einem Programm, das einen Song abspielt, würde eine Abbildung der richtigen

Ausgabe nicht gerecht werden. Ich habe daher meinen Verleger gefragt, ob wir einen dieser Klang erzeugenden Chips auf die nächste Seite des Buchs setzen könnten. Das würde die nächste Seite zu einer kleinen Musik spielenden Geburtstagskarte machen. Wenn Sie umblättern, hören Sie eine Melodie.

Hm. Vielleicht doch keine so gute Idee.

Wenn Sie das `PlaySong`-Programm ausführen, können drei Dinge geschehen. Entweder hören Sie den Song (toll!) oder Sie sehen eine Fehlermeldung auf Ihrem Bildschirm (nicht so toll) oder Sie sehen keine Fehlermeldung und hören nichts (ziemlich untoll). Wenn Sie nichts erhalten (keine Fehlermeldung und keinen Ton), überprüfen Sie die Soundeinstellungen Ihres Computers. Auf einem Windows-Computer klicken Sie in Ihrem Systembereich mit der rechten Maustaste auf das kleine Lautsprechersymbol. Wählen Sie anschließend LAUTSTÄRKEREGELUNG ÖFFNEN aus und spielen Sie ein wenig herum. Beachten Sie, dass Sie zwischen Aufnahme und Wiedergabe umschalten können, wenn Sie im Menü OPTIONEN den Eintrag EIGENSCHAFTEN wählen.

Den Inhalts-Handler verstehen

Untersuchen wir einige der Ideen aus Listing 6.8.

Wenn der Parser mit dem Parsen beginnt, wird die Methode `startDocument` aufgerufen. Diese erzeugt ein neues `Song`-Objekt. Ich werde den Code der Song-Klasse später in diesem Abschnitt analysieren.

Die startElement-Methode

In Listing 6.8 machen alle `if`-Anweisungen ungefähr dasselbe. Jede `if`-Anweisung liest Attribute vom Tag des XML-Dokuments aus und verwendet diese Attribute, um die Eigenschaften eines Objekts einzurichten. Dieser Punkt des Codes ist die Verbindung zwischen dem XML behandelnden Code und dem Musik behandelnden Code. Der XML behandelnde Code kümmert sich um Dokumentattribute, und die die Musik behandelnden Klassen kapseln Dinge wie Tempo, Oktave und Pitch ein.

Threads erzeugen

Am Ende der `if`-Anweisung des `note`-Elements startet der Code einen neuen Java-Thread. (Threads sind in Java auch dann wichtig, wenn Sie Java nicht verwenden, um Musik abzuspielen.) In Listing 6.8 erzeuge ich Threads, um mehrere Noten gleichzeitig zu spielen.

Sie sehen in Listing 6.6, dass sich jedes `note`-Element in einem `beat`-Element befindet. Zwei oder mehr Noten innerhalb desselben `beat`-Elements sollten im (annähernd) gleichen Augenblick gespielt werden (siehe Abbildung 6.8).

Warum startElement-Methoden hässlich werden können

Ein Parser bewegt sich vom Anfang eines Dokuments weiter. Wenn der Parser auf ein Start-Tag stößt, wird die `startElement`-Methode aufgerufen.

Da dieser Abschnitt von *Java & XML für Dummies* eine Fallstudie ist, nehme ich mir die Freiheit, meine innersten Gedanken über `startElement`-Methoden zu offenbaren. Um bei der Wahrheit zu bleiben: Ich fühle mich schuldig, wenn ich eine `startElement`-Methode wie die in Listing 6.8 schreibe. Meine `startElement`-Methode besitzt mehrere `if`-Anweisungen. Manchmal, wenn ich eine `startElement`-Methode schreibe, erzeuge ich eine separate `if`-Anweisung für jeden möglichen Elementnamen. Diese Art von Code erscheint wie ein großer Klumpen. Ich lese Artikel von Programmiergurus, in denen sie diese Art von Code unterstützen. Ich sehe meine Kollegen Programmierer durch Reifen springen, um das Wuchern von `if`-Anweisungen zu vermeiden. Aber gibt es eine bessere Möglichkeit, eine Auswahl unter den Namen der Elemente des Dokuments zu treffen?

Es gibt besser flutschende Wege, aber flutschend heißt nicht notwendigerweise besser. Ich habe flutschende Wege probiert, und die haben meinen Code nur noch komplizierter gemacht. Das verursacht mir umgekehrt noch mehr Schuldgefühle. In den meisten der `startElement`-Methoden, die ich schreibe, folge ich daher der alten Programmierer-Regel: Einfach und naiv ist besser als schick und begriffsstutzig.

Verwende ich zu viele `if`-Anweisungen in meinen `startElement`-Methoden? Nein, immer nur her damit.

Um mehrere Noten gleichzeitig zu spielen, muss der Computer jonglieren. Denken Sie an die »free-zin«-Beats des Songs »XML Baby«.

```
<beat><!-- free- -->
    <note pitch="&Eflat;" velocity="&forte;"
                           duration="&eighth;"/>
    <note pitch="&C;" octave="-1"
            velocity="&piano;" duration="&quarter;"/>
    <note pitch="&G;" octave="-1"
            velocity="&piano;" duration="&quarter;"/>
</beat>
<beat><!-- zin' -->
    <note pitch="&Eflat;" duration="&eighth;"/>
</beat>
```

- ✔ Der Computer beginnt, ein Es zu spielen. 750 Millisekunden später hört er damit auf.
- ✔ Der Computer beginnt, ein C unterhalb des 1-gestrichenen C zu spielen. 1500 Millisekunden später hört er damit auf.
- ✔ Der Computer beginnt, ein G unterhalb des 1-gestrichenen C zu spielen. 1500 Millisekunden später hört er damit auf.

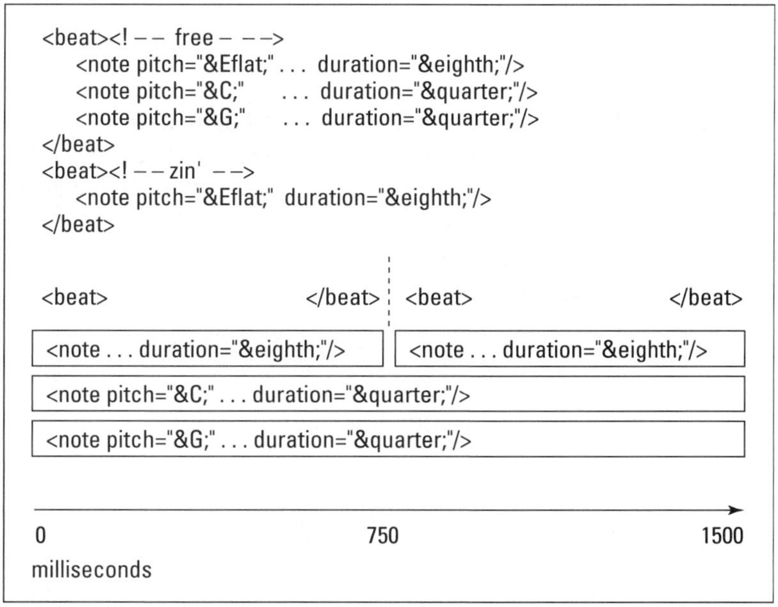

Abbildung 6.8: Das Timing einiger Noten

- ✔ Nach 750 Millisekunden im Takt hat das erste Es aufgehört zu spielen, aber das C und das G spielen noch. In diesem Augenblick beginnt der Computer, das Es des zweiten Beats zu spielen.

Wenn alle diese vier Aktionen in demselben Thread von Java-Code stattfinden, hören Sie vier separate Noten, eine nach der anderen. Nachdem die erste Note begonnen hat, ist der einzige Thread damit beschäftigt, die Millisekunden zu zählen. Erst nachdem das Zählen für die erste Note beendet ist, kann das Spielen der zweiten Note beginnen.

Anstelle eines Threads erzeugen wir also einen separaten Thread für jede Note. Der Thread einer jeden Note zählt die Millisekunden in seiner eigenen Zeit. Während der Thread einer Note Millisekunden zählt, kann die `startElement`-Methode im Original-Thread mit der Bearbeitung der nächsten Note im Takt beginnen.

Wenn Sie Probleme damit haben, sich diesen Vorgang visuell vorzustellen, verwandeln Sie einfach Abbildung 6.8 in eine Küste mit Booten. Stellen Sie sich vor, wie Sie entlang der Küste reisen und tun, was die `startElement`-Methode in Listing 6.8 tut. Wenn Sie zu den Anweisungen

```
Thread noteThread = new Thread(note);
noteThread.start();
```

gelangen, bauen Sie schnell ein neues Boot (einen neuen Thread) und setzen die Segel. Das neue Boot macht Folgendes:

```
Start E flat;
Count 750 milliseconds;
Stop E flat.
```

In der Zwischenzeit erledigen Sie Ihre anderen Angelegenheiten am Ufer. Dazu gehört es, mehr Boote herzustellen. Jedes Boot macht sein eigenes Ding, während Sie Ihre Pflichten an Land erfüllen. Wenn schließlich jeder am rechten Rand von Abbildung 6.9 angekommen ist, hat es die gesamte Mannschaft von Leuten, Booten und Landratten geschafft, vier Noten zu spielen, von denen einige gleichzeitig gespielt wurden.

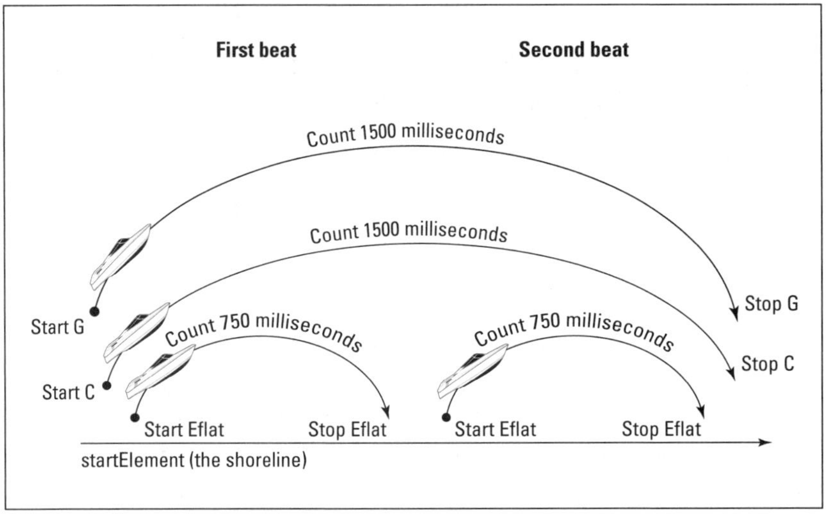

Abbildung 6.9: Boote anstelle von Noten

Bei dieser ganzen Beschreibung von Threads, Booten und anderen Dingen fragen Sie sich vielleicht, warum ich das Problem mit den gleichzeitigen Noten nicht auf andere Weise gelöst habe. Womöglich haben Sie eine andere Lösung für das Problem – z.B. Threads anders zu verwenden oder einen anderen Mechanismus als Threads zu verwenden. Seien Sie weiterhin sicher, dass Sie sich wahrscheinlich nicht auf dem falschen Gleis befinden. Es gibt viele Möglichkeiten, um ein derartiges Problem zu lösen, und der Code in Listing 6.8 zeigt nur eine davon.

Wenn Sie einen Java-Thread erzeugen, schreiben Sie eine Methode namens `run`. Um den Thread jedoch ans Laufen zu bekommen, rufen Sie nicht die `run`-Methode auf. Stattdessen rufen Sie die `start`-Methode des Threads auf. Darum sehen Sie in Listing 6.8 die Anweisung `noteThread.start()`.

Die Methode endDocument

Das Problem des Songabspielens gibt Ihnen eine interessante Entschuldigung, die SAX-`endDocument`-Methode zu verwenden. Wenn der gesamte Code in Listing 6.8 seinen Weg läuft, baumeln die Threads, die Sie erzeugt haben, noch mitten in der Luft. Wenn Sie nichts diesbezüglich tun, sitzt die Java Virtual Machine nur da und wartet darauf, dass nichts Bestimmtes passiert. Abhängig davon, wie Sie die Ausführung Ihres Programms begonnen haben, sehen Sie vielleicht Ihre Eingabeaufforderung nicht wieder, selbst wenn das Abspielen des Songs beendet ist. Um dieser unansehnlichen Situation abzuhelfen, schreibe ich meine eigene `endDocument`-Methode.

Wenn der Parser das Ende des Dokuments erreicht, führt der Rückruf an die `endDocument`-Methode `System.exit(0)`aus. Dieser Befehl weist die Java Virtual Machine an, ihre Ausführung anzuhalten. Wenn die Ausführung stoppt, erhalten Sie Ihre Eingabeaufforderung zurück.

Die Musik-Klassen

Wir untersuchen den gesamten Code, der auf Ihrer Soundkarte Musik abspielt. Der Inhalts-Handler aus Listing 6.8 ist beiseite geräumt, also bleibt uns nur noch, uns die musikspezifischen Klassen anzusehen. Es gibt derer drei, und eine ist langweiliger als die andere. (Manchmal ist nach einer langen Betrachtung von intensivem Code ein bisschen Langeweile sehr erfrischend.) Die Klassen sind in den Listings 6.9, 6.10 und 6.11 zu sehen.

```
import javax.sound.midi.MidiChannel;
import javax.sound.midi.Synthesizer;
import javax.sound.midi.MidiSystem;
import javax.sound.midi.MidiUnavailableException;

public class Song
{
    private MidiChannel channel;
    private int tempo;
    private final int altoSax = 65;

    public Song ()
    {
        MidiChannel[] channels = null;

        try
        {
            Synthesizer synth = MidiSystem.getSynthesizer();
            synth.open();
            channels = synth.getChannels();
        }
```

```
        catch (MidiUnavailableException e)
        {
            e.printStackTrace();
        }

        channel = channels[0];
        channel.programChange(altoSax);
    }

    public MidiChannel getMidiChannel()
    {
        return channel;
    }

    public void setTempo(String tempo)
    {
        this.tempo = Integer.parseInt(tempo);
    }

    public int getTempo()
    {
        return tempo;
    }
}
```

Listing 6.9: Die Song-Klasse

Die `Song`-Klasse (Listing 6.9) zeigt, was es bedeutet, mit einem Tempo und einem verwendbaren MIDI-Kanal zu arbeiten. Meine Musikauszeichnungssprache ist so einfach, dass ein gesamter Song nur ein Tempo haben muss. Was den MIDI-Kanal anbetrifft, so brauchen Sie ihn, um Töne an die Soundkarte Ihres Computers zu senden.

Der MIDI-Kanal in Listing 6.9 soll wie ein Alt-SAXophon klingen. (Ich konnte dem Wortspiel nicht widerstehen.) Um ehrlich zu sein: Als ich das Programm schrieb, klang die Musik mehr wie ein generisches elektronisches Quietschen als wie ein Saxophon. Aber schließlich sind Sie Java/XML-Experte und kein MIDI-Sound-Experte, oder? (Aber sicher doch.) Sie können einfach diesen Code kopieren und in Ihre eigene Applikation einfügen.

Um Töne in höherer Präzision zu hören, können Sie mit anderen Musikinstrumenten experimentieren. Ändern Sie die Nummer `65` in Listing 6.9 in andere Nummern. Versuchen Sie es mal mit der `1` für einen klaren Klavierklang.

```
public class Measure
{
    private int beatlength;
```

```
    public Measure(Song song, String beatlength)
    {
        this.beatlength =
            (int)( song.getTempo() *
                Double.parseDouble(beatlength) );
    }

    public int getBeatlength ()
    {
        return beatlength;
    }
}
```

Listing 6.10: Die Measure-Klasse

Die `Measure`-Klasse wird in Listing 6.10 gezeigt. Für einen bestimmten Takt lasse ich `beatlength` die Dauer der kürzesten Note des Takts sein.

- ✔ Wenn ich einen Takt mit einer Achtelnote habe, weise ich der `beatlenght`-Variablen des Takts `&eighth;` zu. Ich setze acht `beat`-Elemente in diesen Takt, auch wenn einige der `beat`-Elemente leer sind. (Die leeren `beat`-Elemente bewahren lediglich das Timing des Takts.) Siehe hierzu Listing 6.6.
- ✔ Wenn ein Takt nur Viertelnoten enthält, setze ich `beatlength` auf `&quarter;`. In diesem Fall setze ich vier `beat`-Elemente in den Takt (siehe wiederum Listing 6.6).

```
public class Note implements Runnable
{
    private Song song;
    private int pitch;
    private int velocity=70;
    private int duration;

    public Note(Song song)
    {
        this.song = song;
    }

    public void setPitch(String pitch)
    {
        this.pitch = Integer.parseInt(pitch);
    }

    public void setOctave(String octave)
    {
        pitch += 12*Integer.parseInt(octave);
   }
```

```
    public void setVelocity(String velocity)
    {
        if (velocity != null)
            this.velocity = Integer.parseInt(velocity);
    }

    public void setDuration(String duration)
    {
        this.duration =
               (int)( Double.parseDouble(duration) *
                      song.getTempo() );
   }

    public void setDotted(String dotted)
    {
        if (Boolean.getBoolean(dotted))
            duration = (int)(1.5 * duration);
    }

    public void run()
    {
        song.getMidiChannel().noteOn(pitch, velocity);
        try
        {
            Thread.sleep(duration);
        }
        catch (InterruptedException e)
        {
            e.printStackTrace();
        }
        song.getMidiChannel().noteOff(pitch);
    }
}
```

Listing 6.11: Die Note-Klasse

Die `Note`-Klasse (Listing 6.11) verbirgt all die Details über das Spielen einer einzelnen Note. Beispielsweise weiß die `Note`-Klasse mit punktierten Noten umzugehen und kann die Dauer mit dem Tempo multiplizieren. Weil die `Note`-Klasse eine `run`-Methode besitzt, kann jedes `note`-Objekt als individueller Thread ausgeführt werden. Die `run`-Methode schaltet eine Note ein, unternimmt dann für die richtige Anzahl von Millisekunden gar nichts und schaltet (abschließend) die Note aus.

Herzlichen Glückwunsch. Sie gehören nun zum Geheimbund derer, die wissen, wie man Musik aus einem XML-Dokument abspielen kann.

Daten von innen nach außen erfassen (mit DOM)

7

In diesem Kapitel

- Das Dokumentobjektmodell (DOM) verstehen
- Die DOM-Knotentypen verwenden
- Einfachen DOM-Code schreiben

Es gibt zwei Arten von Menschen auf der Welt: lineare Denker und holistische Denker. Ein linearer Denker beginnt jedes Projekt am Anfang und arbeitet vorsichtig dem Ende entgegen. Ein holistischer Denker platzt direkt in die Mitte eines jeden Projekts.

- ✔ Stellen Sie zwei Leute bei 18 Grad neben einen Swimmingpool. Der lineare Denker beginnt mit einem großen Zeh und fährt mit dem Eintauchen fort, Körperteil für Körperteil. Der holistische Denker springt einfach hinein.
- ✔ Setzen Sie zwei Leute mit schlechten Manieren an den Esstisch. Der lineare Denker isst die Erbsen mit dem Messer. Der holistische Denker geht direkt mit dem Gesicht ins Essen.
- ✔ Beginnen Sie bei der Arbeit ein großes Java-Programmierprojekt. Der lineare Denker sagt: »Lasst uns einen Ausschuss gründen«. Der holistische Denker sagt: »S@#!% auf deinen blöden Ausschuss.«

Jeder Ansatz hat seine Vorteile – und seine Beschränkungen. XML-Code ist – nicht weniger als die Menschen, die ihn erzeugen – für einen linearen (SAX) oder einen holistischen Ansatz (DOM) offen. Dies Kapitel erklärt wie, und es erklärt, wofür die Unterschiede gut sind.

DOM vorstellen: Das Dokumentobjektmodell

Sehen wir uns die beiden Arten an, in denen man sich ein XML-Dokument denken kann. Ein XML-Dokument hat mindestens zwei Ausprägungen.

- ✔ Zum einen ist das Dokument eine Liste. Es folgt ein Wort auf das andere. Ein Tag endet, und ein weiteres Tag beginnt. Das ist eine Möglichkeit, sich das Dokument vorzustellen. So nähert sich ein linearer Denker einem XML-Dokument an.
- ✔ Was befindet sich unter diesem linearen Text? Tatsächlich stellt ein XML-Dokument wirklich eine Baumstruktur dar. Das Dokument ist ein Element innerhalb eines Elementes innerhalb eines weiteren Elementes.

> Wie erklimmen Sie diese Bäume? Eine Möglichkeit (die holistische) besteht darin, ein Gesamtverständnis zu entwickeln. Beginnen Sie damit, mit dem ganzen Baum zu arbeiten. Verengen Sie später Ihren Brennpunkt auf die einzelnen Teile des Baums. Doch verengen Sie Ihren Fokus auf eine Weise, die die Struktur des Baums repräsentiert. Behandeln Sie nur einen Ast gleichzeitig, mit allen seinen Zweigen und Unterzweigen. Behandeln Sie jeden Zweig so, als ob er ein eigenständiger Baum sei.

Der Gegensatz zwischen linearem und holistischem Denken trennt SAX vom DOM. SAX (Kapitel 3 bis 6) behandelt ein XML-Dokument linear. Aber mit DOM (dem *D*ocument *O*bject *M*odel) können Sie hineinspringen und sich das gesamte Dokument ansehen. Etwas später zoomen Sie dann auf das Hauptelement (das Root-Element) und zoomen dann auf ein Element innerhalb des Root-Elements. In einigen Situationen ist Hineinspringen genau das, was Sie tun müssen.

DOM-Knoten

Wenn Sie mit DOM arbeiten, stellen Sie sich ein XML-Dokument als ein Dokument mit mehreren Knoten vor. Beispiele für Knoten sind Elemente, Attribute, Kommentare und die Zeichen zwischen einem Start- und End-Tag-Paar. Ein komplettes XML-Dokument ist selbst ein Knoten. Alles in allem kann ein XML-Dokument zwölf verschiedene Knotentypen besitzen. (Später in diesem Kapitel gibt es eine Liste dieser Knotentypen.)

Die Knoten einer Baumstruktur

Zusammengenommen bilden alle DOM-Knoten in einem XML-Dokument eine Baumstruktur. Nehmen Sie als Beispiel das Dokument in Listing 7.1. Die DOM-Baumstruktur des Dokuments sieht wie die Baumstruktur in Abbildung 7.1 aus.

```
<?xml version="1.0" encoding="UTF-8"?>
<!--AnchovyLoversClub.xml-->

<AnchovyLoversClub>
    <Member firstname="Herbert">
        <Standing>
            Founder, President, Secretary, Publicity Manager
        </Standing>
    </Member>
</AnchovyLoversClub>
```

Listing 7.1: Der Anchovy Lovers Club (Club der Sardellenliebhaber)

Diese Baumstruktur besitzt elf Knoten. Um sie zu zählen, beginnen Sie mit den Ästen des Baums (in Abbildung 7.1 dargestellt). Zählen Sie dann den Zweig `Member firstname = "Herbert"` ein zweites Mal. (Dieser Zweig besitzt zwei DOM-Knoten. Das Element namens `Member` ist ein Knoten, und das Attribut `firstname="Herbert"` des Elements ist ein Knoten.)

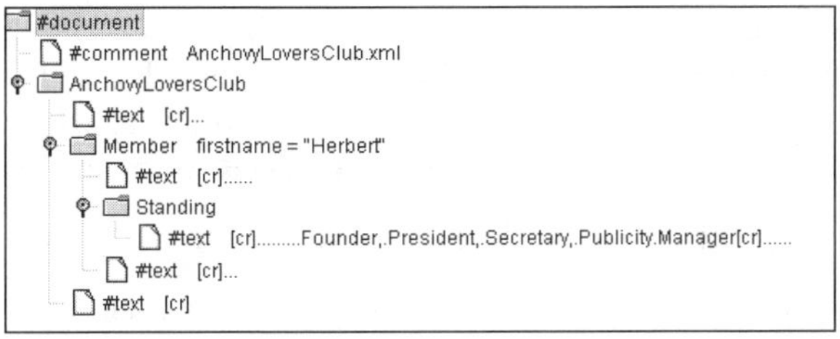

Abbildung 7.1: Eine Baumstruktur, die das Dokument in Listing 7.1 darstellt

Eine Abhandlung über Baumstrukturen

Sie werden einige Dinge entdecken, wenn Sie sich die Baumstruktur in Abbildung 7.1 ansehen.

✔ **Einige Knoten sind anderen Knoten untergeordnet.**

Beispielsweise ist der `Member`-Knoten ein untergeordneter Knoten (ein *Child*-Knoten) des `AnchovyLoversClub`-Knotens. Das liegt daran, dass in Listing 7.1 das `Member`-Element im `AnchovyLoversClub` verschachtelt ist.

Auf ähnliche Weise ist der `Standing`-Knoten ein *Child*-Knoten des `Member`-Knotens. Diese Familienanalogie setzt sich fort und fort. Der `Member`-Knoten ist der übergeordnete Knoten (der *Parent*-Knoten) des `Standing`-Knotens, und der `AnchovyLoversClub`-Knoten ist der Parent des `Member`-Knotens.

✔ **Das gesamte Dokument ist ein Knoten.**

Dies ist ein bedeutender Punkt, und er ist wirklich leicht zu vergessen. In Listing 7.1 ist `AnchovyLoversClub` das Root-Element des Dokuments. Aber in Abbildung 7.1 befindet sich der Name `AnchovyLoversClub` nicht an der Spitze der Baumstruktur. Stattdessen befindet sich dort das Wort `#document`.

Der oberste Knoten einer DOM-Baumstruktur repräsentiert ein vollständiges XML-Dokument. Ich habe Programmierer Fehler auf Fehler verursachen sehen, weil sie glaubten, dass der Name des Root-Elements die Baumstruktur im Dokument einleitet. (Dem ist nicht so. Und wenn ich »Programmierer« sage, meine ich mich damit.)

✔ **Kommentare und Textstücke sind Knoten.**

In Abbildung 7.1 ist der Kommentar `<!--AnchovyLoversClub.xml-->` ein Child-Knoten des Dokumentknotens. Das liegt daran, dass in Listing 7.1 der Kommentar ein Teil des Dokuments ist. Der Kommentar ist nicht in einem der Dokumentelemente verschachtelt.

Und wieder einmal betreiben wir Genealogie. Wir sagen, dass der `#document`-Knoten zwei Child-Knoten hat – einen Kommentar-Knoten und einen `AnchovyLoversClub`-Knoten. Diese beiden Knoten werden als *Siblings* (dt. Geschwister) bezeichnet.

In Abbildung 7.1 ist der Text `Founder, President, Secretary, Publicity Manager` ebenfalls Teil eines Knotens. In Listing 7.1 befindet sich der Text `Founder, President, Secretary, Publicity Manager` innerhalb des `Standing`-Elements. Also ist in Abbildung 7.1 dieser Textknoten ein Child-Knoten des `Standing`-Knotens.

- ✔ **Sogar ignorierbarer Text ist Bestandteil eines Knotens.**

Gemäß Abbildung 7.1 besitzt der `AnchovyLoversClub` drei direkte Child-Knoten – einer ist mit `#text` etikettiert und der andere mit `Member`. Der Grund: So weit es DOM betrifft, enthält der `AnchovyLoversClub` drei Dinge.

```
<AnchovyLoversClub>
   Zeilenumbruch und drei Leerzeichen
   Member-Element
   Zeilenumbruch
</AnchovyLoversClub>
```

Die Situation ist in Abbildung 7.2 illustriert.

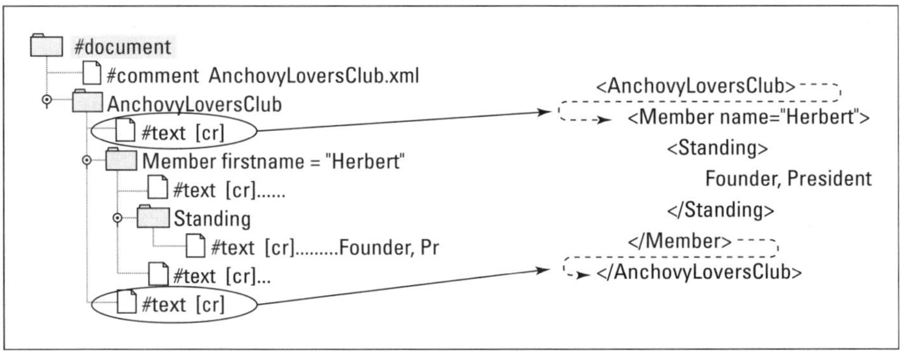

Abbildung 7.2: Die beiden Textknoten in Listing 7.1

Die drei Child-Knoten des `Member`-Knotens – zwei Leerräume und ein `Standing`-Element – sind alle Siblings.

Beachten Sie nun die Punkte und das `[cr]` in den Abbildungen 7.1 und 7.2. In dem Baumstrukturdiagramm verwende ich einen Punkt, um ein Leerzeichen, und ein `[cr]`, um einen Zeilenumbruch darzustellen. Mit DOM bildet der gesamte ignorierbare Leerraum zwischen dem `AnchovyLoversClub`-Start-Tag und dem `Member`-Start-Tag einen Knoten. Mit der spitzen Klammer angefangen, die das `AnchovyLoversClub`-Start-Tag beendet, gehen Sie zur nächsten Zeile und haben dann drei Leerzeichen vor der spitzen Klammer, die das `Member`-Start-Tag einleitet. All dies ist ein DOM-Knoten.

- ✔ **End-Tags sind keine Knoten.**

Wenn Sie das SAX-Material in den Kapiteln 3 bis 6 verdaut haben, denken Sie vielleicht, dass das `Member`-Element gestartet und später wieder beendet wird. Wenn Sie mit DOM arbeiten, gehen Sie jedoch auf eine andere Weise vor. Sie besuchen das `Member`-Element nur einmal. Während dieses Besuchs rufen Sie das `Standing`-Element und etwas Text ab. DOM besitzt keine Methode, die der SAX-`endElement`-Methode entspricht.

SAX gegen DOM (Die Schlacht der Bits)

An diesem Punkt unserer Geschichte ist es eine Standardpraxis, die beiden APIs zu vergleichen: SAX und DOM. SAX war das Thema der Kapitel 3 bis 6, und DOM ist das Thema der Kapitel 7 bis 9. SAX und DOM sind recht verschieden. Hier ist ein Slogan, den Sie verwenden können:

SAX macht; DOM ist.

Wenn Sie mit SAX arbeiten, bekommen Sie einen Parser, der Methoden aufruft, DOM ruft jedoch keine Methoden auf. Stattdessen erzeugt DOM ein neues Objekt. Dieses neue Objekt ist eine Abbildung der Daten eines XML-Dokuments. Die Abbildung befindet sich im Speicher des Computers.

Zwei Versionen der Daten

Es hilft, über zwei Versionen der Daten eines XML-Dokuments nachzudenken.

- ✔ Es gibt eine »Papier«-Version der Daten – aber normalerweise ist dieses »Papier« nicht wirklich ein Ausdruck. Es ist eine Datei auf einer Festplatte. Ich bezeichne es als »Papier«-Kopie, weil Sie sie sehen können, wenn Sie wollen. Sie können die Zeichen in der Datei untersuchen (die spitzen Klammern, die Tags und all den anderen Text), indem Sie die Datei in Ihrem Lieblings-Editor öffnen.
- ✔ Wenn Sie ein DOM-Programm ausführen, erhalten Sie eine im Speicher befindliche Version der Daten. Diese DOM-Version enthält alle Informationen, die eine »Papier«-Version auch enthalten würde, aber die DOM-Version besitzt keine inhärente textliche Repräsentierung. Die DOM-Version ist eine Baumstruktur mit Elementknoten, Attributknoten und allen anderen Arten von Knoten. Sicher, Sie können eine grafische Visualisierung der DOM-Baumstruktur erhalten, wie z.B. die in Abbildung 7.1. Aber diese Visualisierung ist nur eine Repräsentation der richtigen Daten. Die Daten bestehen aus all diesen DOM-Knoten, zusammen mit all ihren Parent-Child- und anderen strukturellen Beziehungen.

Wenn Sie nun mit DOM arbeiten, müssen Sie daran denken, dass diese beiden Versionen der Daten (die Papierversion und die im Speicher befindliche Version) auf dem gleichen Grund stehen. Die unsichtbaren, im Speicher befindlichen DOM-Knoten bilden eine komplette, akkurate Wiedergabe der Daten. An der Papierversion ist nichts Heiliges. Sie können entweder mit der Papierversion oder mit der DOM-Version arbeiten. In der Praxis arbeiten Sie oft mit beidem.

Vergleichen Sie die im Speicher befindliche DOM-Geschichte mit der SAX-Version. Auf den ersten Blick repräsentiert SAX ein recht konkretes Bild des Inhalts eines XML-Dokuments. Sie haben `startElement`, `endElement` und andere ähnliche Dinge. Dies erinnert Sie an die Tags in der `.xml`-Datei. Aber in Wirklichkeit erzeugt SAX keine im Speicher befindliche Version der Daten eines XML-Dokuments.

Im Gegensatz zu DOM achtet die SAX-API wenig auf die Baumstruktur der Daten. SAX erfasst alles mit einem Tag gleichzeitig und wirft das Tag wieder hinaus, wenn es ein neues Tag sieht, das es wert ist, untersucht zu werden. SAX sagt: »Aha! Ich habe ein Start-Tag gefunden.« Oder: »Huch! Hier sind ein paar Zeichen.« Doch SAX sagt nicht: »Ich befinde mich im `AnchovyLoversClub`-Element und begegne dem Child-Element `Member`.« Wenn SAX mit einem Rückruf fertig ist, hinterlässt es keine speicherinternen Spuren des Dokuments – und auch keine Spur von der Struktur des Dokuments.

Ein Märchen von zwei Ausschüssen

Dies ist eine weitere Art, über SAX contra DOM nachzudenken:

- ✔ SAX ist wie ein Dolmetscher bei einer Konferenz des Sicherheitsrats der Vereinten Nationen. SAX hört einen Satz, sagt Ihnen, was es gehört hat, hört einen weiteren Satz und sagt Ihnen, was es gehört hat. SAX nimmt ein Tag, führt einen Rückruf durch, nimmt ein weiteres Tag und führt einen weiteren Rückruf durch. SAX erzeugt keine permanente Kopie der Daten, die vorbeifliegen.
- ✔ DOM ist wie ein Übersetzer, der still in der Nische einer Bibliothek sitzt. Ein Fremdsprachenübersetzer nimmt *Java und XML für Dummies* und macht daraus *Java et XML Pour Les Nuls*. In gewisser Weise macht DOM dasselbe.

  DOM untersucht ein Dokument und verwendet das Dokument, um eine neue Repräsentation der Daten zu erzeugen. Wie das ursprüngliche Dokument ist die neue DOM-Repräsentation eine getreue Repräsentation der Daten. Aber die DOM-Repräsentation ist anders. Sie verwendet eine andere Sprache. Insbesondere verwendet die DOM-Repräsentation eher eine Struktur als Text.

In einem SAX-Programm (wie dem Programm in den Listings 3.2 und 3.3) fangen Sie damit an, eine `parse`-Methode aufzurufen. Diese `parse`-Methode antwortet auf XML-Tags, indem sie aktiv etwas tut – insbesondere, indem sie Rückrufe durchführt. Falls es am Ende des Programms eine neue Kopie der XML-Daten gibt, dann liegt das an dem, was die Rückrufmethoden im Inhalts-Handler getan haben, und nicht daran, was der SAX-Parser selbst getan hat.

Auch in einem DOM-Programm können Sie eine `parse`-Methode aufrufen, aber diese `parse`-Methode gibt ein Objekt vom Typ `Document` zurück. Wie der Fremdsprachenübersetzer erledigt ein DOM-Parser seine Arbeit, erzeugt eine zweite Ausführung der Daten und übergibt diese dann an jemanden, der sie verwendet.

Wie man aufsteht und loslegt (ein einfaches Beispiel)

Unser erstes DOM-Programm stellt einige Knoten aus einem XML-Dokument dar. Das Programm stellt nicht alle Knoten dar, weil die Knotentour-Prozedur des Programms recht plump ist. Wir werden die Knotentour-Prozedur später in diesem Kapitel neu definieren. Lesen Sie in der Zwischenzeit den Code in Listings 7.2 und 7.3 genau durch.

```
import javax.xml.parsers.DocumentBuilderFactory;
import javax.xml.parsers.DocumentBuilder;
import javax.xml.parsers.ParserConfigurationException;
import org.xml.sax.SAXException;
import java.io.IOException;
import java.io.File;
import org.w3c.dom.Document;

public class CallDOM
{
    public static void main(String args[])
        throws ParserConfigurationException,
                SAXException,
                IOException
   {
        DocumentBuilderFactory factory =
            DocumentBuilderFactory.newInstance();
        DocumentBuilder builder =
            factory.newDocumentBuilder();
        Document doc;

        if (args.length == 1)
        {
            doc = builder.parse
                (new File(args[0]).toURL().toString());
            new MyTreeTraverser (doc);
        }
        else
            System.out.println
                ("Usage: java CallDOM file-name.xml");

    }

}
```

Listing 7.2: DOM in Aktion rufen

```
import org.w3c.dom.Node;
import org.w3c.dom.NamedNodeMap;

class MyTreeTraverser
{

    MyTreeTraverser (Node node)
    {
        System.out.println(node.getNodeName());

        node = node.getFirstChild();
        System.out.println(node.getNodeName());

        node = node.getNextSibling();
        System.out.println(node.getNodeName());

        node = node.getFirstChild();
        System.out.println(node.getNodeName());

        node = node.getNextSibling();
        System.out.println(node.getNodeName());
    }

}
```

Listing 7.3: Einige Knoten darstellen

Führen Sie den Code in den Listings 7.2 und 7.3 anhand des `AnchovyLoversClub`-Dokuments in Listing 7.1 aus.

Abbildung 7.3: Einige Knoten in einer DOM-Baumstruktur besuchen

DOM aufrufen

Das Programm, das den Ball anstößt (der Code in Listing 7.2), ist keine große Sache. Wenn Sie etwas über den entsprechenden SAX-Code lesen, werden Sie nur wenige Unterschiede erkennen. (Sehen Sie hierzu auch die Erklärung von Listing 3.2 in Kapitel 3.) Der einzig wichtige Unterschied ist dieser:

- ✔ In dem SAX-Code in Listing 3.2 haben Sie als Letztes den Parser aufgerufen. Von da an hat der Parser übernommen und alle passenden Rückrufe getätigt.

- ✔ In dem neuen DOM-Code in Listing 7.2 rufen Sie immer noch einen Parser auf. Aber dieser DOM-Parser gibt Ihnen ein Objekt zurück. (In dem Code in Listing 7.2 verweist die Variable `doc` auf das zurückgegebene Objekt.)

  Der DOM-Parser nimmt keine Rückrufe vor. Stattdessen nehmen Sie das `doc`-Objekt, das Ihnen vom Parser zurückgegeben wurde, und packen es in einen Aufruf an eine andere Methode. In Listing 7.2 machen Sie dies mit dem Aufruf von

  ```
  new MyTreeTraverser (doc);
  ```

  Den Namen `MyTreeTraverser` habe ich mir ausgedacht. Diese Klasse bohrt sich tief in das `doc`-Objekt und stellt die Bestandteile des `doc`-Objekts dar.

In Kapitel 3 habe ich erwähnt, dass ich den SAX aufrufenden Code (den Code in Listing 3.2) immer und immer wieder verwenden würde. Dasselbe gilt für den DOM aufrufenden Code in Listing 7.2. Ich verwende und wiederverwende dieselbe `CallDOM`-Klasse in den Kapiteln 7, 8 und 9. Lesen Sie daher nur einmal in diesem Abschnitt etwas über `CallDOM` und verinnerlichen Sie dies für fast alle DOM-Programme, mit denen Sie im Laufe dieses Buches noch konfrontiert werden.

Das DOM-Ergebnis bearbeiten

Der Code in Listing 7.3 ist wirklich plump. Damit der Code ein bisschen besser aussieht, hätte ich eine kleine `for`-Schleife erzeugen können. Doch die `for`-Schleife hätte den Code auch nicht verbessert. Stattdessen hätte die Schleife die grundlegende Plumpheit des Codes verschleiert.

Listing 7.3 hat gute und schlechte Aspekte. Die beiden schlechten sind:

- ✔ Der Code ist schändlich wiederholend.
- ✔ Der Code sucht nicht jeden Knoten in der Baumstruktur des Dokuments auf.

Aber es gibt auch eine helle Seite. Die beiden guten Aspekte sind:

- ✔ Der Code zeigt Ihnen, wie Sie von einem DOM-Knoten zum anderen springen.
- ✔ Der Code motiviert uns dazu, mit einer besseren allgemeinen Knotentour-Strategie auf den Plan zu treten.

Beachten Sie daher, was in Listing 7.3 und Abbildung 7.3 geschieht. Der `MyTreeTraverser`-Konstruktor unternimmt fortlaufende Aufrufe an die Methoden `getFirstChild` und `getNextSibling`. Für jeden Aufruf bewegt sich der Konstruktor zu einem anderen Knoten in der DOM-Baumstruktur.

Der oberste Knoten (der Knoten, der dem Konstruktor von dem Aufruf in Listing 7.2 übergeben wurde) befindet sich in dem Knoten namens `#document`. Dieser `#document`-Knoten repräsentiert das gesamte XML-Dokument, das in Listing 7.1 zu sehen ist.

Nachdem der MyTreeTraverser-Konstruktor den Namen dieses #document-Knotens dargestellt hat, ruft er die Methode getFirstChild auf. Dieser Aufruf lässt die node-Variable auf den Kommentar in Listing 7.1 verweisen. Sehen Sie sich nun Abbildung 7.1 an und beachten Sie, dass der Kommentar kein »Einzelkind« ist. Der Kommentar befindet sich mit einem anderen Element (einem Sibling) auf derselben Ebene – nämlich mit dem AnchovyLoversClub-Element. Nach dem Aufruf von getNextSibling stellt der Code in Listing 7.3 den Namen AnchovyLoversClub dar.

Die Aktion setzt sich auf diese Weise fort, bis wir zum Member-Element vorgedrungen sind. An dieser Stelle halten wir inne und sagen: »Danke, Barry. Diese Verwendung von FirstChild und getNextSibling ist sehr erhellend. Aber es muss einen geschmeidigeren Weg geben, um von einem Knoten zum nächsten zu gelangen.«

Und tatsächlich gibt es ihn. Ich zeige Ihnen im nächsten Abschnitt einen geschmeidigeren Weg.

Sich in einer Baumstruktur von Knoten zu Knoten schwingen

Unser nächstes DOM-Programm stellt alle Knoten in einem XML-Dokument dar. Um dies zu bewerkstelligen, bedürfen wir eines speziellen Tricks. Dieser Trick heißt *Rekursion*.

Das Dokument, das wir darstellen werden, ist das AnchovyLoversClub-Dokument aus Listing 7.1. Um die Darstellung vorzunehmen, werden wir die CallDOM-Klasse aus Listing 7.2 wiederverwenden. Zusätzlich erzeugen wir eine brandneue MyTreeTraverser-Klasse (siehe Listing 7.4).

```
import org.w3c.dom.Node;
import org.w3c.dom.NamedNodeMap;

class MyTreeTraverser
{
    Node node;

    MyTreeTraverser (Node node)
    {
        this.node = node;

        displayName();
        displayValue();
        if (node.getNodeType() == Node.ELEMENT_NODE)
            displayAttributes();

        System.out.println();

        displayChildren();
    }
```

```
    void displayName()
    {
        System.out.print("Name: ");
        System.out.println(node.getNodeName());
    }


    void displayValue()
    {
        String nodeValue = node.getNodeValue();
        if (nodeValue != null)
            nodeValue = nodeValue.trim();

        System.out.print("Value: ");
        System.out.println(nodeValue);
    }


    void displayAttributes()
    {
        NamedNodeMap attribs = node.getAttributes();

        for (int i = 0; i < attribs.getLength(); i++)
        {
            System.out.println();
            System.out.print("Attribute: ");
            System.out.print(attribs.item(i).getNodeName());
            System.out.print(" = ");
            System.out.println(attribs.item(i).getNodeValue());
        }
    }

    void displayChildren()
    {
        Node child = node.getFirstChild();
        while (child != null)
        {
            new MyTreeTraverser (child);
            child = child.getNextSibling();
        }
    }
}
```

Listing 7.4: Die DOM-Baumstruktur durchschreiten

Die Ausgabe der Ausführung der Listings 7.2 und 7.4 ist in Abbildung 7.4 zu sehen.

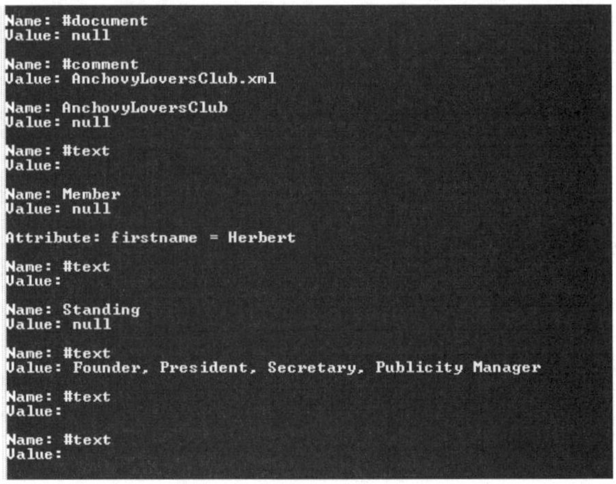

```
Name: #document
Value: null

Name: #comment
Value: AnchovyLoversClub.xml

Name: AnchovyLoversClub
Value: null

Name: #text
Value:

Name: Member
Value: null

Attribute: firstname = Herbert

Name: #text
Value:

Name: Standing
Value: null

Name: #text
Value: Founder, President, Secretary, Publicity Manager

Name: #text
Value:

Name: #text
Value:
```

Abbildung 7.4: Die Ausgabe des Codes aus den Listings 7.2 und 7.4

Die Klasse MyTreeTraverser verstehen

Die `main`-Methode in Listing 7.2 ruft den `MyTreeTraverser`-Konstruktor auf. Wenn dies geschieht, unternimmt der Konstruktor vier Dinge: Er stellt den Namen des Knotens, seinen Wert, seine Attribute und seine Child-Knoten dar. Der Konstruktor vollzieht diese wundervollen Aufgaben durch Methodenaufrufe.

Die ersten beiden Aufrufe sind relativ einfach. Ein Aufruf verwendet die `getNodeValue`-Methode des DOM-Knotens, und der zweite Aufruf verwendet die `getNodeName`-Methode des Knotens. Was als Name zählt (im Gegensatz zu einem Wert), variiert von einem Knoten zum anderen. Sehen Sie sich beispielsweise Abbildung 7.4 an.

- ✔ Es gibt einen Knoten mit dem Namen `Standing` und ohne Wert. Alle Elementknoten funktionieren auf diese Weise.
- ✔ Es gibt einen Knoten mit Namen `#text` und dem Wert `Founder, President, Secretary, Publicity Manager`. Alle Textknoten funktionieren aus diese Weise.

Vorstellung der DOM-Knotentypen

In XML besitzen nur Elemente Attribute. Keine anderen DOM-Knoten (wie der Dokumentknoten oder irgendeiner der Textknoten) besitzen Attribute. Bevor also Ihr Programm in den Attribut behandelnden Code durchstartet, sollten Sie noch einmal prüfen, ob Sie es wirklich mit einem Element zu tun haben.

Im MyTreeTraverser-Konstruktor (Listing 7.4) vollziehen Sie die Überprüfung, indem Sie die Methode getNodeType aufrufen.

```
if (node.getNodeType() == Node.ELEMENT_NODE)
   displayAttributes();
```

Die Java-Schnittstelle org.w3c.dom.Node besitzt zwölf Konstanten – eine für jeden Typ von DOM-Knoten. In Listing 7.4 teste ich den Knotentyp, um festzustellen, ob der Knoten vom Typ Node.ELEMENT_NODE ist. Zu den anderen Knotentypkonstanten gehören Node.COMMENT_NODE, Node.ATTRIBUTE_NODE und Node.TEXT_NODE. (Eine Erläuterung all dieser DOM-Knotentypen folgt später in diesem Kapitel.)

Attribute abrufen

Um die Attribute eines Elements abzurufen, erzeugen Sie für sich eine NamedNodeMap (siehe Listing 7.4). Dann gehen Sie die Map durch, Element für Element und rufen für jedes Attribut getNodeName und getNodeValue auf.

Beachten Sie die Verwendung des Wortes »node« (Knoten) in den Namen NamedNodeMap, getNodeName und getNodeValue. Jedes Attribut eines Elements ist wirklich ein separater DOM-Knoten.

Nur Elementknoten besitzen Attribute, aber natürlich besitzen einige Elemente keine Attribute. Die DOM-API bietet eine einfache Möglichkeit, um herauszufinden, ob ein Knoten (Element- oder nicht) Attribute besitzt. Rufen Sie einfach die hasAttributes-Methode des Knotens auf.

Child-Knoten

Der interessanteste Teil der MyTreeTraverser-Klasse ist der Vorgang innerhalb der displayChildren-Methode. Um diesen Vorgang zu verstehen, denken Sie an die Art, wie Sie einen echten Baum erklimmen würden. Stellen Sie sich vor, dass Sie jeden einzelnen Ast des Baums aufsuchen müssen.

```
Beginnen Sie am Baumstamm.
Klettern Sie, bis der Stamm sich in Äste gabelt.
Für jeden Ast:
    Fangen Sie unten am Ast an
    Klettern Sie, bis der Ast sich in Zweige teilt.
       Für jeden Zweig:
         Fangen Sie unten am Zweig an.
         Klettern Sie, bis Sie kleinere Zweige erreichen
           Für jeden kleineren Zweig:
          ...
           Und so weiter.
```

Es geht hierum: Sie erklimmen einen Baum, indem Sie eine gewisse Distanz nach oben zurücklegen und dann an kleineren Unter-Bäumen weiterklettern. Die Anweisungen zum Erklimmen eines Astes sind daher dieselben wie die für das Erklimmen des ganzen Baums. Um dies klarer sehen zu können, stellen Sie sich einmal das folgende (bizarre) Szenario vor:

Sie leiden an Amnesie, und Sie finden sich wieder, wie Sie sich an einem Baumstamm festhalten. Anstatt nach unten zu sehen, klettern Sie den Stamm nach oben. Wenn Sie zu einer Verzweigung kommen, wählen Sie einen der Äste aus und klettern weiter. Dies ist ein sehr dicker Ast, und so, während Sie weiterklettern, ...

... erleiden Sie wieder einen Anfall von Gedächtnisschwund. Sie sehen nicht nach unten, denn der Ast, an dem Sie sich festhalten, ist so dick, dass Sie denken, Sie halten sich an einem Baumstamm fest. Sie beginnen, den Stamm hinaufzuklettern. Wenn Sie zu einer Verzweigung kommen, ...

Die grundlegende Idee ist, dass die Bearbeitung jedes einzelnen Teils eines Baums so ist wie die jedes beliebigen anderen Teils. Um einen Ast zu bearbeiten, fangen Sie einfach mit der Bearbeitung von vorne an. Darum soll der Code zur Bearbeitung eines Asts einfach eine Kopie von sich selbst aufrufen, wenn ein neuer Ast beginnt. Diese Idee von Code, der eine Kopie von sich selbst aufruft, ist als Rekursion bekannt.

Rekursion in Aktion

Sehen Sie sich noch einmal den Code in Listing 7.2 an. Sie rufen den `MyTreeTraverser`-Konstruktor auf und übergeben ihm einen DOM-Knoten. (In Listing 7.2 ist dieser DOM-Knoten das gesamte DOM-Dokument.) Nun haben Sie also ein `MyTreeTraverser`-Objekt, das einen bestimmten Knoten bearbeitet.

Doch was geschieht in Listing 7.4, wenn das `MyTreeTraverser`-Objekt den Knoten bearbeitet? Das Objekt stellt den Namen des Knotens, seinen Wert und möglicherweise seine Attribute dar. Dann ruft das Objekt die Methode `displayChildren` auf, die wiederum `getFirstChild` (und später `getNextSibling`) aufruft.

Mit jedem Aufruf von `getFirstChild` oder `getNextSibling` »ergreift« das `MyTreeTraverser`-Objekt den Child-Knoten eines Knotens. Natürlich ist der Child-Knoten eines Knotens auch ein weiterer Knoten. Um nun den Child-Knoten des Knotens zu bearbeiten, ruft das `MyTreeTraverser`-Object den `MyTreeTraverser`-Konstruktor auf. Anders ausgedrückt: Ein `MyTreeTraverser`-Objekt ruft einen Konstruktor auf, der ein weiteres `MyTreeTraverser`-Objekt erzeugt. (Sehen Sie sich den fett gedruckten Text in Listing 7.4 an.)

Das brandneue `MyTreeTraverser`-Objekt bearbeitet einen Child-Knoten. Wie alle braven Kinder, wird der Code des Child-Knotens schließlich die `displayChildren`-Methode erreichen, die ihrerseits mehr `displayChildren`-Methoden erzeugen wird. Der gesamte Vorgang (ein `MyTreeTraverser`-Objekt erzeugt ein weiteres `MyTreeTraverser`-Objekt) wird in Abbildung 7.5 gezeigt.

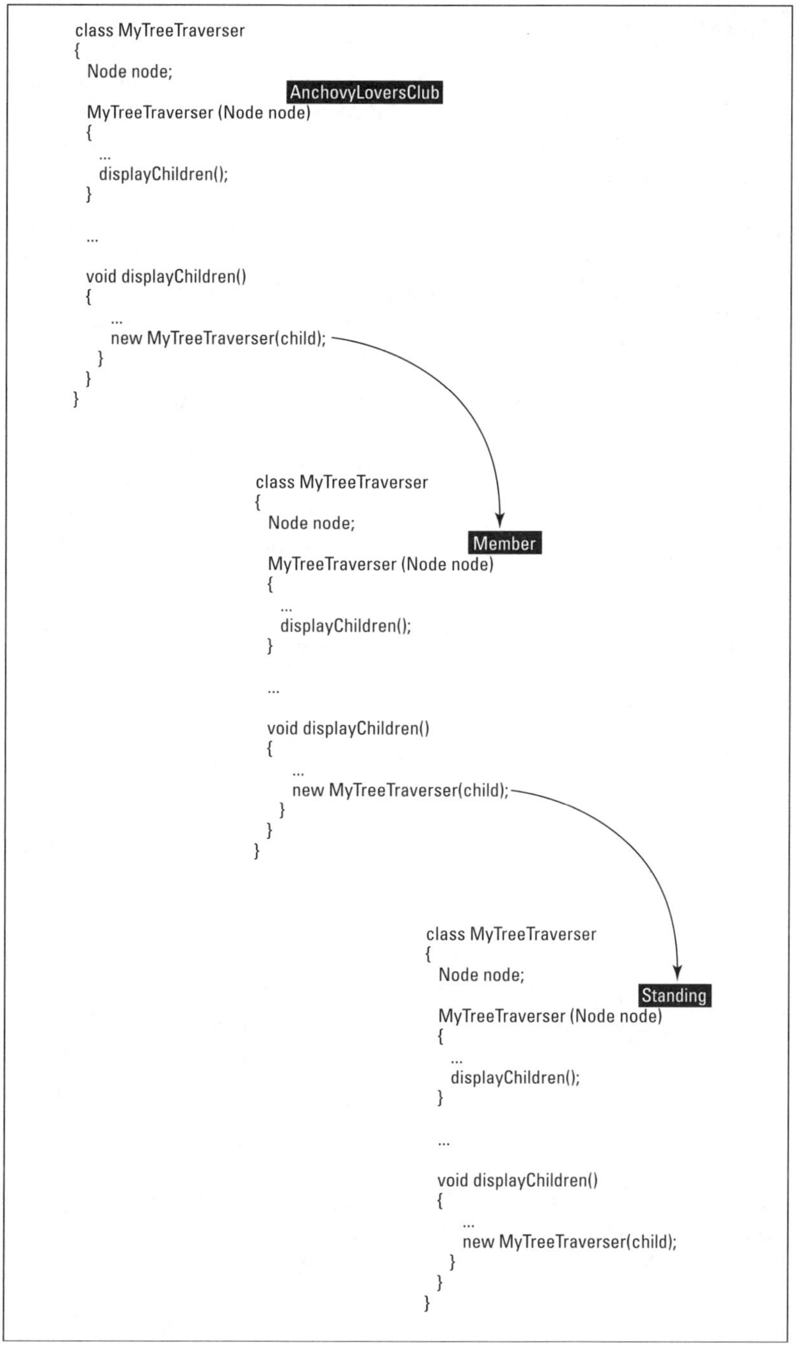

Abbildung 7.5: Ein `MyTreeTraverser`*-Objekt kann eine Kopie von sich selbst erzeugen.*

DOM-Knotentypen

Der Code in Listing 7.4 ruft eine Methode namens `getNodeType` auf und verwendet eine Konstante namens `Node.ELEMENT_NODE`. In DOM besitzt jeder Knoten einen Typ. Es gibt den Typ `ELEMENT_NODE`, den Typ `ATTRIBUTE_NODE` und andere Knotentypen. Genauer gesagt, besitzt DOM zwölf verschiedene Knotentypen.

Wenn Sie die `getNodeType`-Methode (wie in Listing 7.4) aufrufen, gibt die Methode eine Zahl zwischen 1 und 12 zurück. Glücklicherweise besitzt die Java-API zwölf `Node.bla_bla_bla_NODE`-Konstanten, und diese Konstanten besitzen Werte von 1 bis 12. Sie müssen also selten auf einen Knotentyp anhand seiner Nummer verweisen. Stattdessen beziehen Sie sich auf jeden Knotentyp anhand eines der Konstantennamen.

Tabelle 7.11 enthält eine Liste der Konstantennamen in der Java-API:

Konstante	Numerischer Wert	nodeName	nodeValue
`ELEMENT_NODE`	1	Tag-Name	Null
`ATTRIBUTE_NODE`	2	Name des Attributs	Wert des Attributs
`TEXT_NODE`	3	"#text"	Inhalt des Textknotens
`CDATA_SECTION_NODE`	4	"#cdata-section"	Inhalt des CDATA-Abschnitts
`ENTITY_REFERENCE_NODE`	5	Name der Entität, auf die verwiesen wird	Null
`ENTITY_NODE`	6	Entitätsname	Null
`PROCESSING_INSTRUCTION_NODE`	7	Ziel	Gesamter Inhalt außer dem Ziel
`COMMENT_NODE`	8	"#comment"	Inhalt der Kommentare
`DOCUMENT_NODE`	9	"#document"	Null
`DOCUMENT_TYPE_NODE`	10	Dokumenttypname	Null
`DOCUMENT_FRAGMENT_NODE`	11	"#document-fragment"	Null
`NOTATION_NODE`	12	Notationsname	Null

Tabelle 7.1: DOM-Knotentypen

Streng genommen sind die Java-Knotentypkonstanten keine `int`-Werte. Jede Knotentypkonstante ist ein Wert vom Typ `short`, und ein Aufruf an die `getNodeType`-Methode gibt einen Wert vom Typ `short` zurück.

Es gibt mehr Informationen über DOM-Knotentypen auf der `org.w3c.dom.Node`-Seite der offiziellen Java-1.4-API-Dokumentation.

Knotentypkonstanten wie `Node.ELEMENT_NODE` gibt es nicht bloß der Bequemlichkeit halber. Die Verwendung von Konstanten hilft, Fehler zu vermeiden und Ihren Code davor zu bewahren, obsolet zu werden. Setzen Sie niemals eine Zahl (von 1 bis 12) in Ihren Code. (Also jedenfalls nicht, so lange Ihnen nicht jemand den Arm umdreht und keine andere Wahl lässt.)

Die Knotentypen verstehen

Die DOM-API besitzt zwölf Knotentypkonstanten. Was bedeuten nun alle diese Knotentypkonstanten? Die Bedeutung einiger dieser Typen, wie z.B `Node.ELEMENT_NODE`, kann man sich leicht vorstellen. Aber andere, wie `Node.DOCUMENT_FRAGMENT_NODE`, können schon etwas verworrener sein. Um die Knotentypkonstanten zu illustrieren, habe ich ein einfaches XML-Dokument erzeugt. Das Dokument, bei dem die Knoten beschriftet sind, erscheint in den Abbildungen 7.6 und 7.7. Eine klarere Ansicht des Dokuments (ohne das ganze Knotenbeschriftungswirrwarr) sehen Sie in Listing 7.5.

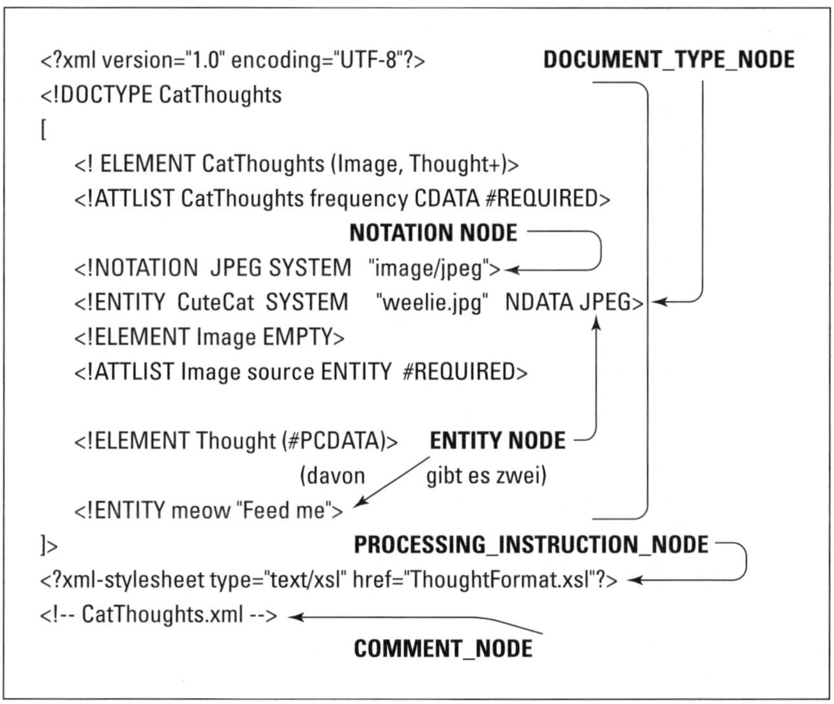

Abbildung 7.6: Einige Knoten in einem XML-Dokument

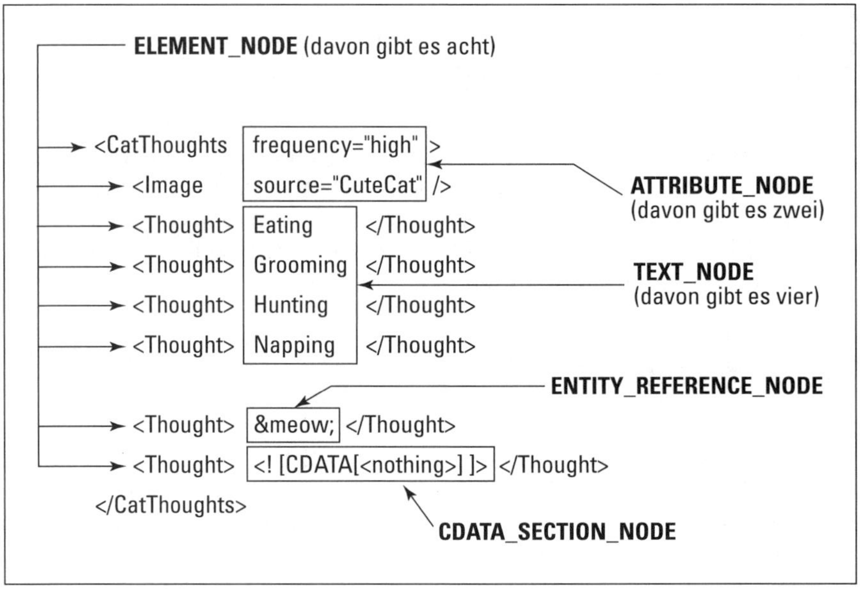

Abbildung 7.7: Mehr Knoten in einem XML-Dokument

```
<?xml version="1.0" encoding="UTF-8"?>

<!DOCTYPE CatThoughts
[
    <!ELEMENT CatThoughts (Image, Thought+)>
    <!ATTLIST CatThoughts frequency CDATA #REQUIRED>

    <!NOTATION JPEG SYSTEM "image/jpeg">
    <!ENTITY CuteCat SYSTEM "weelie.jpg" NDATA JPEG>
    <!ELEMENT Image EMPTY>
    <!ATTLIST Image source ENTITY #REQUIRED>

    <!ELEMENT Thought (#PCDATA)>
    <!ENTITY meow "Feed me">
]>

<?xml-stylesheet type="text/xsl" href="ThoughtFormat.xsl"?>
<!-- CatThoughts.xml -->

<CatThoughts frequency="high">
    <Image source="CuteCat" />
    <Thought>Eating</Thought>
    <Thought>Grooming</Thought>
    <Thought>Hunting</Thought>
```

```
    <Thought>Napping</Thought>
    <Thought>&meow;</Thought>
    <Thought><![CDATA[<nothing>]]></Thought>
</CatThoughts>
```

Listing 7.5: Was Ihre Katze so denkt

Natürlich kann ich Ihnen nicht einfach ein Dokument und Diagramme vorwerfen, ohne diese zu erläutern. Hier sind also meine Betrachtungen über das Material in den Abbildungen 7.6 und 7.7:

✔ **Die Zeile `<?xml version="1.0" encoding="UTF-8"?>` ist kein Knoten.**

Die DOM-Philosophie hält diese Zeile nur für den Parser von Interesse. (Diese Zeile nützt Ihrer Java-Applikation nicht – das Programm, das den Parser aufruft.)

Diese Haltung ist nicht einzigartig bei DOM. Sehen Sie sich noch einmal das Kapitel über SAX an (und zwar die Erörterung rund um Listing 5.9). In jenem Kapitel sehen Sie dieselbe Philosophie in Aktion.

✔ **Die gesamte `DOCTYPE`-Deklaration besitzt einen eigenen Typ.**

Der Knoten vom Typ `DOCUMENT_TYPE_NODE` besitzt keinen Child-Knoten. Er kann jedoch Entitäten und Notationen enthalten. (Die Entitäten und Notationen können in der `DOCTYPE`-Deklaration aufgeführt sein. Doch auch so gelten sie nicht als Child-Knoten der `DOCTYPE`-Deklaration.)

✔ **Knoten vom Typ `ENTITY_NODE` und `NOTATION_NODE` erscheinen nur in der DTD.**

Wenn Sie eine `DOCTYPE`-Deklaration mit Entitäten und Notationen bereitstellen, dann wird der DOM-Parser diese Knoten finden. Der Parser findet diese Knoten auch, wenn sich die DTD in einer separaten Datei befindet, und sogar, wenn der Parser keine Validierung durchführt.

✔ **Der Typ `ENTITY_REFERENCE_NODE` taucht weniger oft auf, als Sie vielleicht denken.**

Häufig wird eine Entitätsreferenz ersetzt, bevor DOM sie sieht. Bei dem Dokument in Listing 7.5 beispielsweise sieht DOM normalerweise keinen Knoten `&meow;` vom Typ `ENTITY_REFERENCE_NODE`. Stattdessen sieht DOM einen Knoten `"Feed me"` vom Typ `TEXT_NODE`.

Warum kennzeichne ich also das Wort `&meow;` in Abbildung 7.7 mit dem Typ `ENTITY_REFERENCE_NODE`? Ich kann den Parser davon abhalten, `&meow;` durch `"Feed me"` zu ersetzen. Hierfür füge ich die Anweisung

```
factory.setExpandEntityReferences(false);
```

zum Code in Listing 7.2 hinzu. Wenn diese Zeile in meinem Code ist, sieht DOM zwei Knoten, sobald es auf die `&meow;`-Zeile in Listing 7.5 stößt. Zuerst sieht DOM `&meow;`

und bezeichnet diesen Abschnitt als Knoten vom Typ `ENTITY_REFERENCE_NODE`. Dann sieht DOM den ersetzten Text `"Feed me"` und bezeichnet ihn als Knoten vom Typ `TEXT_NODE`.

Ich habe über den Typ `ENTITY_REFERENCE_NODE` in der Erläuterung, die zu Listing 7.6 gehört, noch etwas mehr zu erwähnen.

- **Das gesamte Dokument ist ein Knoten.**

  Diese Vorstellung ist in den Abbildungen 7.6 und 7.7 illustriert. Ich dachte, noch ein Etikett würde die Diagramme durcheinander bringen. Jedenfalls ist das Dokument selbst ein Knoten vom Typ `DOCUMENT_NODE`.

- **Wenn sich ein Dokument in der Konstruktion befindet, kann ein Teil des Dokuments ein `DOCUMENT_FRAGMENT_NODE` sein.**

  In Kapitel 8 gibt es ein Beispiel für ein DOM-Programm, das ein XML-Dokument von Grund auf erstellt. Während Sie mit der Erstellung eines Dokuments beschäftigt sind, finden Sie sich vielleicht mit einem unvollständigen Stück des Dokuments wieder. Die Frage ist, wie Sie dieses nennen werden. Es ist mehr als ein Element und weniger als ein ganzes Dokument. Wie bei allem in DOM nennen Sie dieses Stück einen Knoten. Und welcher Knotentyp ist es? Es ist ein `DOCUMENT_FRAGMENT_NODE`.

  Im Gegensatz zu anderen Knotentypen würde der XML-Parser einen `DOCUMENT_FRAGMENT_NODE` nicht in einem vorhandenen XML-Dokument finden. Darum beschrifte ich in den Abbildungen 7.6 und 7.7 auch nichts als `DOCUMENT_FRAGMENT_NODE`. Um einen `DOCUMENT_FRAGMENT_NODE` zu sehen, müssen Sie mit einem Ausschnitt des Dokuments arbeiten, das Sie gerade erstellen.

Die Knotentypen darstellen

Damit Sie sicher sein können, dass ich Sie über die Dokumentknotentypen nicht belogen habe, habe ich ein Programm geschrieben, das von den Knoten in Listing 7.6 berichtet. Das Programm befindet sich in Listing 7.6 und die Ausgabe des Programms befindet sich in Abbildung 7.8.

```
import org.w3c.dom.Node;
import org.w3c.dom.NamedNodeMap;
import org.w3c.dom.DocumentType;

class MyTreeTraverser
{

    MyTreeTraverser (Node node)
    {
        System.out.println (getNodeInfo(node));
```

```
    NamedNodeMap attribs = node.getAttributes();
    visitAll(attribs);

    if (node.getNodeType() == Node.DOCUMENT_TYPE_NODE)
    {
        NamedNodeMap entities =
                ((DocumentType)node).getEntities();
        visitAll(entities);

        NamedNodeMap notations =
                ((DocumentType)node).getNotations();
        visitAll(notations);
    }

    Node child = node.getFirstChild();
    while (child != null)
    {
        new MyTreeTraverser(child);
        child = child.getNextSibling();
    }
}

final static String [] nodeTypes =
                      {"none",
                       "ELEMENT_NODE",
                       "ATTRIBUTE_NODE",
                       "TEXT_NODE",
                       "CDATA_SECTION_NODE",
                       "ENTITY_REFERENCE_NODE",
                       "ENTITY_NODE",
                       "PROCESSING_INSTRUCTION_NODE",
                       "COMMENT_NODE",
                       "DOCUMENT_NODE",
                       "DOCUMENT_TYPE_NODE",
                       "DOCUMENT_FRAGMENT_NODE",
                       "NOTATION_NODE"};

String getNodeInfo(Node node)
{
    String nodeInfo = nodeTypes[node.getNodeType()];
    nodeInfo += ", ";
    nodeInfo += node.getNodeName();
    nodeInfo += ", ";

    String nodeValue = node.getNodeValue();
    if (nodeValue != null)
    {
```

```
            nodeValue = nodeValue.replaceAll("\n", "[cr]");
            nodeValue = nodeValue.replaceAll(" ", ".");
        }
        nodeInfo += nodeValue;

        return nodeInfo;
    }

    void visitAll (NamedNodeMap nodeMap)
    {
        if (nodeMap != null)
            for (int i = 0; i<nodeMap.getLength(); i++)
            {
                Node node = nodeMap.item(i);
                System.out.println (getNodeInfo(node));
            }
    }
}
```

Listing 7.6: Die Dokumentknoten darstellen

Jede Zeile in Abbildung 7.8 repräsentiert einen Knoten des Dokuments aus Listing 7.5. Jede Knotenzeile enthält drei Informationen. Diese sind (voneinander durch Kommata getrennt) der Knotentyp, der Knotenname und der Knotenwert. Wie üblich habe ich Zeilenumbrüche durch `[cr]` und Leerzeichen durch Punkte ersetzt.

Beachten Sie in Abbildung 7.8, wie viele Knoten keinen Wert (einen Null-Wert) besitzen. Um den Grund herauszufinden, sehen Sie sich wieder Tabelle 7.1 an. Gemäß Tabelle 7.1 haben nur fünf der zwölf Knotentypen keine Null-Werte.

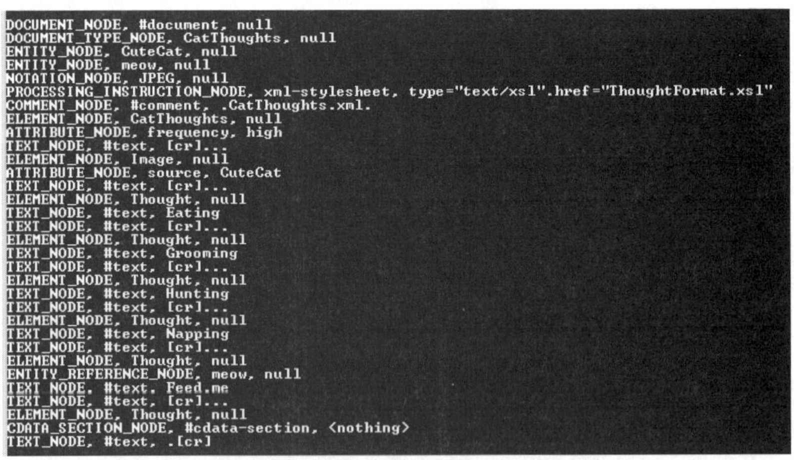

Abbildung 7.8: Auflistung der Knoten im `CatThoughts`-Dokument

Einen Entitätsreferenz-Knoten finden

Da Sie nun eine echte Ausgabe besitzen, die Sie untersuchen können, können Sie auch eine frühere Behauptung von mir überprüfen. Wenn DOM auf die Zeile mit der Entitätsreferenz `&meow;` stößt, sieht DOM zwei Knoten: den `ENTITY_REFERENCE_NODE`-Knoten namens `&meow;` und den `TEXT_NODE`-Knoten mit dem Wert `"Feed me"`. Dies geschieht nur, wenn Sie die Zeile

```
factory.setExpandEntityReferences(false);
```

zu dem Code hinzufügen, der den `MyTreeTraverser`-Konstruktor aufruft. (Fügen Sie sie in Listing 7.2 einer Methode wie der `main`-Methode hinzu.) Wenn Sie diese Zeile nicht hinzufügen, erkennt DOM nur den `"Feed me"`-`TEXT_NODE`.

Wenn Sie Ihren DOM aufrufenden Code erzeugen, setzen Sie den Aufruf von `setExpandEntityReferences` vor den Aufruf von `factory.newDocumentBuilder`. Setzen Sie `setExpandEntityReferences` nach dem Aufruf von `newDocumentBuilder`, hat der Aufruf von `setExpandEntityReferences` keinen bemerkbaren Effekt. Wenn Sie dann `setExpandEntityReferences` aufrufen, haben Sie schon das falsche `DocumentBuilder`-Objekt erstellt.

Rekursion: Ein wiederkehrendes Thema

Beachten Sie eine Ähnlichkeit mit dem Code in den Listings 7.4 und 7.6. Beide Listings sind folgendermaßen strukturiert:

```
class MyTreeTraverser
{
    Node node;

    MyTreeTraverser (Node node)
    {
        ...
            new MyTreeTraverser(child);
    }
}
```

In beiden Listings haben wir ein `MyTreeTraverser`-Objekt, das seinen eigenen Konstruktor aufruft (und dadurch ein weiteres `MyTreeTraverser`-Objekt erzeugt. Beide Listings verwenden Rekursion, um alle Knoten in der DOM-Baumstruktur zu bearbeiten. Das überrascht nicht (mich jedenfalls nicht). Wenn Sie ein XML-Dokument mit DOM repräsentieren, erhalten Sie eine Baumstruktur, und Programme, die mit Baumstrukturen umgehen, verwenden beinahe immer Rekursion.

Wann verwenden wir die DOM-API?

Ich weiß nicht, wie es Ihnen geht, aber ich hasse es, Entscheidungen zu treffen. Oftmals ziehe ich die falsche Entscheidung eines anderen meiner eigenen richtigen Entscheidung vor. Es ist jedoch egal, wie die Sache ausgeht, so lange ich mich an dem Verlauf nicht schuldig fühlen muss. Heiligt der Zweck die Mittel? Nein, vielleicht nicht. Aber für mich heiligen die Mittel niemals den Zweck.

Nachdem Sie einen derart inspirierenden Abschnitt gelesen haben, möchten Sie wahrscheinlich wissen, wann Sie sich zur Verwendung von DOM entschließen sollten. Das Wesentliche ist, dass DOM ein ganzes XML-Dokument auf einmal herunterschluckt. Dies hat sowohl Vor- als auch Nachteile.

- ✔ **Vermeiden Sie DOM, wenn Sie davon ausgehen, dass Ihr XML-Dokument sehr groß wird.**

  Wenn Sie DOM verwenden, erzeugt der Computer eine speicherinterne Kopie der Baumstruktur eines gesamten Dokuments. Für die kleinen Dokumente in allen *Java & XML für Dummies*-Listings summiert sich die speicherinterne Ablage nicht besonders. Doch bei einem echten Dokument kann die Speichermenge recht groß werden.

  Stellen Sie sich die Last vor, die einem System aufliegt, wenn DOM ein großes Dokument bearbeitet (sagen wir 100.000 Zeilen oder mehr). Bedenken Sie, dass DOM nicht den Text des Dokuments speichert, sondern stattdessen eine Baumstruktur. DOM klatscht diese Struktur in den Arbeitsspeicher, und ganz gleich, wie viel Arbeitsspeicher Sie haben, geht er Ihnen immer aus, und Sie benötigen mehr.

  Neben den Speicheranforderungen ist es zeitaufwendig, in einer großen Baumstruktur vor- und zurückzuspringen.

  Im Vergleich dazu nimmt SAX ein Tag, bearbeitet dieses, wirft es weg und macht weiter. Nichts wird langfristig im Speicher aufbewahrt, und kein Teil des Dokuments wird zusammen mit anderen Teilen bearbeitet. Im Allgemeinen laufen SAX-Programme effizienter als DOM-Programme.

- ✔ **Verwenden Sie DOM, wenn Ihr Dokument ausgiebig von Elementverschachtelung Gebrauch macht.**

  Einige Arten von Problemen schreien geradezu nach DOM. Stellen Sie sich vor, dass Sie es mit genealogischen Informationen zu tun haben. Es heißt ja nicht ohne Grund »Familienstammbaum«. Eine Familie hat Eltern (engl. parents), Kinder (engl. children) und Geschwister (engl. sibling). Moment! Wo haben wir diese Terminologie schon einmal gehört? (Hinweis: Sehen Sie am Anfang dieses DOM-Kapitels nach.)

  Die SAX-API achtet nicht auf Baumstrukturen oder auf die Verschachtelung eines XML-Elements in einem anderen. Darum ist es so schmerzlich, in SAX mit verschachtelten Strukturen zu arbeiten. In SAX erfinden Sie ständig das Rad neu, indem Sie Dinge auf einen selbst gemachten Stack ziehen (Details finden Sie in Kapitel 6).

Im Gegensatz dazu erzeugt DOM einen Stack für Sie. Sicher, Sie müssen rekursiven Code schreiben, und das ist nicht immer ein Zuckerschlecken. Aber die ganze DOM-API setzt die Vorstellung von Parent-Knoten, Child-Knoten und Sibling-Knoten voraus. Wenn Sie es mit Daten zu tun haben, die naturgemäß baumförmig sind, kann diese Parent-Child-Sibling-Geschichte ein großer Vorteil sein.

✔ **Verwenden Sie DOM, wenn Sie eine globale Ansicht der Daten benötigen.**

Was benötigt man, um die Daten in einem XML-Dokument zu sortieren? Sortieren bedeutet, die Daten so umzustellen, dass sie sich in einer Reihenfolge befindet – numerische Reihenfolge, alphabetische Reihenfolge oder was auch immer. Wenn Sie Daten sortieren, springen Sie normalerweise zwischen entfernten Plätzen innerhalb der Daten hin und her. Sie verschieben ein Element von hier vorne nach dort hinten. Sie vergleichen diesen Wert nahe am Anfang mit dem Wert nahe am Ende. Manchmal springen Sie auch kopfüber in die Mitte der Daten.

Es geht darum, dass das Sortieren von Daten normalerweise nicht linear ist. Sie fangen nicht am Anfang an und arbeiten sich Schritt für Schritt bis zum Ende durch. Sie durchschreiten die Daten nicht so, wie es SAX tut. Stattdessen tun Sie das, was DOM tut. Sie schlucken alle Daten auf einmal herunter und bearbeiten dann verschiedene Teile an verschiedenen Stellen. (Zufälligerweise gibt es eine sehr nette Sortiermethode, die auf der Speicherung von Daten in Baumform beruht.)

Das ist also die Geschichte. SAX nimmt eine mikroskopische Ansicht der Daten, und diese mikroskopische Ansicht funktioniert nur schlecht, wenn Sie das große Bild benötigen. Wenn Sie es mit allen Daten gleichzeitig zu tun haben und sich über Effizienz oder Performance nicht allzu viele Gedanken machen, dann verwenden Sie DOM anstelle von SAX.

✔ **Verwenden Sie DOM, wenn Sie fein abgestimmte Steuerung benötigen.**

Das gilt sowohl für SAX als auch für DOM. Weder SAX noch DOM sind wie die spezialisierten Business-to-Business-APIs. Mit SAX und DOM erhalten Sie keine schnelle Codierung der allgemeinen gebräuchlichen Aufgaben auf hoher Ebene.

Doch SAX und DOM sind gute Werkzeuge für die untere Ebene. Mit SAX und DOM spielen Sie an den inneren Details eines Dokuments herum. Sie machen mit einem XML-Dokument genau das, was Sie wollen, und all dies nach Ihren Bedingungen.

Nützliche Werkzeuge in der DOM-API

8

In diesem Kapitel

- Validierung mit DOM
- Namensbereiche verwenden
- Ein XML-Dokument mit DOM-Code erzeugen

Wie ein gewisses obsessives Kapitel zuvor, macht auch dieses Kapitel Aufhebens um Details – hier ist eine Methode, hier ist ein Objekt, verwenden Sie diese Schnittstelle, verwenden Sie nicht diese Klasse.

Seit ich jenes frühere Kapitel (also gut, Kapitel 5) geschrieben habe, frage ich mich, ob es im Leben eine Verbindung zwischen den verschiedenen Arten von Details gibt. Ich bin beispielsweise ein Hamster. Ich verwahre viele Dinge. Sagt das etwas über meine Haltung gegenüber Details aus?

Nach meiner Argumentation sollte eine Person, die keine Dinge aufhebt, eine nicht detailorientierte Person sein. Diese Person hat ein einfaches Führungsprinzip: Wirf etwas weg, ganz gleich, was es ist. Wenn du es später brauchst, kannst du ein anderes haben. Mich hingegen sollte man als detailorientiert bezeichnen. (Nein, wirf diese alte Ölablaufwanne *nicht* weg. Man weiß nie, ob Ölablaufwannen nicht irgendwann knapp werden. Außerdem ist das eine ganz besondere Ölablaufwanne, nämlich mit einem ärgerlichen Leck, das sie von allen anderen Ölablaufwannen unterscheidet. Dies ist ein unschätzbares Detail ...)

In Kapitel 5 sagte ich, ich sei keine Detail-Person. Vielleicht sollte ich diese Meinung noch einmal überdenken.

Ein Sack voller Tricks

Wie so vieles andere im Leben kommt auch die DOM-API in zwei Teilen (in der Übersicht und den ausgesuchten Details). In der Übersicht haben wir Parser, Knoten und rekursives Durchlaufen einer Baumstruktur. In den Details haben wir Fehlerüberprüfung, Namensbereiche und einige andere Dinge.

Viele DOM-Tricks sind den entsprechenden SAX-Tricks ähnlich (oder mit ihnen identisch). Anstatt also einen Trick nach dem anderen zu enthüllen, zeige ich Ihnen einen ganzen Haufen von Tricks in einem Programm. Das Programm nimmt ein XML-Dokument und stellte seinen Inhalt dar. Gut, es funktioniert so ziemlich wie der Code in Listing 7.4 – aber der Code in diesem Abschnitt macht einige aufschlussreiche Drehungen und Wendungen.

Das Dokument und einige der benötigten Klassen

Für unser XML-Beispieldokument verwenden wir die Datei `Honeymooners.xml` in Listing 8.1. Die DTD der Datei befindet sich in Listing 8.2.

```
<?xml version="1.0" encoding="UTF-8"?>
<!DOCTYPE tv:Honeymooners SYSTEM "tv.dtd">
<!-- Honeymooners.xml -->

<?debug Errors.log ?>

<tv:Honeymooners xmlns:tv="http://www.burd.org/ns/tv/1.0">
    <tv:Family surname="Kramden"/>
    <tv:Family surname="Norton"/>
</tv:Honeymooners>
```

Listing 8.1: Alice, du bist die Beste!

```
<?xml version="1.0" encoding="UTF-8"?>
<!-- tv.dtd -->

<!ELEMENT tv:Honeymooners (tv:Family+)>
<!ATTLIST tv:Honeymooners xmlns:tv CDATA #REQUIRED>

<!ELEMENT tv:Family EMPTY>
<!ATTLIST tv:Family surname CDATA #REQUIRED>
```

Listing 8.2: Die TV-DTD

Das Programm zur Erzeugung eines Parsers unterscheidet sich nicht sehr von früheren Programmen dieser Art. Die großen Verbesserungen sind Validierung, Namensbereichsfähigkeit und die Verwendung eines Fehler-Handlers. Der ausgefeiltere Code befindet sich in Listing 8.3. Die Verbesserungen sind fett gesetzt.

```
import javax.xml.parsers.DocumentBuilderFactory;
import javax.xml.parsers.DocumentBuilder;
import javax.xml.parsers.ParserConfigurationException;
import org.xml.sax.SAXException;
import java.io.IOException;
import java.io.File;
import org.w3c.dom.Document;

public class CallDOM
{
    public static void main(String args[])
        throws ParserConfigurationException,
               SAXException,
               IOException
```

```
    {
        DocumentBuilderFactory factory =
            DocumentBuilderFactory.newInstance();
        factory.setValidating(true);
        factory.setNamespaceAware(true);

         DocumentBuilder builder =
             factory.newDocumentBuilder();
         builder.setErrorHandler(new MyErrorHandler());

         Document doc;

        if (args.length == 1)
        {
            doc = builder.parse
                (new File(args[0]).toURL().toString());
            new MyTreeTraverser (doc);
        }
        else
            System.out.println
                ("Usage: java CallDOM file-name.xml");
    }

}
```

Listing 8.3: DOM mit Finesse ausführen

Da nun die `CallDOM`-Klasse weg ist, benötigen wir zwei weitere Klassen: eine `MyTreeTraverser`-Klasse und eine Fehler-Handler-Klasse. Die Fehler-Handler-Klasse ist einfacher, daher zeige ich sie Ihnen zuerst (siehe Listing 8.4).

```
import org.xml.sax.helpers.DefaultHandler;
import org.xml.sax.SAXParseException;

class MyErrorHandler extends DefaultHandler
{
    public void warning(SAXParseException e)
    {
        System.out.println("Warning:");
        showSpecifics(e);
        System.out.println();
    }

    public void error(SAXParseException e)
    {
        System.out.println("Error:");
        showSpecifics(e);
        System.out.println();
```

```
    }

    public void fatalError(SAXParseException e)
    {
        System.out.println("Fatal error:");
        showSpecifics(e);
        System.out.println();
   }

    public void showSpecifics(SAXParseException e)
    {
        System.out.println(e.getMessage());
        System.out.println("  Line " + e.getLineNumber());
        System.out.println("  Column " + e.getColumnNumber());
        System.out.println("  Document " + e.getSystemId());
    }
}
```

Listing 8.4: Ein Fehler-Handler

Überrascht Sie an Listing 8.4 irgendetwas? Wenn nicht, sehen Sie genau hin. Listing 8.4 ist ein Abriss des SAX-Codes aus Listing 4.4. (Auweia, vielleicht werde ich etwas von meinem Anwalt hören. Ich werde im ersten rekursiven Rechtsstreit der Welt stecken.) Listing 8.4 verwendet sogar `SAXParseException` wie der Code in Listing 4.4. Was also ist los?

Dass DOM auf SAX zurückgreift, ist nichts Neues. In Listing 7.2 hatten wir ein DOM-Programm, das `org.xml.sax.SAXException` importierte. Dieser neue Code, Listing 8.4, geht denselben Weg. Der Code behandelt unverfroren SAX-Ausnahmen und macht alles (und nur das), was Listing 4.4 macht. So geht es eben.

Das Herz des DOM-Codes

Wir kommen nun zur Präsentation unserer Funktion. Der Code zur Darstellung von Informationen über `Honeymooners.xml` befindet sich in Listing 8.5 und die Ausgabe des Codes befindet sich in Abbildung 8.1.

```
import org.w3c.dom.Node;
import org.w3c.dom.NamedNodeMap;

class MyTreeTraverser
{
    Node node;

    MyTreeTraverser (Node node)
    {
        this.node = node;
```

```
        displayName();
        displayNamespaceStuff();
        displayValue();
        if (node.getNodeType() == Node.ELEMENT_NODE)
            displayAttributes();

        System.out.println();

        displayChildren();
    }

    void displayName()
    {
        System.out.print("Name: ");
        System.out.println(node.getNodeName());
    }

    void displayNamespaceStuff()
    {
        String namespaceURI = node.getNamespaceURI();
        if (namespaceURI != null)
        {
            System.out.print("Namespace URI: ");
            System.out.println(namespaceURI);

            System.out.print("Prefix: ");
            System.out.println(node.getPrefix());

            System.out.print("Local name: ");
            System.out.println(node.getLocalName());
        }
    }

    void displayValue()
    {
        String nodeValue = node.getNodeValue();
        if (nodeValue != null)
            nodeValue = nodeValue.trim();

        System.out.print("Value: ");
        System.out.println(nodeValue);
    }

    void displayAttributes()
    {
        NamedNodeMap attribs = node.getAttributes();
```

```
        for (int i = 0; i < attribs.getLength(); i++)
        {
            System.out.println();
            System.out.print("Attribute: ");
            System.out.print(attribs.item(i).getNodeName());
            System.out.print(" = ");
            System.out.println(attribs.item(i).getNodeValue());
        }
    }

    void displayChildren()
    {
        Node child = node.getFirstChild();
        while (child != null)
        {
            new MyTreeTraverser(child);
            child = child.getNextSibling();
        }
    }

}
```

Listing 8.5: Die DOM-Baumstruktur durchlaufen

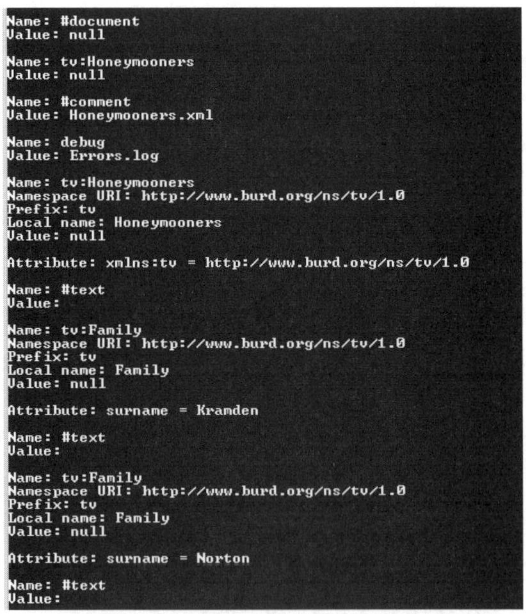

Abbildung 8.1: Die DOM-Knoten in einem XML-Dokument auflisten

Weil der Parser in Listing 8.3 namensbereichsfähig ist, erzeugen die Aufrufe von `getNamespaceURI`, `getPrefix` und `getLocalName` nützliche Ergebnisse. Diese Ergebnisse ähneln sehr den Werten der Parameter `uri`, `prefix` und `localName` in Listing 5.7. Wenn Sie sich also hinsichtlich der Bedeutungen der Ergebnisse in Abbildung 8.1 nicht sicher sind, lesen Sie noch einmal die Erläuterung von Listing 5.7.

Während der Erstellung der Listings 8.1 und 8.2 beschloss ich, keinen Fehler einzubauen, der die syntaktische Korrektheit oder die Validierung betreffen würde. Wenn entweder das Dokument oder seine DTD in irgendeiner Weise fehlerhaft wäre, würde sich das Problem in der Ausgabe in Abbildung 8.1 zeigen.

DOM verwenden, um ein Dokument zu erstellen

Bis zu dieser Stelle des Buchs haben wir XML-Dokumente analysiert – eigentlich haben wir vorhandene XML-Dokumente in Elemente, Knoten und andere einfachere Komponenten unterteilt. Dieser Abschnitt jedoch arbeitet in gegenteiliger Richtung. Wir nehmen verschiedene Klumpen von Material und setzen sie zu einem ganz neuen XML-Dokument zusammen.

Es ist kein Zufall, dass wir so lange mit der Erzeugung von XML-Dokumenten gewartet haben. Wenn wir immer noch nur mit SAX arbeiten würden, wäre diese Aufgabe nahezu unmöglich. Schließlich erzeugt ein SAX-Programm keine speicherinterne Kopie eines Dokuments (dieser Punkt wurde in Kapitel 7 totdiskutiert). Ohne eine Kopie, von der aus man arbeiten kann, ist es nahezu unmöglich, eine XML-Datei zu erzeugen.

Ein Dokument von Grund auf erstellen

Um eine XML-Datei mit den DOM-Klassen in Java zu erstellen, führen Sie einfach den Code in Listing 8.6 aus. Wenn Sie diesen Code ausführen, verwenden Sie Befehlszeilenparameter wie den folgenden:

```
java CreateDoc Moose-cara Cowlogne "Hoof Polish"
```

Und warum benötigen Sie Befehlszeilenparameter? Als ich das `CreateDoc`-Programm (Listing 8.6) schrieb, beabsichtigte ich eher einfache Lesbarkeit als guten Java-Programmierstil. Ich verwendete Java-Funktionen, die zeigten, wie einfach es ist, ein XML-Dokument mit DOM zu erzeugen. Ich ignorierte viele der konventionellen Weisheiten über Programmcode in Produktionsqualität. In diesem Beispiel glaube ich, die richtige Wahl getroffen zu haben. Urteilen Sie selbst, indem Sie Listing 8.6 untersuchen.

```
import org.w3c.dom.Document;
import org.w3c.dom.Element;
import org.w3c.dom.Node;
import org.w3c.dom.ProcessingInstruction;
import org.w3c.dom.Comment;
import org.w3c.dom.Attr;
```

```
import javax.xml.parsers.DocumentBuilderFactory;
import javax.xml.parsers.DocumentBuilder;
import javax.xml.parsers.ParserConfigurationException;

import javax.xml.transform.TransformerFactory;
import javax.xml.transform.Transformer;
import javax.xml.transform.OutputKeys;
import
    javax.xml.transform.TransformerConfigurationException;
import javax.xml.transform.TransformerException;

import javax.xml.transform.dom.DOMSource;
import javax.xml.transform.stream.StreamResult;

import java.io.File;

class CreateDoc
{
    static Document doc;
    static Element rootElt;

    public static void main(String args[])
        throws ParserConfigurationException,
            TransformerConfigurationException,
            TransformerException
    {

        makeDOMdoc();
        addProcessingInstruction();
        addComment();
        makeRootElt();
        addAttribute();
        addElements(args);
        outputFile();
    }

    static void makeDOMdoc()
        throws ParserConfigurationException
    {
        DocumentBuilderFactory factory =
            DocumentBuilderFactory.newInstance();
        DocumentBuilder builder =
            factory.newDocumentBuilder();
        doc = builder.newDocument();
    }

    static void addProcessingInstruction()
```

```
{
    ProcessingInstruction pi =
        doc.createProcessingInstruction
            ("xml-stylesheet",
            "type=\"text/xsl\" href=\"ThoughtFormat.xsl\"");
    doc.appendChild(pi);
}

static void addComment()
{
    Comment comment =
        doc.createComment("Author: H.Ritter");
    doc.appendChild(comment);
}


static void makeRootElt()
{
    rootElt = doc.createElement("BovineBeautyProducts");
    doc.appendChild(rootElt);
}

static void addAttribute()
{
    Attr attrib = doc.createAttribute("customerResponse");
    attrib.setValue("Moo");
    rootElt.setAttributeNode(attrib);
}

static void addElements(String[] args)
{
    for (int i=0; i<args.length; i++)
    {
        Node eltNode = doc.createElement("Item");
        rootElt.appendChild(eltNode);
        Node textNode = doc.createTextNode(args[i]);
        eltNode.appendChild(textNode);
    }
}

static void outputFile()
    throws TransformerConfigurationException,
           TransformerException
{
    File file = new File("BovineBeautyProducts.xml");

     TransformerFactory transformerFactory =
     TransformerFactory.newInstance();
```

```
        Transformer transformer =
        transformerFactory.newTransformer();
        transformer.setOutputProperty
                            (OutputKeys.INDENT, "yes");

       DOMSource source = new DOMSource(doc);
       StreamResult result = new StreamResult(file);

       transformer.transform(source, result);
    }
}
```

Listing 8.6: Ein XML-Dokument erzeugen

Ihr brandneues XML-Dokument

Wenn Sie den Code in Listing 8.6 ausführen, sehen Sie keine Ausgabe im Eingabeaufforderungsfenster. Das liegt daran, dass es in Listing 8.6 keine `System.out.print`-Aufrufe gibt. Anstatt eine Eingabeaufforderungsausgabe zu erzeugen, erzeugt das Programm eine neue XML-Datei – eine Datei, die Sie mit Ihrem Lieblings-Texteditor untersuchen können. Die Datei trägt den Namen `BovineBeautyProducts.xml` und erlebt ihr Debüt in Listing 8.7.

```
<?xml version="1.0" encoding="UTF-8"?>
<?xml-stylesheet type="text/xsl" href="ThoughtFormat.xsl"?>

<!--Author: H.Ritter-->
<BovineBeautyProducts customerResponse="Moo">
<Item>Moose-cara</Item>
<Item>Cowlogne</Item>
<Item>Hoof Polish</Item>
</BovineBeautyProducts>
```

Listing 8.7: Die Datei `BovineBeautyProducts.xml`

In der Eingabeaufforderung von Microsoft Windows können Sie den Inhalt der Datei `BovineBeautyProducts.xml` ohne Texteditor betrachten. Geben Sie einfach den Befehl: `type BovineBeautyProducts.xml` ein.

Die Schritte zur Erzeugung eines XML-Dokuments

Sie können sich den Prozess in Listing 8.6 als Erzeugung eines XML-Dokuments in sieben Schritten vorstellen – ein Schritt für jede der Anweisungen in der `main`-Methode der `CreateDoc`-Klasse. Hier sind einige Leckerbissen zu jedem Schritt:

- **Ein DOM-Dokument erstellen:** In meiner Methode `makeDOMdoc` definiere ich eine `Document`-Variable. Die Definition dieser Variablen ist nichts Neues. (Ich habe eine solche Variable in jeder meiner `CallDOM`-Klassen definiert.) Neu ist, dass ich in Listing 8.6 eine `Document`-Instanz erhalte, indem ich `builder.newDocument` aufrufe. In vorigen Beispielen (wie etwa Listing 8.3) erhielt ich meine `Document`-Instanz durch Aufruf von `builder.parse`. (Dies bedeutet, ich erhielt die Instanz durch Parsen einer bestehenden `.xml`-Datei.)

- **Knoten hinzufügen:** In fünf der Methoden aus Listing 8.6 (von `addProcessingInstruction` bis hin zu `addElements`) habe ich der DOM-Dokument-Baumstruktur weitere Knoten hinzugefügt.

  Jede Art von Knoten (Bearbeitungsanweisung, Attribut, Element oder was auch immer) besitzt ihre eigene Methode, um erzeugt zu werden, und jede besitzt ihre eigene Art, um der bestehenden Dokumentstruktur hinzugefügt zu werden. Um beispielsweise einen Attributknoten zu erzeugen, rufen Sie die Methode `createAttribute` auf. Um ein Attribut an die Dokument-Baumstruktur anzuhängen, rufen Sie die Methode `setAttributeNode` auf.

  Beachten Sie, dass jede `create`-Methode, die in Listing 8.6 aufgerufen wird (`createComment`, `createElement` usw.), zum Dokumentobjekt des Codes gehört. (Um z.B. einen neuen Elementknoten zu erzeugen, rufen Sie `doc.createElement` auf.) Warum ist diese Tatsache bemerkenswert? Weil sie nicht intuitiv ist. Diese Verwendung des Dokumentobjekts verbindet den neu erzeugten Knoten nicht mit einer Position im Dokument.

  Sehen Sie sich als Beispiel meine `addComment`-Methode an. Zuerst verwende ich das `doc`-Objekt, um einen Kommentar zu erzeugen. (Das heißt, ich rufe die `doc.createComment`-Methode auf.) Dann setze ich den neuen Kommentar an die vorgesehene Position im Dokument, indem ich die Methode `doc.appendChild` aufrufe.

  Sie verwenden ein bestehendes Dokument, um einen neuen Knoten zu erzeugen. Doch so lange Sie nicht die `appendChild`- oder die `setAttributeNode`-Methode aufgerufen haben, hat dieser neue Knoten keinen Platz in der Baumstruktur des Dokuments.

  Ohne etwas zusätzliche Anstrengung können Sie ein Dokument nicht verwenden, um einen Knoten zu erzeugen und diesen anschließend an die Baumstruktur eines anderen Dokuments anzuhängen. Wenn Sie dies versuchen, erhalten Sie eine scheußlich aussehende `WRONG_DOCUMENT_ERR`-Meldung.

- **Eine `.xml`-Datei erzeugen:** Der letzte Schritt in der Erzeugung einer XML-Datei besteht darin, den ganzen Kram in meiner `outputFile`-Methode anzuordnen (Listing 8.6). Die meisten Anweisungen in dieser Methode sind nur Textbausteine. Sie können sie beinahe Wort für Wort kopieren, um Ihre eigene `.xml`-Datei zu erzeugen.

  Unter allen Anweisungen in der `outputFile`-Methode ist die Anweisung, die von Programm zu Programm variiert, der Aufruf von `setOutputProperty`. Die Methode `setOutputProperty` ändert das Erscheinungsbild des resultierenden XML-Dokuments.

Indem Sie verschiedene Ausgabe-Eigenschaften einrichten, können Sie die Codierung des XML-Dokuments, seine `DOCTYPE`-Deklaration und andere Dinge ändern, die ein Dokument von einem anderen unterscheiden.

In Listing 8.6 verwende ich den Aufruf von `setOutputProperty`, um neun und nicht drei Zeilen auszugeben. (Das geschieht, wenn ich `INDENT` auf `"yes"` setze.) In einer dreizeiligen Version würde alles vom Kommentar an in eine lange, fortlaufende Zeile gequetscht.

Eine Liste der Umwandlungseigenschaften, die Sie einrichten können, finden Sie auf der `OutputKeys`-Seite der Java-API-Dokumentation.

DOM-Programmiertechniken

In diesem Kapitel

- Mehr Beispiele, die Rekursion verwenden
- DOM ohne Stack ausführen
- Eine große Fallstudie! Ein Dokument in Form einer Baumstruktur darstellen

9

Welch ein Frevel! Ein Kritiker, der die Kapitel 7 und 8 gelesen hat, glaubt, dass ich meine Leser unfair behandelt habe, indem ich *Rekursion* vorgestellt habe (ein Programm, das sich selbst aufruft – ein wichtiger Punkt bei der DOM-Bearbeitung), ohne die Leser vor dem möglichen psychologischen Gefahren zu warnen. Da in diesem Kapitel Rekursion verwendet wird, sollte ich die Situation lieber klären.

Die Wahrheit ist, dass Rekursion auf dem Selbstverweis beruht, und es gibt eine lange Geschichte der Geisteskrankheit, die mit der Vorstellung des Selbstverweises verknüpft ist. Wenn Sie die Rekursion durchführen, haben Sie (als Beispiel) ein vorhandenes `MyTreeTraverser`-Objekt, das seinen eigenen Konstruktor aufruft. Das ist ein Selbstverweis, und Selbstverweise haben sich als gefährlich herausgestellt.

Um die Natur dieser Gefährlichkeit herauszustellen, lege ich einige Beweisstücke vor. Jedes Beweisstück wurde offiziellen historischen Quellen entnommen.

✔ **Beweisstück A:** Zwischen 1874 und 1897 veröffentlicht der Mathematiker Georg Cantor eine Reihe von Arbeiten. In diesen Arbeiten verwendet er den Selbstverweis. Er beweist, dass einige unendliche Zahlen größer als andere sind. Er enttarnt auch die Vorstellung vom »Alles«, indem er aufzeigt, das »Alles« mehr enthalten müsste als die Anzahl der Dinge in sich.

  Zwischen 1884 und 1891 erleidet Cantor einen Nervenzusammenbruch nach dem anderen. (Hier ist meine Theorie: Er denkt über den Selbstverweis nach, die ihn in den Wahnsinn treibt. Aber das ist nur eine Theorie ...)

✔ **Beweisstück B:** 1901 verwendet Bertrand Russel den Selbstverweis, um aufzuzeigen, dass es so etwas wie die »Menge aller Mengen« nicht gibt. Wenn es sie gäbe, dann wäre die Menge aller Mengen kein Element ihrer selbst. (Oder wie Danny Wright sagte: Die Menge aller Knoten ist selbst kein Knoten.)

✔ **Beweisstück C:** 1931 dachte Kurt Gödel über folgenden Satz nach: »Dies ist der 289.472.037. Satz, und niemand kann beweisen, dass der 289.472.037. Satz wahr ist.« Dieser Argumentation folgend, demonstriert Gödel, was jedes Schulkind weiß: Arithmetik ist unglaublich schwer zu verstehen.

- **Beweisstück D:** 1936 befasste sich Alan Turing mit Computerprogrammen, die in unendliche Schleifen geraten. Er denkt darüber nach, ein Programm zu schreiben, das darüber entscheidet, ob andere Programme in unendliche Schleifen eintreten. Ein solches Programm wird völlig verwirrt, wenn es versucht zu entscheiden, ob seine eigene Ausführung (in der es versucht, eine Entscheidung zu treffen) eine unendliche Schleife durchläuft.

  Mit der Zeit erwies sich Turings Entdeckung als sehr tröstlich. Stellen Sie sich vor, Sie sitzen vor einem Computer, der sich aufgehängt zu haben scheint. Sie drücken jedoch nicht [Strg]+[Alt]+[Entf]. Wenn Sie lang genug warten, wird der Computer vielleicht über das Hindernis hinweg kommen und die Arbeit wieder aufnehmen. Sie sind sich nicht sicher, und Sie kommen sich richtig dämlich vor – aber Turings Entdeckung hilft Ihnen aus der Patsche! Auf keine Weise könnten Sie oder irgendein diplomierter Computerfreak oder sonst wer mit Sicherheit sagen, ob Ihr Computer irgendwann doch noch ins Leben zurückkehren *wird*. Also geben Sie ihm den Drei-Finger-Gruß. Wenn es die falsche Entscheidung sein sollte, ist es nicht Ihre Schuld.

- **Beweisstück E:** Als ich eines Morgens die verspiegelte Tür meines Badezimmers öffnete, fragte ich mich, was wohl geschähe, wenn ich mich zwischen zwei einander gegenüberliegenden Spiegeln platzieren würde. Ich versuchte es mit der Badezimmertür, aber die Ausrichtung war nicht richtig. Also holte ich den großen Spiegel von der Wohnzimmerwand und stellte ihn gegenüber meinem großen Badezimmerspiegel auf. Die Ausrichtung war perfekt, aber es gab immer noch ein Problem. Zwischen den beiden großen Spiegeln war mein Kopf im Weg.

- **Beweisstück F:** Mein Sohn bringt eine Hausaufgabe aus der Schule mit. Diese lautet, eine Frage zu schreiben, die nicht beantwortet werden kann. Als Schlaumeier, der ich bin, dachte ich eine Weile nach. Nach einer zehnminütigen Pause schrieb ich: »Ist Nein die richtige Antwort auf die Frage, die auf dieser Seite steht?«

Und da sind sie, die Gefahren der Selbstverweise, die die Menschen verhexen. Glücklicherweise haben Computer keine Ahnung davon, dass ein schlammiger Sumpf von Selbstverweisen hinter rekursiven Prozessen lauern kann. Sie tun einfach, was man ihnen sagt. An der Stelle können Sie, der Programmierer, die Situation mit einem DOM-Programm retten, das Rekursion in ein nützliches Werkzeug verwandelt.

Keine Stacks, bitte!

Programme entwickeln sich, aber Listing 6.2 in Kapitel 6 ist ein »Golden Oldie«. Es behält die Übersicht über den Briefstapel auf meinem Schreibtisch und dies mit Hilfe der guten alten Computerprogrammiererstütze, dem Stack. Wenn Sie SAX verwenden, benötigen Sie Stacks – diese helfen Ihnen, sich zu merken, mit welchem Element Sie arbeiten. Hierum geht es bei der Verwendung von SAX.

Das Ziel in diesem Abschnitt ist es, den Poststapel mittels eines DOM-Programms zu bewältigen. Neu ist, dass ein DOM-Programm die Übersicht über die Post behalten kann, ohne dass

Sie sich Gedanken um einen Stack machen müssen. Sie können sich dies auf zweierlei Weise vorstellen.

✔ **DOM trennt nicht das Start-Tag vom End-Tag.**

Wenn Sie SAX benutzen, ruft der Parser die `startElement`-Methode auf, macht dann etwas anderes und ruft später die `endElement`-Methode auf.

Bis Sie also eine `endElement`-Methode erreichen, haben Sie vielleicht die Elementattribute vergessen. Um die Übersicht zu behalten, wo Sie sind, müssen Sie Brotkrumen hinterlassen, und das geht am besten in einem Stack.

Zwischen der `startElement`- und der `endElement`-Methode können Sie eine Menge anderer Dinge tun. Zum Beispiel können Sie Elemente innerhalb von Elementen aufsuchen.

In DOM gibt es keine `endElement`-Methode. (Es gibt auch keine `start-Element`-Methode.) Sie gehen nicht von Tag zu Tag. Stattdessen besuchen Sie ein ganzes Element. Während Sie das Element besuchen, absolvieren Sie einen Nebenbesuch bei den Child-Elementen des Elements. Wenn Sie von deren Bearbeitung zurückkehren, befinden Sie sich wieder im Code des Originalelements.

✔ **Wenn Sie Rekursion verwenden wie in einem DOM-Programm, erzeugt der Computer für Sie hinter den Kulissen einen Stack.**

Sehen Sie sich noch einmal das Dokument in Listing 7.1 an.

- Beim Bearbeiten dieses Dokuments arbeitet ein DOM-Programm zunächst am `AnchovyLoversClub`-Element. Während es daran arbeitet, stolpert das Programm über das `Member`-Element.
- Das Programm setzt das `AnchovyLoversClub`-Element auf den Herd. (Ja, stellen Sie sich eine Bratpfanne mit den Worten »AnchovyLoversClub« darauf vor.) Wenn dieser `AnchovyLoversClub` zeitweilig aus dem Weg ist, bearbeitet das Programm das `Member`-Element.

  Während es am `Member`-Element arbeitet, stolpert das Programm über das `Standing`-Element.
- Um das `Standing`-Element zu bearbeiten, nimmt das Programm das `Member`-Element vom Herd. Stellen Sie sich nun dies vor. Das Programm stellt die `Member`-Bratpfanne auf die alte `AnchovyLoversClub`-Bratpfanne.
- Später kommt die Zeit, um die Pfannen von der Herdplatte zu nehmen, Die `Member`-Pfanne befindet sich immer oben auf der `AnchovyLoversClub`-Pfanne, die `Member`-Pfanne wird als Erstes von der Herdplatte genommen.

  Diese Reihenfolge »Zuletzt herein, zuerst heraus« erhalten Sie, wenn Sie DOM-Knoten aufsuchen und die Rekursion verwenden. Es geschieht auch, wenn Sie das SAX-Parsing durchführen und einen Stack bilden.

Ein konkretes Beispiel

Bei all diesem Gerede über die Notwendigkeit eines Stacks warten Sie wahrscheinlich darauf, ein DOM-Programm zu sehen, das seinen stacklosen Zauber entfaltet. Aber Sie warten nun nicht länger. Der Code in Listing 9.1 verrichtet die gleiche Arbeit, die auch der Stack aus Listing 6.2 durchgeführt hat. Dieser neue Code bearbeitet dasselbe XML-Dokument wie in Kapitel 6. (Um Ihrem Zeigefinger Arbeit zu ersparen, verwende ich eine Kopie des XML-Dokuments aus Listing 6.1. Die Kopie befindet sich in Listing 9.2.) Die neue Ausgabe des Codes ist mit der Ausgabe in Kapitel 6 identisch (siehe Abbildung 9.1).

```
import org.w3c.dom.Node;
import org.w3c.dom.NamedNodeMap;
class MyTreeTraverser
{
    private String day;
    MyTreeTraverser (Node node)
    {
        NamedNodeMap attribs = node.getAttributes();
        day = attribs.getNamedItem("day").getNodeValue();

      Node child = node.getFirstChild();
      while (child != null)
      {
         String childNodeName = child.getNodeName();
         if (childNodeName.equals("Mail"))
            new MyTreeTraverser(child);
         if (childNodeName.equals("Item"))
            handleItem(child);

         child = child.getNextSibling();
      }
   }

   void handleItem(Node child)
   {
      String text = child.getFirstChild().getNodeValue();
      if (text != null && !text.equals(""))
      {
         System.out.print("Received ");
         System.out.print(day);
         System.out.print("-\t");
         System.out.println(text);
      }
   }
}
```

Listing 9.1: Keine Stacks, verDOMt!

```
<?xml version="1.0" encoding="UTF-8"?>
<!--ClutteredDesk.xml-->

<Mail day="Montag">
    <Mail day="Dienstag">
       <Mail day="Mittwoch">
          <Item>Kunde: Lassen Sie uns diesen Kauf abschließen.</Item>
       </Mail>
       <Item>Bank: Nehmen Sie noch heute einen Kleinkredit auf!</Item>
       <Item>Telefon: Wechseln Sie noch heute Ihren Anbieter!</Item>
   </Mail>
   <Item>Chef: Erledigen Sie dies sofort.</Item>
</Mail>
```

Listing 9.2: Derselbe Schreibtisch, drei Kapitel später

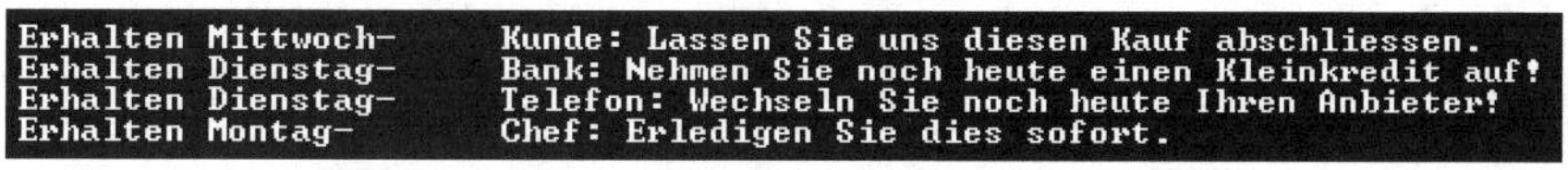

```
Erhalten Mittwoch-     Kunde: Lassen Sie uns diesen Kauf abschliessen.
Erhalten Dienstag-     Bank: Nehmen Sie noch heute einen Kleinkredit auf!
Erhalten Dienstag-     Telefon: Wechseln Sie noch heute Ihren Anbieter!
Erhalten Montag-       Chef: Erledigen Sie dies sofort.
```

Abbildung 9.1: Post mit Datumsstempel darstellen

Mit dem Root-Element beginnen

Um den Code in Listing 9.1 ans Laufen zu bekommen, benötigen Sie eine `CallDOM`-Klasse wie die in Listing 7.2. Genauer genommen stehlen Sie den Code dort, dann müssen Sie nur eine Änderung vornehmen. Statt

```
new MyTreeTraverser (doc);
```

aufzurufen, rufen Sie

```
new MyTreeTraverser (doc.getDocumentElement());
```

auf.

Mit dieser Änderung ruft Ihr erstes `MyTreeTraverser`-Objekt das Root-Element des Dokuments (das äußerste Mail-Element) anstatt des Dokumentknotens selbst ab. Das liegt daran, dass der `MyTreeTraverser`-Konstruktor als Erstes nach einem `Day`-Attribut sucht. In Listing 9.2 besitzen nur die `Mail`-Elemente `Day`-Attribute.

Ich kann dies nicht genug betonen. Die Spitze eines DOM-Baums ist normalerweise *kein* Root-Element eines XML-Dokuments. Stattdessen ist diese Spitze ein *gesamtes* XML-Dokument.

Weil ich dies nicht überbetonen kann, wiederhole ich dasselbe noch einmal mit einer technischen Betonung: In Listing 9.1 gibt der Aufruf der `parse`-Methode einen Knoten vom Typ `DOCUMENT_NODE` zurück, und keinen Knoten vom Typ `ELEMENT_NODE`.

Wie Rekursion einen Stack ersetzt

Sobald Ihr Hauptprogramm sein erstes `MyTreeTraverser`-Objekt erzeugt, erzeugt dieses Objekt ein zweites Objekt, das seinerseits ein drittes Objekt erzeugt. Es ist fast ein Schneeballeffekt. Um dies deutlicher (und langweiliger) zu machen, beschreibe ich die Arbeit von Listing 9.1 in mehreren Schritten. Richten Sie beim Lesen ein Auge auf den Fettdruck in Listing 9.1.

- Das `MyTreeTraverser`-Objekt ruft einen Wert für seine `Day`-Variable ab.

  In Listing 9.1 stammt der Wert der `Day`-Variablen aus dem `Day`-Attribut des `Mail`-Tags. Beachten Sie die coole Verwendung der `getNamedItem`-Methode. Wenn Sie den Namen eines Attributs kennen, können Sie diese Methode verwenden, um den Wert herauszufinden.

  Beim ersten Mal besitzt die `Day`-Variable den Wert `Montag`. (Siehe die 1-Blase in Abbildung 9.2.)

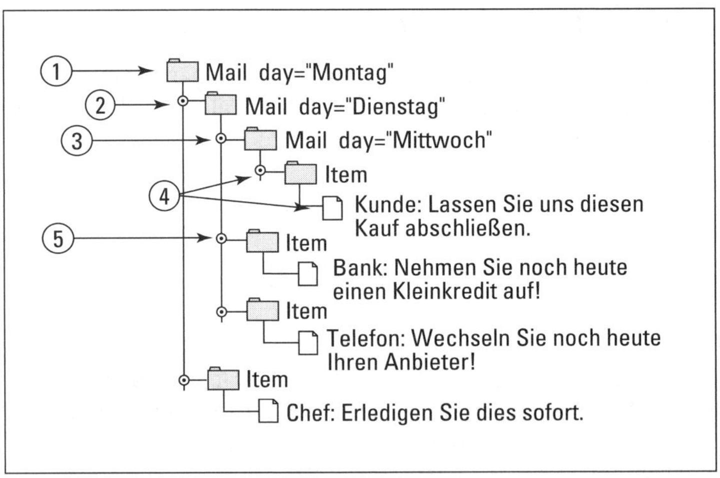

Abbildung 9.2: Die DOM-Baumstruktur für `ClutteredDesk.xml`

- **Das `MyTreeTraverser`-Objekt ruft seinen eigenen Konstruktor auf und erzeugt ein zweites `MyTreeTraverser`-Objekt.**

  Wenn das zweite `MyTreeTraverser`-Objekt

```
attribs.getNamedItem("day").getNodeValue();
```

aufruft, ist der zurückgegebene Wert `Dienstag`. Das passiert, weil das zweite `MyTreeTraverser`-Objekt mit dem zweiten `Mail`-Objekt des Dokuments arbeitet. (Betrachten Sie Abbildung 9.3 und anschließend die mit 2 beschriftete Blase von Abbildung 9.2.)

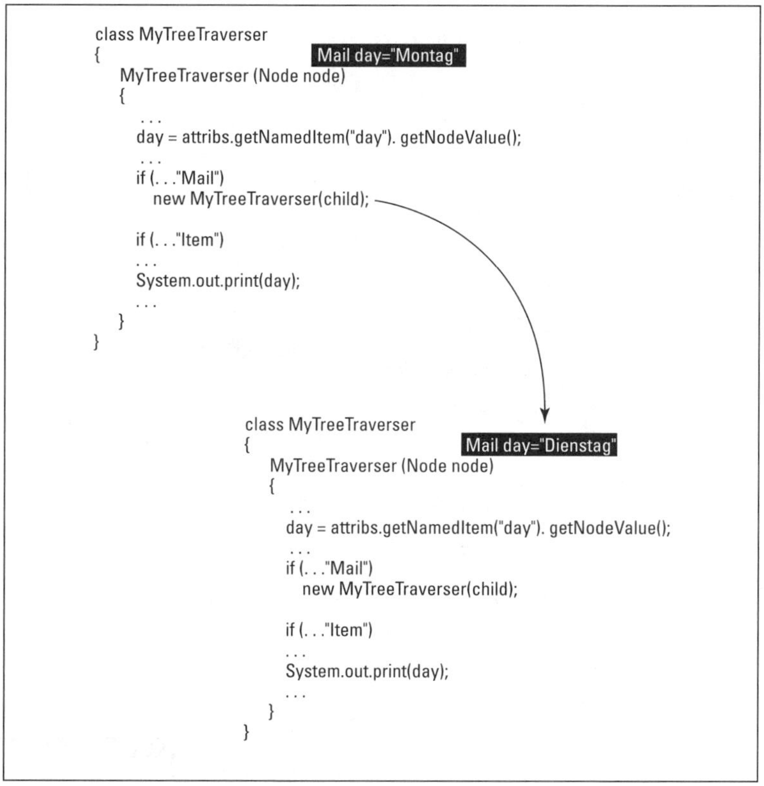

Abbildung 9.3: Zwei `MyTreeTraverser`-Objekte

Jetzt kommt der wichtige Teil. Wenn Sie eine Momentaufnahme dieser Aktion anfertigen, die ich bis hierher beschrieben habe, dann verfügen Sie über zwei Objekte aus der `MyTreeTraverser`-Klasse. Die `Day`-Variable des ersten Objekts ist auf `Montag` gesetzt, und die des zweiten auf `Dienstag`. In der Momentaufnahme existieren beide Objekte gleichzeitig (siehe wiederum Abbildung 9.3).

- ✔ **Das zweite `MyTreeTraverser`-Objekt erzeugt ein drittes `MyTreeTraverser`-Objekt.**

  Die dritte `day`-Variable des Objekts erhält den Wert `Mittwoch`. Um dies festzustellen, sehen Sie sich Abbildung 9.4 an und betrachten Sie den Knoten »3«, in Abbildung 9.2.

- ✔ **Das dritte `MyTreeTraverser`-Objekt stößt auf einen `Item`-Knoten.**

  Die Entdeckung eines `Item`-Knotens löst die Ausgabe von Informationen aus. Diese Informationen enthalten den Wert der `Day`-Variablen.

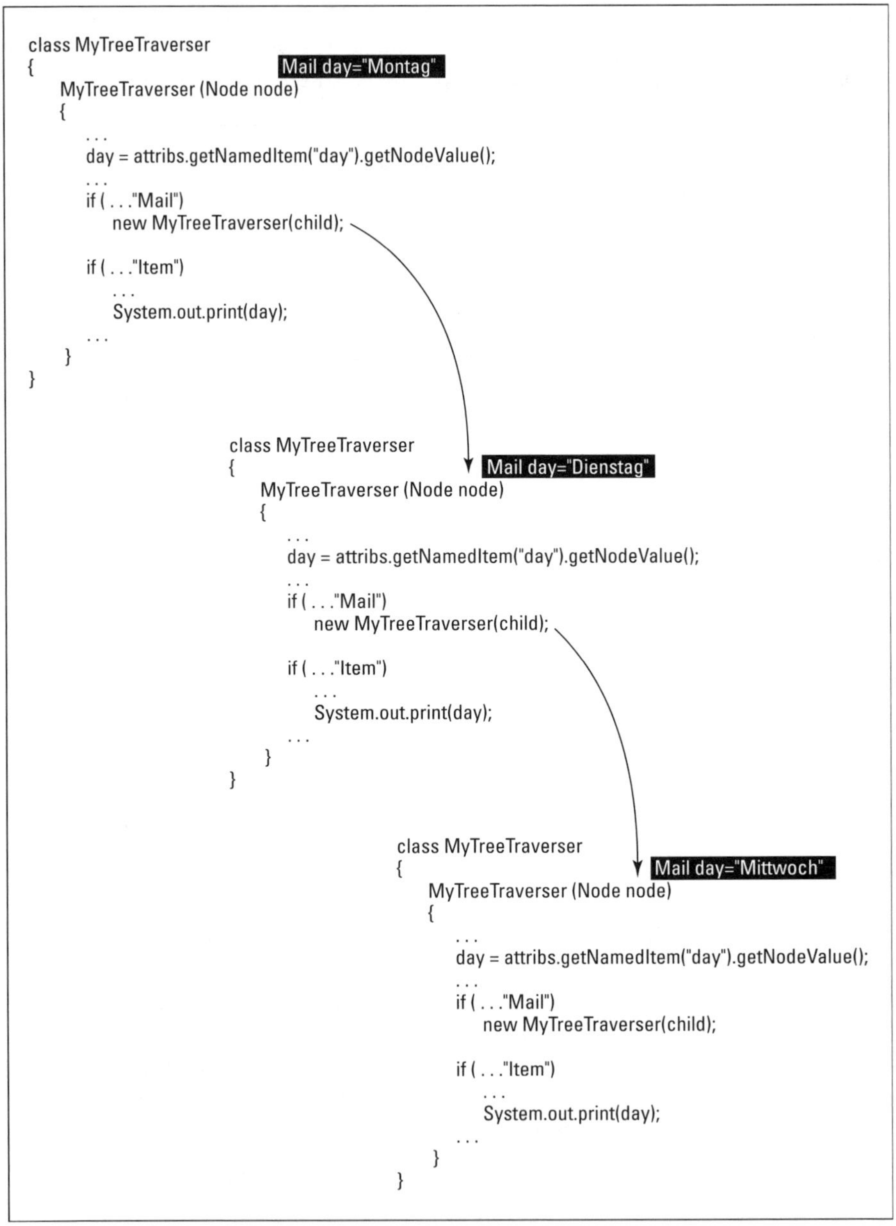

Abbildung 9.4: Drei `MyTreeTraverser`-Objekte

Wir haben den Wert der `Day`-Variablen zum letzten Mal eingerichtet, als wir das dritte `MyTreeTraverser`-Objekt auf den Wert `Mittwoch` gesetzt haben. So haben wir die

Mittwoch...Client-Ausgabe in Abbildung 9.1 erzeugt. (Die Elemente, die in Abbildung 9.2 mit der Nummer »4« beschriftet sind.)

- ✔ **Nach der Darstellung der** Mittwoch...Client-**Ausgabe beendet das dritte** MyTreeTraverser-**Objekt seine Ausführung.**

  Dem Konstruktor gehen nun die auszuführenden Anweisungen aus. Das dritte MyTreeTraverser-Objekt verschwindet von der Bildfläche (um von der nächsten anstehenden Speicherbereinigung aufgefressen zu werden). Wir befinden uns wieder in der Zwei-Objekte-Situation, die wir in Abbildung 9.3 hatten. Zu diesem Zeitpunkt sind die Objekte Montag und Dienstag noch putzmunter.

- ✔ **Der Code im dienstäglichen** MyTreeTraversal-**Objekt übernimmt dort, wo er aufgehört hat.**

  Wenn das MyTreeTraversal-Objekt den Child-Knoten gefunden hat und mit diesem fertig ist, marschiert es weiter, um es mit einem weiteren Child-Knoten aufzunehmen.

  Ich stelle das noch einmal in anderen Worten dar. Wenn das MyTreeTraversal-Objekt das Mail-Child gefunden und bearbeitet hat (mit 3 in Abbildung 9.2 beschriftet), geht es weiter, um sich mit einem Item-Child (in Abbildung 9.2 mit »5« beschriftet) zu befassen.

  An diesem Punkt führen wir den Code in der unteren Hälfte von Abbildung 9.3 aus. Der Wert der Day-Variablen ist Dienstag und der Name des Child-Knotens ist Item. Also springt der Code zur handleItem-Methode, die die Meldung Dienstag...Bank darstellt.

- ✔ **Die Dinge werden entwirrt, bis nur noch das** MyTreeTraversal-**Objekt von** Montag **übrig bleibt.**

  Wenn nur noch ein Objekt übrig ist, ist der Wert von Day gleich Montag, und das Item-Objekt, das nun angezeigt wird, ist das Boss-Element. Also ist auf dem Bildschirm die Ausgabe Montag...Boss zu sehen (wie in Abbildung 9.1 gezeigt), und das gesamte Programm beendet seine Ausführung.

Wenn Sie Programme wie das in Listing 9.1 schreiben, seien Sie mit sich selbst geduldig. Einige Leute verstehen nur schwer, wie Rekursion funktioniert. Andere lesen über Rekursion und sagen: »Oh, das klingt leicht.» Aber dann versuchen sie selbst, rekursiven Code zu schreiben, und fragen sich: »Warum ist das nicht so einfach, wie es aussieht?« Rekursiver Code kann ganz schön zickig sein. Eine falsch platzierte Anweisung, und alles fällt in Stücke. Seien Sie also sorgfältig, nehmen Sie sich Zeit, und verzeihen Sie sich, wenn Sie Fehler machen.

Die Technologie richtig einsetzen (ein faszinierendes Beispiel)

»Hier«, sagen Sie, »sehen Sie sich die Daten an. Ich habe alle Informationen, die ich brauche, um meinen Punkt zu beweisen. Lesen Sie sich einfach dieses lange XML-Dokument durch, um zu verstehen, was ich meine.«

Ja, nee, is' klar. Sie können nicht einfach jemandem ein rohes XML-Dokument vor die Füße werfen. Stattdessen müssen Sie Ihre Daten in einer für Menschen lesbaren Form darstellen. Was jetzt »für Menschen lesbar« bedeutet, hängt von vielen Dingen ab, darunter die Natur der Daten und der Menschen, die sie lesen.

In diesem Abschnitt stellen wir Daten in Form eines Baums dar. Baumdarstellungen sind für Menschen lesbar, ansonsten sähen Sie keine Bäume im Windows-Explorer, Linus KDE Konqueror oder in Macintosh-Ordnern. Also nehmen wir ein XML-Dokument und stellen es als Baum dar.

Swing mit DOM verwenden

Um einen Baum zu erzeugen, benötigen wir zwei Dinge – Java-Code und Java-Swing-Code. Die Java-Swing-Bibliothek besitzt viele nette visuelle Dinge wie Fenster, Schaltflächen und erweiterbare Baumdarstellungen. Unsere Aufgabe ist es, einen Swing-Baum zu erstellen, der die Struktur eines XML-Dokuments imitiert. Hier ist die Grundidee: Während Ihr DOM-Programm vom Dokument-Root bis zu den innersten Knoten des Dokuments vorrückt, fügen Sie einer Swing-Baumstruktur Stücke hinzu, die Sie nebenher erzeugen.

Natürlich sind die echten Details noch etwas saftiger.

- ✔ **Das DOM-Programm ruft einen Konstruktor auf, um einen neuen Frame zu erstellen.**

  Das was die Java-Leute als »Frame« bezeichnen, wird im größten Teil der Computer-Welt als Fenster bezeichnet. Dieser Frame wird Ihre Baumdarstellung enthalten.

- ✔ **Das DOM-Programm ruft einen weiteren Konstruktor auf, um einen neuen Baum zu erstellen.**

  Die Wurzel des Baums repräsentiert das Root-Element in Ihrem XML-Dokument.

- ✔ **Das DOM-Programm weist der Wurzel des Baums ein Label (eine Beschriftung) zu.**

  In der Swing-API wird dieses Label als Benutzerobjekt bezeichnet. Die Vorstellung ist, dass Sie den Baum mit etwas verbinden, das der gewöhnliche Benutzer sehen kann. In dem Beispiel dieses Abschnitts erhalten wir unser Root-Objekt, indem wir das Root-Element im XML-Dokument untersuchen (siehe Abbildung 9.5).

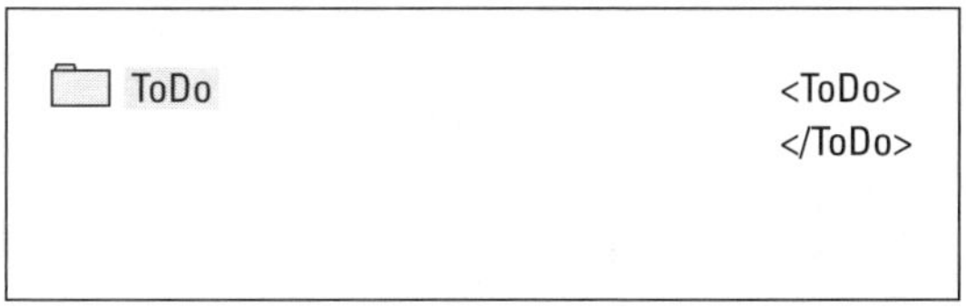

Abbildung 9.5: Ein Root-Objekt mit einem `ToDo`-Etikett

- ✔ **Machen Sie ähnliche Dinge mit jedem Child-Knoten des Root-Knotens des Dokuments.**

  Und hier kommt die Rekursionstaktik ins Spiel. Was mit dem Child passiert, ist eine Folge von Unterschritten:

  - **Wir überprüfen, ob das Child der Darstellung wert ist.**

    Wir möchten keine Kommentare und Leerräume ausgeben. Wir möchten nicht jeden Knorpel und jedes Astloch des Baums darstellen.

  - **Wenn das Child der Darstellung wert ist, erzeugen wir eine neue Baumkomponente.**

    Wir ordnen diese Komponente an der Stelle des Baums an, an der der Child-Knoten sein sollte. Die neue Komponente wird somit zu einem Blatt im vorhandenen Baum (siehe Abbildung 9.6).

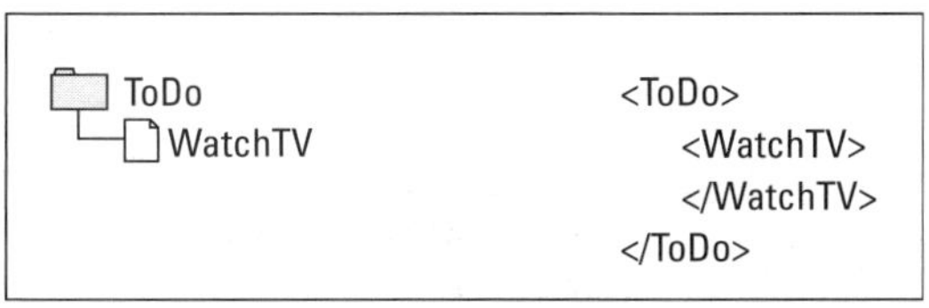

Abbildung 9.6: Ein Child mit einem `WatchTV`-Etikett

  Wenn Sie später noch mehr Children hinzufügen, kann das, was vorübergehend ein Blatt ist, in der Mitte des Baums eingebettet werden und nicht länger ein Blatt sein (siehe Abbildungen 9.7 und 9.8).

Es geht einfach darum, einen Baum zusammenzuschnüren, während Sie die Knoten im XML-Dokument aufsuchen. Der Wust der Technologien kann die ganze Sache etwas kompliziert gestalten. Ein XML-Dokument besitzt DOM-Knoten, aber ein Java-Swing-Baum besitzt ebenfalls Knoten. Um die Dinge zu verdeutlichen, verwende ich in meinem Java-Code verschiedene Namen für Knoten.

- ✔ Für die DOM-Knoten aus dem XML-Dokument verwende ich Variablen mit Namen wie `docNode`, `docRoot` und `docChild`.
- ✔ Für die Knoten aus dem Java-Swing-Baum verwende ich Variablen mit Namen wie `treeNode`, `treeRoot` und `treeChild`.

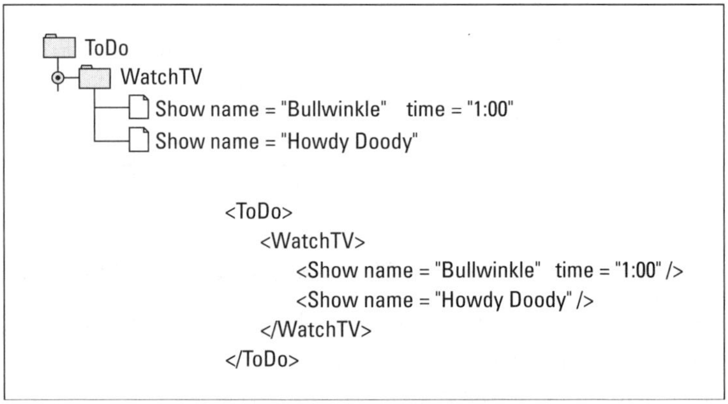

Abbildung 9.7: Dem `WatchTV`-Knoten Children hinzufügen

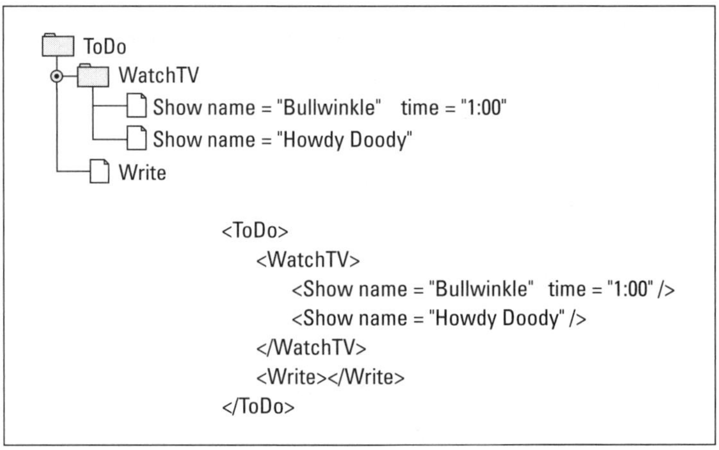

Abbildung 9.8: Einen Sibling zum `WatchTV`-Knoten hinzufügen

Es geht also darum, `treeNode`-Objekte zu erzeugen, die die Struktur aller `docNode`-Objekte widerspiegeln. Hierfür rufe ich die `docNode`-Objekte rekursiv auf und erzeuge sukzessiv `treeNode`-Objekte. (Ich verdeutliche diesen Vorgang in Abbildung 9.9.)

Lade diesen Code!

Um anzufangen, benötigen wir ein XML-Dokument. In Listing 9.3 ist eins. Der Baum, den wir aus diesem Dokument erzeugen möchten, ist in Abbildung 9.10 zu sehen.

```
<ToDo>
    <WatchTV>
        <Show name="Bullwinkle" time="1:00" />
```

```
        <Show name="Howdy Doody" />
    </WatchTV>
      <Write>Java &amp; XML For Dummies</Write>
      <Eat><Food name="Chocolate" /></Eat>
      <WatchTV>
         <Show name="Ren and Stimpy" />
      </WatchTV>
</ToDo>
```

Listing 9.3: Meine To-do-Liste

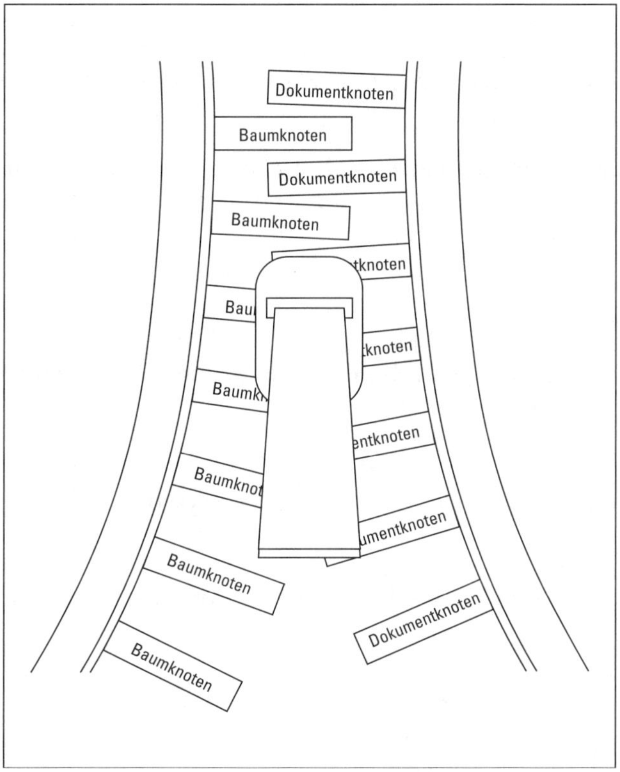

Abbildung 9.9: Baumknoten mit Dokumentknoten abgleichen

Der Baum in Abbildung 9.10 ist kein DOM-Baum. Ein kompletter DOM-Baum würde mit einem Dokumentknoten beginnen und enthielte verschiedene zusätzliche Textknoten. Aber das Ziel in diesem Abschnitt ist es, die menschliche Lesbarkeit zu maximieren. Der Baum muss das Wesentliche von Listing 9.3 auf einen Blick darstellen.

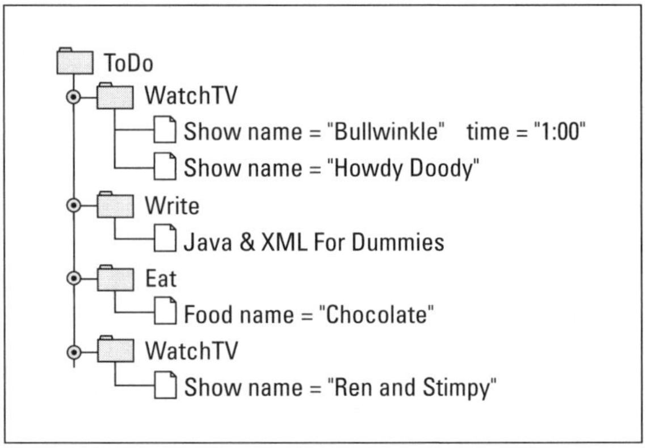

Abbildung 9.10: Ein Baum, der das Dokument in Listing 9.3 illustriert

Um ein Kaufmannsund in ein XML-Dokument einzuschließen, verwenden Sie die `&`-Entitätsreferenz. Also wird der Titel meines Buches in Listing 9.3 zu *Java & XML For Dummies*.

Einen Frame erzeugen

Für eine `CallDOM`-Klasse können wir den Code aus Listing 7.2 wiederverwenden. Wir müssen nur die folgende Anweisung ändern:

```
new MyTreeTraverser (doc);
```

Wir ändern diese Zeile so, dass sie ein `MyFrame`-Objekt erzeugt.

```
new MyFrame(doc);
```

Und was, fragen Sie, ist ein `MyFrame`-Objekt? Die Antwort befindet sich in Listing 9.4.

```
import javax.swing.JFrame;
import javax.swing.JTree;
import org.w3c.dom.Document;
import org.w3c.dom.Node;
import java.awt.BorderLayout;
class MyFrame extends JFrame
{
    MyFrame (Document doc)
    {
        Node docRoot = doc.getDocumentElement();
        JTree tree = makeTree(docRoot);
        getContentPane().add(tree);
        setDefaultCloseOperation(JFrame.EXIT_ON_CLOSE);
      setSize(500,500);
```

```
            show();
        }


        JTree makeTree(Node docRoot)
      {
        MyTreeNode treeRoot = new MyTreeNode();
        new TreeExtender(treeRoot, docRoot);
        return new JTree(treeRoot);
    }
}
```

Listing 9.4: Die Klasse `MyFrame`

Java-Swing-Werkzeuge verwenden

Listing 9.4 verwendet einige Klassen und Methoden aus Javas Windows-APIs. Dieses Buch soll nicht die Windows-APIs erörtern, aber ich beschreibe die wichtigsten Klassen und Methoden, die ich in Listing 9.4 verwende.

- ✔ **JFrame:** Das ist der Java-Swing-Name für ein Fenster. Wenn das XML-Baumprogramm mit der Ausführung beginnt, erzeugen wir als Erstes ein neues `JFrame`-Objekt. Danach können wir ein Baumobjekt auf das `JFrame`-Objekt aufsetzen.

- ✔ **add:** Verwenden Sie die `add`-Methode, um dem `JFrame`-Objekt etwas hinzuzufügen. In Listing 9.4 füge ich dem `JFrame`-Objekt einen Baum hinzu. (Ich werde später über den Baum noch mehr sagen.)

  Es gibt einen Haken bei der Java-Swing-API: Sie fügen Elemente nicht in den `JFrame` selbst ein. Stattdessen rufen Sie den `Jframe`-Inhaltsbereich ab (was immer das ist) und fügen diesem Elemente hinzu. Darum rufe ich in Listing 9.4 die Methode `getContentPane` auf.

  Die `add`-Methode in Listing 9.4 funktioniert bei nur einem Baum gut. Aber um mehr als eine Komponente zu einem `JFrame` hinzuzufügen, benötigen Sie eine kompliziertere Form der `add`-Methode. Nähere Informationen über die Methoden der Java-Container-Klasse, die mit `BorderLayout` und `add(Component comp, Object constraints)` bezeichnet sind, finden Sie in der Java-Dokumentation

- ✔ **setDefaultCloseOperation:** Wie schließen Sie ein Fenster auf Ihrem Computerbildschirm? Wenn Sie Microsoft Windows oder Linux KDE verwenden, klicken Sie auf das kleine x in der rechten oberen Ecke des Fensters. Wenn Sie einen Mac verwenden, klicken Sie ein Quadrat oben links im Fenster an. In jedem Fall wird Ihr Java-Frame die Nachricht nie erhalten. Wenn Sie nicht die `close`-Standardoperation des `JFrame` aktivieren, wird Ihr Frame einfach dasitzen, als ob Sie ihn nie angeklickt hätten. (Nein, ein zweites Klicken, länger und härter, bringt auch nichts.) Um den `JFrame` ordentlich zu beenden, setzen Sie die `close`-Operation auf den Konstantenwert `JFrame.EXIT_ON_CLOSE`.

- **setSize:** Ein weiterer möglicher Fall: Wenn Sie vergessen, die Frame-Größe einzustellen, erscheint der Frame als schmaler Streifen. Also sorgt der Aufruf von `setSize` dafür, dass die Breite und die Höhe des Frames auf jeweils 500 Pixel gesetzt werden.

  Wenn der Frame dargestellt wird, kann ein Benutzer dessen Größe mit der Maus ändern, indem er die Ecken des Frames aufzieht.

- **show:** Diese Frame-Geschichte hat eine Falle nach der anderen, Wenn Sie vergessen, die `show`-Methode aufzurufen, fängt Ihr Frame unsichtbar an. (Das ist nicht allzu seltsam. In einer GUI-Umgebung erscheint ein Fenster auch nicht, bis der Benutzer etwas tut.) In Listing 9.4 lässt der Aufruf der `show`-Methode Ihren neuen Frame auf dem Bildschirm erscheinen.

- **JTree:** Die Java-Swing-Klasse `JTree` besitzt alle Methoden und Deklarationen, die notwendig sind, um etwas zu erzeugen, das wie ein Baum aussieht (mit Knoten, Zweigen und all dem Zeug). Sobald das `JTree`-Objekt angezeigt wird, können Sie die Baumknoten mit Mausklicks dehnen und zusammenziehen.

Die alberne MyTreeNode-Klasse

Listing 9.4 verwendet eine Klasse, die ich selbst generiert habe. Es handelt sich dabei um Billigkram namens `MyTreeNode`. Der lächerliche Code für die `MyTreeNode`-Klasse befindet sich in Listing 9.5.

```
import javax.swing.tree.DefaultMutableTreeNode;
class MyTreeNode extends DefaultMutableTreeNode
{
    //Erbt alles, wie es ist.
    //Bietet einen kürzeren Namen anstelle des
    //unerträglich lästigen Namens "DefaultMutableTreeNode."
}
```

Listing 9.5: Die `MyTreeNode`-Klasse

Hier definiere ich die Klasse `MyTreeNode`. Wenn Sie mit der `JTree`-Klasse arbeiten, fügen Sie Ihrem Baum ständig neue Knoten hinzu. Sie erhalten diese Knoten, indem Sie Instanzen der `DefaultMutableTreeNode`-Klasse erzeugen. Doch jedes Mal, wenn Sie den Namen `DefaultMutableTreeNode` verwenden, sieht dieser 22-buchstabige Klassennamen wie ein großer Klops in Ihrem Code aus.

Um meinen Code lesbarer zu machen, habe ich meinen eigenen Namen erzeugt, `MyTreeNode`. Die neue `MyTreeNode`-Klasse dient keinem anderen Zweck, als einen kurzen Aliasnamen für den hässlichen `DefaultMutableTreeNode`-Klassennamen zu bieten.

Eine Führung durch die MyFrame-Klasse

Der Code ist Listing 9.4 macht Folgendes:

- ✔ **Der Code erzeugt einen neuen `JTree`.**

  Der wunde Punkt der Aktion, die zur Erzeugung des `JTree`-Objekts führt, befindet sich in der `makeTree`-Methode. Ich beschreibe diese Methode gleich.

- ✔ **Der Code fügt das `JTree`-Objekt dem Frame hinzu.**

  Der Code tut dies, indem folgender Aufruf durchgeführt wird.

  ```
  getContentPane().add(tree);
  ```

- ✔ **Der Code bereitet den Frame auf die Darstellung vor und stellt ihn dann dar.**

  Der Code ruft einige `set`-Methoden auf und ruft dann die `show`-Methode auf. Voilà! Sie haben einen Frame.

Dies schließlich tut die `makeTree`-Methode in Listing 9.4:

- ✔ Die Methode lässt den `treeRoot`-Variablenpunkt zu einem neuen Knoten werden.
- ✔ Die Methode ruft `TreeExtender` auf, der die meiste Arbeit in dem Programm erledigt. (Ich erkläre diese Arbeit gleich. Stellen Sie sie erst einmal auf den Herd.)
- ✔ Durch Aufruf des Konstruktors `new JTree(treeRoot)` erzeugt die `makeTree`-Methode einen `JTree`, dessen `root` der `treeRoot` ist.

Ein Konzept der bisherigen Arbeit finden Sie in Abbildung 9.11.

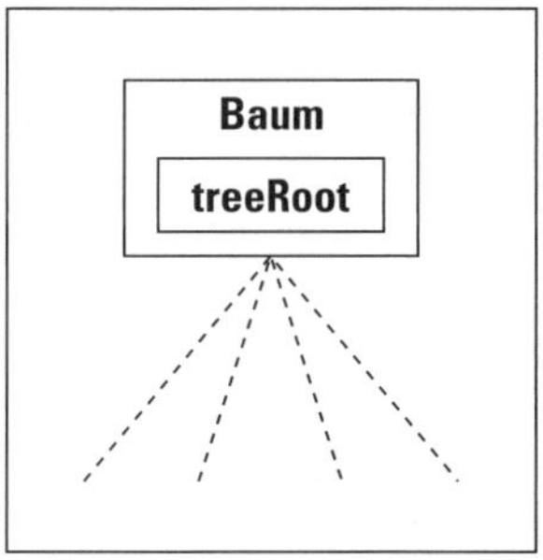

Abbildung 9.11: Ein JTree mit einem Root-Knoten

In der Mitte von Listing 9.4 setzt die `add`-Methode diesen `JTree` in Ihren Frame, so dass Sie alles anzeigen lassen können.

Die TreeExtender-Klasse

Zeit, sich die Finger schmutzig zu machen. Die `TreeExtender`-Klasse erledigt die Drecksarbeit, um für jeden Dokumentknoten einen Baumknoten zu erzeugen. Der Code ist in Listing 9.6 zu sehen.

```
import org.w3c.dom.Node;
import org.w3c.dom.NamedNodeMap;
class TreeExtender
{
    MyTreeNode treeNode;
    Node docNode;
    TreeExtender (MyTreeNode treeNode, Node docNode)
    {
        this.treeNode = treeNode;
        this.docNode = docNode;
        treeNode.setUserObject(getLabel());
        addChildren();
    }
    void addChildren()
    {
        Node docChild = docNode.getFirstChild();
        while (docChild != null)
        {
           if (shouldDisplay(docChild))
         {
              MyTreeNode treeChild = new MyTreeNode();
              treeNode.add(treeChild);
              new TreeExtender(treeChild, docChild);
         }
             docChild = docChild.getNextSibling();
      }
   }
    boolean shouldDisplay(Node docChild)
   {
        if (docChild.getNodeType() == Node.TEXT_NODE)
      {
           String nodeValue = docChild.getNodeValue();
           if (nodeValue != null &&
               !nodeValue.trim().equals(""))
              return true;
           else
              return false;
      }
        else
           return true;
    }
    String getLabel()
```

```
    {
        short nodeType = docNode.getNodeType();
        if (nodeType == Node.TEXT_NODE)
           return docNode.getNodeValue();
        else if (nodeType == Node.ELEMENT_NODE)
           return docNode.getNodeName() + stringOfAttribs();
        else
           return docNode.getNodeName();
    }
    String stringOfAttribs()
    {
        NamedNodeMap attribs = docNode.getAttributes();
     String label = "";
     for (int i = 0; i < attribs.getLength(); i++)
     {
           Node item = attribs.item(i);
           label += "     ";
           label += item.getNodeName();
           label += " = \"";
           label += item.getNodeValue();
           label += "\"";
        }
        return label;
    }

}
```

Listing 9.6: Knoten zum Baum hinzufügen

So funktioniert der `TreeExtender` in Listing 9.6:

✔ **Der `TreeExtender`-Konstruktor heftet ein Label (eine Beschriftung) an den neuen `tree`-Knoten.**

Hierfür ruft der Konstruktor die `setUserObject`-Methode des Knotens auf.

```
treeNode.setUserObject(getLabel());
```

Ein Benutzerobjekt ist alles, was neben einem Knoten auf einem Baum dargestellt wird. Dieses Benutzerobjekt ist oft eine Zeichenfolge (ein Label). Aber manchmal ist das Benutzerobjekt ein kleines Bild oder etwas anderes Verrücktes.

In Listing 9.6 setze ich ein einfaches Etikett (ein Label) neben jeden Baumknoten. Um neue Wörter für das Etikett zu finden, rufe ich meine eigene `getLabel`-Methode auf. (Sie ist in Listing 9.6 zu sehen.) Diese `getLabel`-Methode setzt gemeinsam mit meiner `stringOfAttribs`-Methode ein Etikett zusammen, das auf dem Typ des Dokumentknotens basiert, der repräsentiert wird. (Vergessen Sie nicht: Jeder der Baumknoten stammt aus einem der XML-Dokumentknoten.)

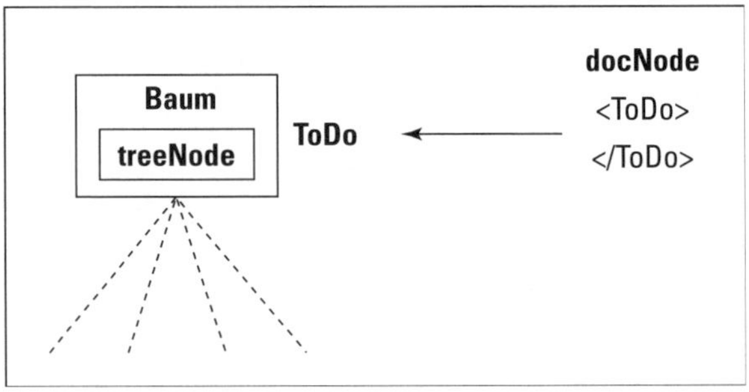

Abbildung 9.12: Ein Baumknoten erhält ein Etikett.

Den bisherigen Vorgang finden Sie in Abbildung 9.12.

✔ **Der `TreeExtender`-Konstruktor ruft die `addChildren`-Methode auf.**

Die `addChildren`-Methode verwendet dieselbe Schleife, nämlich die, die in jedem unserer DOM-Programme enthalten ist.

```
Node docChild = docNode.getFirstChild();
while (docChild != null)
{
     // Den Child-Knoten wie jeden anderen Knoten
     // im Dokument bearbeiten
        docChild = docChild.getNextSibling();
}
```

Sehen Sie sich noch einmal meine Ausführung der `MyTreeTraverser`-Klasse an (z.B. Listings 7.4, 7.6, 8.5 oder 9.1). Sie finden ähnliche Schleifen in jeder dieser Klassen. In Listing 9.6 schlängelt sich die Schleife durch die Children des Dokumentknotens und entscheidet, ob die einzelnen Children angezeigt werden sollen. (In meinem Programm gilt das für jeden Knoten, solange es kein Textknoten ist oder ein Textknoten mit einigen Zeichen, die keine Leerräume sind. In anderen Programmen definieren Sie natürlich Ihre eigenen Kriterien zur Darstellung der Knoten.)

✔ **Die `addChildren`-Methode fügt dem Baum einen neuen Knoten hinzu.**

Hierfür ruft sie

```
treeNode.add(treeChild);
```

auf. Diese `add`-Methode hat nichts mit der Methode zu tun, die in Listing 9.4 einen Frame zu einem Baum hinzugefügt hat. Diese spezielle `add`-Methode gehört zur `Default MutableTreeNode`- (alias `MyTreeNode`-) Klasse. Mit diesem Aufruf von `add` wird der Knoten, auf den `treeChild` verweist, unter dem Knoten angeordnet, auf den `treeNode` verweist (siehe Abbildung 9.13).

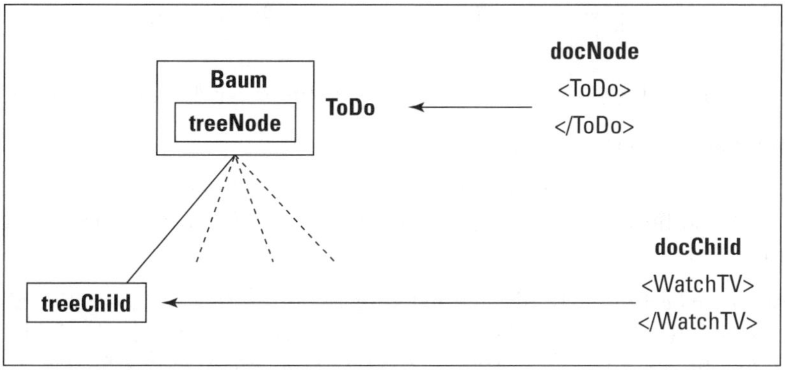

Abbildung 9.13: Ein Tree-Child wird dem JTree hinzugefügt.

✔ **Nachdem ein Child dem Baum hinzugefügt wurde, erzeugt der Code ein neues** `TreeExtender`**-Objekt.**

Hier ist unsere alte Freundin, die Rekursion, wieder. Das neue `TreeExtender`-Objekt wird dieses Child genauso behandeln, wie der derzeitige `TreeExtender` den Parent behandelt hat. Für den neuen `TreeExtender` werden die Namen der Knotenvariablen erneuert (siehe Abbildung 9.14).

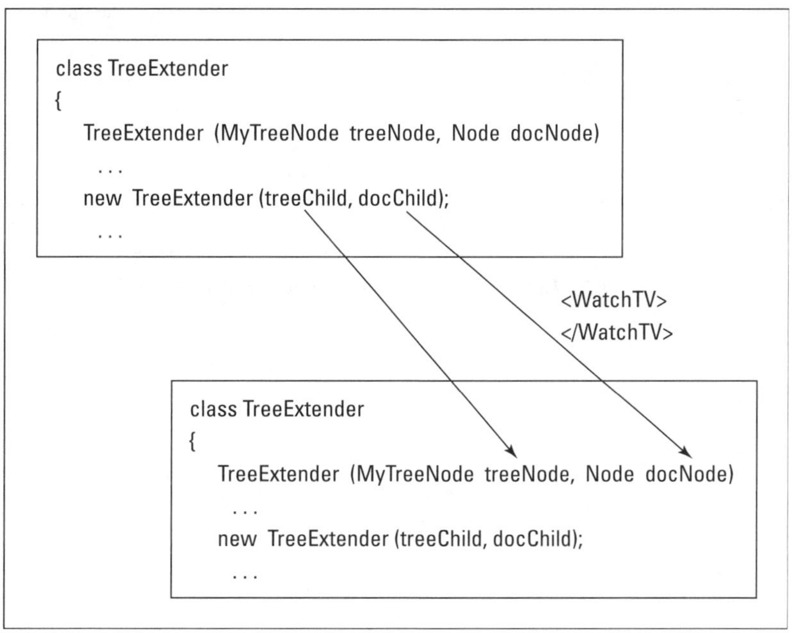

Abbildung 9.14: Die Übergabe der Fackel

   - `treeChild` im derzeitigen `TreeExtender` wird im neuen `TreeExtender` zu `treeNode`.
   - `docChild` im aktuellen `TreeExtender` wird im neuen `TreeExtender` zu `docNode`.

✔ **Die Geschichte wiederholt sich**

  Der neue `TreeExtender` beschriftet den neuen Baumknoten mit Labels und beginnt, diesem Children hinzuzufügen. Was einst das Child war, hat nun selbst ein Child (siehe Abbildung 9.15).

Dieser Kreislauf wiederholt sich, bis sich jeder Test von `docChild != null` als `false` erweist. Daran spult sich die ganze Rekursionskette ab. Die `addChildren`-Schleife hört auf, Children hinzuzufügen, alle `TreeExtender`-Objekte gelangen in die Speicherbereinigung, und das `JTree`-Objekt wird aus dem Frame hinausgeworfen.

Sehen Sie sich das Ergebnis in Abbildung 9.10 an und seufzen Sie.

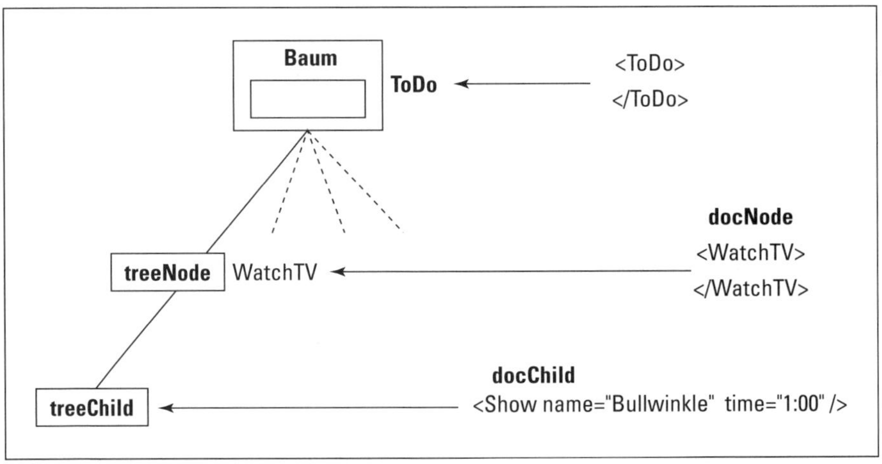

Abbildung 9.15: Der `WatchTV`-Knoten bekommt selbst ein Child.

Daten elegant untersuchen (mit JDOM)

10

In diesem Kapitel

- Warum Sie eine weitere API kennen lernen sollten
- Ein XML-Dokument mit JDOM analysieren
- Ein XML-Dokument mit JDOM erzeugen

Eine neue Studie vom Institut für Rigorose wissenschaftliche Untersuchungen ergab drei Dinge, über die sich Ehepaare am häufigsten streiten.

1. Der Ehemann ist unordentlich.
2. Der Ehemann lässt Plunder im voll gestopften Keller stehen, verspricht, diesen aufzuräumen, und tut es doch nie.
3. Während der Ehemann seine Bücher schreibt, lässt er Papier auf dem Esstisch liegen und räumt nie hinter sich auf.

(Und Sie dachten, dass unordentliche Autos, unordentliche Dachgeschosse und unordentliche Garagen die Hauptstreitpunkte seien.) Der typische Ausruf der Ehefrau ist: »Du denkst nicht genug über dich selbst nach, um deine eigene Umgebung zu respektieren.« Darauf antwortet der Ehemann: »Ich halte so viel von mir, dass ich keine keimfreie Umgebung brauche.« An diesem Punkt beginnen die Fetzen zu fliegen.

Manche Leute schauen sich das Büro dieses Typen an und sagen: »Boh! Was für eine Unordnung – aber ich wette, du weißt, wo alles ist.« Er lächelt und antwortet: »Nein, ich kann nie etwas finden.« Aber dieses Exemplar des Homo Autorus birgt ein dunkles Geheimnis. Auch wenn er sich um seine irdische Umgebung nicht weniger Gedanken machen könnte, ist er peinlich genau, was den Zustand seines Rechners angeht. Ein fehlendes Symbol, eine übrig gebliebene temporäre Datei, und Homo Autorus wird zum Berserker. Er verbringt Stunden damit, bis es behoben ist.

Warum ist die Ordnung seines Computers für diesen Kerl so wichtig (auch wenn er Unmengen von Software herunterlädt, ohne sie durch einen Virenscanner laufen zu lassen)? Keiner weiß es genau. Fragen Sie ihn, und er wird folgenden Quatsch absondern. »Ein hübsches Haus ist nur Kosmetik. Ein hübsches Haus funktioniert auch nicht besser als ein unordentliches Haus. Aber ein organisierter Computer lässt alles geschmeidiger ablaufen.«

Jeder Mensch teilt die Welt in zwei Arten von Plätzen – die für Ordentlichkeit und die für Chaos. Für einige Leute sind die ordentlichen Plätze ihre physischen Umgebungen. Aber für die anderen sind die ordentlichen Plätze die virtuellen Winkel der Computerprogrammierung.

Wenn Ihr Haus der Ordentlichkeit der Computerprozessor ist, dann ist dieses Kapitel für Sie. In diesem Kapitel geht es um JDOM, die nette ordentliche API.

Elegantes JDOM

Wenn Sie dem Buch bis hierher gefolgt sind, wissen Sie, dass es mindestens zwei APIs zur XML-Bearbeitung gibt. Eine heißt SAX und eine DOM. Wenn SAX ein Ereignis nach dem anderen auslöst, pflanzt DOM einen Baum in den Speicher Ihres Computers. Es mag andere, extrem unterschiedliche Ansätze zum XML-Parsing geben, aber die Leute, die JDOM erzeugt haben, haben sich auf die Baumerstellung konzentriert.

Wenn Sie also dieses Kapitel lesen, sehen Sie keinen drastisch anderen Ansatz zum Umgang mit XML-Daten. Stattdessen sehen Sie eine weitere Baumstruktur. »Und was ist so toll daran?«, fragen Sie. So weit ich es beurteilen kann, ist JDOM eine Antwort auf DOM. Während die Offiziellen sagen, der Name JDOM sei keine Abkürzung, denke ich mir JDOM als Java-optimierte Alternative zu DOM.

Sprachunabhängigkeit

SAX und DOM sind sprachunabhängig. Das bedeutet, dass Sie SAX- und DOM-Programme in C++ und anderen geschmacklosen Programmiersprachen schreiben können. Alle DOM-Tricks (wie die Verwendung von Knoten und die `NamedNodeMap`) zielen jedoch auf den gemeinsamen Nenner von Java und C++. Wenn eine Funktion in Java verfügbar ist, aber in C++ nicht, dann verwendet DOM diese Funktion nicht.

Hallo, Sie! Nehmen Sie sich die Zeit, um eine bestimmte Java-Funktion mit der entsprechenden C++-Funktion zu vergleichen. Java besitzt eine enorme Sammlung von Klassen und Methoden namens Java-API. In C++ wird das Pendant hierzu Standard Template Library (STL) genannt. Bis hierher passen Java und C++ nett zueinander. Aber ein Problem taucht auf. Die C++-Vorlage besitzt nicht dieselben Klassen und Methoden wie die Java-API. Damit jeder glücklich bleibt, sind SAX und DOM nicht um die Java-API oder die C++-STL herum entwickelt worden. Weder SAX noch DOM nutzen die vorher etablierte Bibliothek von Klassen und Methoden einer beliebigen Sprache.

Na los! Verwenden Sie eine andere Programmiersprache. Das macht mir gar nichts. Sie finden Xerces-Implementierungen für die Sprachen C++ und Perl (mit SAX und DOM-Parsern). Diese befinden sich unter `www.apache.org`.

Natürlich haben die Leute, die die Java-API erzeugt haben, nicht die ganze Arbeit ohne Grund verrichtet. Sie möchten, dass Sie Dinge wie `java.util.List` und `java.util.Map` verwenden. Die DOM-API verwendet diese Dinge nicht, denn ganz gleich, wie viele DOM-Programmierer bei Java hängen bleiben (und glauben Sie mir, das sind viele), die DOM-API ist nicht mit der Java-Programmiersprache verheiratet.

Auf in Richtung Sprachabhängigkeit

Wenn Sie mit Java verheiratet sind (und mit einer Gattin, die ein hübscher Freak ist), dann verwenden Sie wahrscheinlich gerne die Werkzeuge in der Java-API. Zumindest wenn diese das gerade vorliegende Problem lösen. Wenn Sie beispielsweise einen Haufen XML-Elementattribute abrufen, dann möchten Sie, dass dieser Haufen ein Objekt vom Typ `java.util.List` ist. Das ist besser, als ein `org.xml.sax.Attributes`-Objekt oder ein `org.w3c.dom.NamedNodeMap`-Objekt zu empfangen.

Warum möchten Sie ein Java-List-Objekt verwenden? Warum ist etwas aus einer Java-Standard-API besser als eine spezialisierte DOM-Klasse? Es gibt mehrere Gründe.

- ✔ Mit der Standard-Java-API können Sie all die tollen Methoden nutzen, die zu den Java-API-Klassen und Schnittstellen gehören.
- ✔ Mit Standard-Java können Sie Ihre vorhandenen Java-Fähigkeiten auf die Bearbeitung von XML-Dokumenten anwenden. Wenn Sie Angestellte haben, können diese ihre Java-Fähigkeiten auf die Bearbeitung von XML-Dokumenten anwenden (und das lässt Sie gut aussehen).
- ✔ Mit Standard-Java-Klassen werden alle künftigen Optimierungen automatisch auf Ihren XML-Verarbeitungscode angewendet.

Im Gegensatz zu SAX und DOM wurde die JDOM-API speziell für Java geschrieben. Wenn Sie JDOM verwenden, können Sie die Vorteile aller vorgefertigten Java-API-Klassen nutzen. Wenn Sie JDOM verwenden, verschreiben Sie sich natürlich der Verwendung von Java. (Zumindest benötigen Sie Java für Ihre XML-Bearbeitung.) Das ist der Nachteil.

Konstruktoren in JDOM verwenden

Sehen Sie sich ein typisches SAX- oder DOM-Programm an. Nehmen Sie beispielsweise Listing 8.6. Irgendjemand verdient sicher Geld damit, Methoden zu verkaufen, deren Namen mit `create` anfangen! Alles in Listing 8.6 verwendet eine indirekte Art, Objekte zu erzeugen. Weil `org.w3c.dom.Element` eine Schnittstelle ist (und keine Klasse), können Sie keinen direkten Aufruf an einen `Element`-Konstruktor vornehmen. Stattdessen müssen Sie die `createElement`-Methode aufrufen. Weil `org.w3c.dom.Document` eine Schnittstelle ist, können Sie keinen Aufruf an einen `Document`-Konstruktor machen. Stattdessen müssen Sie `builder.newDocument` aufrufen.

In JDOM sind `org.jdom.Element` und `org.jdom.Document` Klassen. Daher erstellen Sie ein Element mit einer Zeile wie

```
Element elt = new Element("Item");
```

und ein Dokument mit einer Zeile wie dieser:

```
Document doc = new Document(rootElt);
```

Es ist so einfach. Wie die Badezimmerseite meiner Frau ist die ganze JDOM-API netter, sauberer und ordentlicher.

Der JDOM-Baum

Ein weiterer Unterschied zwischen JDOM und DOM ist das, was JDOM in einem Baum anordnet. Mit der DOM-API ist alles ein Knoten. Sehen Sie sich Tabelle 7.1 an und beachten Sie, dass das Dokument ein Knoten ist, Elemente Knoten sind, Attribute Knoten sind und sogar Kommentare Knoten sind. So weit, so gut, weil jeder Teil des Dokuments dieselbe Art von Objekt ist. (Wirklich ein Knoten? Ja, wirklich.) Um alles in einem Dokument aufzusuchen, reisen Sie einfach von einem Knoten zum anderen. (Wie Tarzan an Lianen.)

In JDOM besteht der Baum aus Elementen. Alle anderen Dinge (wie Attribute und Kommentare) befinden sich nicht auf den Hauptästen des Baums. Die Attribute, Kommentare und anderen Dinge hängen als zusätzlicher Schmuck an dem Hauptbaum der Elemente.

Anstelle der allgegenwärtigen `Node`-Schnittstelle bietet Ihnen JDOM eine `Element`-Klasse, eine `Attribute`-Klasse, eine `Comment`-Klasse und andere nützliche Klassen. Wenn Sie an der Wurzel des Baums beginnen und dann alle Children besuchen, erhalten Sie ein umfassendes Abbild aller Elemente im XML-Dokument. Dieses Abbild enthält keine Dinge wie den Text zwischen Tags. Um diesen zu sehen, müssen Sie spezielle Ausflüge mit Methoden wie `getContent` oder `getText` unternehmen.

Mit dem allgegenwärtigen Knoten zurechtkommen

JDOM besitzt nichts Allumfassendes wie die DOM-Schnittstelle `Node`. Dieser Aspekt von JDOM ist ein Nachteil und ein Vorteil. Wenn Sie in einem JDOM-Dokument nach Dingen suchen, erscheint alles als eine andere Art von Objekt. Anstatt `Node`, `Node`, `Node` zu bekommen, erhalten Sie eine Liste von Objekten. Sie müssen die Objekte auf Klassen reduzieren wie `Comment`, `ProcessingInstruction` und `Element`. (Eine konkrete Demonstration finden Sie in Listing 10.7.)

Andererseits ist dieser Blick auf das XML-Dokument sehr natürlich. Wenn Sie darüber nachdenken, besteht ein XML-Dokument wirklich aus einigen Elementen, die sich innerhalb anderer Elemente befinden. Die Elemente bilden das Grundgerüst des Dokuments und die anderen Dinge (Kommentare, Attribute und das ganze Zeug) hängen nur als fröhliche kleine Helfer an dem Gerüst. Die ursprüngliche DOM-Idee – dass alles eine Art von Knoten ist und dass alles ein Ast an einem wirklich großen Baum ist – ist ein künstlicher Blick auf ein XML-Dokument. Sicher, dieser Blick kann nützlich sein, aber alles in ein großes, kolossales Gerüst zu quetschen, kann auch mühsam sein.

Die JDOM-API verstehen

Im Gegensatz zu SAX und DOM stammt die JDOM-API nicht von Sun Microsystems. Wenn Sie Java 1.4 herunterladen (oder einen separaten Download von JAXP vornehmen), erhalten Sie SAX und DOM, aber nicht JDOM. Für JDOM müssen Sie einen separaten Download durchführen. Besuchen Sie `www.jdom.org` und rufen Sie die neueste binäre Ausgabe ab.

Die `jdom.org`-Website hat drei Download-Seiten. Es gibt eine »Quellseite« für JDOM-Entwickler. Es gibt eine »binäre« Seite mit der neuesten stabilen Version der API. Und es gibt eine »Dokumentationsseite« mit der API-Dokumentation. Die Dokumentationsseite enthält auch Artikel und Verweise zu anderen interessanten Seiten über JDOM. Wenn Sie die binäre Seite besuchen und die neueste stabile Version herunterladen, überprüfen Sie, ob darin schon die API-Dokumentation enthalten ist. Wenn ja, ersparen Sie sich einen zusätzlichen Download. (Sie müssen sich nicht später die Dokumentation besorgen.)

Nach dem Download von JDOM ist die Installation einfach:

- ✔ Entpacken Sie die Datei. Sie erhalten einen Ordner namens `jdom` (oder etwas in dieser Art).
- ✔ Legen Sie den `jdom`-Ordner an einer hübschen Stelle auf Ihrer Festplatte ab. (Das Wort »hübsch« bedeutet, Sie sollen den Ordner dahin packen, wo schon ähnliche Ordner sind. Wenn Sie in ein temporäres Verzeichnis herunterladen, lassen Sie `jdom` nicht im temporären Verzeichnis.)
- ✔ Suchen Sie in Ihrem `jdom`-Ordner nach einer Datei namens `jdom.jar`. Fügen Sie diese `jdom.jar`-Datei dem Klassenpfad Ihres Systems hinzu.

Der letzte der drei Schritte ist sehr wichtig. Wenn Sie ein Java-Programm kompilieren und ausführen, soll das System in der Lage sein, alle `jdom.org`-Klassen zu finden. Wenn `jdom.jar` nicht in Ihrem Klassenpfad gespeichert ist, erhalten Sie einen `NoClassDefFoundError` nach dem anderen.

Hinweise zum Ändern des Klassenpfads finden Sie in Kapitel 2. Aber bitte beachten Sie: Es besteht die Möglichkeit, dass einige Klassen in `jdom.jar` dieselben Namen haben wie die Klassen in der JAXP-API. Diese `jdom.jar`-Namen können mit den JAXP-Namen in Konflikt geraten. Um einen Konflikt zu lösen, schalten Sie zwischen den beiden Klassenpfadeinstellungen hin und her.

- ✔ Wenn Sie SAX und DOM verwenden, sollte der Klassenpfad Ihres Systems einen Punkt enthalten (der das aktuelle Arbeitsverzeichnis repräsentiert).
- ✔ Wenn Sie JDOM verwenden, sollte der Klassenpfad Ihres Systems sowohl den Punkt als auch das Verzeichnis `jdom.jar` enthalten.

Sie werden vielleicht `jdom.jar` zu Beginn Ihres Klassenpfades anordnen müssen, und nicht am Ende.

Die Art, wie ich meinen Klassenpfad ändere, variiert von Betriebssystem zu Betriebssystem. Und die Änderungen, die ich vornehme, hängen davon ab, ob ich JAXP, JDOM oder eine andere schicke API für XML verwende. In jedem Fall hinterlasse ich mir selbst Notizen in jedem meiner Projektverzeichnisse: »Diese Sammlung von Klassen verwendet die So-und-so-API und erfordert den So-und-so-Klassenpfad.« Natürlich könnte ich denselben Effekt mit ausgefeilten Projekterstellungswerkzeugen erzielen. Aber in Ermangelung solcher Werkzeuge sind Textdateien mit Notizen an mich selbst gerade richtig.

Anfangen und loslegen (ein einfaches Beispiel)

Ich habe genug Software-Verkaufsansprachen gehört: »Hier sind die 60 besten Funktionen, die unsere Software besser als jede andere Software macht ...« Und am Ende der Ansprache sage ich immer: »Das ist eine nette Funktionsliste, aber können Sie mir die Software einmal in Aktion zeigen?« Die Antwort ist: »Die Software befindet sich noch in der Entwicklung.« Mit anderen Worten: »Unsere Software hat keine dieser großartigen Funktionen. Wir haben Ihnen eine Stunde lang nur etwas von unseren Wunschträumen erzählt.«

Das im Hinterkopf halte ich meine Verkaufsansprache für JDOM kurz (all das, was ich bisher in diesem Kapitel geschrieben habe). Ich fasse mich kurz und stelle echten, funktionierenden Code vor.

JDOM in Aktion rufen

Listing 10.1 enthält den Code, der die Dinge ins Rollen bringt.

```
import org.jdom.JDOMException;
import org.jdom.Document;
import org.jdom.input.SAXBuilder;
import java.io.File;
import java.io.IOException;

public class CallJDOM
{
    public static void main(String args[])
        throws JDOMException,
               IOException
    {
        Document doc;

        SAXBuilder builder = new SAXBuilder(false);

        if (args.length == 1)
        {
```

```
            doc = builder.build
                (new File(args[0]).toURL().toString());
            new MyEltTraverser (doc.getRootElement(), 0);
        }
        else
            System.out.println
                ("Usage: java CallDOM file-name.xml");
    }
}
```

Listing 10.1: JDOM aufrufen

Listing 10.1 enthält meine `CallJDOM`-Klasse – die Klasse, die sich nicht sehr von Kapitel zu Kapitel ändert. Und auch der Code in Listing 10.1 unterscheidet sich nicht besonders von seinen älteren Cousins – den Klassen `CallSAX` und `CallDOM` aus den Listings 3.2 und 7.2.

Dies sollten Sie beim Code in Listing 10.1 beachten:

✔ **Listing 10.1 borgt sich Material von SAX.**

Das Listing beginnt mit dem Aufruf eines `SAXBuilder`-Konstruktors. Warum dies? JDOM kann einen SAX-Parser verwenden, um ein XML-Dokument zu untersuchen.

Sie können jeden vernünftigen XML-Parser in ein JDOM-Programm einbinden. Es gibt ein Gerede in den JDOM-Diskussionsforen darüber, ob JDOM seine eigene Builder-Klasse hat, aber während ich diese Worte schreibe, existiert diese Klasse noch nicht.

Auf die eine oder andere Weise sind Sie nicht an einen speziellen Parser gebunden, wenn Sie ein JDOM-Programm schreiben. In Listing 10.1 können Sie `DOMBuilder` anstelle von `SAXBuilder` verwenden. (Die JDOM-API besitzt eine Klasse namens `org.jdom.input.DOMBuilder`.) Der einzige Unterschied zwischen `SAXBuilder` und `DOMBuilder` ist, dass die `DOMBuilder`-Klasse keine `build(String)`-Methode besitzt. Um die Parser-Methode `DOMBuilder` aufzurufen, schreiben Sie

```
doc = builder.build(new File(args[0]).toURL());
```

Sie setzen einen URL und keine Zeichenfolge in die Parameterliste der `build`-Methode.

✔ **In Listing 10.1 nimmt der `SAXBuilder`-Konstruktor einen `Boolean`-Parameter entgegen.**

Der Booleanwert `false` bedeutet »Nein, keine Validierung vornehmen.« Wenn Sie `DOMBuilder` statt `SAXBuilder` verwenden, setzen Sie diesen Booleanwert im `DOMBuilder`-Konstruktor.

✔ **In Listing 10.1 beginne ich mit dem Root-Element des Dokuments.**

In Listing 10.1 übergebe ich dem `MyEltTraverser`-Konstruktor den Aufruf von `doc.getRootElement()`. Ich mache dies nicht in jedem JDOM-Programm, aber ich finde es für viele meiner JDOM-Beispiele sehr bequem. Hier ist der Grund:

In DOM ist beinahe alles ein Knoten irgendeines Typs. Insbesondere ist das gesamte DOM-Dokument ein Knoten – und jedes Element darin ist ein Knoten. In Listing 7.3 verwende ich den folgenden Konstruktor:

```
MyTreeTraverser (Node node)
```

Wenn ich diesen Konstruktor aufrufe, kann ich ihm ein Dokument, ein Element oder jede andere Art von Knoten übergeben.

Aber in JDOM liegen die Dinge anders. Die einzige allgemeine übergeordnete Klasse von `org.jdom.Document` und `org.jdom.Element` ist `java.lang.Object`. Also kann in JDOM der Parameter des Konstruktors ein `Document`-Objekt oder ein `Element`-Objekt sein, wenn ich einen `MyTraverser`-Konstruktor erzeuge. Ich kann nicht ohne weiteres einen Konstruktor erzeugen, der sowohl `Document`-Objekte als auch `Element`-Objekte behandelt. (Selbst wenn ich einen `java.lang.Object`-Parameter verwende, habe ich es schwer, Code zu schreiben, der Dokumente und Elemente berücksichtigt.)

In Listing 10.1 rufe ich `MyEltTraverser` auf – einen Konstruktor, der ein Element bearbeitet, aber kein ganzes Dokument. Damit alles seine Richtigkeit hat, rufe ich `doc.getRootElement` auf und übergebe dem `MyEltTraverser`-Konstruktor ein Element und kein Dokument.

- **Der Konstruktor für `MyEltTraverser` nimmt einen zweiten Parameter entgegen.**

  In Listing 10.1 ist der Wert dieses zweiten Parameters 0. Der zweite Parameter ist im Beispiel dieses Abschnitts etwas Besonderes. (Dabei handelt es sich um kein gebräuchliches Feature von JDOM-Programmen.) Wie Sie in Listing 10.2 sehen, verwende ich diesen zweiten Parameter, um die Ebenen der Einrückung zu zählen.

Ein XML-Dokument

Das Ziel dieses Abschnitts ist es, alle Elemente in einem XML-Dokument zu verarbeiten. Also benötigen wir ein XML-Dokument mit Elementen, die einen Besuch wert sind. Sie finden ein solches Dokument in Listing 10.2.

```
<?xml version="1.0" encoding="UTF-8"?><System
id="Solar System"><Planet id="Mercury" /><Planet id="Venus"
/><Planet id="Earth"><Moon id="Moon" /></Planet><Planet
id="Mars"><Moon id="Phobos" /><Moon id="Deimos" /></Planet>
<Planet id="Jupiter" /><Planet id="Saturn" /><Planet
id="Uranus" /><Planet id="Neptune" /><Planet id="Pluto" />
</System>
```

Listing 10.2: `CosmoML`

Die Zeilenumbrüche in Listing 10.2 befinden sich an zufällig ausgewählten Positionen und machen das Dokument für Menschen schwer lesbar. Auch so hat ein XML-Parser keine Schwierigkeiten, das Dokument zu interpretieren. Das Beispiel dieses Abschnitts wandelt das schwer zu lesende Dokument in eine nett formatierte Darstellung. Diese ist in Abbildung 10.1 zu sehen.

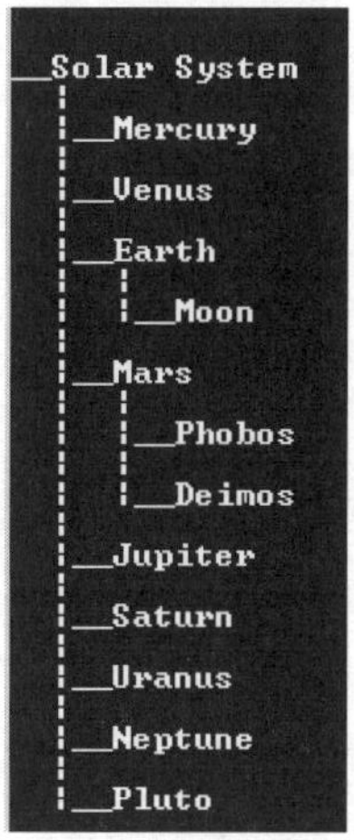

Abbildung 10.1: Eine astronomische Baumstruktur

Den JDOM-Baum durchschreiten

Das Programm, das für die nette Darstellung in Abbildung 10.1 verantwortlich ist, befindet sich in Listing 10.3. Das Programm besteht aus zwei Teilen – einem Teil, der Child-Elemente verwendet, und einem Teil, der Linien zeichnet. Für unsere Zwecke (für Menschen, die Java und XML erlernen) ist der letzte Teil nicht sehr interessant. Aber der Teil, der die Children aufsucht, illustriert einige wichtige Elemente von JDOM.

```
import org.jdom.Element;
import java.util.List;

class MyEltTraverser
{

    MyEltTraverser(Element element, int level)
    {
        Element child;
        List children;

        System.out.print(getLines(level));
        System.out.println(element.getAttributeValue("id"));

        children = element.getChildren();
        for (int i=0; i<children.size(); i++)
        {
```

```
            child = (Element)children.get(i);
            new MyEltTraverser(child, level+1);
        }

    }

    String getLines(int level)
    {
        String lines="";
        for (int i=0; i<level; i++)
            lines += "   |";
        lines += "\n";
        for (int i=0; i<level; i++)
            lines += "   |";
        lines += "__";
        return lines;
    }

}
```

Listing 10.3: Die Elemente besuchen

In Listing 10.3 führt der Konstruktor `MyEltTraverser` zwei Aufgaben durch:

- ✔ Er stellt den Namen eines Himmelskörpers dar.
- ✔ Er sucht dessen Children auf.

Attribute aufsuchen

Den Namen des Bodys darzustellen bedeutet, die `getAttributeValue`-Methode des Dokuments aufzurufen. Dies ist schneller und intuitiver als der entsprechende DOM-Trick. (Um dasselbe mit DOM zu tun, rufen Sie `node.getAttributes` auf, dann `NamedNodeMap`, dann `getNamedItem` und schließlich `node.getNodeValue`. Werfen Sie dazu einen Blick zurück auf Listing 7.4.)

Die Children abrufen

Child-Elemente abzurufen bedeutet, eine kleine `for`-Schleife zu erzeugen. In Listing 10.3 ist die Children-Variable eine Standard-Java-Liste. Das ist gut, wenn Sie Javas erprobte Klassen und Schnittstellen verwenden. Natürlich gibt es einen Nachteil. Javas `List` ist eine Sammlung von platten, alten Objekten. Wenn Sie ein Objekt aus der Liste picken, müssen Sie dieses Objekt wieder in ein JDOM-Objekt umwandeln. Hierzu führen Sie

```
child = (Element)children.get(i);
```

aus. Hier ist eine Erklärung für die Notwendigkeit dieser Konvertierung:

Die `get`-Methode der `List`-Schnittstelle gibt einen Wert vom Typ `java.land.object.` zurück. Aber in Listing 10.3 muss die Child-Variable vom Typ `Element` sein (andernfalls haben Sie später Schwierigkeiten, die `getAttributeValue`-Methode des Childs aufzurufen). Um also ein `List`-Element in einer Child-Variablen zu speichern, müssen Sie eine Konvertierung durchführen.

Einen rekursiven Aufruf vornehmen

Die Schleife in Listing 10.3 endet mit einem Aufruf des `MyEltTraverser`-Konstruktors. In diesem Aufruf wird 1 zur Level-Variablen addiert. Dies ist ein rekursiver Standardprogrammiertrick. Eine Kopie von `Wasauchimmer` ruft eine weitere Kopie von `Wasauchimmer` auf und übergibt einen Wert, der um 1 höher ist als der gespeicherte Wert. Dies ist in Abbildung 10.2 dargestellt.

In Listing 10.3 besitzen alle Folgekopien von `MyEltTraverser` höhere Werte der Level-Variablen. Jede nachfolgende Kopie zeichnet mehr und mehr Linien, wenn sie den Baum in Abbildung 10.1 erstellt.

Den gesamten Inhalt mit JDOM abdecken

Wenn Sie jedes Wort von *Java und XML für Dummies* gelesen haben, dann wissen Sie, was gerade geschehen ist. Im vorigen Abschnitt habe ich Ihnen ein nettes JDOM-Programm gezeigt. Das Programm sucht alle Elemente in einem XML-Dokument auf. Das ist die gute Nachricht.

Jetzt die schlechte. Das Programm bearbeitet nicht das ganze andere Material in einem XML-Dokument. Wenn das Dokument Vearbeitungsanweisungen und Kommentare oder Text zwischen Tags besäße, hätte das Programm diese Elemente einfach verpasst.

Um jede Kritik zu zerstreuen (und Sie davon abzuhalten, mich als Blödmann zu bezeichnen), nimmt mein nächstes Programm die ganze Strecke. Es sucht Kommentare auf sowie Verarbeitungsanweisungen oder was auch immer sonst sich im Dokument befindet. Der Start des Programms befindet sich in Listing 10.4.

```
import org.jdom.Document;
import org.jdom.DocType;
import java.util.List;

class MyDocVisiter
{
    MyDocVisiter(Document doc)
    {
        List content;
        DocType docType;
```

```
        if ((docType=doc.getDocType()) != null)
        {
            System.out.print("DOCTYPE: ");
            System.out.println(docType.getSystemID());
        }

        content = doc.getContent();
        new MyContentTraverser(content);
    }

}
```

Listing 10.4: Ein Dokument bearbeiten

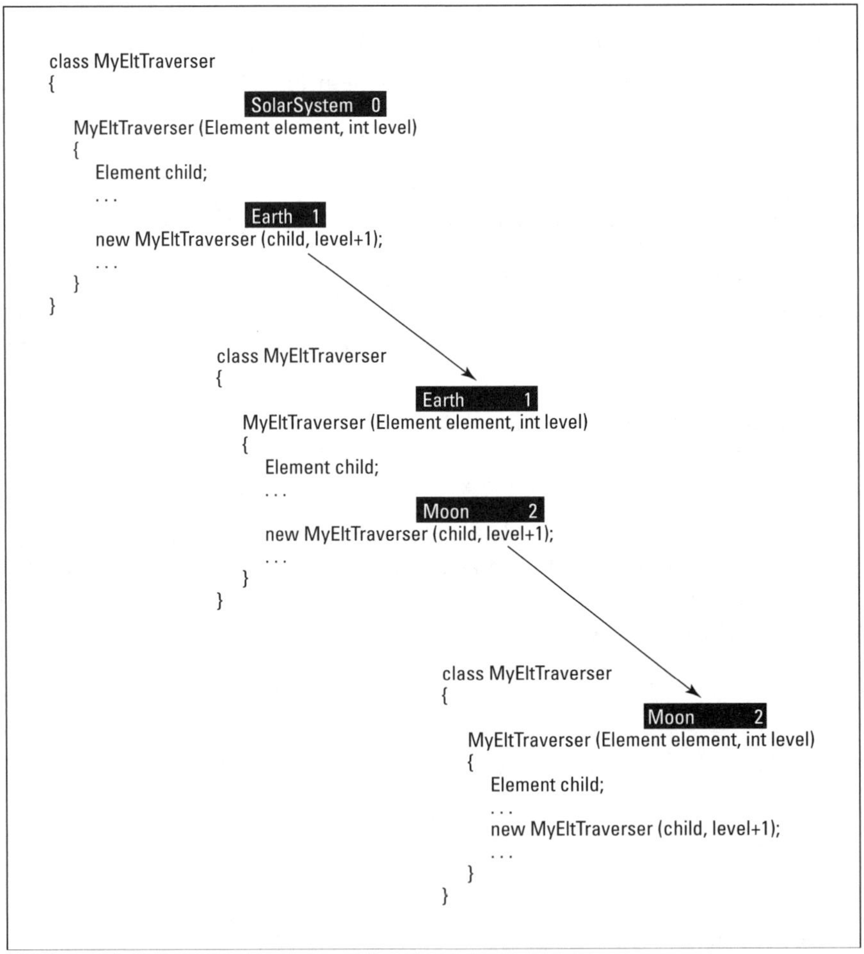

Abbildung 10.2: Der Wert von `level` wird jeweils um 1 erhöht.

Um den Code in Listing 10.4 aufzurufen, können Sie eine recycelte Version der `CallJDOM`-Klasse in Listing 10.1 verwenden. Nehmen Sie einfach den Aufruf an `MyELtTraverser` heraus und ersetzen Sie ihn durch

```
new MyDocVisiter (doc);
```

Diese neue Anweisung ruft den Konstruktor einer anderen Klasse auf. Diese Anweisung erfasst auch das gesamte XML-Dokument, nicht bloß das Root-Element.

DOCTYPE abrufen

Um `DOCTYPE`-Information zu erhalten, ruft der Code in Listing 10.4 die `getDocType`-Methode des Dokuments auf.

Nehmen Sie als Beispiel das XML-Dokument in Listing 10.5. Dieses Dokument ist eine leichte Verbesserung des Dokuments aus Listing 7.1. Wenn Sie `docType.getSystemID` für das Dokument in Listing 10.5 aufrufen, erhalten Se den Namen `club.dtd`.

```
<?xml version="1.0" encoding="UTF-8"?>
<!DOCTYPE AnchovyLoversClub SYSTEM "club.dtd">
<!-- AnchovyLoversClub.xml -->

<AnchovyLoversClub>
    <Member firstname="Herbert">
    <?Reminder "Unseat Herbert"?>
        <Standing>
            Founder, President, Secretary, Publicity Manager
        </Standing>
    </Member>
</AnchovyLoversClub>
```

Listing 10.5: Hupps! Noch mehr Sardellen!

Listing 10.5 verweist auf eine DTD namens `club.dtd`. In Listing 10.1 haben wir entschieden, dass unser Parser nicht validiert. Doch auch so beklagt sich der Parser, falls er die Datei `club.dtd` nicht finden kann. Um also den Parser bei Laune zu halten, präsentieren wir Listing 10.6. Dieses enthält eine nette `club.dtd`-Datei.

```
<?xml version="1.0" encoding="UTF-8"?>
<!-- club.dtd -->

<!ELEMENT AnchovyLoversClub (Member)>
<!ELEMENT Member (Standing)>
<!ATTLIST Member firstname CDATA #REQUIRED>
<!ELEMENT Standing (#PCDATA)>
```

Listing 10.6: Die Club-DTD

Die Fackel weitergeben

In JDOM ist fast alles Teil des Dokumentinhalts. In Listing 10.4 rufen Sie die Dokumentmethode `getContent` auf, um das Meiste des Materials in einem XML-Dokument zu erhalten. Dann übergeben Sie diesen Inhalt an einen weiteren Konstruktor, den ich geschrieben habe: `MyContentTraverser`. Die Idee ist, dass Listing 10.4 das Dokument selbst bearbeitet und alles andere den Inhalt des Dokuments. Die Klasse `MyContentTraverser` (die den Inhalt bearbeitet), befindet sich in Listing 10.7.

```
import java.util.List;
import org.jdom.Element;
import org.jdom.Comment;
import org.jdom.ProcessingInstruction;
import org.jdom.Attribute;

class MyContentTraverser
{

    MyContentTraverser(List content)
    {
        Object obj;

        for (int i=0; i<content.size(); i++)
        {
            obj = content.get(i);

            if (obj instanceof Comment)
            {
                Comment comment = (Comment)obj;

                System.out.print("Comment: ");
                System.out.println
                    (Revealer.reveal(comment.getText()));
            }

            if (obj instanceof ProcessingInstruction)
            {
                ProcessingInstruction pi =
                    (ProcessingInstruction)obj;

                System.out.print("Processing instruction: ");
                System.out.print(pi.getTarget());
                System.out.print(" ");
                System.out.println(pi.getData());
            }

            if (obj instanceof Element)
```

```
        {
            Element elt = (Element)obj;

            System.out.print("Element: ");
            System.out.println(elt.getName());

            System.out.print("Attributes: ");
            List attribs = elt.getAttributes();
            for (int j=0; j<attribs.size(); j++)
            {
                Attribute attrib = (Attribute)attribs.get(j);

                System.out.print(attrib.getName());
                System.out.print(" = ");
                System.out.println(attrib.getValue());
        }

            System.out.print("Text: ");
            System.out.println
                (Revealer.reveal(elt.getText()));

            new MyContentTraverser(elt.getContent());
        }
    }
  }

}
```

Listing 10.7: Den Inhalt eines Dokuments bearbeiten

Während wir auf den `MyContentTraverser`-Konstruktor zurollen, bemerken wir den Parameter des Konstruktors. Der Parameter ist der Stolz der JDOM-Gemeinde. Das Ding, das wir Inhalt nennen (der Parameter der `MyContentTraverser`-Klasse), ist nichts anderes als ein gewöhnliches Java-`List`-Objekt. Weil wir nun seit 30 oder 40 Jahren Java-Programme schreiben, sollten wir über das Durchforsten von Java-List-Objekten Bescheid wissen. Wir erzeugen einen Iterator, verwenden einen einfachen `for`-Schleifen-Index oder führen viele andere tolle Dinge durch. In Listing 10.7 wählen wir einen `for`-Schleifen-Index. Diese Schleife bringt uns von einem Inhaltsobjekt zum anderen.

Inhaltsobjekte bearbeiten

Sie befinden sich in der `for`-Schleife in Listing 10.7. Sie haben ein bestimmtes Inhaltsobjekt abgerufen – ein Element aus dem XML-Dokument. Was geschieht als Nächstes? Der Code in Listing 10.7 verzweigt in drei `if`-Anweisungen. Der Grund dafür ist, dass ein JDOM-Dokument drei Arten von Inhalt besitzt: Kommentare, Vearbeitungsanweisungen und Elemente. Jeder Inhaltstyp benötigt eine eigene spezielle Behandlung.

An dieser Stelle bemerken wir den Kompromiss zwischen JDOM und anderen APIs. Die JDOM-API ist in vielerlei Hinsicht elegant. Aber das Programm in Listing 10.7 ist komplizierter als das entsprechende DOM-Programm. Wenn Listing 10.7 ein DOM-Programm wäre, wäre alles Sichtbare ein Knoten. Bei JDOM gibt es keine Knoten. Stattdessen besitzt JDOM ausgeprägte `Comment`-, `ProcessingInstruction`- und `Element`-Klassen. (Ich nenne diese Klassen »ausgeprägt«, weil sie keinen gemeinsamen Parent haben. Sie haben also keinen anderen Parent als die `java.lang.Object`-Klasse.)

In Listing 10.7 erhält somit jeder der drei Inhaltstypen eine eigene spezielle Behandlung.

- **Zunächst verwenden Sie den selten verwendeten `instanceof`-Operator.**

  Mit `instanceof` überprüfen Sie, welche Art von Objekt Sie in den Händen halten.

- **Als Nächstes konvertieren Sie das Objekt, das Sie in den Händen halten, in ein Objekt vom Typ `Comment`, `ProcessingInstruction` oder `Element`.**

  Wenn Sie die Konvertierung vergessen, können Sie keine Methoden der Klassen `Comment`, `ProcessingInstruction` oder `Element` aufrufen.

- **Schließlich verwenden Sie Methoden, die für einen dieser drei Inhaltstypen zugeschnitten sind.**

  Wenn Sie mit `Comment` arbeiten, rufen Sie `getText` auf. Wenn Sie `ProcessingInstruction` verwenden, rufen Sie `getTarget` und `getData` auf. Wenn Sie `Element` benutzen, rufen Sie verschiedene Methoden auf.

Kommentare bearbeiten

Wenn Sie `getText` aufrufen, verwenden Sie meine kleine `Revealer`-Klasse. Sie tut etwas, was ich in früheren Kapiteln manuell getan habe: Sie ändert Zeilenumbrüche in `[cr]`-Markierungen und Leerzeichen in Punkte. Der Code für `Revealer` ist in Listing 10.8 aufgeführt.

```
class Revealer
{
    static String reveal(String string)
    {
        return
        string.replaceAll("\n", "[cr]").replaceAll(" ", ".");
    }
}
```

Listing 10.8: Sehr enthüllend!

Elemente bearbeiten

In Listing 10.7 überprüfen Sie den Inhalt, um zu sehen, ob es einen Kommentar, eine Vearbeitungsanweisung oder ein Element gibt. Wenn der Inhalt, den Sie gefunden haben, ein Element ist, können Sie weitergraben.

- ✔ Sie erhalten eine Java-`List`, die die Elementattribute enthält (Listing 10.7).
- ✔ Sie können einen rekursiven Aufruf an den `MyContentTraverser`-Konstruktor vornehmen und diesem den Elementinhalt übergeben. (Auch dies tun Sie in Listing 10.7.)

Wenn Sie einen rekursiven Aufruf von `MyContentTraverser` durchführen, kommt der Ball ins Rollen. Das neue `MyContentTraverser`-Objekt sucht nach `Comments`, `ProcessingInstructions` und weiteren Elementen im XML-Dokument.

Mit dem Dokument aus Listing 10.5 erhalten Sie die Ausgabe in Abbildung 10.3.

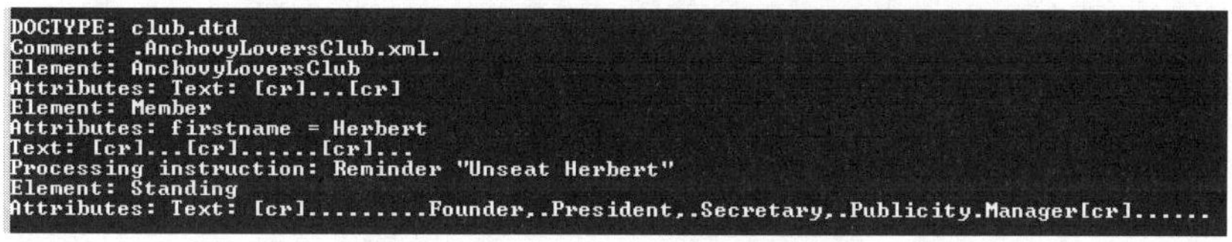

Abbildung 10.3: Wir lieben Sardellen!

Ein Dokument mit JDOM erstellen

In Kapitel 8 habe ich Ihnen gezeigt, wie man ein neues XML-Dokument erstellt. Das Werkzeug dazu war die DOM-API. Hier ist ein einfacherer und eleganterer Weg. Wenn Sie die JDOM-API verwenden, sind alle Methodenaufrufe schneller und intuitiver. Richten Sie Ihre Augen auf den Code in Listing 10.9. Der Code erzeugt eine XML-Datei in wenigen leicht verständlichen Schritten.

```
import org.jdom.Document;
import org.jdom.ProcessingInstruction;
import org.jdom.Comment;
import org.jdom.Element;
import org.jdom.output.XMLOutputter;

import java.io.File;
import java.io.FileOutputStream;
import java.io.FileNotFoundException;
import java.io.IOException;

class CreateJdoc
{
```

```
    static Document doc;
    static Element rootElt;

    public static void main(String args[])
    {
        makeRootElt();
        makeJDOMdoc();
        addProcessingInstruction();
        addComment();
        addAttribute();
        addElements(args);
        outputFile();
    }

    static void makeRootElt()
    {
        rootElt = new Element("BovineBeautyProducts");
    }

    static void makeJDOMdoc()
    {
        doc = new Document(rootElt);
    }

    static void addProcessingInstruction()
    {
        ProcessingInstruction pi = new ProcessingInstruction
            ("xml-stylesheet",
                "type=\"text/xsl\" href=\"Cows.xsl\"");
        doc.addContent(pi);
    }

    static void addComment()
    {
        Comment comment = new Comment("Author: H.Ritter");
        doc.addContent(comment);
    }

    static void addElements(String args[])
    {
        Element elt;

        for (int i=0; i<args.length; i++)
        {
            elt = new Element("Item");
            rootElt.addContent(elt);
            elt.addContent(args[i]);
```

```
        }
    }

    static void addAttribute()
    {
        rootElt.setAttribute("customerResponse", "Moo");
    }

    static void outputFile()
    {
        try
        {
            File file = new File("BovineBeautyProducts.xml");
            FileOutputStream result =
                new FileOutputStream(file);

            XMLOutputter outputter = new XMLOutputter();
            outputter.setNewlines(true);
            outputter.setIndent("    ");

            outputter.output(doc, result);
        }
        catch (IOException e)
        {
            e.printStackTrace();
        }
    }

}
```

Listing 10.9: Eine XML-Datei erzeugen

Den JDOM-Code ausführen

Um den Code in Listing 10.9 auszuführen, müssen Sie zwei Dinge tun:

- ✔ Stellen Sie sicher, dass sich die Datei `jdom.jar` in Ihrem Klassenpfad befindet.
- ✔ Führen Sie `CreateJdoc` mit ein paar Befehlszeilenargumenten aus.

Der Befehl

```
java CreateJdoc Moose-cara Cowlogne "Hoof Polish"
```

wird funktionieren. Wenn Sie diesen Befehl verwenden, erhalten Sie die Datei `BovineBeautyProducts.xml` aus Listing 10.10.

```
<?xml version="1.0" encoding="UTF-8"?>
<BovineBeautyProducts customerResponse="Moo">
    <Item>Moose-cara</Item>
    <Item>Cowlogne</Item>
    <Item>Hoof Polish</Item>
</BovineBeautyProducts>
<?xml-stylesheet type="text/xsl" href="Cows.xsl"?>
<!--Author: H.Ritter-->
```

Listing 10.10: `BovineBeautyProducts.xml`

Den JDOM-Code bewundern

Als ich mein `CreateJdoc`-Programm schrieb, modellierte ich es nach dem Code in Listing 8.6. Ich unterteilte `CreateJdoc` (Listing 10.9) in eine Folge von Methodenaufrufen. Wenn `CreateJdoc` aufgerufen wird, ruft eine andere Methode sofort einen Konstruktor und anschließend `addContent` auf, etwa so:

```
Comment comment = new Comment("Author: H.Ritter");

doc.addContent(comment);
```

Der Code ist viel einfacher als der entsprechende DOM-Code in Listing 8.6. Die große Verbesserung stammt von zwei Features der JDOM-API.

- ✔ In JDOM verwenden Sie gewöhnliche Konstruktoren (keine `Create`-Methoden), um ein Dokument, Element, Attribut oder dergleichen zu erzeugen.
- ✔ Weil Sie keine `Create`-Methoden verwenden, hängt die Erstellung eines Elements oder Attributs (oder was immer) nicht von der Verwendung eines speziellen Dokuments ab.

  In Listing 8.6 haben Sie die `createElement`-Methode des Dokuments aufgerufen. Dann haben Sie in einer separaten Anweisung das neue Element an das Dokument angehängt. Wenn Sie versucht hätten, das neue Element an ein anderes Dokument anzuhängen, wäre die API sehr böse mit Ihnen gewesen.

  Mit JDOM erzeugen Sie ein Element, ohne ein spezielles Dokument einzubeziehen. Wenn Sie also einmal ein Element haben, platzieren Sie das Element in jedem beliebigen Dokument.

Sie können nicht dasselbe Element in zwei Dokumenten gleichzeitig platzieren. Wenn Sie dies versuchen, wird JDOM sehr verärgert sein. Sie können natürlich zwei verschiedene Elemente – mit denselben Namen, denselben Attributen (demselben alles) – auf zwei verschiedenen Dokumenten gleichzeitig platzieren.

Wann die JDOM-API verwendet wird

Leute, die SAX mögen, sagen: »Verwenden Sie die SAX-API«. Die DOM-Liebhaber sagen: »Verwenden Sie nicht SAX. Verwenden Sie DOM.« Und die Befürworter von JDOM schreien: »Verwenden Sie nicht SAX oder DOM! Verwenden Sie stattdessen JDOM!« Was tun Sie also? Das hängt von Ihrer Situation ab. Hier sind einige Richtlinien:

✔ **Verwenden Sie JDOM, wenn Sie sauberer, eleganter Code glücklich macht.**

Wann immer Sie ein Programm schreiben, teilen Sie Ihre Zeit zwischen zwei Aufgaben auf. Sie entwickeln Logik in Ihrem Kopf und übersetzen diese Logik gleichzeitig in Code.

Die erste Aufgabe – Logik entwickeln – ist sehr lohnenswert (ohne Logik sind die meisten technischen Aufgaben unmöglich). Aber die zweite Aufgabe – Logik in Code übersetzen – ist ein notwendiges Übel. Wenn Sie Logik in Code übersetzen, spielt sich in Ihrem Kopf ein Dialog ab: »Mal sehen, ich möchte dies tun, aber wie drücke ich es aus? Welche primitiven Werkzeuge benutze ich, um mein allumfassendes Ziel zu erreichen?« Das ganze Vorgehen kann wirklich lästig sein.

Was können Sie also dagegen tun? Wie können Sie es sich erleichtern, aus guter Logik guten Code zu machen? Sie können eine API verwenden, die Ihren Gedankenprozess wiedergibt. Wenn Sie beispielsweise denken: »Ich möchte ein neues Dokument erzeugen«, dann sollte Ihre API einen `Document`-Konstruktor besitzen. Wenn die API so geformt ist wie Ihre Logik, verschwenden Sie keine Mühe darauf, Logik in Code zu übersetzen.

Das ist die große Stärke von JDOM. Die JDOM-API verwendet Konstrukte, die klar, natürlich und leicht zu verwenden sind.

✔ **Verwenden Sie JDOM, um brandneue XML-Dokumente zu erzeugen.**

Vergleichen Sie die Programme in den Listings 7.4 und 10.7. Beide Programme graben sich durch ein vorhandenes XML-Dokument und stellen die einzelnen Bestandteile des Dokuments dar. Das erste Programm ist ein DOM-Programm und das zweite ein JDOM-Programm. Welches Programm ist einfacher? Welches ist gradliniger?

Beide Programme sind etwa 60 Zeilen lang. Das DOM-Programm (Listing 7.4) verwendet überall Knoten. Das JDOM-Programm (Listing 10.7) verwendet die Konvertierung anstelle von Knoten. Welches Programm ist besser? Kann man nicht genau sagen.

Aber bedenken Sie: XML ist eine Sprache für den Datenaustausch. Das bedeutet, dass ein Programm ein XML-Dokument erzeugt und ein weiteres Programm dieses Dokument verarbeitet. Also ist der Vorgang in den Listings 7.4 und 10.7 – ein XML-Dokument bearbeiten und analysieren – nur eine Seite der Medaille. Für einen fairen Vergleich müssen Sie beide Seiten berücksichtigen: die Erstellung und den Gebrauch von XML-Dokumenten.

Listing 8.6 enthält ein DOM-Programm, das ein XML-Dokument hervorbringt. Das Programm ist in Ordnung, aber es ist nicht so schön wie das entsprechende JDOM-Programm. Das JDOM-Programm in Listing 10.9 ist viel einfacher, viel sauberer und viel gradliniger als sein Cousin in der DOM-Welt.

Das ist also ein Vorteil von JDOM. Wenn Sie die Hälfte der ganzen XML-Arbeit erledigen und Ihre Hälfte diejenige ist, die Dokumente hervorbringt, dann sollten Sie dringendst erwägen, JDOM zu verwenden.

- **Verwenden Sie JDOM als Leichtgewicht-Alternative zu DOM.**

  Die Entwickler von JDOM zielen auf Effizienz. Daher neigen Programme, die in JDOM geschrieben sind, dazu, kleiner und weniger klobig als Programme zu sein, die in DOM geschrieben sind. Viele Programme, die JDOM verwenden, laufen schneller als ihre DOM-Gegenstücke.

- **Verwenden Sie JDOM, wenn sich Ihre Organisation Java verschrieben hat.**

  Weder SAX noch DOM sind für Java optimiert. Wenn Sie also anfangen, SAX-Code in Java zu schreiben, können Sie dies später rückgängig machen und den alten Schalter betätigen. Sie können von Java-SAX zu C++-SAX wechseln, ohne Ihre Logik zu zerstören. Dasselbe gilt für DOM.

  Aber JDOM verwendet die Werkzeuge der Standard-Java-API. Wenn Sie JDOM wählen, dann verkünden Sie: »Ich verwende Java, ich plane, weiterhin Java zu verwenden, und ich möchte, dass mein Java-Code der beste ist, den es gibt.«

Das ist die Geschichte. Java und JDOM gehen Hand in Hand. JDOM bedient sich der Stärken von Java. SAX und DOM tun dies nicht.

JDOM voll ausreizen

11

In diesem Kapitel

- Eine umfangreiche Fallstudie! Ein XML-Dokument in eine grafische Oberfläche umwandeln
- Java-Reflexion verwenden
- Mit dem Text einer XML-Datei arbeiten

Wie würde Sigmund Freud sagen? Wenn ich träume, kann ich mich in einer ungewohnten Weise verhalten. Dazu ein Beispiel:

Ich bin zusammen mit Bill Gates in einem imaginären Restaurant. Wir gehen auf den Oberkellner zu und grüßen ihn.

Der Oberkellner fragt: »Ein Tisch für zwei Personen?«

»Ja«, antworte ich. »Und beide Mahlzeiten bitte auf meine Rechnung.«

Bill Gates, der meine Bemerkung zur Rechnung vernommen hat, sagt »Danke.« Und an diesem Punkt kommt Murphys Gesetz für Träume ins Spiel. (Das Gesetz besagt, dass, wenn Sie träumen und etwas Peinliches geschehen kann, dies auch geschieht.) Ich ziehe also meine Brieftasche heraus und stelle fest, dass nichts darin ist. Ich habe kein Geld, keine Kreditkarte und nichts, was ich benutzen könnte, um die Mahlzeiten zu bezahlen. Mr. Gates ist überrascht, dass ich ein Restaurant aufsuche, ohne zahlen zu können. Ich bin total pleite. Was kann ich tun?

Nun, die Lösung ist einfach. »Ich hoffe, Sie wissen«, sage ich zu Gates, »dass ich nicht wirklich für unsere Mahlzeiten bezahlen muss.« Gates wirft mir einen »Weshalb?«-Blick zu. Ich erkläre also: »Ein großes Essen füllt meinen Bauch. Auf diesem schlafe ich jedoch gerade. Nach dem Essen muss ich mich somit umdrehen, und wenn ich mich umdrehe, werde ich immer wach.«

»Hmm!«, sagt Gates.

»Dieser Traum ist dann zu Ende. Ich werde weg sein, und Sie werden nicht mehr existieren. Was denken Sie darüber?«

Bill Gates denkt eine Minute nach und sagt dann: »OK, Ich glaube Ihnen. Lassen Sie uns essen, solange wir noch die Gelegenheit dazu haben.«

Ich habe ständig solche Träume. In meinen Träumen sehe ich jemanden an und sage: »Wenn Sie denken, dass Sie real sind, und glauben, nicht Teil meines Traums zu sein, beweisen Sie es. Versuchen Sie aber nicht, meine Gedanken zu lesen.«

Einmal war ich des Träumens müde und schrie: »Die Party ist vorbei. Alle imaginären Personen verlassen bitte sofort diesen Raum!« Die Personen antworteten: »OK, OK! Wir gehen, aber wir kommen morgen Nacht zurück.«

Das Sonderbare ist, dass ich glaube, dass Computer dasselbe tun können. Ein Computerprogramm kann, wie ein Schauspieler in einem Bühnenstück oder wie ich in meinen Träumen, bisweilen eine ungewohnte Verhaltensweise offenbaren. Ein Programm kann sagen: »Hoppla! Ich habe etwas falsch gemacht. Ich wache auf.« Eine frei interpretierte Anweisung kann sagen: »Hey, ich bin Bestandteil eines Computerprogramms!« Und ein Java-Programm kann einen Blick auf einen bestimmten Text werfen, entscheiden, dass dieser Text Teil eines Computerprogramms ist, und dann die in dem Text beschriebene Anweisung ausführen.

Nun, vielleicht hole ich ein wenig zu weit aus. Vielleicht offenbaren Computer doch keine ungewohnte Verhaltensweise. Aber ich könnte auch richtig liegen. Lesen Sie dieses Kapitel, und entscheiden Sie selbst.

Was wir tun müssen

Es ist Zeit für eine weitere Fallstudie. Und die Fallstudie in diesem Kapitel hat es wirklich in sich. Ich habe die wenigen Stunden einer Nacht damit verbracht, die Java-Reflexion zu erlernen, um Sie mit dieser coolen Fallstudie versorgen zu können.

Die Fallstudie löst ein interessantes Problem – ein Problem, das von vielen Autoren ignoriert wird, die Computerbücher zum Thema Programmierung schreiben. Das Problem betrifft die Frage, wie Sie den Namen einer Klasse oder Methode lesen und ihn in eine verwendbare Java-Klasse oder -Methode umwandeln.

In den meisten Programmiersituationen ist dieser Trick nicht notwendig. XML ist jedoch etwas Besonderes. Ein XML-Dokument ist ein Haufen Text. Der Computer liest diesen Text und verarbeitet alle darin enthaltenen Zeichen. Einige dieser Zeichen müssen jedoch bisweilen in bestimmte Aktionen konvertiert werden. In einem XML-Dokument kann zum Beispiel der Name einer Java-Methode verborgen sein. Ihr Ziel ist es, die Methode zu einem solchen Namen zu finden, um sie anschließend aufzurufen.

Für ein menschliches Wesen ist dieser Vorgang (einen Namen in eine aufrufbare Methode umzuwandeln) nicht sichtbar. Ich befehle mir: »Schreib etwas Code, der die Methode `println` aufruft.« Ich gebe somit das Wort `println` ein, und das war alles. Für einen Computer ist es jedoch weitaus schwieriger, von einem Namen zu einer Methode zu gelangen. Der Computer nimmt die Buchstaben `p`, `r`, `i`, `n`, `t`, `l` und `n` und konvertiert diese in eine Referenz, die auf einige Befehle verweist. Dies ist ein großer Schritt, der noch größer zu sein scheint, wenn (wie in dem Beispiel dieses Kapitels) Sie die Art und Weise kontrollieren, in der Ihr Computer den Schritt ausführt.

Sobald Sie die Sache lernen, erscheinen die Schritte nicht mehr so groß. Ich sollte Ihnen drei nette Dinge über das Material in diesem Kapitel sagen:

- ✔ Es macht Spaß, das Paket, das ich verwende, `java.lang.reflect`, zu erforschen und zu verwenden.

- ✔ Das Material in diesem Kapitel ist nützlich, selbst wenn Sie nicht sehr oft dazu kommen, es zu verwenden. (Wenn Sie `java.lang.reflect` benötigen, ist dies irgendwie wie ein Fallschirm – es gibt keinen akzeptablen Ersatz.)
- ✔ Das XML-Dokument dieses Kapitels ist ziemlich interessant. Das Dokument beschreibt ein Fenster auf einem Computerbildschirm in einer sehr vernünftigen, gradlinigen Weise.

Also, auf geht's! Lesen Sie den nächsten Abschnitt.

Einen Java-Frame beschreiben

Wenn Sie je die GUI programmiert haben (Programmierung mit Fenstern einer grafischen Benutzeroberfläche), dann wissen Sie, wie lästig diese Programmierung sein kann. Selbst wenn Sie eine Drag&Drop-Umgebung verwenden, müssen Sie sich oft in den Java-Code hineingraben, und der Java-Code kann düster und unintuitiv sein. Ich wünschte, es gäbe einen geschmeidigen, leicht lesbaren Weg, den Inhalt eines GUI-Fensters zu beschreiben.

Zack! Bumm! Plötzlich erscheint eine gute Fee. »Es gibt einen geschmeidigen Weg, den Inhalt eines Fensters zu beschreiben«, sagt die Fee. »Sie brauchen nur Barrys Java Frame Markup Language. Holen Sie sie sich noch heute!« Es gibt ein Beispieldokument in Listing 11.1 und ein Bild des resultierenden Frames in Abbildung 11.1.

```
<?xml version="1.0"?>
<!-- JFrame.xml -->

<JFrame>
    <JPanel Region="North" Layout="java.awt.BorderLayout">
        <JPanel Region="West">
            <JButton Text="Copy"/>
            <JButton Text="Cut"/>
            <JButton Text="Paste"/>
        </JPanel>
        <JPanel Region="East">
            <JButton Text="Help"/>
        </JPanel>
    </JPanel>
    <JPanel Region="Center" Layout="java.awt.GridLayout">
        <JTextArea Rows="10" Columns="40"
            Text="Java and XML For Dummies"/>
    </JPanel>
    <JPanel Region="South">
        <JLabel Text="Status:"/>
    </JPanel>
</JFrame>
```

Listing 11.1: Barrys Java Frame ML

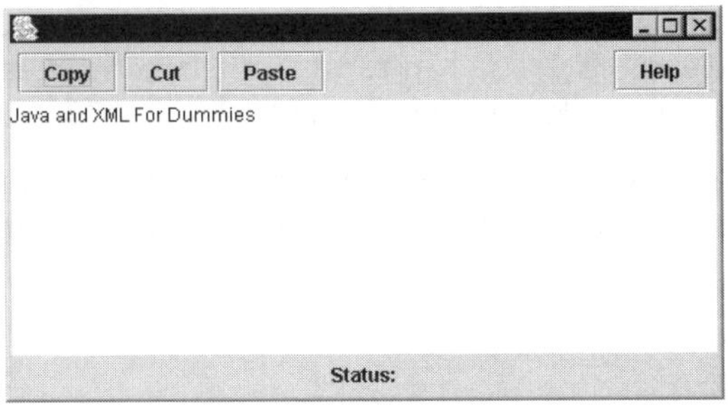

Abbildung 11.1: Das in Listing 11.1 beschriebene Fenster

Die Elementnamen in Listing 11.1 sind in keiner Weise willkürlich. Jedes Element erhält seinen Namen von einer der `javax.swing`-Klassen. In Kapitel 9 gibt es einige Informationen über Swing, und dieses Kapitel enthält ein bisschen mehr über Swing, um Ihnen beim Nachvollziehen des Beispiels zu helfen. (Dennoch wird Sie dieses Kapitel nicht in einen Java-Swing-Experten verwandeln. Die meisten Details über Java Swing bleiben am besten einem Buch über die GUI-Java-Programmierung überlassen.)

Sie müssen nichts Besonderes tun, um die Java-Swing-Werkzeuge zu erhalten. Das Paket `javax.swing` gehört standardmäßig zu Java 1.2 (und höheren Versionen).

Einige Swing-Klassen

Hier ist eine Liste einiger Klassen im `javax.swing`-Paket:

- **`JFrame`:** Ein Java-`JFrame` ist einfach ein Fenster auf einem Bildschirm. Kapitel 9 enthält viele Informationen über die Java-Klasse `JFrame`.
- **`JComponent`:** Eine `JComponent`-Klasse ist ein Bedienelement, das Sie irgendwo in einem Java-`JFrame` anordnen. Jede Klasse, die nun in dieser Liste folgt, ist eigentlich eine *Unterklasse* (auf die eine oder andere Art) der `JComponent`-Klasse.
- **`JPanel`:** Ein `JPanel` ist eine *Tabula rasa*. (Das ist der lateinische Ausdruck für »blanke Tafel«, und nein, ich kenne den lateinischen Ausdruck für »blankes Starren« nicht.) Zu den Dingen, die Sie auf einem `JPanel` anordnen können, gehören alle Arten von `JComponent`-Objekten: Sie können `JButton`-Objekte, `JTextArea`-Objekte, `JLabel`-Objekte und, jawohl, andere `JPanel`-Objekte auf einem einzelnen `JPanel`-Objekt anordnen.

  In der Swing-API werden `JPanel`-Objekte sehr oft verwendet. Wenn Sie mit einem `JFrame` arbeiten, ordnen Sie niemals Komponenten direkt auf dem Frame an. Stattdessen ordnen Sie Komponenten auf einem `JPanel` an und platzieren den `JPanel` auf dem `JFrame`. Darum besitzt in Listing 11.1 das `JFrame`-Root-Element drei unmittelbare `JPanel`-Child-Elemente.

- ✔ `JButton`: Ein `JButton` ist eines der Dinge, das Sie »drücken«, indem Sie mit der Maus darauf klicken. Jeder `JButton` hat seinen eigenen Text. Der Text der Schaltfläche (die Beschriftung) ist die Sammlung von Zeichen, die auf der Schaltfläche erscheinen.

  Ein paar Absätze zuvor habe ich erwähnt, dass die Elementnamen in Listing 11.1 von den Namen der Java-`Swing`-Klassen stammen. Die Attributnamen in Listing 11.1 sind ebenfalls nicht willkürlich. Die meisten der Attributnamen stammen aus Eigenschaften von Java-`Swing`-Objekten.

  - Das `JButton`-Element in Listing 11.1 besitzt ein `Text`-Attribut.
  - Jedes `JButton`-Objekt in einem Java-Programm besitzt eine `setText`-Methode.

  Lesen Sie weiter, und Sie werden es sehen. Dies ist kein Zufall.

- ✔ `JTextArea`: Eine `JTextArea` ist ein großer weißer Raum, der Zeichen darstellt. Ein Benutzer kann Zeichen in den Textbereich eingeben (und Zeichen daraus löschen).

  Wiederum können Sie die Attribute in Listing 11.1 mit den Methoden vergleichen, die für `JTextArea`-Objekte zur Verfügung stehen. In Listing 11.1 besitzt das `JTextArea`-Element die Attribute `Rows`, `Columns` und `Text`. Und in der Java-Swing-API besitzt jedes `JTextArea`-Objekt die Methoden `setRows`, `setColumns` und `setText`.

- ✔ `JLabel`: Ein `JLabel` ist ein harmlos aussehender Satz von Zeichen, die irgendwo auf einem Panel erscheinen.

  Das `JLabel`-Element in Listing 11.1 besitzt ein `Text`-Attribut, und natürlich besitzt jedes `JLabel`-Objekt in einem Java-Programm eine `setText`-Methode.

Java-Layouts

Um das Material in Listing 11.1 zu verstehen, gibt es einen anderen Aspekt von Javas Fensterwerkzeugen, den Sie erforschen sollten. 1995 haben die Erschaffer von Java entschieden, dass die Fensterwerkzeuge von Java auf Layouts basieren sollen. Ein *Layout* ist eine Beschreibung einer logischen Anordnung von Komponenten. Das Wort »logisch« ist wichtig, weil ein Layout normalerweise keine exakten Positionen beschreibt.

In Abbildung 11.1 befindet sich beispielsweise eine COPY-Schaltfläche in der oberen linken Ecke des Rahmens. In Listing 11.1 gibt es kein Anzeichen dafür, dass die COPY-Schaltfläche 11 Pixel vom linken Rand und 29 Pixel vom oberen Rand des Java-`JFrames` beginnt. Stattdessen beschreibt Listing 11.1 Panels innerhalb von Panels.

- ✔ Es gibt ein Panel innerhalb der nördlichen Region des `JFrame`. (Nennen wir es das »Nord-Panel«.)
- ✔ Es gibt ein Panel innerhalb der westlichen Region des Nord-Panels. (Nennen wir dieses zweite Panel das »West-Panel«.)

- ✔ Die COPY-Schaltfläche befindet sich innerhalb des West-Panels. Also befindet sich die COPY-Schaltfläche in der nordwestlichen Ecke des Rahmens.

In Abbildung 11.1 ist die `Help`-Schaltfläche an der äußerst rechten Ecke des Rahmens angebracht. Dies liegt auch an den Panel-Anordnungen, die in Listing 11.1 beschrieben sind.

- ✔ Das Nord-Panel befindet sich in der nördlichen Region des Rahmens.
- ✔ Es gibt ein Panel (das ich als »Ost-Panel« bezeichne) in der östlichen Region des Nord-Panels.
- ✔ Die HELP-Schaltfläche befindet sich im Ost-Panel. Also befindet sich die HELP-Schaltfläche in der nordöstlichen Ecke des Rahmens.

Die Sache mit den Regionen stammt aus der `java.awt.BorderLayout`-Klasse. Ein Rahmen oder Panel mit einem `BorderLayout` ist in fünf Regionen unterteilt, wie in Abbildung 11.2 zu sehen. Sie können eine Komponente in jeder der fünf Regionen anordnen. In Abbildung 11.3 hat der Rahmen daher drei Panels – ein Panel in der Nord-Region, eins in der Mitte-Region und eins in der Süd-Region.

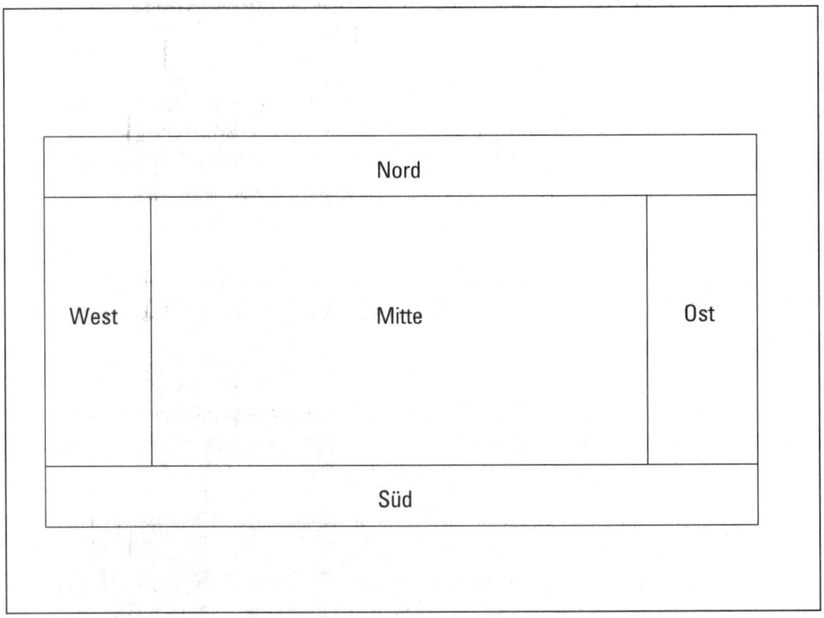

Abbildung 11.2: Die fünf Regionen eines `BorderLayout`

In Abbildung 11.4 enthält das Panel in der Nord-Region zwei Panels. Es gibt ein Panel in der Ost-Region und ein weiteres in der West-Region.

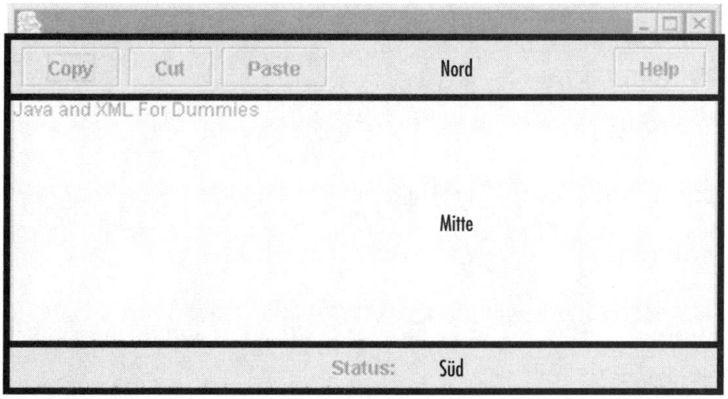

Abbildung 11.3: Drei Panels wurden dem Rahmen hinzugefügt.

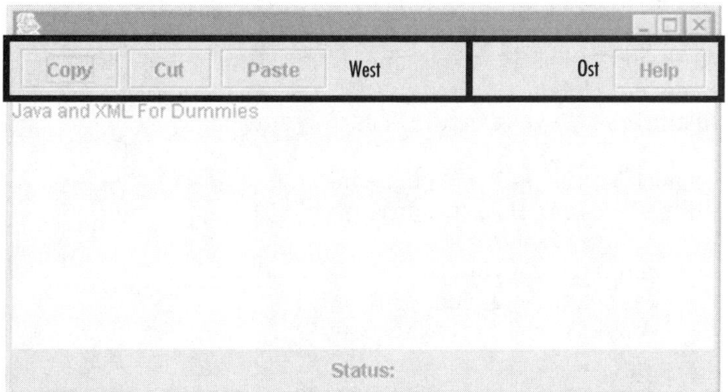

Abbildung 11.4: Zwei Panels wurden dem Nord-Panel hinzugefügt.

Frames innerhalb von Java-Programmen manuell programmieren

An der Geschichte mit dem Java-Layout ist viel mehr dran, als ich Ihnen in diesem Buch erzähle. Normalerweise geht es so: Sie schreiben ein langes, unfreundliches Java-Programm, um Stück für Stück einen Rahmen zu konstruieren. Um Ihnen zu zeigen, was ich meine, habe ich ein komplettes Java-Programm geschrieben, um den Rahmen in Abbildung 11.1 zu erzeugen. Das Programm befindet sich in Listing 11.2.

```
import javax.swing.JFrame;
import javax.swing.JPanel;
import javax.swing.JButton;
import javax.swing.JTextArea;
import javax.swing.JLabel;
```

```
import java.awt.LayoutManager;
import java.awt.BorderLayout;
import java.awt.GridLayout;

class GoAhead_MakeMyJ
{
    public static void main(String args[])
    {
        new MyJFrame();
    }
}

class MyJFrame extends JFrame
{
    MyJFrame()
    {
      JPanel pane = (JPanel)getContentPane();

        JPanel northPanel = new JPanel();
        pane.add(northPanel, "North");
        northPanel.setLayout(new BorderLayout());

            JPanel westPanel = new JPanel();
            northPanel.add(westPanel, "West");

                JButton copyButton = new JButton();
                westPanel.add(copyButton);
                copyButton.setText("Copy");

                JButton cutButton = new JButton();
                westPanel.add(cutButton);
                cutButton.setText("Cut");

                JButton pasteButton = new JButton();
                westPanel.add(pasteButton);
                pasteButton.setText("Paste");

            JPanel eastPanel = new JPanel();
            northPanel.add(eastPanel, "East");

                JButton helpButton = new JButton();
                eastPanel.add(helpButton);
                helpButton.setText("Help");

        JPanel centerPanel = new JPanel();
        pane.add(centerPanel, "Center");
        centerPanel.setLayout(new GridLayout());
```

```
            JTextArea textarea = new JTextArea();
            centerPanel.add(textarea);
            textarea.setRows(10);
            textarea.setColumns(40);
            textarea.setText("Java and XML For Dummies");

        JPanel southPanel = new JPanel();
        pane.add(southPanel, "South");

            JLabel label = new JLabel();
            southPanel.add(label);
            label.setText("Status:");

        setDefaultCloseOperation(JFrame.EXIT_ON_CLOSE);
        pack();
        show();
    }
}
```

Listing 11.2: Einen Rahmen von Grund auf generieren

Als ich den Code in Listing 11.2 schrieb, nahm ich mir einige Freiheiten bezüglich der standardmäßigen Java-Einrückungsregeln. Ich habe dies getan, damit Sie sehen, welche Codezeilen welchen Zeilen in Listing 11.1 entsprechen. (Ich mag das! Ich glaube, die Nicht-Standard-Einrückung verrät Ihnen eine Menge über die Verschachtelung von Panels und Komponenten!) Aber bitte beachten Sie: Listing 11.1 und 11.2 sind komplett unabhängig voneinander. Listing 11.1 ist eine Beschreibung eines Java-`JFrame`, und Listing 11.2 ist eine andere Beschreibung desselben `JFrame`-Objekts.

Das Programm in Listing 11.2 liest das Dokument in Listing 11.1 nicht. Stattdessen definiert das Programm in Listing 11.2 mit seinen Anweisungen einen hart codierten Frame. In gewisser Weise sind die Listings 11.1 und 11.2 abwechselnde Beschreibungen desselben Rahmens. Wenn Sie also eine der beiden Arten aussuchen müssten, um den Frame in Abbildung 11.1 zu repräsentieren, für welche entscheiden Sie sich?

Bei der bloßen Einfachheit der Repräsentation gibt es keinen Wettstreit. Das XML-Dokument (Listing 11.1) ist viel einfacher zu lesen als der Java-Code in Listing 11.2. Darum bin ich ein Befürworter von XML.

Wenn Sie wichtige Daten repräsentieren, ist Einfachheit natürlich nicht Ihr einziges Anliegen. Während der Java-Code in Listing 11.2 aus jahrelanger Entwicklung von Sun Microsystems stammt, ist das XML-Dokument in Listing 11.1 Barrys einmalige Anstrengung, die Umsetzung einer Konzeption zu verdeutlichen. Wenn Sie den Code hinter Listing 11.1 betrachten (der Code, der ein XML-Dokument in einen sichtbaren Rahmen verwandelt), sehen Sie die Beschränkungen und Mängel des Codes. Ganz einfach gesagt ist Barrys Java Frame Markup Language nicht bereit für die beste Sendezeit. Dennoch ist die Java Frame Markup Language eine gute Idee – eine Idee, die einige interessante XML-Bearbeitungskonzepte illustriert.

Lesen Sie also weiter. Der nächste Abschnitt zeigt Ihnen den Code hinter den Kulissen – den Code, der ein XML-Dokument liest und das Dokument verwendet, um einen nett aussehenden `JFrame` darzustellen.

Das XML-Dokument lesen und interpretieren

Wenn ich es einmal getan habe, kann ich es hundert Mal tun. Listing 11.2 hat das alte Standby – die Hauptmethode, um mit der Ausführung des Rests des Java-Codes zu beginnen.

```
import org.jdom.JDOMException;
import org.jdom.Document;
import org.jdom.input.SAXBuilder;
import java.io.File;

/* Rauskopieren: Viele Ausnahmen, die mit der lahmen
          'throws Exception'-Klausel überprüft werden. Zu den Ausnahmen,
die von diesem Code ausgelöst werden können, gehören:

           ClassNotFoundException, InstantiationException,
           NoSuchMethodException, IllegalAccessException,
           InvocationTargetException.
*/

public class CallJDOM
{
    public static void main(String args[]) throws Exception
    {
        Document doc;

        SAXBuilder builder = new SAXBuilder(false);

        if (args.length == 1)
        {
            doc = builder.build
                (new File(args[0]).toURL().toString());
            new FrameMaker (doc);
        }
        else
            System.out.println
                ("Usage: java CallDOM file-name.xml");
    }
}
```

Listing 11.3: Gähn! Eine weitere JDOM aufrufende Klasse

Wie langweilig kann es werden? Listing 11.3 erinnert mich an Listing 10.1, das mich wiederum an Listing 7.2 erinnert. Und Listing 7.2 erinnert mich an Listing 4.2, das eine verblüffende Ähnlichkeit mit dem Code in Listing 3.2 hat. Nach so vielen Klassen, die ähnlich aussehen, ist das einzig Interessante an Listing 11.3, was es nicht kann. Der Code leistet keine gute Arbeit bei der Ausnahmefehlerbehandlung.

Wie bei so vielen Beispielen in diesem Buch opfert der Code in diesem Kapitel Stabilität zugunsten von Lesbarkeit. Die Fallstudie dieses Kapitels verwendet die Java-Reflexion, und eine Verwendung der Reflexions-API kann so viele Ausnahmefehler auslösen! Wenn Sie damit fertig sind, diese alle abzufangen, haben Sie einen sehr stabilen, aber extrem unordentlichen Code. Damit Sie sich auf die Logik konzentrieren können (nicht auf das Softball-Spiel mit Handschuhen, Schlägen und Ausnahmen), habe ich all den Code zur Ausnahmefehlerbehandlung in einigen wenigen geschmacklosen `throws`-Klauseln gebündelt.

Der Code, der einen Frame erzeugt

An diesem Punkt habe ich keine andere Wahl, als Sie in ein kleines Geheimnis einzuweihen. Das Geheimnis ist, dass der Code in diesem Kapitel einen Kompromiss darstellt. Sie sehen, ich habe zwei widerstreitende Ziele.

- ✔ Ich möchte Code, der so generisch wie möglich ist – Code, der jede XML-Datei mit beliebigen Java-`Swing`-Komponenten als Elementnamen annehmen und auf einem GUI-Bildschirm darstellen kann.

  Es ist eine Sache anzunehmen, dass Sie wie in Listing 11.1 mit Elementen namens `JPanel`, `JButton` und `JTextArea` arbeiten. Aber was ist, wenn Sie plötzlich auf `JMenu`, `JScrollBar` oder `JToolTip` stoßen? Dies sind alles Namen von Klassen in der Java-Swing-API. Ein gutes Programm bearbeitet jeden dieser Klassennamen und alle neuen Klassennamen, die in künftigen Versionen von Swing enthalten sein werden.

- ✔ Ich möchte Code, der lesbar ist. Immerhin ist dies ein Buch über Java- und XML-Programmierung und nicht ein Projekt, das eine Rakete zum Mars schickt.

Mein erster Kompromiss in Sachen Lesbarkeit folgt in Listing 11.4. In diesem Listing gehe ich davon aus, dass wir mit einem `JFrame` anfangen. Sicher, es gibt andere `swing`-Komponenten, die eine äußere Grenze auf meinem Bildschirm bilden könnten, aber der `JFrame` ist ziemlich generisch und wird sehr weitläufig verwendet. Daher generiert Listing 11.4 einen `JFrame`. Das Listing startet ebenfalls den Bohrprozess – den Prozess, nach mehr Elementen innerhalb des XML-Dokuments zu bohren.

```
import org.jdom.Document;
import org.jdom.Element;

import javax.swing.JFrame;
import javax.swing.JPanel;

import java.util.List;
```

```
class FrameMaker
{

    FrameMaker (Document doc) throws Exception
    {
        JFrame frame = new JFrame();
        JPanel pane = (JPanel)frame.getContentPane();

        List children = doc.getRootElement().getChildren();

        for (int i=0; i<children.size(); i++)
            new ComponentMaker((Element)children.get(i), pane);

        frame.setDefaultCloseOperation(JFrame.EXIT_ON_CLOSE);
        frame.pack();
        frame.show();
    }

}
```

Listing 11.4: Den Rahmen erstellen

Nach der Erklärung des Codes in Listing 9.4 gibt es in Listing 11.4 nicht viel Neues über Rahmen. Neu ist die Verwendung der `pack`-Methode der `JFrame`-Klasse. Wenn Sie `pack` aufrufen, passt der Computer die Größe des Rahmens an. Nehmen Sie jegliche Komponente, die Sie dem Rahmen hinzugefügt haben. Nach dem Packen ist die neue Größe des Rahmens groß genug, um diese Komponenten bequem aufzunehmen.

Der Code zum Erzeugen einer Komponente

Neben den Aufrufen einiger `swing`-Methoden sieht sich Listing 11.4 einfach ein XML-Dokument an, nimmt die Children des `root`-Elements und beginnt dann loszumarschieren. Dieses »Losmarschieren« bedeutet, dem `ComponentMaker`-Konstruktor einen Besuch nach dem anderen abzustatten. Der `ComponentMaker` sieht sich Elemente wie `JButton` an und erzeugt eine Schaltfläche, die auf dem Computerbildschirm dargestellt wird. Der Code für `ComponentMaker` befindet sich in Listing 11.5.

```
import org.jdom.Element;
import org.jdom.Attribute;

import javax.swing.JComponent;
import javax.swing.JPanel;

import java.util.List;
```

```
class ComponentMaker
{

    ComponentMaker (Element elt, JPanel panel)
        throws Exception
    {
        Class eltClass =
            Class.forName("javax.swing." + elt.getName());
        JComponent component =
            (JComponent)eltClass.newInstance();


        List attribs = elt.getAttributes();
        for (int i=0; i<attribs.size(); i++)
            new AttributeHandler (eltClass, component,
                                  attribs.get(i), panel);

        if (!panel.isAncestorOf(component))
            panel.add(component);

        List children = elt.getChildren();
        for (int i=0; i<children.size(); i++)
            new ComponentMaker
               ((Element)children.get(i), (JPanel)component);
    }

}
```

Listing 11.5: Eine Komponente erstellen

Grob umrissen macht der Code in Listing 11.5 vier Dinge:

- ✔ Der Code erzeugt eine `swing`-Komponente aus dem Namen eines Elements.
- ✔ Der Code erzeugt einen `AttributeHandler` (eine Erfindung von mir), um damit die Attribute des Elements zu verarbeiten.
- ✔ Falls die Komponente noch nicht zu einem Panel hinzugefügt wurde, klatscht der Code die Komponente auf ein Panel.
- ✔ Der Code ruft sich selbst rekursiv für jedes Element im XML-Dokument auf.

Lassen Sie uns jede dieser vier Aufgaben einzeln betrachten.

Ein Swing-Objekt erzeugen

Hier fangen wir an, die Java-Reflexion zu verwenden, und hier beginnen die Dinge, gruselig zu werden. In Listing 11.5 führt der Aufruf von `Class.forName` dazu, dass eine Java-Klasse mit

Namen `javax.swing.JPanel` (oder `javax.swing.`*`WasAuchImmer`*) gefunden wird. Dann erzeugt der Aufruf von `eltClass.newInstance` eine `swing`-Komponente. Später richten wir die Eigenschaften dieser `swing`-Komponente ein und fügen unsere Komponente zu unserem Frame hinzu.

In der Zwischenzeit erhalten wir unseren ersten Eindruck von der Java-Reflection-API. Wir beginnen mit einer Zeichenfolge (der Zeichenfolge `JPanel` beispielsweise). Diese Zeichenfolge stammt aus dem Namen eines Elements im XML-Dokument (Listing 11.1). Wir verwenden `forName` und `newInstance`, um von dieser Zeichenfolge zu dem eigentlichen Objekt vom Typ `JPanel` zu gelangen. Es ist ein recht netter Trick.

Jedes Attribut verarbeiten

In Listing 11.5 verarbeitet der nächste Code-Happen die Attribute eines Elements. Wie üblich erhalten Sie eine Java-`List` voll mit Attributen und arbeiten dann die Attribute eines nach dem anderen durch.

Um barmherzig zu sein, lieber Leser, habe ich all den klebrigen Code zur Attributbehandlung in meiner `AttributeHandler`-Klasse begraben. Wir werden uns die `AttributeHandler`-Klasse bald ansehen.

Einem Panel eine Komponente hinzufügen

Eine Komponente, die zu nichts hinzugefügt wird, wird niemals auf Ihrem Bildschirm erscheinen. Die übliche Geschichte ist: Sie fügen eine Komponente (sagen wir, eine Schaltfläche) einem Panel hinzu, und fügen dann das Panel dem Rahmen hinzu.

Es gibt einen Teil der Handlung, den Sie nicht sehen, wenn Sie Listing 11.5 betrachten. Während Sie nicht hinsehen, platziert der `AttributeHandler` womöglich Ihre Komponente auf einem Panel. Falls dies schon geschehen ist, wollen Sie etwas wie `panel.add(component)` nicht noch einmal aufrufen. Bevor also `panel.add(component)` aufgerufen wird, ruft der Code die `isAncestorOf`-Methode auf. Dieser Aufruf überprüft, ob die Komponente dem Panel hinzugefügt wurde oder nicht.

Rekursive Aufrufe durchführen

Sie wussten, dass das kommen würde. In Listing 11.5 erhalten wir, nachdem wir alles getan haben, was mit einem bestimmten Element getan werden muss, eine Liste der Children des Elements. Dann nehmen wir für jedes Child in der Liste einen rekursiven Aufruf an den `ComponentMaker`-Konstruktor vor. Auf diese Weise wird jedes Element im Dokument von Listing 11.1 in ein `swing`-Objekt umgewandelt.

Die Klasse AttributeHandler

In Listing 11.1 speichert jedes Attribut eines von drei Dingen.

- ✔ **Es speichert den Namen einer Java-Layout-Managerklasse.**

  Beispielsweise speichert es den Namen `java.awt.BorderLayout`.

- ✔ **Es speichert den Namen einer Region in einem `BorderLayout`.**

  Beispielsweise speichert es `North`, was bedeutet, dass eine Komponente der nördlichen Region eines `BorderLayouts` hinzugefügt werden soll.

- ✔ **Es speichert den Namen und den Wert der Eigenschaft einer Komponente.**

  Beispielsweise besagt das Attribut `Text="Copy"`, dass der Text (die Beschriftung) einer Schaltfläche das Wort »Copy« sein soll. Das Attribut `Rows="10"` besagt, dass der Textbereich zehn Zeilen umfassen soll.

Drei Attributarten

An dieser Stelle haben Sie die Wahl. Sie können mir folgen, während ich die `AttributeHandler`-Klasse beschreibe, oder Sie können diesen Abschnitt komplett überspringen und mir vertrauen. Wenn Sie mir »vertrauen«, vertrauen Sie darauf, dass mein `AttributeHandler` das tut, was ich unter den vorigen drei Gliederungspunkten aufgeführt habe. Der Grund, aus dem Sie vielleicht diesen Abschnitt lesen wollen, ist, dass dieser Abschnitt das ganze Java-Reflexionszeug behandelt – das Zeug, das so unglaublich cool ist. Der Grund, aus dem Sie vielleicht diesen Abschnitt überspringen wollen, ist, dass dieser Abschnitt wenig mit XML zu tun hat.

Sie haben es bis zu diesem Absatz geschafft. Himmel, dann können Sie auch weiterlesen. Die vorigen drei Gliederungspunkte entsprechen den drei verschiedenen Arten von Methodenaufrufen. Listing 11.2 enthält Beispiele für alle drei Aufrufe.

- ✔ **Sie können den Layout-Manager eines Panels einrichten.**

  Um einen Layout-Manager an ein Panel zu übergeben, rufen Sie die `setLayout`-Methode auf. In Listing 11.2 führe ich beispielsweise den folgenden Aufruf durch:

  ```
  northPanel.setLayout(new BorderLayout());
  ```

- ✔ **Sie können eine Komponente zu einer Region in einem Panel hinzufügen.**

  Nehmen Sie ein Panel mit einem `BorderLayout` (wie `northPanel` in Listing 11.2). Um eine Komponente zu diesem Panel hinzuzufügen, rufen Sie die `add`-Methode eines Panels auf. In Listing 11.2 führe ich beispielsweise den folgenden Aufruf durch:

  ```
  northPanel.add(westPanel, "West");
  ```

Diese Anweisung fügt eine bestimmte Komponente (nämlich die `westPanel`-Komponente) der westlichen Region des `BorderLayout`-Objekts des `northPanel`-Objekts hinzu.

- **Sie können den Wert der Eigenschaft einer Komponente setzen.**

  In Java wird eine Eigenschaft typischerweise von einer *Setter*-Methode begleitet. Sagen wir, Sie besitzen eine Variable namens `copyButton`. Um der Texteigenschaft der Schaltfläche den Wert `"Copy"` zuzuweisen, rufen Sie

  ```
  copyButton.setText("Copy");
  ```

  auf.

  Sagen wir, Sie haben eine Variable namens `textarea`. Um der `rows`-Eigenschaft einer `textarea` den Wert 10 zuzuweisen, rufen Sie

  ```
  textarea.setRows(10);
  ```

  auf.

  Diese Codezeilen stammen wiederum aus Listing 11.2. Die Namen dieser Setter-Methoden sind standardisiert. Wenn Sie eine Variable namens `gooseneck` (Gänsehals) verwenden und jeder dieser Hälse eine Eigenschaft namens `perimeter` (Umfang) hat, können Sie wahrscheinlich den Umfang eines Halses durch den Aufruf von

  ```
  gooseneck.setPerimeter(15);
  ```

  einrichten.

Drei Arten von Methodenaufrufen zusammensetzen

Unter den vorigen Gliederungspunkten habe ich drei Arten von Methodenaufrufen beschrieben. Bei einer eleganten Verwendung der Java-Reflexion könnte ich spontan jeden Methodenaufruf bearbeiten. Ich könnte ein großes Stück Code schreiben, das jede Art von Methodenaufruf basierend auf einer ausgefeilten Analyse der Swing-API zusammensetzen würde. Aber wenn ich das täte, wäre mein `AttributeHandler`-Code schrecklich kompliziert.

Daher mogele ich in Listing 11.6 und suche nach den Worten `Layout` und `Region`. Wenn ich eines dieser Wörter finde, führe ich einen speziellen Code aus. Wenn nicht, generiere ich eine `setter`-Methode.

```
import org.jdom.Attribute;

import javax.swing.JComponent;
import javax.swing.JPanel;
import java.awt.LayoutManager;
import java.lang.reflect.Method;

class AttributeHandler
{
```

```
    AttributeHandler(Class eltClass, JComponent component,
                     Object attrib, JPanel panel)
        throws Exception
    {
        String attName = ((Attribute)attrib).getName();
        String attValue = ((Attribute)attrib).getValue();

        //-------Layout---------------//
        if (attName.equals("Layout"))
        {
            LayoutManager layoutManager =
                (LayoutManager)Class.forName
                                    (attValue).newInstance();
          ((JPanel)component).setLayout(layoutManager);
          }

        //-------Region---------------//
        else if (attName.equals("Region"))
            panel.add(component, attValue);

        //-------Andere----------------//
        else
      {
           Method method;
           Object[] params = new Object[1];
           final Class[] oneIntParam = {int.class};
           final Class[] oneStringParam = {String.class};

           try
           {
               params[0] = new Integer(attValue);
               method = eltClass.getMethod
                             ("set"+attName, oneIntParam);
           }
           catch (NumberFormatException e)
           {
               params[0] = attValue;
               method = eltClass.getMethod
                             ("set"+attName, oneStringParam);
           }

           method.invoke(component, params);
        }
   }

}
```

Listing 11.6: Ein Attribut behandeln

Da ist wieder die magische Zahl Drei. Ich habe die `AttributeHandler`-Klasse (Listing 11.6) in drei Teile geteilt. Jeder Teil behandelt einen der Fälle, die ich unter den zuvor beschriebenen drei Gliederungspunkten erörtert habe.

Das Layout-Attribut

Rufen Sie sich noch einmal das Attribut `Layout="java.awt.BorderLayout"` in Erinnerung (in Listing 11.1). Der entsprechende Code in Listing 11.6 verwendet zwei Anweisungen.

- ✔ Die erste Anweisung ruft `Class.forName` auf, um eine Instanz der `java.awt.BorderLayout`-Klasse zu erzeugen.
- ✔ Die zweite Anweisung ruft `setLayout` auf, um diese `java.awt.BorderLayout`-Instanz auf ein bestimmtes Panel anzuwenden.

Alles in allem erledigt der Code das, was eine Anweisung wie

```
northPanel.setLayout(new BorderLayout());
```

in Listing 11.2 tut.

Das Region-Attribut

Rufen Sie sich ebenfalls das Attribut `Region="West"` aus Listing 11.1 in Erinnerung. Der entsprechende Code in Listing 11.6 verwendet eine Anweisung. Die Anweisung fügt eine Komponente zu einer Region innerhalb eines Panels hinzu. Wenn `attValue` gleich `"West"` ist, erfüllt diese Anweisung den gleichen Zweck wie die Anweisung

```
northPanel.add(westPanel, "West");
```

aus Listing 11.2.

Property-Attribute

Denken Sie an Attribute wie `Text="Copy"` und `Rows="10"` aus Listing 11.1. Der entsprechende Code in Listing 11.6 führt viele Aufgaben durch. Ich verzichte auf eine detaillierte Beschreibung und erläutere stattdessen die wesentlichen Details. Sie können den Rest in der Java-API-Dokumentation nachschlagen.

Zunächst einmal gibt es eine schicke kleine Klasse namens `java.lang.reflect.Method`. Eine Instanz dieser Klasse ist eine Java-Methode. (Stellen Sie sich mal vor.) Der Punkt bei diesem Code ist, `getMethod` aufzurufen und eine Methode wie `setText` oder `setRows` zu erhalten. (Beachten Sie das Wort `set` in jedem der Aufrufe von `getMethod`.)

Aufgrund der Reflexion kann eine Beschreibung des Codes in Listing 11.6 schnell lächerlich werden. Sie rufen die `getMethod`-Methode auf, um die `setText`-Methode zu erhalten. Sie könnten auch die `getMethod`-Methode aufrufen, um die `getMethod`-Methode zu erhalten oder die `getMethod method`-Methode aufrufen, um die `getGet method method`-Methode zu erhalten. (Den letzten Aufruf habe ich nur der Albernheit halber aufgeführt, aber Sie wissen, was ich meine.)

Sehen Sie sich nun die `try`-Anweisung in Listing 11.6 an. Im Gegensatz zu den meisten `try`-Anweisungen hat diese spezielle `try`-Anweisung nichts mit Fehlern zu tun. Diese `try`-Anweisung trennt numerische Attributwerte (z.B. `"10"`) von nicht numerischen Attributwerten (z.B. `"Copy"`).

Bei einem Attribut mit dem Wert `"10"` geht der `Integer`-Konstruktor (innerhalb der `try`-Anweisung) normal vor. Wenn Sie dann `getMethod` aufrufen, ruft der Aufruf eine Methode mit einem einzelnen `int`-Parameter ab. Aber bei einem Attribut mit dem Wert `"Copy"` löst der `Integer`-Konstruktor der `try`-Anweisung einen Anfall aus. (Eigentlich löst er eine `NumberFormatException` aus.) In der `catch`-Klausel für die `NumberFormatException` fragen Sie nach einer Methode mit einem einzelnen `String`-Parameter. Diese Verwendung einer `try`-Anweisung ist sehr heimtückisch, aber sie funktioniert.

In einem letzten Anfall von narzisstischer Reflexion ruft der Code in Listing 11.6 die `invoke`-Methode auf. Dieses `invoke` bringt etwas wie `setText` oder `setRows` zur Ausführung. Ein Aufruf von `setText` setzt den Text einer Schaltfläche auf `"Copy"` oder `"Cut"` oder etwas in dieser Art. Der Aufruf an `setRows` (der Aufruf, der von dem Code in Listing 11.6 formuliert wird) setzt die Größe des Textbereichs auf genau zehn Zeilen.

(Da haben wir es wieder. Ein Aufruf an die `invoke`-Methode einer bestimmten Methode ruft diese Methode auf. Das lässt den Verstand zurückschrecken. Erinnern Sie sich an meine alberne Beschreibung von Russells Menge aller Mengen in Kapitel 9? Was ist, wenn Russell ein Java-Programmierer gewesen wäre. Dann wäre Russells Menge »Die Menge aller `set`-Methoden, die keine `set`-Methoden ihrer selbst sind« gewesen. Wie wäre es mit einer Methode, um die Menge alle `set`-Methoden-Methoden zu setzen, die keine `set`-Methoden von Methodenmengen sind? Huch! Gibt es hier ein Echo?)

XML-Daten umwandeln

12

In diesem Kapitel

- Die Art der Informationsspeicherung ändern
- XSL-Stylesheets verwenden
- Die Stylesheet-Funktionen anpassen

In diesem Kapitel geht es um das XML-Gegenstück zur Alchimie – die mystische Disziplin (oder schwarze Kunst, da gehen die Meinungen auseinander), die etwas in etwas anderes verwandelt. Alchimisten nennen es Verwandlung, XML-Enthusiasten nennen es Umwandlung. Sie beginnen mit etwas, das Sie mögen, und enden mit etwas, das Sie noch mehr mögen. Und vielleicht erhaschen Sie noch etwas Weisheit auf dem Weg.

Natürlich hat alles, was zu einer solch fundamentalen und nützlichen Änderung führt, auch seine Gefahren. (Das ist Tradition.) Fallbeispiel: Alexander Sethon, ein Alchimist des 17. Jahrhunderts, der es jahrelang fertig brachte, seine Tätigkeiten vor dem Rest der Welt zu verbergen. In Dresden verwandelte er wertlose Metalle in Gold (so jedenfalls erzählt man), bis seine Frau ihn aus seinem Versteck herausschwatzte. Sie drängte Sethon, aus seinem alchimistischen Talent Kapital zu schlagen und schickte ihn zu seinem Treffen mit Christian II., dem Kurfürsten von Sachsen. Natürlich glaubte der Kurfürst an Sethons Fähigkeiten, befahl ihm, eine königliche Vollzeit-Goldmine zu werden, und warf ihn ins Gefängnis, als dieser sich weigerte. (Es folgen Folter und Entbehrung – nicht allzu Ungewöhnliches, wenn Gold im Spiel ist.)

Schließlich kam Sethon aus dem Gefängnis, indem er seinen Alchimistenkollegen Michael Sendivogius davon überzeugte, jeden in Sichtweite zu bestechen. Als Gegenleistung für die Befreiung aus dem Gefängnis sollte Sendivogius (Sie werden es erraten haben) das Geheimnis der Goldherstellung erfahren. Als er erst einmal aus dem Kerker heraus war, trieb Sethon mit Sendivogius ein Doppelspiel, indem er die Zauberformel zurückhielt. Also tat Sendivogius nach Sethons Tod das, was jeder getan hätte: Er heiratete Sethons Witwe (die noch nie dem Charme dieser Alchimisten widerstehen konnte). Sendivogius fand Sethons Geheimnisse, verwendete sie und schaffte es, sich ins Gefängnis werfen zu lassen.

Quintessenz: Manchmal kommt das Vererbungssystem mit neuen Techniken nicht so gut klar. Sethon wurde gefoltert, Sendivogius wurde eingesperrt, der Kurfürst kam nie zu seinem Gold, Sethons Frau verlor einen Alchimisten nach dem anderen – und im Laufe der Jahrhunderte könnte sich die ganze Angelegenheit in ein Märchen über eine Prinzessin und einen runzligen Kobold verwandelt haben, der aus Stroh Gold spinnt. 1980 schließlich gelang es Wissenschaftlern an der Universität von Kalifornien, Wismut in Gold zu verwandeln. Der Vorgang kostete zig mal mehr Zeit, als es das Gold wert war, aber die Alchimisten im Himmel und in der Hölle werden sich wohl an diesem letzten Lacher erfreuen. Überarbeitete Quintessenz (suchen Sie sich eine aus):

- ✔ Timing ist alles (oder fast alles).
- ✔ Wenn Sie spektakuläre Änderungen vornehmen können, passen Sie auf, dass Sie nicht fortgetragen werden.
- ✔ Nehmen Sie immer das richtige Werkzeug für die Arbeit. Damit kommen wir zu XSL, dem wundersamen Werkzeug, das XML-Daten in etwas noch Nützlicheres umwandelt (*ohne* Unsummen zu kosten).

Daten strecken und biegen

Das ganze Aufheben um XML lässt sich auf eine Sache reduzieren – die Vielseitigkeit von Daten. Nehmen wir an, ich habe einen Haufen Daten, die in einer bestimmten Weise gespeichert sind, aber diese Art der Speicherung ist nicht gut genug für meine aktuellen Bedürfnisse. Ich möchte meine Daten auf andere Weise speichern.

Vielleicht möchte ich, dass ein Programm seine Daten mit einem anderen Programm austauscht, so dass die Speicherung der Daten verändert werden muss. Vielleicht möchte ich, dass die Daten auf dem Rechner meiner Firma von der Software einer anderen Firma gelesen werden können. Vielleicht ändere ich auch nur meine eigenen Formate, und es müssen Daten von dem alten Format ins neue Format übersetzt werden.

Daten reorganisieren

Betrachten Sie die folgende Liste (eine abgekürzte Liste von Colleges und Universitäten).

```
<University>
    <Name>Drew University</Name>
    <Street>36 Madison Avenue</Street>
    <City>Madison</City>
    <State>NJ</State>
    <Zip>07940</Zip>
</University>
```

Nachdem ich die Liste mehrere Monate verwendet habe, beschließe ich, dass der Name einer jeden Institution von ihrer Adresse getrennt werden soll. Ich muss die Daten überarbeiten, um die Änderung wiederzugeben.

```
<University>
    <Name>Drew University</Name>
    <Address>
        <Street>36 Madison Avenue</Street>
        <City>Madison</City>
        <State>NJ</State>
        <Zip>07940</Zip>
    </Address>
</University>
```

Schließlich sende ich meine Liste an ein Universitätenverzeichnis. Die Software des Verzeichnisses erwartet Attribute anstelle meines Textes. Also überarbeite ich das Dokument ein zweites Mal.

```
<University name="Drew University">
    <Address>
        <Street number="36" Name="Madison" type="Avenue"/>
        <City name="Madison"/>
        <State code="NJ"/>
        <Zip fiveDigit="07940"/>
    </Address>
</University>
```

Einen Monat später versenden die Leute, die das Verzeichnis pflegen, Briefe an Universitäten. Die Software erzeugt Etiketten, die wie folgt aussehen.

```
Drew University
36 Madison Avenue
Madison, NJ 07940
```

Das ist eine andere Möglichkeit, um dieselben Daten wiederzugeben.

Bis zu diesem Punkt der Geschichte bleiben die Informationen also immer dieselben. Das Einzige, was sich ändert, ist die Art, in der wir die Informationen strukturieren und speichern.

Die erweiterbare Stylesheet-Sprache (XSL)

Es gibt eine sehr hübsche Methode, um die Struktur und die Speicherung von Daten zu verändern. Sie heißt XSL (Extensible Stylesheet Language). Wenn Sie XSL verwenden, starten Sie mit zwei Dateien: einem XML-Dokument und einem XSL-*Stylesheet*.

- ✔ Das XML-Dokument enthält Daten wie z.B. Kontoinformationen für alle Ihre Kunden, Universitätsnamen und Adressen oder eine Liste Ihrer bevorzugten Sünden.
- ✔ Das Stylesheet beschreibt eine Möglichkeit, um ein ganz neues Dokument aus dem bestehenden XML-Dokument zu erstellen.

Nun benötigen wir ein wenig Terminologie. Die Terminologie ergibt Sinn, also ist sie nicht zu schwierig im Gedächtnis zu behalten.

- ✔ Das vorhandene XML-Dokument wird als *Quelldokument* bezeichnet.
- ✔ Sie *wenden* das XSL-Stylesheet auf das Quelldokument *an*.
- ✔ Der Computer kombiniert das XML-Dokument mit dem XSL-Stylesheet, indem er eine *Umwandlung* durchführt.
- ✔ Das Dokument, das Sie erhalten, wenn Sie das XSL-Stylesheet auf das XML-Quelldokument anwenden, wird als *Ergebnisdokument* bezeichnet (auch bekannt als das *neue* Dokument oder das *Ausgabedokument*).

Die Terminologie wird in Abbildung 12.1 illustriert.

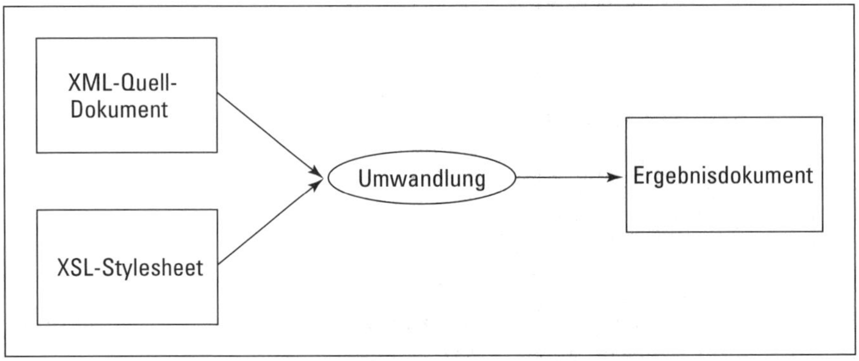

Abbildung 12.1: Eine XML-Umwandlung durchführen

Wie wenden Sie nun ein Stylesheet auf ein XML-Dokument an? Eine Möglichkeit besteht darin, ein Java-Programm auszuführen. Java verwendet in seinem `javax.xml.transform`-Paket Klassen, um Stylesheets auf XML-Dokumente anzuwenden. Dies Kapitel hilft Ihnen bei den Details.

Alles über XSL

XSL ist in drei Bestandteile unterteilt: XSLT, XPath und XSL Formatting Objects.

- **XSLT: Extensible Stylesheet Language Transformations**

  XSLT ist ein Regelsatz zur Umwandlung eines XML-Baums in einen anderen XML-Baum. Nehmen Sie die ersten beiden Universitätsdokumente am Anfang dieses Kapitels. Um von einem Dokument zum anderen zu kommen, wenden Sie eine XSLT-Umwandlung an. Ein XML-Baum wird in einen anderen umgewandelt, wie die folgende Abbildung zeigt.

- **XPath: Die XML-Pfadsprache (XML Path Language)**

  Als Teil der gesamten XSL-Bemühungen müssen Sie oft auf eine Stelle in einem Dokument verweisen. Um beispielsweise ein Dokument ohne `Address`-Tag in ein Dokument mit einem `Address`-Tag zu verwandeln, müssen Sie die `Street`-, `City`-, `State`- und `Zip`-Tags eines Dokuments umstrukturieren. Sie benötigen eine Sprache, in der Sie sagen können: »Suche im XML-Quelldokument nach einem `Street`-Tag.«

  Wie verweisen Sie also auf die `Street`-Tags in einem XML-Dokument? Sie tun dies, indem Sie `"//Street"` schreiben – eine Schreibweise, die aus der XML Path Language stammt.

✔ **XSL Formatting Objects**

Die Extensible Stylesheet Language besitzt ihren eigenen Satz von Formatierungselementen. Beispielsweise können Sie fett gedruckten Text mit einem Tag wie diesem erzeugen:

```
<fo:block font-weight="bold">
```

Dieses `fo:block`-Element und viele ähnliche Elemente bilden den dritten Teil der XSL-Sprache.

Die XSL-Sprache ist ein weites Feld. Mehr Details über XSL erfahren Sie in dem Buch »XSLT and Xpath On The Edge, Unlimited Edition« von Jeni Tennison. Das maßgebliche Wort über XSL wird unter `http://www.w3.org/Style/XSL/` gesprochen. Eine großartige Online-Referenz finden Sie unter `www.zvon.org/xxl/XSLTreference/Output`.

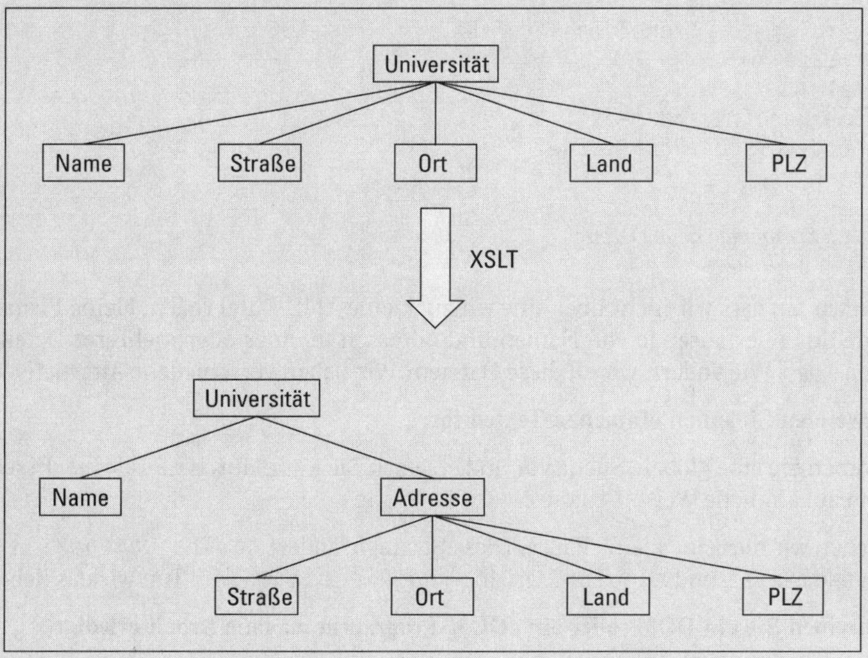

Wie Sie loslegen (ein einfaches Beispiel)

Sehen wir uns einmal den Code an, der ein altes XML-Dokument in ein neues XML-Dokument verwandelt. Zuerst benötigen wir ein altes XML-Dokument. Wir haben solch ein verkrustetes altes Dokument in Listing 12.1.

```
<?xml version="1.0" encoding="UTF-8"?>
<!-- OldData.xml -->

<OldData>
    <Name>Burd</Name>
    <Zip>07940</Zip>
</OldData>
```

Listing 12.1: Eklige alte Daten

Nach Jahren der akribischen Forschung nach den optimalen Möglichkeiten zur Darstellung von Daten hat sich meine Firma zu einem Wechsel entschlossen. Statt eines `Name`-Elements wünscht sie ein `LastName`-Element. (Das ergibt Sinn, weil Burd ein Nachname – engl. last name – ist.) Statt eines `Zip`-Elements bevorzugt meine Firma den universelleren Ausdruck – nämlich `PostalCode`. Meine Firma wünscht ein Dokument wie das in Listing 12.2.

```
<?xml version="1.0" encoding="UTF-8"?>
<!-- NewData.xml -->
<NewData>
<LastName>Burd</LastName>
<PostalCode>07940</PostalCode>
</NewData>
```

Listing 12.2: Strahlende neue Daten

Nehmen wir an, dass wir nicht über eine winzig kleine XML-Datei reden. Meine Firma besitzt Tausende und Abertausende von Namen und Adressen in einer oder mehrerer Datei(en) wie `OldData.xml`. Wie ändern wir all diese Dateien? Wir haben verschiedene Alternativen.

- ✔ **Verwenden Sie einen einfachen Texteditor.**

  Nehmen Sie eine globale Suche vor und ersetzen Sie `Name` durch `LastName`. Ersetzen Sie dann auf ähnliche Weise `Zip` durch `PostalCode`

  Machen wir hier eine kleine Pause. Diese Strategie ändert `Howard Namenski` in `Howard LastNamenski` und `Arnold Zipf` in `Arnold PostalCodef`. Tun wir das lieber nicht.

- ✔ **Schreiben Sie ein DOM- oder ein JDOM-Programm, das die Arbeit erledigt.**

  In den Kapiteln 8 und 10 habe ich den Vorgang erklärt, wie man ein ganz neues XML-Dokument mit der DOM- oder JDOM-API von Java erzeugt. Mit jeder der beiden APIs können Sie ein altes Dokument analysieren und ein neues Dokument erzeugen.

  DOM und JDOM sind gewissermaßen respektablere Wege, das Problem zu lösen. Doch mit XSL in der Trickkiste gibt es einen noch besseren Weg.

✔ **Erzeugen Sie ein XSL-Stylesheet und wenden Sie das XSL-Stylesheet auf Ihr altes Dokument an.**

Die XSL-Sprache wurde speziell für die vorliegende Aufgabe entwickelt. Mit XSL können wir uns auf den Inhalt des neuen Dokuments konzentrieren und Java die Bearbeitungslogik überlassen. Auf den nächsten Seiten werden Sie erkennen, was ich meine.

Ein XSL-Stylesheet

Um `Name` in `LastName` und `Zip` in `PostalCode` zu konvertieren, benötigen wir ein XSL-Stylesheet. In Listing 12.3 gibt es ein vorgefertigtes Stylesheet.

```
<?xml version="1.0"?>
<!-- old2new.xsl -->

<xsl:stylesheet
      xmlns:xsl="http://www.w3.org/1999/XSL/Transform"
      version="1.0">
    <xsl:output method="xml" indent="yes"/>

    <xsl:template match="/">
        <xsl:comment> NewData.xml </xsl:comment>
        <xsl:element name="NewData">
            <xsl:element name="LastName">
                <xsl:value-of select="//Name"/>
            </xsl:element>

            <xsl:element name="PostalCode">
                <xsl:value-of select="//Zip"/>
            </xsl:element>
        </xsl:element>
    </xsl:template>

</xsl:stylesheet>
```

Listing 12.3: XSL vom Feinsten

Ich habe Glück. Dies ist kein Buch über XSL, also muss ich Listing 12.3 nicht allzu detailliert beschreiben. Stattdessen kann ich ein paar der wichtigsten Punkte anreißen.

✔ **Wie jede andere XSL-Datei ist die Datei in Listing 12.3 ein XML-Dokument.**

Alle Elemente in Listing 12.3 gehören zum `xsl`-Namensbereich. Das Root-Element ist `xsl:stylesheet`.

- **Das Element `xsl:output` besitzt ein `method="xml"`-Attribut. Wenn Sie also dieses Stylesheet anwenden, ist das Ergebnis ein XML-Dokument.**

  Wenn ich das Stylesheet in Listing 12.3 auf das Dokument in Listing 12.1 anwende, erhalte ich das Dokument in Listing 12.2.

  Als Experiment habe ich die Listings 12.1 und 12.3 noch einmal verwendet. Aber dieses Mal habe ich in Listing 12.3 `method="xml"` in `method="text"` verändert. Anstelle des Dokuments in Listing 12.2 erhielt ich die folgende einzeilige Textdatei.

  ```
  <!-- NewData.xml -->Burd07940
  ```

  Das ergibt Sinn. Das, was in einer Textdatei als Element gilt, ist nur ein Wort oder zwei Wörter, die gegen ein anderes Wort bzw. zwei Wörter gepresst werden.

- **Die Vorlage in Listing 12.3 entspricht jedem Element im Dokument von Listing 12.1.**

  Im `match`-Attribut von Listing 12.2 steht der Schrägstrich für jedes Element im Quelldokument. Der Computer sucht in Listing 12.1 nach Elementen und wendet eine Vorlage auf jedes Element an. Die Vorlage ist das Material zwischen den `xsl:template`-Start- und End-Tags in Listing 12.3.

- **Die `xsl:element`-Tags erzeugen brandneue Elemente.**

  Listing 12.3 besitzt drei `xsl:element`-Tags – einen für `NewData`, einen für `LastName` und einen dritten für `PostalCode`. Und natürlich besitzt Listing 12.2 drei Elements mit denselben Namen. Da die `xsl:element`-Tags in Listing 12.3 eingebettet sind, sind die neuen XML-Elemente in Listing 12.2 eingebettet.

- **Jedes `xsl:value-of`-Tag in Listing 12.3 repräsentiert Text aus Listing 12.1.**

  In Listing 12.1 ist der Text innerhalb des `Name`-Elements `Burd`. Das Attribut `select="//Name"/` in Listing 12.3 ruft somit `Burd` ab und fügt diesen Namen in das Ergebnisdokument ein (das Dokument in Listing 12.2).

Der Code, der die ganze Arbeit erledigt

Das Programm dieses Abschnitts ist sehr vielseitig. Es funktioniert mit jeder XML-Datei und jedem XSL-Stylesheet. Führen Sie einfach das Programm aus, übergeben Sie ihm die Namen der Dateien und beobachten Sie es bei der Arbeit. Der magische Code befindet sich in Listing 12.4.

```
import javax.xml.transform.TransformerFactory;
import javax.xml.transform.Transformer;
import javax.xml.transform.TransformerException;

import javax.xml.transform.stream.StreamSource;
import javax.xml.transform.stream.StreamResult;

import java.io.File;
```

```
import java.io.FileOutputStream;
import java.io.FileNotFoundException;

public class MyTransform
{
    public static void main(String[] args)
        throws TransformerException,
               FileNotFoundException

   {
        TransformerFactory factory;
        Transformer transformer;

        File oldFile, xslFile, newFile;
        StreamSource oldStream, xslStream;
        StreamResult newStream;

        factory = TransformerFactory.newInstance();

        if (args.length == 3)
        {
            oldFile = new File(args[0]);
            oldStream = new StreamSource(oldFile);

            xslFile = new File(args[1]);
            xslStream = new StreamSource(xslFile);

            newFile = new File(args[2]);
            newStream = new StreamResult(newFile);

            transformer = factory.newTransformer(xslStream);
            transformer.transform (oldStream, newStream);
        }
        else
        {
            System.out.print ("Usage: java MyTransform ");
            System.out.println("old.xml xform.xsl new.xml");
        }
    }
}
```

Listing 12.4: XSL anwenden

Wenn Sie den Code in Listing 12.4 ausführen, sollten Sie drei Befehlszeilenargumente hinzufügen:

```
java MyTransform OldData.xml old2new.xsl NewData.xml
```

Die ersten beiden Argumente stehen für die Quell- und Stylesheet-Dokumente (die Dateien in den Listings 12.1 und 12.3). Das dritte Argument gibt den Namen der Ergebnisdatei an, die Sie erzeugen möchten. Indem Sie den Code in Listing 12.4 ausführen, erhalten Sie die neue Datei, die in Listing 12.2 zu sehen ist.

Wie der Code funktioniert

Listing 12.4 hat mit drei Dateien zu tun. Die Dateinamen gehen über die Befehlszeilenargumente in das Programm ein. Wenn Sie die zuvor gezeigten Befehlszeilenargumente verwenden, steht `args[0]` für `OldData.xml`, `args[1]` für `old2new.xsl` und `args[2]` für `NewData.xml`.

Die Sache bei Listing 12.4 ist die: Nehmen Sie das `old2new.xsl`-Stylesheet in Listing 12.3 und verwenden Sie es, um einen *Umwandler* zu erstellen. Dieser Umwandler ist eine Instanz der Java-Klasse `javax.xml.transform.Transformer`. Sobald Sie das Umwandlerobjekt abgerufen haben, wenden Sie dieses auf das Quelldokument an (Listing 12.1). Dies ist nachfolgend noch einmal etwas detaillierter erläutert.

- **Sie konvertieren die Befehlszeilenargumente in Objekte, die der Umwandler verwenden kann.**

  Die Zeile `oldFile = new File(args[0])`erzeugt aus der Zeichenfolge eines Befehlszeilenarguments ein Java-Objekt vom Typ `File`. Dann erzeugt die Zeile `oldStream = new StreamSource(oldFile)` aus dem Java-Objekt vom Typ `File` eine Stream-Quelle (was immer das auch ist). Dieser aus zwei Schritten bestehende Vorgang führt vom Namen einer Datei zu der Art von Objekt, mit der ein Umwandler umgehen kann.

- **Sie erzeugen einen Umwandler.**

  Wie bei vielen Java-XML-Werkzeugen erzeugen Sie zunächst eine Factory und verwenden dann die Factory, um ein nützliches Objekt zu erzeugen (in diesem Fall ein Umwandler-Objekt). Beachten Sie in Listing 12.4, dass Sie keinen alten Umwandler erzeugen. Der Umwandler, den Sie erzeugen, ist spezifisch für das XSL-Stylesheet, das Sie zu verwenden planen.

- **Sie wenden die Umwandlung an.**

  Sobald Sie über einen Umwandler verfügen, der auf Ihrem Lieblings-XSL-Stylesheet basiert, nehmen Sie einfach den Umwandler und rufen seine `transform`-Methode auf. Als Parameter für die Methode verwenden Sie Verweise auf das Quelldokument und das Ergebnisdokument.

  Sie möchten ein weiteres Dokument umwandeln? Kein Problem, Verwenden Sie einfach den Umwandler noch einmal. Rufen Sie wiederum dieselbe `transform`-Methode auf und stellen Sie andere Parameter für Quell- und Ergebnisdokument bereit.

StreamSource und StreamResult

Sehen Sie sich die `StreamSource`- und `StreamResult`-Seiten in der Java-API-Dokumentation an. Sie können aus verschiedenen Konstruktoren für die Klassen `StreamSource` und `StreamResult` auswählen. Sie können beispielsweise `StreamSource()`, `Stream Source(File f)`, `StreamSource(String systemId)`, `StreamResult(File f)`, `StreamResult(String systemId)` usw. aufrufen.

Bei der Erzeugung von Listing 12.4 habe ich durchaus ein paar Konstruktoren ausprobiert. Einige Konstruktoren funktionierten gut bei der einen Klasse, aber nicht bei der anderen. Das Argument beispielsweise, das ich in Listing 4.2 verwenden habe, `new File(args[0]).toURL().toString()`, funktionierte bei `StreamSource`, aber nicht bei `StreamResult`. (Eigentlich war ich in der Lage, ein `StreamResult`-Object mit `new File(args[0]). toURL().toString()` zu erzeugen, aber später, bei der Ausführung des Codes, mochte die `transform`-Methode nicht das, was sie sah.)

Richten Sie Ihr Augenmerk deshalb auf die Java-Dokumentation für die Klassen `Stream Source` und `StreamResult`. Wenn Sie mit XSL arbeiten, verwenden Sie die Konstruktoren, die für jede Aufgabe am besten geeignet sind.

Tipps und Tricks

Bis zu diesem Punkt des Kapitels habe ich ein Stylesheet einfach auf ein Dokument angewendet. Das ist das Minimum, was Sie tun können. Nun ist es Zeit, den Blick auf mehr als das Minimum zu richten.

Eigenschaften

Jeder Java-XML-Umwandler besitzt einen Satz von *Eigenschaften*. Diese Eigenschaften steuern die Vorgehensweise des Umwandlers. Welche Eigenschaften hat nun ein Umwandler und welche Eigenschaften können Sie verwenden?

Der Wert einer Eigenschaft ist eigentlich ein Objekt. Sie können das Objekt mit einer schicken URL-Schreibweise abrufen, aber Sie können auch die vordefinierten Zeichenfolgen von Java verwenden. Schlagen Sie in der Java-Dokumentation die Klasse `javax.xml.transform.OutputKeys` nach, dann wissen Sie, was ich meine.

In der Dokumentation heißt ein Ausgabeschlüssel `OMIT_XML_DECLARATION`. Wenn Sie den Ausdruck

```
transformer.setOutputProperty
(javax.xml.transform.OutputKeys.OMIT_XML_DECLARATION, "yes");
```

zum Code in Listing 12.4 hinzufügen, unterdrücken Sie im Ergebnisdokument die Ausgabe der Zeile `<?xml version=...`. Ein weiterer Ausgabeschlüssel heißt `INDENT`. Wenn Sie

```
transformer.setOutputProperty
   (javax.xml.transform.OutputKeys.INDENT , "no");
```

zum Code in Listing 12.4 hinzufügen, wird ein großer Teil des Ergebnisdokuments in eine einzige Textzeile gequetscht. Das Ergebnis sieht so aus (reicht viel weiter nach rechts).

```
<?xml version="1.0" encoding="UTF-8"?>
<!-- NewData.xml --><NewData><LastName>Burd</LastName><Po...
```

Mit einem Ausgabeschlüssel können Sie dem Umwandler sagen, wann er CDATA-Abschnitte erstellen soll und wann nicht. Sagen wir beispielsweise, Sie starten mit dem folgenden einfachen Dokument:

```
<MyElement>
   <![CDATA[<text>]]>
</MyElement>
```

In diesem winzigen Dokument gewährleistet der CDATA-Abschnitt, dass die spitzen Klammern in `<text>` nicht als Teil eines XML-Tags aufgefasst werden.

Fügen Sie nun Ihrem XML-Eintopf das folgende Stylesheet hinzu:

```
<xsl:stylesheet
      xmlns:xsl="http://www.w3.org/1999/XSL/Transform"
      version="1.0">

    <xsl:template match="/">
       <xsl:element name="NewElement">
          <xsl:value-of select="//MyElement"/>
       </xsl:element>
    </xsl:template>

</xsl:stylesheet>
```

Führen Sie Listing 12.4 so aus, wie es ist. Wenn Sie dies tun, erhalten Sie dieses Ergebnis:

```
<?xml version="1.0" encoding="UTF-8"?>
<NewElement>
    &lt;text&gt;
</NewElement>
```

In diesem Ergebnis werden die spitzen Klammern zu den Entitäten `<` und `>`. Das ist das Standardverhalten. Fügen Sie nun aber die folgende Zeile zu dem Code von Listing 12.4 hinzu:

```
transformer.setOutputProperty
    (javax.xml.transform.OutputKeys.CDATA_SECTION_ELEMENTS,
        "NewElement");
```

Wenn Sie dann das veränderte Programm ausführen, erhalten Sie dieses Ergebnis

```
<?xml version="1.0" encoding="UTF-8"?>
<NewElement><![CDATA[
    <text>
]]></NewElement>
```

Die Eigenschaft CDATA_SECTION_ELEMENTS bewirkt, dass die spitzen Klammern von NewElement mit einem CDATA-Abschnitt ausgegeben werden. (Dasselbe geschieht, wenn Sie in Ihrem Quelldokument mit <text> beginnen.)

Die OutputKeys-Zeichenfolgen von Java entsprechen eins zu eins den Attributen, die Sie in ein xsl:output-Tag setzen können. (Um ein xsl:output-Tag zu sehen, werfen Sie einen Blick auf Listing 12.3.)

Wenn Sie einen setOutputProperty-Methodenaufruf zu dem Code in Listing 12.4 hinzufügen, stellen Sie sicher, dass Sie diesen nach dem Aufruf von factory.newTransformer und vor dem Aufruf von transformer.transform einfügen. Andernfalls hat der Aufruf an setOutputProperty keine Auswirkungen.

Parameter

Wenn Sie wie ich sind, schieben Sie das Fällen von Entscheidungen bis zur allerletzten Minute auf. Ziehen Sie keine schnellen Schlüsse. Warten Sie einfach, bis Sie mit dem Rücken zur Wand stehen, und feuern Sie dann eine Antwort ab.

Computer können dieses Spiel auch spielen. Ein Programm kann eine Variable mit einem bedeutungslosen Wert verwenden und dann einen guten Wert zuweisen, wenn dieser benötigt wird. Die Sprache XSL, leistungsstark wie sie ist, kann dasselbe.

Parameter in einem XSL-Stylesheet

Ein XSL-Stylesheet kann etwas namens *Parameter* enthalten. Ein Parameter besitzt einen Wert, aber dieser Wert hängt von verschiedenen Voraussetzungen ab. Eine dieser Voraussetzungen tritt ein, wenn Sie Ihr Java-Programm ausführen. Ein konkretes Beispiel finden Sie in den Listings 12.5 und 12.6.

```
<?xml version="1.0" encoding="UTF-8"?>
<!-- StoogesIn.xml -->

<StoogesIn>
    <StoogeIn>Moe</StoogeIn>
    <StoogeIn>Larry</StoogeIn>
    <StoogeIn>(other)</StoogeIn>
</StoogesIn>
```

Listing 12.5: StoogeML

```
<?xml version="1.0"?>
<!-- in2out.xsl -->

<xsl:stylesheet
        xmlns:xsl="http://www.w3.org/1999/XSL/Transform"
        version="1.0">
    <xsl:output method="xml" indent="yes"/>

    <xsl:param name="third_stooge">Curly</xsl:param>

    <xsl:template match="/">
        <xsl:comment> StoogesOut.xml </xsl:comment>
        <xsl:element name="StoogesOut">
            <xsl:for-each select="//StoogeIn">
                <xsl:element name="StoogeOut">

                    <xsl:choose>
                        <xsl:when test=".='Moe'">
                         <xsl:value-of select="."/>
                      </xsl:when>
                    <xsl:when test=".='Larry'">
                        <xsl:value-of select="."/>
                    </xsl:when>
                    <xsl:otherwise>
                      <xsl:value-of select="$third_stooge"/>
                    </xsl:otherwise>
                </xsl:choose>

            </xsl:element>
          </xsl:for-each>
        </xsl:element>
    </xsl:template>

</xsl:stylesheet>
```

Listing 12.6: XSL mit einem Parameter

Listing 12.6 führt zwei interessante Elemente auf – das XSL-Element param und das XSL-Element choose.

- ✔ Das param-Element weist dem Parameter third_stooge einen Standardwert, Curly, zu. Wenn sich der Wert des Parameters nicht ändert, wird Curly bei der Erzeugung der Umwandlungsausgabe verwendet.
- ✔ Das choose-Element (mit seinen Unterelementen when und otherwise) ruft einen Wert ab, der im StoogeOut-Element angeordnet wird.

- Wenn der Text des aktuellen StoogeIn-Elements Moe oder Larry ist, dann ist auch der Text des resultierenden StoogeOut-Elements Moe oder Larry. (In einem XSL-Stylesheet repräsentiert ein Punkt den Text des aktuellen Elements.)
- Wenn der Text des aktuellen StoogeIn-Elements nicht Moe oder Larry ist, dann ist der Text des resultierenden StoogeOut-Elements der Wert des third_stooge-Parameters.

Parameter in einem Java-Programm

Nehmen Sie die Dateien in den Listings 12.5 und 12.6 und übergeben Sie sie dem Java-Code in Listing 12.4. Wenn der Standardwert des third_stooge-Parameters Curly ist, ist die Ergebnisdatei das Dokument in Listing 12.7.

```
<?xml version="1.0" encoding="UTF-8"?>
<!-- StoogesOut.xml -->
<StoogesOut>
<StoogeOut>Moe</StoogeOut>
<StoogeOut>Larry</StoogeOut>
<StoogeOut>Curly</StoogeOut>
</StoogesOut>
```

Listing 12.7: »Nyuk, nyuk!«

Nachdem Sie die Ausgabe in Listing 12.7 bewundert haben, fügen Sie dem Code in Listing 12.4 eine neue Zeile hinzu:

```
transformer.setParameter("third_stooge","Shemp");
```

Ordnen Sie diese neue Zeile zwischen dem Aufruf von newTransformer und transformer.transform an. Diese Zeile überschreibt den Standardwert des third_stooge-Parameters. Wenn Sie den überarbeiteten Code ausführen, erhalten Sie das Ergebnis, das in Listing 12.8 zu sehen ist.

```
<?xml version="1.0" encoding="UTF-8"?>
<!-- StoogesOut.xml -->
<StoogesOut>
<StoogeOut>Moe</StoogeOut>
<StoogeOut>Larry</StoogeOut>
<StoogeOut>Shemp</StoogeOut>
</StoogesOut>
```

Listing 12.8:»Autsch!«

Und da haben Sie sie, von Alchimie bis Komödie – die Magie von XSL.

XML-Daten im Web betrachten

13

In diesem Kapitel

- Stylesheets zur Darstellung von Daten verwenden
- XML in HTML umwandeln
- XML-Daten mit einem Webserver darstellen

Als ich zuerst über XML las, war meine Reaktion: »Wo sind die Formatierungs-Tags?«. Ich war daran gewöhnt, Webseiten zu erstellen und HTML-Tags zu verwenden – Tags wie `<bold>`, `<italic>` und `<plaintext>`. Wie stellt man die ganzen Informationen in einem XML-Dokument dar?

Ich brauchte eine ganze Weile, bis ich eine wichtige Tatsache verstand: Bei XML geht es um Inhalt, nicht um die Erzeugung hübscher Darstellungen. Mit XML beschreibt man Inhalt, und dieser Inhalt ist von jeder Art von Darstellung getrennt. Als ich diese Vorstellung erstmalig begriff, war es eine große Offenbarung. (Genauer gesagt, war es eine Erleichterung. Weil ich behaupte, mich mit diesem Zeug auszukennen, bin ich besser dran, wenn ich es wirklich verstehe.) Ich verbreitete die Kunde und wurde zum Evangelisten der XML-Sache. Ich hielt Studenten Vorlesungen, sprach bei Konferenzen und schlug sogar vor, ein Buch zu schreiben. Wann immer ich ein altes HTML-Dokument sah, spottete ich darüber: »Daten mit Darstellung vermischen – wie plump!«

Die Zeit schritt voran, und ich unterschrieb schließlich einen Vertrag für *Java und XML für Dummies*. Ich schrieb die Kapitel 1 bis 12 in Blitzgeschwindigkeit und betonte die Daten, nicht die Darstellung, als Meilenstein der Wahrheit. »Darstellung? Wer benötigt Darstellung? Würden Sie etwas nach seinem Äußeren beurteilen? Würden Sie dieses Buch nach seinem Äußeren beurteilen? Sicherlich nicht«, sage ich.

Und es geht immer weiter. Doch manchmal, wenn ich es am wenigsten erwarte, tritt eine kleine Stimme aus dem Hintergrund. In diesen stillen Momenten, wenn ich mit mir selbst allein bin, stelle ich mir selbst die nörgelnde Frage: »Wie *stellt* man XML-Daten dar?«

Von XML zu HTML

Es gibt eine Vielzahl von Wegen, um XML-Daten darzustellen, aber der geschickte Weg ist es, ein XSL-Stylesheet zu verwenden. Sie beginnen mit einem XML-Dokument, gestalten Ihr Stylesheet, um HTML-Tags auszugeben, und enden mit einem HTML-Dokument. Sobald Sie über ein HTML-Dokument verfügen, können Sie das HTML-Dokument mit Ihrem Lieblingsbrowser besuchen.

Nehmen Sie ein XML-Dokument – das Universitätsdokument vom Anfang des zwölften Kapitels. Schreiben Sie ein Stylesheet, dessen XSL-Elemente die folgende Umwandlung durchführen.

```
Erzeuge ein html-Element.
Erzeuge ein center-Element.
Erzeuge ein h2-Element.
    Kopiere den Text aus der Quelle des Name-Elements des Quelldokuments.
Erzeuge ein address-Element.
    Kopiere den Text aus dem Street-Element des Quelldokuments.
    Erzeuge ein br-Element.
    Kopiere den Text aus dem City-Element des Quelldokuments.
    Erzeuge ein Leerzeichen.
    Kopiere den Text aus dem State-Element des Quelldokuments.
    Erzeuge ein Leerzeichen.
    Kopiere den Text aus dem Zip-Element des Quelldokuments.
```

Die hier vorliegende Umwandlung ist auf Deutsch geschrieben, nicht in XSL. Um Java dazu zu bringen, die Umwandlung vorzunehmen, benötigen Sie eine XSL-Datei mit Tags wie `<xsl:value-of select="//City"/>`.

Wenn Sie diese Art von Umwandlung auf das zweite Universitätsdokument in Kapitel 12 anwenden, erhalten Sie das folgende Ergebnis:

```
<html>
<center>
<h2>Drew University</h2>
<address>36 Madison Avenue<br>Madison
             NJ
             07940</address>
</center>
</html>
```

Das Ergebnis ist ein HTML-Dokument – passend für die Betrachtung mit Ihrem Lieblingswebbrowser. Wenn Sie dieses neue HTML-Dokument mit einem Webbrowser besuchen, erhalten Sie die Darstellung in Abbildung 13.1.

Abbildung 13.1: Eine formatierte Darstellung

Ein XML-Dokument ohne Stylesheet

Nehmen wir ein XML-Dokument, das mir am Herzen liegt. Es ist ein Grundriss des 13. Kapitels dieses Buches. Das Dokument befindet sich in Listing 13.1.

```
<?xml version="1.0" encoding="UTF-8"?>
<!-- Chapter.xml -->

<Chapter
       number="13"
       title="XML-Daten im Web betrachten">

    <Section title="Von XML zu HTML">
        <Subsection title=
            "Ein XML-Dokument ohne Stylesheet"/>
        <Subsection title=
            "Ein Stylesheet anwenden, um HTML-Code zu erzeugen"/>
    </Section>

    <Section title="Ihre XML-Daten zur Verfügung stellen">
        <Subsection title=
            "Ein Stylesheet mit dem Internet Explorer anwenden"/>
        <Subsection title=
            "Den Server arbeiten lassen">
            <Subsubsection>Ein Servlet schreiben</Subsubsection>
            <Subsubsection>Einen Server auswählen</Subsubsection>
            <Subsubsection>
                Ihre Dateien auf dem Server speichern
            </Subsubsection>
            <Subsubsection>
                Ihre Website besuchen
            </Subsubsection>
            <Subsubsection>Noch ein Trick</Subsubsection>
        </Subsection>
    </Section>

</Chapter>
```

Listing 13.1: `this.chapter13`

Wenn Sie die Datei in Listing 13.1 mit dem Microsoft Internet Explorer besuchen (Version 5 oder höher), erhalten Sie die Darstellung in Abbildung 13.2. Die Darstellung ist interaktiv. Wenn Sie ein Pluszeichen anklicken, öffnet der Explorer die Unterelemente eines Elements. Wenn Sie ein Minuszeichen anklicken, schließt der Explorer die Unterelemente eines Elements. Das ist nett, aber benutzerfreundlich ist es nicht (es sei denn, der Benutzer sieht gerne Start-Tags und End-Tags).

```
<?xml version="1.0" encoding="UTF-8" ?>
<!-- Chapter.xml -->
- <Chapter number="13" title="XML-Daten im Web betrachten">
  + <Section title="Von XML zu HTML">
  - <Section title="Ihre XML-Daten zur Verfügung stellen">
      <Subsection title="Ein Stylesheet mit dem Internet Explorer anwenden" />
    + <Subsection title="Den Server arbeiten lassen">
    </Section>
  </Chapter>
```

Abbildung 13.2: Eine XML-Datei mit Microsoft Internet Explorer betrachten

Ein Stylesheet anwenden, um HTML-Code zu erzeugen

Mit der richtigen Art von XSL-Datei können Sie die Tags in Listing 13.1 verwenden, um eine HTML-Seite zu erzeugen – eine Seite, deren Formate auf Ihre spezifischen Bedürfnisse zugeschnitten sind. Damit Sie verstehen, was ich meine, sehen Sie sich die XSL-Datei in Listing 13.2 an.

```
<?xml version="1.0"?>
<!-- Formal.xsl -->

<xsl:stylesheet
        xmlns:xsl="http://www.w3.org/1999/XSL/Transform"
        version="1.0">
    <xsl:output method="html"/>

    <xsl:template match="Chapter">
        <h2>
            Chapter
            <xsl:value-of select="@number"/>:
            <xsl:value-of select="@title"/>
        </h2>
        <xsl:apply-templates />
    </xsl:template>

    <xsl:template match="Section">
        <h3>
            <code>   </code>
            <xsl:value-of select="@title"/>
        </h3>
        <xsl:apply-templates />
    </xsl:template>

    <xsl:template match="Subsection">
        <code>      </code>*
```

```
        <xsl:value-of select="@title"/>
        <br/>
        <xsl:apply-templates />
    </xsl:template>

    <xsl:template match="Subsubsection">
        <code>     
                  </code>-
        <xsl:value-of select="."/>
        <br/>
    </xsl:template>

</xsl:stylesheet>
```

Listing 13.2: Eine HTML-Datei aus XML-Daten erzeugen

Listing 13.2 ist ein Mix aus verschiedenen Dingen – hauptsächlich XSL-Tags und HTML-Tags. Sehen Sie sich beispielsweise die Tags in der Nähe des Wortes `Chapter` an. Es gibt zwei `xsl:value-of`-Tags, aber auch ein Paar `h2`-tags. Mit einem Webbrowser betrachtet, erzeugen `h2`-Tags eine große, fett gesetzte Überschrift. Das ist die Art von Formatierung, die der einfachen Sprache XML fehlt.

Das Stylesheet in Listing 13.2 besitzt ein weiteres interessantes Element. Das `xsl:output`-Tag des Stylesheets verwendet das Attribut `method="html"`. Dies Attribut weist den Umwandler an, ein HTML-Dokument zu erzeugen (im Gegensatz zu einem XML-Dokument oder einem einfachen Textdokument).

Dies also werden wir tun. Nehmen Sie das Programm in Listing 12.4, und führen Sie es mit dem Dokument in Listing 13.1 und dem Stylesheet in Listing 13.2 aus. Sie erhalten ein brandneues Dokument – das Dokument in Listing 13.3.

```
<h2>
            Kapitel
            13:
            XML-Daten im Web betrachten</h2>
<h3>
<code>   </code>Von XML zu HTML</h3>
<code>      </code>*
        Ein XML-Dokument ohne Stylesheet<br>
<code>      </code>*
        Ein Stylesheet anwenden, um HTML-Code zu erzeugen<br>
<h3>
<code>   </code>Ihre XML-Daten zur Verfügung stellen</h3>
<code>      </code>*
        Ein Stylesheet mit dem Internet Explorer anwenden<br>
<code>      </code>*
        Den Server arbeiten lassen<br>
```

```
<code>     
                    </code>-
        Ein Servlet schreiben<br>
<code>     
                    </code>-
        Einen Server auswählen<br>
<code>     
                    </code>-
                Ihre Dateien auf dem Server speichern
           <br>
<code>     
                    </code>-
                Ihre Website besuchen
           <br>
<code>     
                    </code>-
        Noch ein Trick<br>
```

Listing 13.3: Eine automatisch erzeugte HTML-Datei

Listing 13.3 ist ziemlich hässlich, auch wenn ich ein paar Leerzeilen entfernt habe, um Platz auf der Seite zu sparen. Wenn Sie ein XSL-Stylesheet auf ein XML-Dokument anwenden, erhalten Sie nicht immer ein hübsch aussehendes Dokument. Wie auch immer, das Dokument in Listing 13.3 tut, was es tun soll. Wenn Sie dieses Dokument mit beinahe jedem beliebigen Webbrowser ansehen, erhalten Sie die Darstellung in Abbildung 13.3.

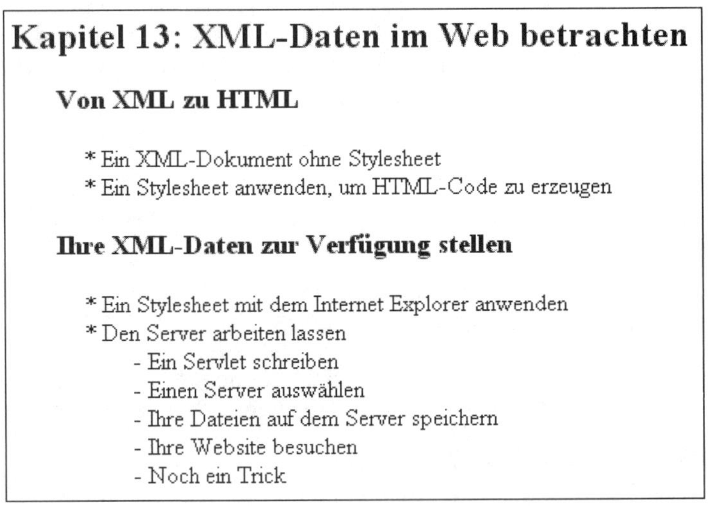

Abbildung 13.3: Was für eine wundervoll aussehende Webseite!

Ihre XML-Daten zur Verfügung stellen

Ein paar Absätze zuvor habe ich Ihnen gesagt, dass Sie ein Java-Programm ausführen sollen – das Programm in Listing 12.4. Wenn Sie dieses Programm ausführen, erhalten Sie die HTML-Seite in Listing 13.3. Dies bedeutete, dass Sie Ihren Webbrowser öffnen und in dessen Adressefeld die Adresse der HTML-Seite eingeben müssen. Wie schmerzhaft! Der normale Benutzer wird all dies nicht tun, und Sie sollten das auch nicht.

Also ist die Frage, wie Sie diese ganze Arbeit automatisieren. Wie erzeugen Sie einen Link, der ein XML-Dokument mit einem XSL-Stylesheet verbindet und die resultierende HTML-Seite an den Webbrowser des Benutzers ausgibt?

Ein Stylesheet mit dem Internet Explorer anwenden

Wenn Sie im Voraus wissen, welchen Browser der Benutzer verwendet, ist Ihre Arbeit immer einfacher. Neuere Versionen des Microsoft Internet Explorers können XML-Dokumente mit den entsprechenden Stylesheets verbinden. Fügen Sie einfach folgende Zeile oben in Listing 13.1 ein.

```
<?xml-stylesheet type="text/xsl" href="Formal.xsl"?>
```

Wenn dann ein Benutzer das Dokument in Listing 13.1 besucht, sucht der Internet Explorer nach dem `Formal.xsl`-Stylesheet. Der Explorer wendet das Stylesheet auf die XML-Daten an und stellt das Ergebnis aus Abbildung 13.3 dar.

Für Anwendungen von industrieller Stärke sollten sich Ihre XML- und XSL-Dateien in verschiedenen Verzeichnissen auf der Festplatte Ihres Computers befinden. Für Testzwecke jedoch können Sie die XML- und XSL-Dateien in einem Verzeichnis anordnen. Tatsächlich läuft alles etwas geschmeidiger, wenn Sie nur ein Verzeichnis verwenden. Bevor Sie also die Beispiele dieses Kapitels testen, stellen Sie sicher, dass sich Ihre XML-Quelldatei (Listing 13.1 beispielsweise) und Ihre XSL-Datei (wie die in Listing 13.2) im selben Verzeichnis auf der Festplatte Ihres Computers befinden.

Natürlich verwenden nicht alle die neuesten Versionen des Internet Explorers, und andere verwenden den Internet Explorer überhaupt nicht. Wenn Sie das größtmögliche Publikum erreichen wollen, wenden Sie das Stylesheet besser an, bevor es zum Webbrowser des Benutzers gelangt. Um dies zu tun, benötigen Sie Hilfe von einem Webserver.

Den Server arbeiten lassen

Dieser Abschnitt erklärt, wie Sie mit einem eigenen Webserver arbeiten. Wenn Sie einen fremden Webserver verwenden (den Server Ihrer Firma oder den Server eines kommerziellen Webhosts), treffen viele der Anleitungen in diesem Abschnitt immer noch zu.

Die grundlegenden Schritte sind nicht zu kompliziert.

- Sie schreiben ein Java-Programm, das auf Webseitenanfragen reagiert. Ein Programm dieser Art bezeichnet man als Java-*Servlet*.
- Sie wählen einen Server aus, der Java-Servlets ausführen kann.
- Sie legen Ihre Dateien an Stellen ab, wo der Server sie finden kann.
- Jemand klickt einen Link an, um Ihre Website zu besuchen.
- Ihr Programm wendet ein Stylesheet auf ein XML-Dokument an und sendet den resultierenden HTML-Code zurück an den Browser des Besuchers.
- Der Browser des Besuchers stellt eine hübsch aussehende Seite dar.

Auf den nächsten Seiten behandle ich jeden dieser Schritte detaillierter.

Um mit Webservern zu arbeiten, benötigen Sie vielleicht mehr Details, als ich in diesem Buch erklären kann. Wenn dem so ist, kann ich Ihnen ein weiteres Buch empfehlen. Es ist ein ausgezeichnetes Buch über die Verwendung von Java mit Webservern. Das Buch *JavaServer Pages für Dummies* ist von Sahin Türeyenler. Kaufen Sie zwei Exemplare – eins für Zuhause und eins fürs Büro.

Ein Servlet schreiben

Jeder Besuch einer Webseite erfordert zwei Schritte.

- **Zuerst klickt ein Benutzer einen Link an. Dieses Anklicken initiiert eine** ***HTTP-Anfrage*****.**

  Eine Anfrage wird vom Webbrowser des Benutzers an einen Webserver gesendet. In den meisten Fällen sind der Browser und der Server weit voneinander entfernt – weit genug, um Telefonleitungen, Netzwerkverbindungen und andere Infrastruktur ins Spiel zu bringen.

- **Als Nächstes behandelt der Server die Anfrage. Der Server sendet dann eine HTTP-Anwort zurück.**

  Der Serverrechner erhält die eingehende HTTP-Anfrage, überlegt sich, welche Art von Antwort gesendet werden soll, und schickt eine Antwort zurück an den Webbrowser des Benutzers. In vielen Fällen ist diese Antwort ein HTML-Dokument. Wenn der Browser des Benutzers die Antwort erhält, interpretiert er das Dokument, um eine Darstellung auf dem Bildschirm des Benutzers zu erzeugen.

Dieses Anfrage-Antwort-Szenario ist die Essenz des HTTP-Protokolls. Das Protokoll unterstützt verschiedene Arten von Anfragen – die beliebteste ist die *GET*-Anfrage. (Die Terminologie ergibt Sinn. Typischerweise ist eine `GET`-Anfrage eine Anfrage, um eine Seite zu erhalten.)

Wenn Sie ein Java-Servlet schreiben, können Sie eine Methode erzeugen, um auf die `GET`-Anfrage eines Besuchers zu reagieren. Es sollte keine Überraschung sein, dass diese Methode `doGet` heißt. Um eine `doGet`-Methode in Aktion zu sehen, betrachten Sie Listing 13.4.

```
import javax.xml.transform.TransformerFactory;
import javax.xml.transform.Transformer;
import javax.xml.transform.TransformerException;

import javax.xml.transform.stream.StreamSource;
import javax.xml.transform.stream.StreamResult;

import java.io.File;
import java.io.PrintWriter;
import java.io.IOException;

import javax.servlet.http.HttpServlet;
import javax.servlet.http.HttpServletRequest;
import javax.servlet.http.HttpServletResponse;


public class MyTransform extends HttpServlet
{

    public void doGet(HttpServletRequest request,
                      HttpServletResponse response)
        throws IOException

    {
        response.setContentType("text/html");

        String docName = request.getParameter("docName");
        String sheetName = request.getParameter("sheetName");

        TransformerFactory factory;
        Transformer transformer;

        File oldFile, xslFile;
        PrintWriter out;

        StreamSource oldStream, xslStream;
        StreamResult newStream;

        factory = TransformerFactory.newInstance();

        try
        {
            oldFile = new File(docName + ".xml");
            oldStream = new StreamSource(oldFile);

            xslFile = new File(sheetName + ".xsl");
            xslStream = new StreamSource(xslFile);
```

```
            out = response.getWriter();
            newStream = new StreamResult(out);

            transformer = factory.newTransformer(xslStream);
            transformer.transform (oldStream, newStream);
        }
        catch (TransformerException e)
        {
            System.out.println(e.getMessage());
        }
    }

}
```

Listing 13.4: Ein Java-Servlet

Sehen Sie sich zuerst den Code in der Mitte von Listing 13.4 an. Dieser gleicht dem Umwandler-Code in Listing 12.4. Dieser Code (in Listing 13.4) verwendet Servlet-spezifische Tricks, um die Namen seiner Eingabe- und Ausgabedateien abzurufen. In Listing 12.4 wurden alle Dateinamen in der Befehlszeile eingegeben. Aber in Listing 12.4 stammen die Dateiverweise aus zwei Quellen.

- **Der XML-Dokumentname und der XSL-Stylesheetname stammen aus Anfrageparametern.**

  Ein Benutzer klickt auf einen Link, dessen URL so aussieht:

  ```
  http://localhost:8080/examples/servlet/
  MyTransform?docName=chapter&sheetName=Formal
  ```

  Auf dem Webserver gibt es eine Java-Klasse namens `MyTransform`. (Die `MyTransform`-Klasse ist in Listing 13.4 aufgeführt.) Der vorige URL bringt die `MyTransform`-Klasse ins Spiel und sendet ihr zwei zusätzliche Informationen.

  - Eine Information ist ein Parameter namens `docName`. Der Wert dieses Parameters ist `chapter`.
  - Die andere Information, ein Parameter namens `sheetName`, hat den Wert `Formal`.

  Im URL werden die Parameter durch ein Fragezeichen und ein Kaufmannsund gekennzeichnet.

  Also führt der Code in Listing 13.4 zwei Aufrufe an die `getParameter`-Methode der Anfrage durch. Diese Aufrufe rufen die Werte der Parameter `docName` und `sheetName` ab. Dann, später im Code, werden diese Werte in `File`-Konstruktorenaufrufen verwendet. So erhält das Servlet einen Dokumentnamen und einen Stylesheet-Namen.

Sie können einen Link zum vorherigen URL erzeugen, indem Sie einer Webseite den folgenden Text hinzufügen:

```
Gehe zu <a href="http://localhost:8080/examples/servlet/
MyTransform? docName=chapter&sheetName=Formal">Chapter 13</a>.
```

- **Ein Verweis auf das Ziel der Ausgabe wird mit der `getWriter`-Methode der Antwort abgerufen.**

  Jede `doGet`-Methode besitzt einen `response`-Parameter, und jeder `response`-Parameter besitzt eine `getWriter`-Method. Wenn Sie `getWriter` aufrufen, erhalten Sie ein Ziel für den Versand von Daten. (Meine `out`-Variable in Listing 13.4 verweist auf genau so ein Ziel. Dieses Ausgabeziel ist aufgrund der Funktionsweise von `getWriter` der Webbrowser des ursprünglichen Benutzers.

  Wenn Sie `transformer.transform` aufrufen und einen Verweis auf dieses Ausgabeziel übergeben, endet das Ergebnis der Umwandlung im Webbrowser des ursprünglichen Anwenders. Da das Ergebnis der Umwandlung eine HTML-Datei ist, haben Sie getan, was Sie tun wollten.

Listing 13.4 zeigt den Code, der eine HTML-Datei an den Webbrowser eines Anwenders sendet. Nun benötigen Sie einen Server, um den Code in Listing 13.4 auszuführen.

Einen Server auswählen

Die Webserver mancher Anbieter können Java-Servlets ausführen. Die Webserver anderer Anbieter können dies nicht. Einige Web-Hosting-Firmen haben Software, die Java-Servlets ausführen können, andere nicht. Um mit Servlets loslegen zu können, müssen Sie die richtige Ausgangsposition finden. Wenn Sie mit einem Web-Hosting-Unternehmen arbeiten, sollte dieses Servlets unterstützen. Wenn Sie Ihren eigenen Server betreiben, benötigen Sie einen Server, der Java spricht.

Es gibt viele Web-Hosting-Unternehmen, deren Webserver Java-Servlets ausführen können. Eine Liste solcher Firmen finden Sie unter `www.adrenalinegroup.com/jwsisp.html`. Wenn Sie wie ich ein Knauser sind, besuchen Sie `www.mycgiserver.com`. Die Leute dort bieten ein kostenloses Servlet-fähiges Web-Hosting ohne Werbebanner. Was für ein Geschäft!

In diesem Abschnitt erzähle ich Ihnen, wie Sie Ihren eigenen Server betreiben. Zu Testzwecken ist das Betreiben eines eigenen Servers einfacher, als ein Web-Hosting-Unternehmen zu suchen.

Ein Server namens Tomcat ist für die Java-Bearbeitung weit verbreitet. Sie können Tomcat kostenlos herunterladen und auf Ihrem Computer zu Hause ausführen. Mit Tomcat können Sie die Beispiele dieses Kapitels ausführen, ohne mit dem Internet verbunden zu sein. (Sie können Ihren Computer gewissermaßen dazu bringen, Seiten von sich selbst abzurufen!)

Der Konflikt der Parser

Beginnend mit Version 4.0 besitzt die Java-API einen integrierten XML-Parser. Und beginnend mit Version 4 besitzt die reguläre Edition von Tomcat ihren eigenen XML-Parser. Wenn Sie bei dieser Kombination stecken geblieben sind (Java 1.4 und Tomcat 4, reguläre Edition), haben Sie ein Problem. Wenn Sie ein Servlet unter Verwendung beider Parser ausführen (dem Java-Parser und dem Tomcat-Parser), erhalten Sie den Ausnahmefehler `TransformerFactoryImpl ClassCastException`. Dies geschieht, weil die beiden Parser ähnlich benannte, inkompatible Klassen besitzen.

Als ich zuerst auf `ClassCastException` stieß, schlug ich mehrere Stunden lang auf den Tisch. Dann schließlich entfernte ich die Datei `xerces.jar` aus dem `lib`-Verzeichnis von Tomcat. Das löste das Problem. Als der Xerces-Parser von Tomcat entfernt war, lief mein Servlet ohne Störung.

So oder so sind Sie mit der neuen Java-Version und der neuen Light-Edition von Tomcat am besten dran. Da die Light-Edition keinen XML-Parser besitzt, gibt es keine Klassenkonflikte. Und ohne Klassenkonflikte erhalten Sie auch nicht die Nerven aufreibende `ClassCastException`.

Besuchen Sie zunächst `jakarta.apache.org/tomcat`. Von dort aus können Sie nach dem Produkt Ihrer Wahl stöbern. Wenn Sie ein typischer Leser sind, möchten Sie das neueste stabile Erzeugnis (Version 4). Sie möchten einen Binär-, keinen Quellcode (weil Sie Tomcat nicht selbst kompilieren möchten. Sie möchten eine `.exe` oder `.zip`-Datei (weil Sie unter Microsoft Windows arbeiten). Wenn Sie nicht unter diese »Typischer-Leser«-Kategorien fallen, sind Sie wahrscheinlich daran gewöhnt, anders zu sein, und wissen genau, wie Sie eine Datei für Ihr System herunterladen.

Es gibt Tomcat 4 in zwei Editionen – eine reguläre Edition (mit einem eigenen XML-Parser) und einer Light-Edition (ohne XML-Parser). Welche Edition Sie auswählen, hängt von der Java-Version ab, die auf Ihrem Computer installiert ist.

- ✔ Wenn Sie mit Java 1.4 oder höher arbeiten, laden Sie die Light-Edition von Tomcat herunter. Dateien in der Light-Edition haben die Buchstaben `LE` in ihren Namen.
- ✔ Wenn Sie mit Java 1.3 oder niedriger arbeiten, laden Sie die reguläre Edition von Tomcat herunter. Dateien in der regulären Edition haben nicht die Buchstaben `LE` in ihren Namen.

Nach dem Herunterladen von Tomcat installieren Sie den Server wie folgt:

1. **Erzeugen Sie auf Ihrem Rechner eine `JAVA_HOME`-Umgebungsvariable.**

   Setzen Sie den Wert von `JAVA_HOME` auf das Verzeichnis, in dem sich Java auf Ihrem Computer befindet. Setzen Sie beispielsweise `JAVA_HOME` auf `c:\j2sdk1.4.0`. Details über die Erzeugung von Umgebungsvariablen finden Sie in Kapitel 2.

2. **Führen Sie die Setup-Datei von Tomcat aus.**

   Meine Tomcat-Setup-Datei heißt `jakarta-tomcat-4.0.3-LE-jdk14.exe`. Was ist mit Ihrer?

Die Ausführung der Setup-Datei installiert Tomcat auf Ihrem Computer. Um dann den Server zu starten, führen Sie `startup.bat` im `bin`-Verzeichnis von Tomcat aus.

Um die Tomcat-Installion zu testen, starten Sie den Server. Öffnen Sie dann Ihren Webbrowser und besuchen Sie `http://localhost:8080/`. Wenn Ihr Browser eine Seite mit dem Wort »Jakarta« im Titel anzeigt, haben Sie den Server erfolgreich installiert.

Ihre Dateien auf dem Server speichern

Das ist der schwierige Teil. Ich habe viel Erfahrung mit Servern, und das Schwierigste für mich ist, die richtigen Verzeichnisse zur Speicherung meiner Dateien zu finden. Der Server eines jeden Anbieters hat seine eigenen Lieblingsverzeichnisse, und selbst verschiedene Serverversionen eines einzigen Anbieters verwenden verschiedene Verzeichnisstrukturen. Was noch schlimmer ist: Wenn Sie eine Datei im falschen Verzeichnis platziert haben, neigen die Server zu armseligen Fehlerberichten.

Versuchen Sie im Fall des Tomcat-Servers folgende Schritte:

1. **Kompilieren Sie `MyTransform.java` – das Programm in Listing 13.4.**

   Hierfür müssen Sie die Datei `servlet.jar` in Ihrem Klassenpfad speichern. (Bei vielen Tomcat-Versionen befindet sich die Datei `servlet.jar` im Verzeichnis `common\lib`.) Sie können wiederum auf Kapitel 2 zurückgreifen, um Anweisungen zur Veränderung des Klassenpfades zu erhalten.

2. **Speichern Sie den kompilierten Code, `MyTransform.class`, im Tomcat-Verzeichnis `webapps\examples\WEB-INF\classes`.**

   Wenn Sie etwas mehr Erfahrung besitzen, können Sie mit Serververzeichnissen herumkungeln. Bis dahin empfehle ich das Verzeichnis `examples` mit seinem Unterverzeichnis `WEB-INF\classes`.

3. **Speichern Sie die XML- und XSL-Dokumente (das Zeug aus den Listings 13.1 und 13.2) entweder in Ihrem Tomcat-Hauptverzeichnis oder im `bin`-Unterverzeichnis Ihres Tomcat-Hauptverzeichnisses.**

   Welch ein schrecklicher Ort, um Datendateien abzulegen! Für das Beispiel dieses Kapitels ist diese Vorgehensweise jedoch ausreichend. Um einen besseren Platz zu finden, müssen Sie den Server justieren, und diese Büchse voller Würmer möchte ich nicht öffnen.

   Die Wahl zwischen dem Hauptverzeichnis und dem `bin`-Verzeichnis hängt von der Art ab, wie Sie den Tomcat-Server starten. Testen Sie beide Möglichkeiten, um festzustellen, welche für Sie funktioniert.

Wenn Sie eine Datei im falschen Verzeichnis platzieren, geben die meisten Server hier oder dort Fehlermeldungen aus. Einige Server verwenden das Browserfenster, andere das Eingabeaufforderungsfenster, und wieder andere verwenden Protokolldateien. (In manchen Fällen verwendet ein einzelner Server mehr als eine Protokolldatei. Sie müssen somit ein wenig herumstöbern.) Wenn Sie vermuten, eine Datei an einer falschen Stelle abgelegt zu haben, suchen Sie nach einer Fehlermeldung. Wenn Sie Glück haben, sagt Ihnen die Fehlermeldung, wo der Server die Datei zu finden erwartete. Falls Sie diese Information gefunden haben, können Sie die Datei an die erwartete Position verschieben.

Ihre Website besuchen

Dieser Teil ist einfach. Stellen Sie zuerst sicher, dass der Tomcat-Server ausgeführt wird, und geben Sie dann den folgenden URL im Adressenfeld Ihres Webbrowsers ein:

```
http://localhost:8080/examples/servlet/
MyTransform?docName=chapter&sheetName=Formal
```

Wenn Sie dies tun, sendet der Browser eine Anfrage an den Server. Der Server ruft das `MyTransform`-Servlet auf, das das Dokument `Chapter.xml` mit dem `Formal.xsl`-Stylesheet verbindet. Das `MyTransform`-Servlet sendet ein HTML-Dokument zurück an Ihren Browser, und der Browser stellt die Ausgabe in Abbildung 13.3 dar. Das ist wundervoll!

Noch ein Trick

Der vorige Abschnitt endete damit, dass Sie eine hübsche Darstellung im Fenster Ihres Webbrowsers betrachteten. Vielleicht denken Sie, das sei das Ende der Geschichte. Aber seien Sie versichert, mir gehen niemals die Dinge aus, über die ich schreiben kann.

Erinnern Sie sich an das Szenario der letzten paar Seiten. Mit einigen URL-Parametern haben Sie zwei Dateinamen an ein Servlet gesendet. Das Servlet nimmt die Dateien und erzeugt eine formatierte Webseite. Na und?

Die Stärke von XML ist die Trennung von Daten und Präsentation. Mit HTML formatieren Sie einfach nur Daten. Mit XML und XSL setzen Sie die Daten in das eine Dokument und die Formatierungsanweisungen in ein anderes. Das ist fantastisch, weil sich jedes dieser Dinge (die Daten oder die Formatierungsanweisungen) ändern kann.

Was ist, wenn Paul Levesque mich auffordert, Kapitel 13 umzuschreiben und alle Abschnittsüberschriften zu ändern? (Bitte, Paul, mach das nicht!) Um dann meine Webseite aktuell zu halten, kann ich Listing 13.1 ändern, ohne Listing 13.2 zu berühren.

Und was ist, wenn ich in meinem jungenhaften Enthusiasmus die Überschriften von Kapitel 13 auf zwei Arten darstellen möchte? Listing 13.2 verwendet einen formalen Stil zur Darstellung von Kapitelüberschriften. Ich kann einen Gang höher schalten und einen etwas auffälligeren Stil verwenden. Nehmen Sie beispielsweise das Stylesheet in Listing 13.5.

```
<?xml version="1.0"?>
<!-- Fancy.xsl -->

<xsl:stylesheet
        xmlns:xsl="http://www.w3.org/1999/XSL/Transform"
        version="1.0">
    <xsl:output method="html"/>

    <xsl:template match="Chapter">
        <center>
            <h2>
                Chapter <xsl:value-of select="@number"/>
            </h2>
            <h2>
                <xsl:value-of select="@title"/>
            </h2>
            <xsl:apply-templates />
        </center>
    </xsl:template>

    <xsl:template match="Section">
        <h3>
            <xsl:value-of select="@title"/>
        </h3>
        <xsl:apply-templates />
    </xsl:template>

    <xsl:template match="Subsection">
        <font face="Wingdings">J</font>
        <xsl:value-of select="@title"/>
        <font face="Wingdings">J</font><br/>
        <xsl:apply-templates />
    </xsl:template>

    <xsl:template match="Subsubsection">
        &#8226; <xsl:value-of select="."/> &#8226;<br/>
    </xsl:template>

</xsl:stylesheet>
```

Listing 13.5: Ein schickes Format

Sieht Listing 13.5 in Ihren Augen schick aus? Nun, vielleicht nicht. Aber machen Sie folgendes Experiment. Setzen Sie den Code aus Listing 13.5 (die Datei `Fancy.xsl`) in dasselbe Verzeichnis, in das Sie `Formal.xsl` gesetzt haben (Listing 13.2). Starten Sie den Tomcat-Webserver, öffnen Sie dann Ihren Webbrowser und geben Sie den folgenden URL in das Adressenfeld Ihres Browsers ein:

```
http://localhost:8080/examples/servlet/MyTransform?
   docName=Chapter&sheetName=Fancy
```

Mit dem Parameterwert `Fancy` erhält das `MyTransform`-Servlet das Stylesheet in Listing 13.5. Dieses Stylesheet verwendet dieselben alten Daten aus der XML-Datei in Listing 13.1 und formatiert diese Daten auf neue nette Weise. Anstelle der kalten, eintönigen Darstellung in Abbildung 13.3 präsentiert Ihnen Ihr Browser das leichtherzige Dinnermenü aus Abbildung 13.4.

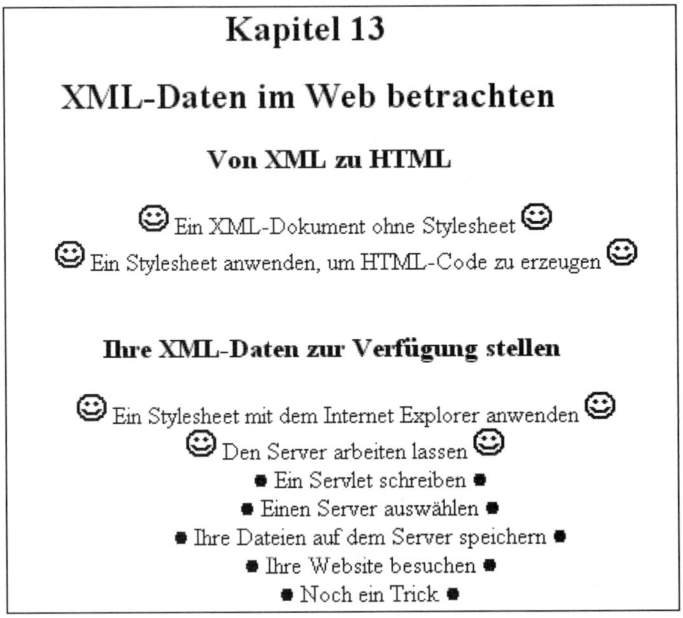

Benutzerdefinierten Code für Ihr Dokument erzeugen (mit JAXB)

14

In diesem Kapitel

- Worum es bei JAXB geht
- Ein Beispiel für die Verwendung von JAXB
- Wann Sie JAXB verwenden sollten (und wann nicht)

Gute Nachrichten für all Sie eingefleischte Individualisten! Die Gesellschaft für Futuristische Studien sagt voraus, dass in zwanzig Jahren jeder Mensch maßgeschneiderte Medikamente einnimmt. Kein unüberlegter Griff mehr zu wertlosen Pillen von der Stange. Beim ersten Anzeichen einer Erkältung werden Sie Ihre Zellen scannen und eine neu designte, individuelle Behandlung erhalten – zugeschnitten auf Ihre persönliche DNA und auf die DNA des Virus, den auch immer Sie sich eingefangen haben mögen.

Lassen Sie noch weitere vierzig Jahre vergehen, und Sie machen dasselbe mit Ihrem Gedächtnis. Hängen Sie Ihr Gehirn an ein paar Neurosensoren und Neuroeffektoren. Die Sensoren entscheiden, welchen Reiz Sie auslösen müssen, um sich so glücklich wie möglich zu fühlen. Während die Effektoren Ihnen einen berechneten Reiz einspeisen, überwachen die Sensoren Ihr Gehirn wegen der Aktualisierungen Ihrer Glücksbedürfnisse.

Frühe Versionen dieser Gehirntechnologie werden einige bis zum Delirium glückliche Laborratten hervorbringen. Mit den späteren Versionen werden die Wissenschaftler lernen, den Glücksstrom zu kontrollieren. Anstelle einer ständigen Überflutung mit Freude werden die Testpersonen normale euphorische Höhenflüge, Tiefpunkte und gelegentliche Momente der Langeweile erleben. Es wird ein bisschen wie das Surfen im Web sein.

Was ist, wenn Sie auf diese biologischen Fortschritte nicht warten können? Was ist, wenn Sie nicht da sein werden, um sie zu sehen? Verzweifeln Sie nicht, denn die Technologie hat uns einen Trostpreis gegeben. Er heißt *JAXB* – die *Java API for XML Binding*. Sie können sie nicht verwenden, um eine maßgeschneiderte Erkältungsbehandlung durchzuführen, aber Sie können sie verwenden, um benutzerdefinierten Code zu erzeugen. (Das ist fast genau so gut, oder?) Mit JAXB nehmen Sie ein XML-Dokument und erzeugen eine Java-Klassendatei, die perfekt auf die Bearbeitung des Dokuments abgestimmt ist. Ich würde sie als »disponible« Java-Klasse bezeichnen, abgesehen davon, dass ihre Nützlichkeit weiter und weiter lebt. Wenn sich Ihre Bedürfnisse wandeln und die Klasse nicht länger tut, was sie soll, erzeugen Sie einfach eine neue Unterklasse. Es ist eine Szene aus der Science-Fiction. (Wahrscheinlich hat Jules Verne vorhergesehen, dass Wissenschaftler eines Tages JAXB erschaffen würden, und unmittelbar danach seinen Kopf gekratzt, um zu murmeln: *»Mais, le JAXB – qu'est-ce que c'est?«* Es gibt noch mehr gute Nachrichten, mon Ami. Der nächste Abschnitt wirft einen Blick darauf, was JAXB ist.)

Die Idee hinter JAXB

Wenn Sie SAX- oder DOM-Code schreiben, erzeugen Sie ein XML-Bearbeitungsprogramm. Ihr Programm liest ein Dokument und verwendet das Dokument, um nützliche Arbeit zu erledigen – beginnend mit etwas Harmlosem wie `public void startElement` oder `node.getNodeName()`. So oder so stellt Ihr Programm keine Vermutungen darüber an, was sich in dem Dokument befindet. Das Dokument besitzt ein `root`-Element, einige Child-Elemente, und das war's. Alle speziellen Vermutungen, die Sie über dieses Dokument anstellen, begrenzen die Nützlichkeit des Codes.

Vielseitiger versus benutzerdefinierten Code

Sehen Sie sich den Code in den Listings 7.3 und 7.4 an. (Wenn Sie dafür nicht zurückblättern wollen, sagen ich Ihnen, was die Listings tun.) Das erste Listing 7.3 untersucht fünf Knoten in einer Dokumentstruktur. Diese fünf Knoten müssen in bestimmter Weise angeordnet sein, ansonsten stürzt das Programm ab. (Das Listing verlangt einen `comment`- und einen `root`-Knoten mit mindestens zwei Children direkt unter dem `root`-Knoten.)

Der Code in Listing 7.4 ist viel allgemeiner. Dieser Code überprüft die Dokumentstruktur, während er ausgeführt wird. Wenn der Code einen Child-Knoten findet, untersucht er das Child und sucht nach Grandchildren (Enkeln). Wenn es keine gibt, sucht der Code nach Geschwistern. Der Code kann mit jeder Dokumentstruktur umgehen – ob sie nun einen oder tausend Knoten besitzt.

Daher ist Listing 7.4 vielseitiger als Listing 7.3. Aber diese Vielseitigkeit hat Nachteile – einschließlich der Möglichkeit einer sehr hohen Überlastung. Der Code in Listing 7.4 muss das gesamte XML-Dokument parsen und dann eine Repräsentation der Dokumentstruktur im Speicher des Computers ablegen. Wenn das Dokument sehr groß ist, dann ist die Repräsentation groß. Der Speicher wird mit all den temporären Daten aufgebläht, und der Code in Listing 7.4 verlangsamt sich auf Schneckentempo.

Die Vorteile der Benutzeranpassung

Stellen Sie sich vor, Sie versuchen, zur Faneuil Hall in Boston, Massachusetts zu fahren. Es spielt keine Rolle, von wo Sie starten, die Reise wird immer verwirrend und schwierig sein. Auf jeden Fall müssen Sie Ihre Route planen. Sie können in Waltham, in Connecticut oder in der Altstadt von Boston verloren gehen. Abhängig von Ihren Ressourcen haben Sie zwei Optionen:

- ✔ Sie können an einer Tankstelle halten und eine Karte kaufen. Wenn Sie das tun, werden Sie womöglich niemals bei der Faneuil Hall ankommen. Schließlich müssen Sie herausfinden, wo Sie sich auf der Karte befinden, nach alternativen Routen Ausschau halten, eine Route auswählen und dann (der Himmel stehe Ihnen bei) versuchen, der Route zu folgen, ohne sich wieder zu verirren.

- ✔ Sie können Ihrem teuren, sprechenden GPS-System sagen, dass Sie zur Faneuil Hall fahren wollen. Das System wird eine maßgeschneiderte Route ausgeben und Sie von welch elendem Platz aus, an dem Sie sich befinden, auf die optimale Route führen, die von dort zur Faneuil Hall führt. Die Route ist so maßgeschneidert, dass die GPS-Stimme (beispielsweise) sagt: »Es gibt an dieser Kreuzung kein Schild, aber biegen Sie trotzdem links ab.« Später sagt die Stimme: »An dieser Kreuzung gibt es zwei Schilder, die einander widersprechen, aber biegen Sie trotzdem rechts ab.«

Nun gut, ich bin nicht naiv genug, zu erwarten, dass das alles so einfach sei. Ich bin davon ausgegangen, dass ein sprechendes GPS-System tatsächlich dabei helfen kann, die Faneuil Hall in Boston zu finden. (Teufel auch! Nennen Sie es Science-Fiction.) Worum es geht, ist: Die Verwendung der Straßenkarte erfordert mehr Arbeit (mehr Zeit, Anstrengung, Geschicklichkeit und Geduld) als die Verwendung von GPS. Warum? Weil die Straßenkarte nicht auf Ihre spezifischen Bedürfnisse zugeschnitten ist. Im Endeffekt sagt sie: »Hier ist das gesamte Stadtgebiet von Boston. Die Faneuil Hall ist irgendwo da drin. Sie entscheiden, was als Nächstes zu tun ist.«

Ein maßgeschneidertes System ist (wie Sie wohl vermuten) leichter zu benutzen als eines, das nicht auf Ihre unmittelbare Situation zugeschnitten ist. Weil der XML-Bearbeitungscode aus Listing 7.4 nicht maßgeschneidert ist, stellt er eine riesige, Ressourcen verschlingende DOM-Struktur in den Speicher Ihres Computers (»Hier ist die Struktur – und *Sie* finden heraus, was als Nächstes zu tun ist ...«). Der Code funktioniert für jedes alte Dokument – nicht nur für das vorliegende – und verschlingt dabei immer Ressourcen.

Die Essenz von JAXB

Die Idee hinter JAXB ist es, maßgeschneiderte Klassen zu erzeugen, die Ihren gegenwärtigen Bedürfnissen entsprechen. Sie nehmen die Beschreibung eines XML-Dokuments, lassen es durch ein spezielles Programm namens *Schema-Compiler* laufen und erhalten eine brandneue Klasse namens *generierte Klasse*. Diese generierte Klasse ist darauf zugeschnitten, mit bestimmten XML-Dokumenten zu arbeiten.

Wenn beispielsweise Ihre XML-Dokumente Elemente namens `Total` besitzen, dann kann die generierte Klasse über die Methoden `setTotal` und `getTotal` verfügen. Wenn ein Element eines Dokuments ein `fullName`-Attribut besitzt, kann die generierte Klasse über die Methoden `setFullName` und `getFullName` verfügen (siehe Abbildung 14.1).

Die Verbindung zwischen einem Teil eines XML-Dokuments und einem Teil einer Java-Klasse wird als *Bindung* bezeichnet. Mit all diesen Bindungen repräsentiert eine Instanz der Klasse ein einzelnes XML-Dokument.

Wie verbinden Sie also ein Objekt mit einem XML-Dokument? Die generierte Klasse besitzt Methoden namens `unmarshal` und `marshal` (siehe Abbildung 14.2).

- ✔ Die `unmarshal`-Methode liest eine XML-Datei. Die Methode erhält Werte von dem XML-Dokument und weist diese Werte den Variablen im Java-Objekt zu.

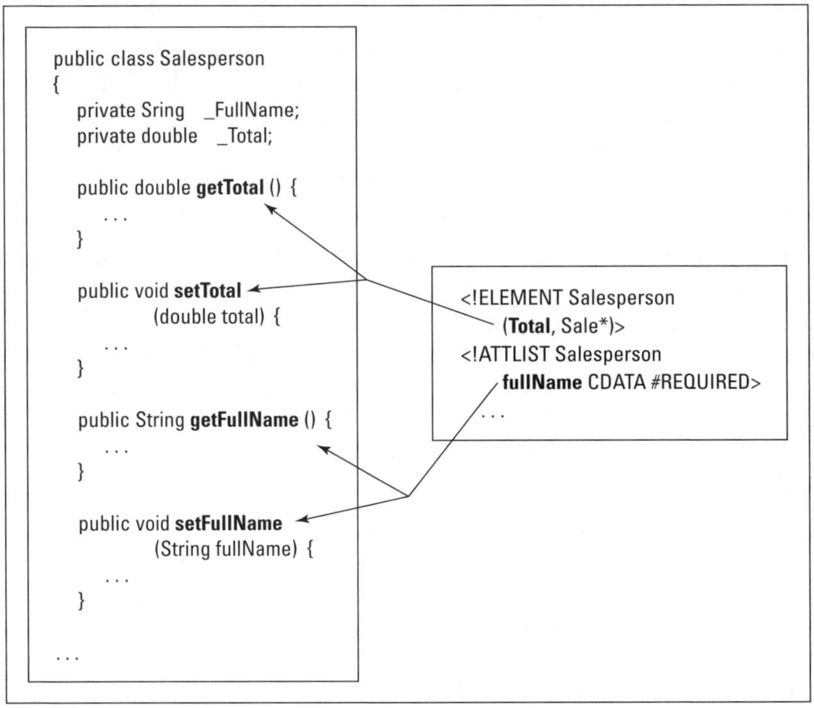

Abbildung 14.1: Ein Objekt repräsentiert ein Dokument.

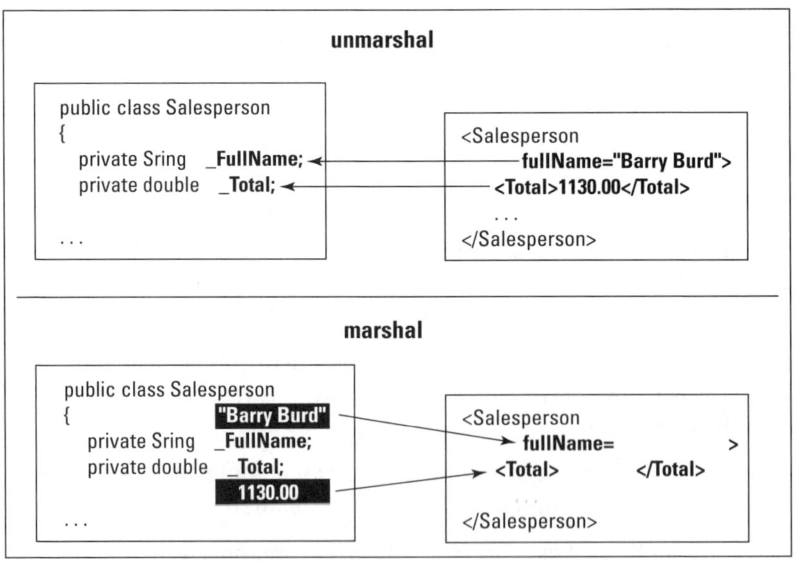

Abbildung 14.2: Werte lesen und schreiben

✔ Die `marshal`-Methode schreibt eine XML-Datei. Die Methode ruft Werte aus dem Java-Objekt ab und verwendet diese Werte, um das XML-Dokument zu erzeugen.

Mit Methoden wie diesen können Sie die Daten in einem XML-Dokument abrufen und verändern.

Einen Dokumenttyp beschreiben

Blättern Sie ein paar Absätze zurück und beachten Sie, wie sorgfältig ich meine Worte ausgewählt habe: »Sie nehmen *die Beschreibung* eines XML-Dokuments und lassen diese durch ... einen Schema-Compiler laufen.« Welche Art von Beschreibung genau verwenden Sie? Eine DTD ist eine Beschreibung eines Dokuments, aber mit JAXB verwenden Sie mehr als nur eine DTD. Mit JAXB erzeugen Sie etwas namens *Bindungsschema*. Dieses Bindungsschema beschreibt die Art, in der die Werte der Java-Klasse den Daten im XML-Dokument zugeordnet werden. In diesem Bindungsschema beispielsweise können Sie dem Schema Kompilieranweisungen geben, die es so versteht, als wären diese wie folgt geschrieben.

»Das Total-Element entspricht einer Variablen eines einfachen Typs, nicht eines Klassentyps. Die Variable, die Total speichert, ist vom Typ double.«

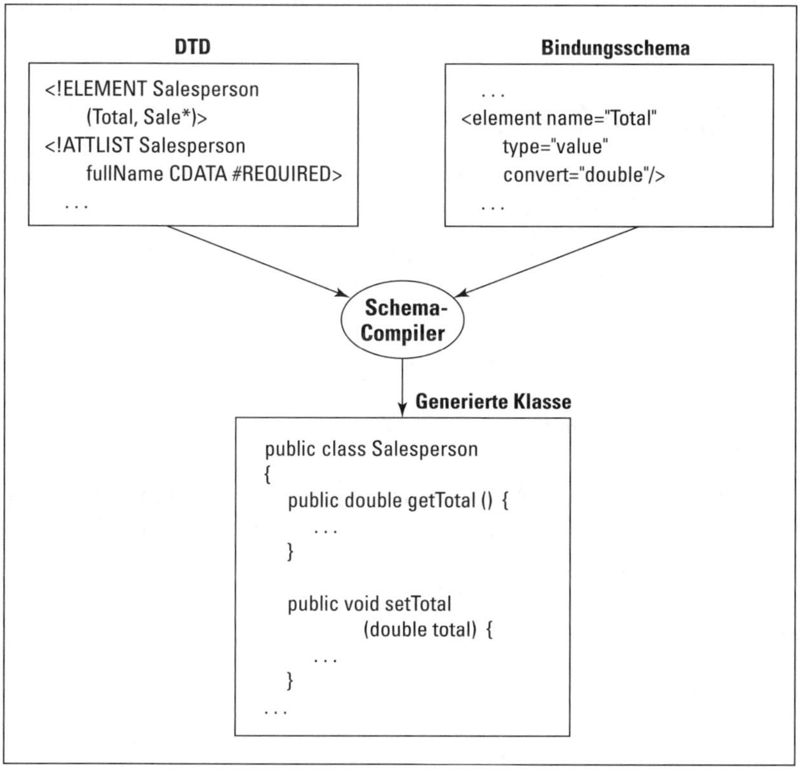

Abbildung 14.3: Eine Klasse mit dem Schema-Compiler generieren

Natürlich ist der Text, den Sie in ein Bindungsschema setzen, keine deutsche Prosa. Stattdessen besteht der Text aus XML-Tags. (Warum bin ich nicht überrascht?)

Dies also haben Sie: Eine DTD, die einen *Typ* von XML-Dokument beschreibt. Sie haben ebenfalls ein Bindungsschema, das die Zuordnung von Dokumenten in Java-Klassen beschreibt. Wenn Sie den JAXB-Schema-Compiler anwenden, erhalten Sie eine generierte Klasse. Abbildung 14.3 veranschaulicht diesen Vorgang.

Eine generierte Klasse macht nichts von sich aus. Um die generierte Klasse zu nutzen, schreiben Sie mehr Java-Code. Beispielsweise schreiben Sie eine Klasse mit einer `main`-Methode und lassen die `main`-Methode `getTotal` aufrufen. Mit vernünftigen Aufrufen an die Methoden der generierten Klasse können Sie eine Menge toller Sachen mit Ihren XML-Dokumenten machen.

Die generierte Klasse erzeugen

Die Verwendung von JAXB zu erlernen ist ein schrittweiser Vorgang. Zuerst erhalten Sie das Gesamtbild, dann sehen Sie das Gesamtbild in Aktion. Als Nächstes sehen Sie einige Details, und dann sehen Sie die Details in Aktion. An diesem Punkt des Kapitels sind Sie beim Teil »Gesamtbild in Aktion«. Ich zeige Ihnen ein kleines Beispiel für JAXB und beschreibe die Schritte, um das Beispiel auszuführen.

Einige nützliche Dokumente

Lassen Sie uns mit einem XML-Dokument anfangen. Dieses Dokument beschreibt meinen persönlichen Albtraum. Es befindet sich in Listing 14.1.

```
<?xml version="1.0" encoding="UTF-8"?>
<!DOCTYPE Nightmare SYSTEM "Nightmare.dtd">
<!-- Nightmare.xml -->

<Nightmare subject="spam" severity="high"/>
```

Listing 14.1: Das Dorf der Gespammten

Es gibt eine alte Redensart: »Ein XML-Dokument ohne DTD ist wie ein Tag ohne Schokolade.« Sehen wir uns also eine DTD für das Dokument in Listing 14.1 an. Sie befindet sich in Listing 14.2.

```
<?xml version="1.0" encoding="UTF-8"?>
<!-- Nightmare.dtd -->

<!ELEMENT Nightmare EMPTY>
<!ATTLIST Nightmare subject CDATA #REQUIRED
                    severity CDATA #REQUIRED>
```

Listing 14.2: Ich weiß, was du letzten Sommer geDTDan hast.

Als Nächstes benötigen wir ein Bindungsschema. In diesem ersten Beispiel vollzieht das einfachste Bindungsschema der Welt (Listing 14.3) den Trick.

```
<?xml version="1.0" encoding="UTF-8"?>
<!-- Nightmare.xjs -->

<xml-java-binding-schema version="1.0-ea">
    <element name="Nightmare" type="class" root="true"/>
</xml-java-binding-schema>
```

Listing 14.3: Schema und noch mal Schema

Beginnend an dieser Stelle des Kapitels ist alles, was ich schreibe, Änderungen unterworfen. Meine Version von JAXB ist Prä-Beta. Sie ist eine frühe Veröffentlichung von Sun Microsystems. Zwischen jetzt und dem Zeitpunkt, da Sie dieses Buch lesen, können die Entwickler von JAXB ihre Meinung über einige Elemente geändert haben. Um mit allen Änderungen Schritt zu halten, besuchen Sie die Website von Sun. Die gewünschte Seite ist `java.sun.com/xml/jaxb`.

Im späteren Verlauf dieses Kapitels erzähle ich Ihnen alles über Bindungsschemen. Für den Augenblick nehmen Sie einfach zur Kenntnis, was ein nacktes Schema haben muss.

- ✔ Das Schema benötigt ein `java-binding-schema`-Root-Element.
- ✔ Das Schema benötigt mindestens ein Child-Element.

Jedes Bindungsschema muss ein Element mit den Attributen `type="class"` und `root="true"` besitzen. Es gibt also kein Drumherum – das Dokument in Listing 14.3 ist so klein, wie es sein kann.

Den Schema-Compiler ausführen

Sehen Sie sich noch einmal Abbildung 14.3 an. Wir müssen tun, was in der Abbildung dargestellt ist. Wir führen den JAXB-Schema-Compiler aus und erhalten eine neue Java-Quelldatei. Deren Name wird `Nightmare.java` sein.

Ich denke, ich kann Ihnen vertrauen. Ich habe ein kleines Problem. Ich arbeite mit einer frühen Anfangsversion von JAXB. Eine frühe Anfangsversion kommt vor einer Beta-Version. Da sich also JAXB von einer frühen Version zu einer Beta-Version und dann zu einer öffentlichen Version wandelt, bin ich nicht sicher, welche Funktionen sich ändern werden.

Was sich wahrscheinlich ändern wird, ist die Art, wie Sie den Schema-Compiler aufrufen. In der frühen Anfangsversion geben Sie einen Befehl der folgenden Art ein:

```
java -jar jaxb-xjc-1.0-ea.jar Nightmare.dtd Nightmare.xjs
```

Wenn Sie ein Unix-System haben, können Sie diesen Befehl verkürzen zu

```
xjc Nightmare.dtd Nightmare.xjs
```

Wenn Sie dieses Buch lesen, wird der Befehl vermutlich so ähnlich wie nachfolgend dargestellt strukturiert sein:

```
java -classpath jaxb.jar com.sun.tools.xjc.Main Nightmare.dtd Nightmare.xjs
```

(Wenn Sie dies probieren, sollten Sie wie hier alles in einer Zeile eingeben.) Um also den Schema-Compiler auszuführen, übergeben Sie die Namen der DTD- und der Bindungsschemadateien (Listings 14.2 und 14.3). Sie benötigen so lange keine XML-Datei, bis Sie etwas Produktives mit der generierten Klasse machen wollen.

Eine generierte Klasse

Wenn Sie den Schema-Compiler ausführen, erzeugt dieser eine neue Datei – eine Datei namens `Nightmare.java`. Es gibt eine verkürzte Kopie der Datei in Listing 14.4.

```
/*
 * Dieses Listing ist unvollständig. Es kann so nicht kompiliert werden.
 * Das Listing wurde erstellt, um Ihre geistige Gesundheit zu bewahren.
 * Um das vollständige Listing zu erhalten, führen Sie den Schema-Compiler
 *    auf den Listings 14.2 und 14.3 aus. Sie erhalten das vollständige
 *    Listing ebenfalls unter www.mitp.de.
 */

public class Nightmare
    extends MarshallableRootElement
    implements RootElement
{

    private String _Subject;
    private String _Severity;

    public String getSubject() {
        return _Subject;
    }

    public void setSubject(String _Subject) {
        this._Subject = _Subject;
        if (_Subject == null) {
            invalidate();
        }
    }

    public String getSeverity() {
        return _Severity;
    }

    public void setSeverity(String _Severity) {
        this._Severity = _Severity;
```

```
            if (_Severity == null) {
                invalidate();
            }
        }

        public static Nightmare unmarshal(InputStream in)
            throws UnmarshalException
        {
            return unmarshal(XMLScanner.open(in));
        }
    }
```

Listing 14.4: Nightmare on Element-Street

Der erzeugte `Nightmare`-Code behandelt ein XML-Dokument, so als ob es eine Instanz einer Java-Klasse wäre. Beispielsweise hat ein XML-Dokument ein `subject`-Attribut, und der `Nightmare`-Code besitzt die Methoden `getSubject` und `setSubject`. Tatsächlich erzeugen die `unmarshal`- und `marshal`-Methoden ein Objekt aus einem Dokument und ein Dokument aus einem Objekt. Wie dies funktioniert, sehen Sie im nächsten Listing.

In der Zwischenzeit müssen Sie `Nightmare.java` kompilieren. Wenn Sie die Eingabeaufforderung verwenden, geben Sie ein

```
javac Nightmare.java
```

JAXB ist noch kein Bestandteil der Java-2-Standard-API, daher sind Klassen wie `MarshallableRootElement` (Klassen, die zur Kompilierung von `Nightmare.java` benötigt werden) ohne die `.jar`-JAXB-Datei in Ihrem Klassenpfad nicht verfügbar. In meiner frühen Anfangsversion heißt diese Datei `jaxb-xjc-1.0-ea.jar`, aber der Name wird sich bis zu dem Zeitpunkt, wenn Sie dieses Buch lesen, geändert haben. Die Schritte zum Hinzufügen einer Datei zum Klassenpfad Ihres Systems finden Sie in Kapitel 2.

Listing 14.4 besitzt eine `unmarshal`-Methode, aber das Listing enthält keine `marshal`-Methode. Das liegt daran, dass die `marshal`-Methode, die ich in den Beispielen dieses Kapitels aufrufe, vererbt wird. Sie wird von der Superklasse `MarshallableRootElement` vererbt. Wenn Sie sich den kompletten Code für die `Nightmare`-Klasse ansehen, werden Sie ein paar überschriebene `marshal`-Methoden finden. Ich verwende allerdings keine dieser `marshal`-Methoden in den Beispielen dieses Kapitels.

Eine generierte Klasse verwenden

Lieben Sie Abbildung 14.3 nicht geradezu? Abbildung 14.3 illustriert die Arbeit, die wir bis jetzt erledigt haben. Wenn irgendein Bild tausend Worte wert ist, dann sicherlich Abbildung 14.3. Aber sie erzählt nur die Hälfte der JAXB-Geschichte. Wie Sie sehen, haben wir einigen hübschen Code in Listing 14.4 – Code, der vom JAXB-Schema-Compiler erzeugt wurde. Aber dieser Code besitzt keine `main`-Methode. Die `Nightmare`-Klasse in Listing 14.4 macht nichts, wenn nicht ein anderer Code einige Methoden der `Nightmare`-Klasse aufruft. Um irgendeine nützliche Arbeit mit JAXB zu erledigen, benötigen wir noch mehr Code. Die Situation ist in Abbildung 14.4 dargestellt.

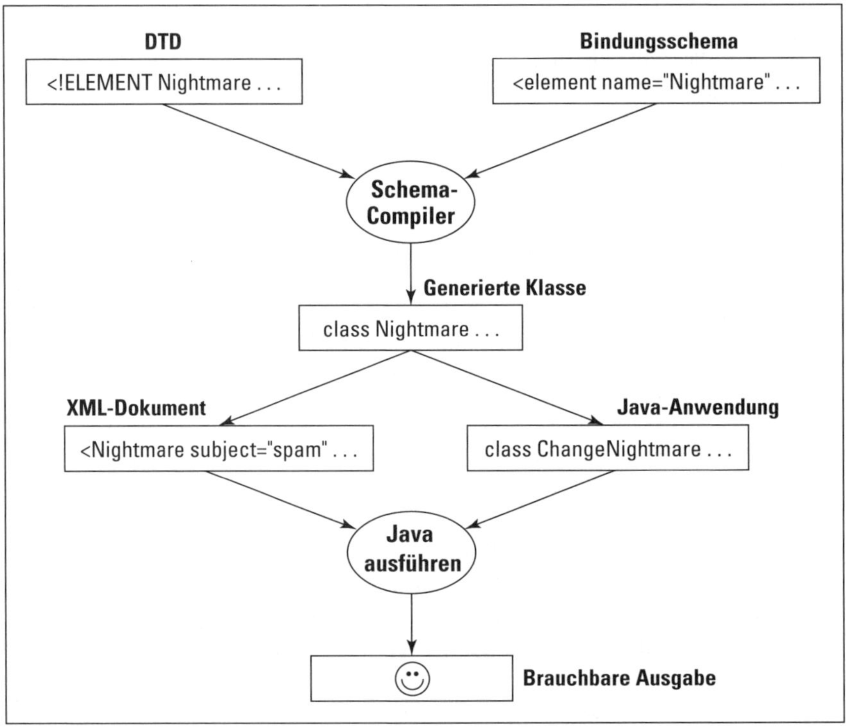

Abbildung 14.4: Eine generierte Klasse erzeugen und verwenden

Die Methoden in der generierten `Nightmare`-Klasse können aus einem XML-Dokument ein Java-Objekt erzeugen. Wir benötigen eine Java-Anwendung – eine, die mit dem Objekt arbeitet, um eine nützliche Ausgabe zu erzeugen. Das ist schön und gut. Sie finden eine Java-Anwendung in Listing 14.5.

```
import java.io.FileInputStream;
import java.io.FileOutputStream;
import java.io.IOException;
import java.io.FileNotFoundException;

import javax.xml.bind.UnmarshalException;
import javax.xml.bind.StructureValidationException;

class ChangeNightmare
```

```
{
    static Nightmare nightmare;

    public static void main(String args[])
        throws IOException, UnmarshalException
    {
        nightmare = readNightmare();

        String severity = nightmare.getSeverity();

        nightmare.setSubject("telemarketing");
        nightmare.setSeverity("very " + severity);

        writeNightmare();
    }

    static Nightmare readNightmare()
        throws FileNotFoundException, UnmarshalException
    {
        FileInputStream nightmareIn =
            new FileInputStream("Nightmare.xml");

        nightmare = Nightmare.unmarshal(nightmareIn);

        return nightmare;
    }

    static void writeNightmare()
        throws IOException, StructureValidationException
    {
        FileOutputStream nightmareOut =
            new FileOutputStream("Nightmare.xml");

        nightmare.validate();
        nightmare.marshal(nightmareOut);
    }
}
```

Listing 14.5: Die Burds

Der Code in Listing 14.5 erzeugt eine neue `Nightmare.xml`-Datei. (Er überschreibt alles in der bestehenden Datei.) Die aktualisierte `Nightmare.xml`-Datei ist in Listing 14.6 zu sehen.

```
<?xml version="1.0" encoding="UTF-8"?>

<Nightmare subject="telemarketing" severity="very high"/>
```

Listing 14.6: Nightmare on Extensible Language Markup Street

Der Code in Listing 14.5 folgt einem vertrauten Muster – eine Datei lesen, die Daten verändern und dann eine Datei mit den neuen Daten schreiben. Lassen Sie uns jeden der Schritte detailliert untersuchen.

- **Eine Datei lesen**

  In Listing 14.5 übernimmt der Aufruf an `Nightmare.unmarshal` den Großteil der Dateilesearbeit. Diese `unmarshal`-Methode ist eine statische Methode der `Nightmare`-Klasse.

  Wenn Sie die `unmarshal`-Methode aufrufen und ihr ein `FileInputStream`-Objekt übergeben, erhalten Sie eine Instanz der `Nightmare`-Klasse. In Listing 14.5 stammt das `FileInputStream`-Objekt von einem XML-Dokument – dem Dokument `Nightmare.xml` aus Listing 14.1. Das `nightmare`-Objekt (das Objekt, das von dem Aufruf an `unmarshal` zurückgegeben wird) enthält Instanzvariablen, die mit Daten des XML-Dokuments gefüllt sind. Daher ist innerhalb des `nightmare`-Objekts `_Subject` der Wert `spam` und `_Severity` der Wert `high` zugewiesen.

  Dieser potenzielle Fallstrick kann Sie verrückt machen. Als ich zuerst meinen Aufruf an `unmarshal` schrieb, habe ich aus Versehen die Zuweisung an die `nightmare`-Variable vergessen. Die Zeile `Nightmare.unmarshal(nightmareIn);` war in Listing 14.5 eine komplette Anweisung. Ich rief `unmarshal` auf, aber ich verarbeitete nicht den Rückgabewert der Methode. Das Programm wurde kompiliert und ausgeführt, aber die Werte in dem `nightmare`-Objekt waren `null`. Anstatt `very high` zu sein, war `severity` in Listing 14.6 `very null`.

- **Die Daten verändern**

  Das mag ich an JAXB am meisten. Sobald Sie ein XML-Dokument in ein Objekt umgewandelt haben, können Sie die Werte in dem Dokument so behandeln, wie Sie jede gewöhnliche Java-Variable behandeln würden. Um den Severity-Wert abzurufen, rufen Sie `getSeverity` auf. Um den Severity-Wert zu ändern, rufen Sie `setSeverity` auf. Als altmodischer Java-Programmierer ist diese Art, die Dinge zu erledigen, bequem für mich.

  Natürlich gibt es im Leben mehr als Bequemlichkeit. Vergleichen Sie den Code in Listing 14.5 mit einem ähnlichen SAX- oder DOM-Programm. Um den Severity-Wert in einem SAX-Programm abzurufen, müssen Sie eine `startElement`-Methode erzeugen und dann alle Attribute des Elements bearbeiten. Um dasselbe in DOM zu tun, nehmen Sie rekursive Methodenaufrufe vor. Der JAXB-Weg ist gewiss effizienter, weniger fehleranfällig und leichter zu warten.

  Der Aufruf einer `set`-Methode wie `setSeverity` in Listing 14.5 ändert den Wert, der in einer Java-Klassenvariablen gespeichert ist. Der Aufruf ändert nicht den Text im XML-Dokument. Um das XML-Dokument zu ändern, müssen Sie die `marshal`-Methode aufrufen. (Ich beschreibe anschließend diese Methode).

- **Eine Datei schreiben**

  Sie haben all diese Werte in Ihrem `nightmare`-Java-Objekt. Um die Werte in einem XML-Dokument anzuordnen, rufen Sie einfach die `marshal`-Methode auf. Sie können die ursprüngliche Datei `Nightmare.xml` überschreiben oder eine neue Datei erzeugen, die die Werte enthält. In Listing 14.5 überschreiben wir die Originaldatei.

Listing 14.5 enthält einen Aufruf an `nightmare.validate`. Bevor Sie eine Klasse in ein Dokument umwandeln können, müssen Sie überprüfen, dass die Klasse gültig ist. Sie können keine ungültige Klasse umwandeln. Daher werden Sie in vielen Situationen, falls Sie auf einen Aufruf von `validate` verzichten, eine `ValidationRequiredException` erhalten, wenn Sie die `marshal`-Methode aufrufen. Sie sollten in allen Situationen auf Nummer Sicher gehen und einen Aufruf der `validate`-Methode verwenden. Genau genommen sollten Sie tun, wozu ich zu faul bin. Sie sollten Ihren Aufruf an `validate` in eine `try`-Anweisung mit einer `catch`-Klausel für die Ausnahme `StructureValidationException` einschließen.

Wann die JAXB-API verwendet werden soll

Ich hoffe, Sie sind nicht verwirrt. Mein Enthusiasmus führt oft dazu, dass ich voranpresche, und ich schreibe etwas, was zunächst widersprüchlich zu sein scheint. Als ich in Kapitel 7 über DOM schrieb, sagte ich Ihnen, welch großartiges Werkzeug DOM sei. Als ich dann in Kapitel 10 über JDOM schrieb, sagte ich, JDOM sei eine Verbesserung gegenüber DOM. Und nun in Kapitel 14 sage ich Ihnen, wie nett es ist, aus dem DOM/JDOM-Strukturansatz auszubrechen und den Java-Klassen-Ansatz in JAXB zu benutzen.

Nun, ich habe immer Recht. All diese Werkzeuge sind nützlich, und jedes Werkzeug hat seine Vorteile. Wenn Sie also ein Projekt erstellen, müssen Sie das richtige Werkzeug auswählen. Die Frage in diesem Abschnitt ist, wann Sie JAXB auswählen.

- ✔ **Verwenden Sie JAXB für eine Geschwindigkeit, die schneller als DOM, aber langsamer als SAX ist.**

  Es gibt keinen Zweifel: SAX ist ein Rennpferd. Das liegt daran, dass SAX keine Vorstellung von dem Dokument als Ganzem hat. SAX durchläuft einfach ein Dokument und sucht ein Ereignis nach dem anderen. Mit SAX wird kein Speicher verschwendet, und keine Zeit wird für die Erstellung einer Dokumentstruktur aufgebracht.

  Auf der anderen Seite benötigt DOM Zeit und Speicher, um eine holistische Ansicht des Dokuments zu erzeugen. Mit DOM können Sie das Child eines Child eines Child bearbeiten. Wenn Sie dann zurückgehen wollen und das `start`-Tag des Root-Elements bearbeiten wollen, können Sie das tun. Da das gesamte Dokument gleichzeitig im Arbeitsspeicher ist, kann DOM sehr zeitaufwändig sein.

  Bezüglich der Bearbeitungszeit ist JAXB der Mittelweg zwischen SAX und DOM. Mit JAXB wandeln Sie ein Dokument in ein Objekt um. Diese Umwandlung erzeugt eine Repräsentation der Daten des Dokuments im Arbeitsspeicher. Wenn das Dokument sehr groß ist, dann ist eine Repräsentation im Arbeitsspeicher ebenfalls groß. Daher kann JAXB ein Rennen gegen ein SAX-Programm nicht gewinnen. (Geben Sie nichts auf Zenos Paradoxon in Kapitel 3. Zeno wusste nicht, wovon er sprach.)

Auf der anderen Seite erzeugt JAXB eine Repräsentation, die auf eine bestimmte Art von Dokument zugeschnitten ist. Mit JAXB arbeiten Sie nicht mit Knoten, stattdessen verwenden Sie `Nightmares` und `severities`. Die arbeitsspeicherinterne JAXB-Repräsentation sticht ins Herz eines bestimmten Dokumenttyps, und ihr fehlen einige der umfangreichen Funktionen, die von DOM benötigt werden, um alle möglichen Dinge in allen möglichen Dokumenten zu repräsentieren.

Eine von JAXB generierte Klasse ist schließlich eine einfache alte Java-Klasse – etwas, das in den vergangenen paar Jahren gestaltet und umgestaltet wurde. Alle Optimierungen von Java-Klassen gelten im Allgemeinen automatisch für eine von JAXB generierte Klasse. Mit JAXB erhalten Sie also eine interne Repräsentation Ihres Dokuments, zusammen mit der ausgereiften Technologie von Java-Klassen.

✔ **Verwenden Sie JAXB, wenn Sie die Inhaltsvalidierung benötigen.**

Im nächsten Kapitel zeige ich Ihnen ein Beispiel für die JAXB-Inhaltsvalidierung. Mit der Inhaltsvalidierung können Sie darauf bestehen, dass ein bestimmtes Attribut einen numerischen Wert hat oder dass der Text innerhalb eines Elements vom Typ `boolean` ist.

Um die Inhaltsvalidierung mit SAX oder DOM durchzuführen, müssen Sie Ihren Parser weise auswählen. Aber bei JAXB ist die Inhaltsvalidierung direkt in die Bearbeitung des Bindungsschemas integriert. Wenn Sie mit JAXB arbeiten, ist die Wahl Ihres Parsers nicht durch Ihr Bedürfnis nach einer Inhaltsvalidierung beschränkt. Das sind ziemlich gute Nachrichten.

✔ **Verwenden Sie JAXB, um die Exzentrizitäten eines XML-Dokuments zu verbergen.**

Der Code in Listing 14.5 enthält keine Erwähnung von Knoten, Root-Elementen oder Children. Aber der Code schafft es, ein XML-Dokument zu lesen und ein anderes zu schreiben. Die ganze Idee hinter JAXB ist es, den Programmierer vom Dokument und seiner Struktur abzuschirmen und die Daten in einer sehr Java-freundlichen Weise zu präsentieren. Mit JAXB wird alles, was für ein XML-Dokument spezifisch ist, von dem Bindungsschema und dem Schema-Compiler geglättet.

Ich finde, JAXB ist leichter zu verwenden als die anderen APIs. Als ich sie verwendete, um dieses Kapitel vorzubereiten, verbrachte ich weniger Zeit mit der Erzeugung von Beispielen – und weniger Zeit mit der Fehlerbehebung im Code – als für frühere Kapitel in diesem Buch. Wenn Sie erst einmal hinter die Angelegenheit mit dem Bindungsschema gekommen sind, ist das Schreiben von Code für eine generierte Klasse ein Klacks. (Sie kommen noch besser hinter das Bindungsschema, wenn Sie Kapitel 15 lesen.)

Natürlich ist die Welt möglicherweise nicht daran interessiert, was Sie oder ich als leicht zu programmieren erachten. Werden wir also praktisch: Programmierer können JAXB einsetzen, um Termine einzuhalten und Code besser wartbar zu machen. (Da wir gerade von Terminen sprechen: Ich beende besser die Diskussion und mache mich daran, Kapitel 15 zu schreiben.)

JAXB optimal nutzen

15

In diesem Kapitel

- Ein Bindungsschema erzeugen
- Die Inhaltsvalidierung durchführen
- Den Gebrauch von generierten Klassen verfeinern

»Es ist der 12. Oktober, 21:20 Uhr, und hier ist Reporter Sam Burd mit den Höhepunkten der kommenden Nachrichten von heute Abend.«

»Ja, die Gerüchte sind wahr. Die Gesellschaft für Futuristische Studien berichtet, dass Wissenschaftler maßgeschneiderte Partner entwickelt haben. Ihr Partner wird voll konfigurierbar und bei Bedarf veränderbar sein, um Ihren wechselnden Bedürfnissen zu entsprechen. Er ist außerdem wegwerfbar. Schätzungen sagen, dass der Durchschnittsmensch den Partner einmal pro Woche, vielleicht sogar einmal pro Tag wechseln wird.«

»Die ganze Geschichte erfahren Sie, wenn Sie um elf Uhr einschalten (relativ zu einem Beobachter in einem unbewegten Bezugssystem).«

Hm. Ich hasse es, maßgeschneidert oder weggeworfen werden zu können. Glücklicherweise beklagt sich Computercode nie, wenn Sie ihn anpassen, schlagen, wegwerfen oder ersetzen. Und nun, dank der Kraft des Bindungsschemas, hat JAXB den ganzen Prozess schneller, einfacher und eleganter gemacht.

Generierte Klassen erzeugen

Das Beispiel, das den Großteil von Kapitel 14 durchzieht, verwendet ein einzeiliges XML-Dokument und ein einfaches Bindungsschema. Wenn Sie mehr als dieses dürre Beispiel benötigen, dann ist dieses Kapitel genau richtig für Sie.

Ein XML-Dokument

Sie benötigen kein XML-Dokument, um mit dem Erzeugen von JAXB-Code zu beginnen. Alles, was ein Schema-Compiler braucht, ist eine DTD und ein Bindungsschema. Der Schema-Compiler erzeugt eine generierte Klasse, und es gibt eine Menge guten Java-Code in einer generierten Klasse.

Daher besteht die logischste Vorgehensweise zur Erstellung eines JAXB-Beispiels darin, mit einer DTD zu beginnen – aber mein Verstand klammert sich nicht direkt an einer DTD fest. Um eine DTD zu verstehen, brauche ich ein XML-Beispieldokument – zum Beispiel eine Datei, in der ich einen Verkäufer beschreibe. Ich werde diese XML-Datei (Listing 15.1) erst ein paar Seiten später verwenden, aber sie bildet eine gute Grundlage, um über die künftige DTD nachzudenken.

```
<?xml version="1.0" encoding="UTF-8"?>
<!DOCTYPE Salesperson SYSTEM "Salesperson.dtd">
<!-- Salesperson.xml -->

<Salesperson fullName="Barry Burd">
    <Total>1130.00</Total>

    <Sale>
        <ItemName>Widget</ItemName>
        <UnitCost>30.00</UnitCost>
        <Quantity>2</Quantity>
    </Sale>

    <Sale>
        <ItemName>Thingamabob</ItemName>
        <UnitCost>100.00</UnitCost>
        <Quantity>1</Quantity>
    </Sale>

    <Sale>
        <ItemName>Doohickey</ItemName>
        <UnitCost>23.00</UnitCost>
        <Quantity>5</Quantity>
    </Sale>
</Salesperson>
```

Listing 15.1: Ein Verkäufer

Lassen Sie uns Listing 15.1 einmal ansehen. Bis zum 31. Januar hat Barry Waren im Wert von 1.130 $ verkauft. Dann hat Barry im Februar drei neue Verkäufe getätigt. Der erste Verkauf bestand aus zwei Geräten zum Preis von 30 $ pro Gerät. Schließlich müssen wir diese 60 $ zu Barrys Gesamtsumme hinzuaddieren. Wenn wir das tun, erhöht sich der Gesamtbetrag auf 1.190 $.

Wir möchten auch Barrys andere beiden Verkäufe (`Thingamabobs` und `Doohickeys`) zu seinem Gesamtbetrag hinzufügen. Wenn wir damit fertig sind, hat sich Barrys Gesamtsumme auf 1.405 $ erhöht. Ein überarbeitetes Dokument mit der neuen Gesamtsumme ist in Listing 15.2 aufgeführt.

```
<?xml version="1.0" encoding="UTF-8"?>

<Salesperson fullName="Barry Burd">
    <Total>1405.0</Total></Salesperson>
```

Listing 15.2: Aktualisierte Verkäuferinformationen

Beachten Sie, dass das überarbeitete Dokument in Listing 15.2 keine `Sale`-Elemente besitzt. Wenn wir ein XML-Dokument aktualisieren, möchten wir, dass die Verkäufe zur Gesamtsumme des Verkäufers addiert werden. Sobald wir also einen Verkaufsbetrag zur Gesamtsumme addiert haben, entfernen wir die Verkaufsinformation.

Ein Dokument beschreiben

Um das Beispiel dieses Kapitels in Gang zu bringen, benötige ich nur eine Dokumenttypdefinition (DTD) und ein Bindungsschema.

Zufälligerweise habe ich gerade eine DTD für ein Verkäuferdokument. Sie befindet sich in Listing 15.3.

```
<?xml version="1.0" encoding="UTF-8"?>
<!-- Salesperson.dtd -->

<!ELEMENT Salesperson (Total, Sale*)>
<!ATTLIST Salesperson fullName CDATA #REQUIRED>

<!ELEMENT Total (#PCDATA)>

<!ELEMENT Sale (ItemName, UnitCost, Quantity)>

<!ELEMENT ItemName (#PCDATA)>
<!ELEMENT UnitCost (#PCDATA)>
<!ELEMENT Quantity (#PCDATA)>
```

Listing 15.3: Was ist ein Verkäufer?

Jedes XML-Dokument kann eine DTD besitzen, aber das Dokument in diesem Kapitel benötigt auch ein Bindungsschema. Voilà – das Bindungsschema (Listing 15.4):

```
<?xml version="1.0" encoding="UTF-8"?>
<!-- Salesperson.xjs -->

<xml-java-binding-schema version="1.0-ea">
    <element name="Salesperson" type="class" root="true">
        <attribute name="fullName"/>
        <content>
            <element-ref name="Total"/>
            <element-ref name="Sale"/>
        </content>
    </element>

    <element name="Total" type="value" convert="double"/>
```

```
    <element name="Sale" type="class">
        <content>
            <element-ref name="ItemName"/>
            <element-ref name="UnitCost"/>
            <element-ref name="Quantity"/>
        </content>
    </element>

    <element name="ItemName" type="value"/>
    <element name="UnitCost" type="value" convert="double"/>
    <element name="Quantity" type="value" convert="int"/>
</xml-java-binding-schema>
```

Listing 15.4: Ein Bindungsschema

Um zu verstehen, was das Bindungsschema macht, ist es am besten, es Stück für Stück durchzugehen.

- **Das Bindungsschema in Listing 15.4 ist ein XML-Dokument.**

  Das `root`-Element des Dokuments ist `xml-java-binding-schema`. Beachten Sie, dass meine Versionsnummer die Buchstaben `ea` enthält. Dies steht für »early access«. (Mit ein bisschen Glück arbeiten Sie mit einer echten Version des Produkts anstelle einer früheren Anfangsversion.)

- **Die Datei in Listing 15.4 besitzt eine `xjs`-Erweiterung.**

  Der Name der Datei ist `Salesperson.xjs`. Ich schätze, `xjs` steht für »eXtensible Java Schema«.

- **Listing 15.4 besitzt mehrere Bindungsdeklarationen.**

  Eine *Bindungsdeklaration* hilft, einen Bestandteil eines XML-Dokuments mit etwas in einer Java-Klasse zu verbinden. Sehen Sie sich einmal folgende Zeile in Listing 15.4 an:

  ```
  <element name="ItemName" type="value"/>
  ```

  Diese Zeile richtet `ItemName` ein, so dass das Element `<ItemName>Widget</ItemName>` mit einem Wert vom Typ `String` verwendet werden kann. (Zufälligerweise ist `String` der Standardtyp.) Sobald die generierte Klasse erzeugt ist, enthält die Klasse Deklarationen der folgenden Art:

  ```
  private String _ItemName;
  public String getItemName()
  public void setItemName(String _ItemName)
  ```

  Eine weitere Zeile

  ```
  <attribute name="fullName"/>
  ```

dient dazu, "Barry Burd" (in <Salesperson fullName="Barry Burd">) mit einem Java-Wert vom Typ String zu verbinden. Die generierte Klasse erhält Deklarationen, die so aussehen.

```
private String _FullName;
public String getFullName()
public void setFullName(String _FullName)
```

Ein typisches Bindungsschema wie das in Listing 15.4 besitzt mehrere Bindungsdeklarationen. Manchmal verwende ich den Spitznamen »Deklaration«, wenn ich »Bindungsdeklaration« meine. So oder so ist es sehr nützlich, diese Dinge als »Deklarationen« irgendeiner Art zu bezeichnen. Ohne diese Terminologie müsste ich alles in Sichtweite als »Element« bezeichnen. Dann müsste ich über ein Element mit Namen element oder über ein Element mit Namen attribute schreiben. Das wäre sehr verwirrend.

✔ **Listing 15.4 besitzt sechs element-Bindungsdeklarationen.**

  Jede dieser element-Deklarationen beschreibt einen Elementtyp. Die Elementtypen (Salesperson, Total, Sale, ItemName, UnitCost und Quantity) stammen aus den früheren Listings in diesem Kapitel.

Elementdeklarationen

Der Code in Listing 15.4 führt sechs Elementtypen ein. Jedes Element hat seine eigenen Charakteristika. Beispielsweise sollte ein Gesamtdollarbetrag nicht als Java-String gespeichert werden. Wenn Sie einen Dollarbetrag als String speichern, können Sie keine Berechnungen damit durchführen. Also brauchen wir eine Möglichkeit, um dem Schema-Compiler etwas über die spezialisierten Bedürfnisse des Total-Elements mitzuteilen. Wir tun dies, indem wir den Bindungsdeklarationen unseres Elements Attribute hinzufügen.

Die Elementdeklarationen in Listing 15.4 verwenden vier Attribute: name, type, convert und root. Sehen wir uns an, wie jedes Attribut funktioniert.

✔ **Ein name-Attribut bestimmt den Namen des Elements.**

  In Listing 15.4 sagt uns die Zeile

```
<element name="ItemName" ... etc.>
```

  dass Listing 15.1 ein ItemName-Element haben kann. Und gewiss, wenn ich mir Listing 15.1 ansehe, sehe ich ein ItemName-Element.

✔ **Ein type-Attribut verrät dem Schema-Compiler, ob er eine neue Klasse definieren soll oder nicht.**

  Denken Sie an die Sale- und ItemName-Deklarationen in Listing 15.4.

  - In der Sale-Deklaration

```
<element name="Sale" type="class">
```

weist das Wort `class` den Schema-Compiler an, eine neue Java-Quelldatei zu erzeugen – eine Datei namens `Sale.java`. Wenn Sie diese neue Java-Quelldatei kompilieren, erhalten Sie `Sale.class`.

- In der `ItemName`-Deklaration

```
<element name="ItemName" type="value"/>
```

weist das Wort `value` den Schema-Compiler an, `ItemName.java` nicht zu erzeugen. In dem erzeugten Code wird jede Verwendung eines `ItemName` als Java-`String` behandelt. Der erzeugte Code enthält eine Zeile wie diese:

```
private String _ItemName;
```

In der Java-API ist `java.lang.String` eine Klasse. Dies könnte Sie zu dem Glauben veranlassen, dass die `ItemName`-Deklaration das Attribut `type="class"` statt `type="value"` verwenden sollte. So funktioniert es aber nicht. Da der Schema-Compiler keine brandneue `ItemName.java`-Datei erzeugen soll, setzen wir das Attribut für das `ItemName`-Element auf `type="value"`.

- **Ein `convert`-Attribut tritt an die Stelle der Verwendung der `String`-Standardklasse.**

In Listing 15.4 sagt uns die Zeile

```
<element name="Total" type="value"
    convert="double"/>
```

dass der Gesamtbetrag in einer Variablen vom Typ `double` gespeichert werden soll. Der erzeugte Code sieht etwa so aus:

```
private double _Total;
public double getTotal()
public void setTotal(double _Total)
```

Ohne das Attribut `type="value"` würde der Gesamtbetrag als String gespeichert.

Sie können dieses Spiel immer wieder spielen. In Listing 15.4 verwendet die `Quantity`-Deklaration das Attribut `convert="int"`. Also ist im erzeugten Code jede Variable, die die Menge (engl. quantity) speichert, vom Typ `int`.

- **Ein Element, das ein `root`-Attribut besitzt, kann das Root-Element in einem XML-Dokument sein.**

Das `Salesperson`-Element in Listing 15.4 verwendet das Attribut `root="true"`. Das ist gut, denn `Salesperson` ist das `root`-Element im Dokument von Listing 15.1.

Es gibt viele Regeln, die den Gebrauch des `root`-Attributs bestimmen. Behalten Sie für den Augenblick diese beiden im Gedächtnis:

  - Jedes Bindungsschema muss mindestens eine Deklaration enthalten, in der ein Element als Root-Element deklariert ist.

- Eine Root-Deklaration muss das Attribut `type="class"` verwenden. (Sie können nicht `type="value"` und `root="true"` in derselben Bindungsdeklaration benutzen.)

Und nun gibt es eine Überraschung. Ein Bindungsschema *kann* verschiedene `element`-Deklarationen enthalten, jede mit dem Attribut `root="true"`. Die Idee ist, dass Sie eine Java-Klasse verwenden können, um zwei verschiedene XML-Dokumente zu lesen oder zu erzeugen. Ein Dokument kann ein Root-Element namens `<Chocolate>` und das andere ein Root-Element namens `<Vanilla>` besitzen. Das Chocolate- und das Vanilla-Dokument können von derselben DTD stammen und dasselbe Bindungsschema verwenden.

Die Inhaltsvalidierung durchführen

Ich sollte ein wenig Aufhebens um das `convert`-Attribut in Listing 15.4 machen. Sie haben zwei Möglichkeiten, um ein XML-Dokument zu validieren.

✔ **Sie können die Struktur eines Dokuments validieren.**

Eine DTD beschreibt die Struktur eines Dokuments. Mit einer DTD können Sie Dinge überprüfen wie das Vorhandensein oder das Fehlen von Elementen, die Verschachtelung von Elementen usw. Die DTD in Listing 15.3 sagt, dass das `Salesperson`-Element eines Dokuments ein `Total`-Unterelement besitzen muss. Wenn Sie also eine *Strukturvalidierung* durchführen, überprüfen Sie, ob das `Salesperson`-Element eines Dokuments ein `Total`-Unterelement besitzt. Wenn das `Salesperson`-Element eines Dokuments kein `Total`-Unterelement besitzt, dann macht das Programm großen Murks.

Bis zu diesem Punkt des Buchs wurde in den meisten Validierungsbeispielen die Strukturvalidierung durchgeführt.

✔ **Sie können den Inhalt eines Dokuments validieren.**

In Kapitel 4 illustrieren die Listings 4.8 und 4.9 die *Inhaltsvalidierung*. Mit der Inhaltsvalidierung überprüfen Sie, ob die Werte eines Dokuments vom erwarteten Typ sind. In Listing 4.8 deklarieren Sie, dass `Children` eine Ganzzahl sein soll. Also gibt der Computer in Listing 4.9, wo `Children` der Wert 2,5 zugewiesen wird, eine Fehlermeldung aus.

Die ursprüngliche XML-Spezifikation verrät nicht viel über die Inhaltsvalidierung. Daher braucht die Inhaltsvalidierung ihre Zeit und kriecht nur langsam in die XML-Welt. Zum Zeitpunkt, da Sie dieses Buch lesen (vielleicht im Jahr 2120, kurz bevor das Buch vergriffen ist), wird die Inhaltsvalidierung ein vollwertiger Bestandteil der XML-Bearbeitung sein. Bis dahin müssen Sie das Kleingedruckte in jeder Software-Dokumentation lesen. Welche Art von Validierung (wenn überhaupt) nimmt die Software vor?

Ein dreifaches Hoch auf JAXB – Sie können damit eine richtige Inhaltsvalidierung durchführen. Nehmen Sie das Material aus den Listings 15.1 und 15.4. Gemäß Listing 15.4 wird der Wert innerhalb eines `Total`-Elements als `double` interpretiert. Also ist `<Total>1130.00 </Total>` in Ordnung, aber `<Total>eleven-hundred-thirty</Total>` nicht. Wenn

Sie 1130.00 in Listing 15.1 durch eleven-hundred-thirty ersetzen und dann die Beispiele dieses Abschnitts ausführen, erhalten Sie eine NumberFormatException. (Das nenne ich Fortschritt.)

Mehr Bindungsdeklarationen

Ich bin mit der Tour durch Listing 15.4 noch nicht fertig. Ich muss Ihnen noch etwas über die Dinge erzählen, die Sie in einer element-Deklaration vermerken können. Listing 15.4 zeigt drei dieser Dinge: attribute-Deklarationen, content-Deklarationen und element-ref-Deklarationen. Jede besitzt Charakteristika, die einen genaueren Blick wert sind.

- **Eine attribute-Deklaration beschreibt ein Attribut in einem XML-Dokument.**

  Sehen Sie sich noch einmal Listing 15.4 an und beachten Sie die folgenden beiden Zeilen:

  ```
  <element name="Salesperson" ... etc.>
     <attribute name="fullName"/>
  ```

  Diese Zeilen besagen, dass ein Salesperson-Element ein fullName-Attribut besitzt. Wenn Sie sich Listing 15.1 ansehen, finden Sie das folgende Element:

  ```
  <Salesperson fullName="Barry Burd">
  ```

  Wenn Salesperson.java erzeugt wird, besitzt diese Java-Quelldatei Zeilen wie die folgenden:

  ```
  private String _FullName;
  public String getFullName()
  public void setFullName(String _FullName)
  ```

  Die attribute-Deklaration in Listing 15.4 bietet keine neuen Informationen. Tatsächlich ist sie optional – der Schema-Compiler sieht sich stattdessen die DTD an. Um zu ermitteln, ob ein Salesperson-Element ein fullName-Attribut besitzt, könnten Sie einfach in der DTD nachsehen (Listing 15.3).

  Es gibt Situationen, in denen eine Attributdeklaration nicht optional ist. Beispielsweise kann eine attribute-Deklaration die String-Standardbindung ersetzen. Nehmen Sie eine Deklaration wie <attribute name="fullName" convert="StringBuffer"/>. Diese Deklaration besagt, dass der volle Name als StringBuffer, nicht als String gespeichert werden soll.

- **Eine content-Deklaration verrät Ihnen etwas über das Material zwischen einem Start- und End-Tag.**

  Die content-Deklaration sagt eigentlich: »Wir sind mit der Beschreibung von Attributen fertig. Reden wir nun über Child-Elemente.«

- **Eine element-ref-Deklaration beschreibt ein Child-Element.**

Sehen Sie sich in Listing 15.4 die folgenden drei Zeilen an:

```
<element name="Sale" type="class">
    <content>
        <element-ref name="ItemName"/>
```

Die Botschaft dieser drei Zeilen mag vertraut erscheinen, wenn Sie die DTD in Listing 15.3 betrachten. Die Botschaft besagt, dass ein `ItemName`-Element ein Child des `Sale`-Elements ist.

Und was bedeutet das hinsichtlich der Bindung? Wenn der Schema-Compiler `Sale.java` erzeugt, besitzt diese Java-Klasse eine Variable, die ein `ItemName`-Element wie folgt speichert:

```
private String _ItemName;
public String getItemName()
public void setItemName(String _ItemName)
```

Jedes `Sale`-Objekt (jede Instanz der `Sale`-Klasse) besitzt ein eigenes `ItemName`-Element.

Mit der Zeit habe ich alle möglichen Arten von Fehlern beim Arbeiten mit `content`-Deklarationen gemacht. Manchmal vergaß ich, eine `content`-Deklaration zu verwenden. (Meine `element-ref`-Deklarationen wurden Children, nicht Grandchildren (Enkel) der `element`-Deklaration.) Gelegentlich setzte ich eine `attribute`-Deklaration in eine `content`-Deklaration. (Das bedeutet, ich machte aus Versehen aus einem Child ein Grandchild.) In jedem dieser Fälle zeigt mir der Schema-Compiler eine informative Fehlermeldung an.

Die generierten Klassen

Der vorangegangene Abschnitt hat mehr erklärt, als Sie vielleicht über die Deklarationen in einem Bindungsschema wissen wollen. Mit all dem in der Tasche ist es an der Zeit, das Bindungsschema zu kompilieren. (Einige Anmerkungen über den Start des Schema-Compilers finden sich früher in diesem Kapitel.)

Sehen Sie sich an diesem Punkt Abbildung 15.1 an. Sie haben den Code geschrieben, der sich in den oberen beiden Rechtecken befindet (die DTD und das Bindungsschema). Sie stehen davor, das Programm im obersten Oval auszuführen (den Schema-Compiler). In diesem Beispiel erzeugt eine Ausführung des Schema-Compilers *zwei* generierte Klassen – weil das Bindungsschema in Listing 15.4 zwei `type="class"`-Deklarationen verwendet. Die `Salesperson`- und die `Sale`-Deklaration haben jeweils `type="class"`-Attribute, daher erzeugt der Schema-Compiler zwei Dateien. Eine Datei heißt `Salesperson.java` und die andere `Sale.java`.

Die generierten Java-Quelldateien sind jeweils etwa 250 Zeilen lang, aber ich werde nicht zehn Seiten darauf verwenden, um Ihnen die generierten Quelldateien zu zeigen. Stattdessen zeige ich Ihnen ein paar Höhepunkte in den Listings 15.5 und 15.6.

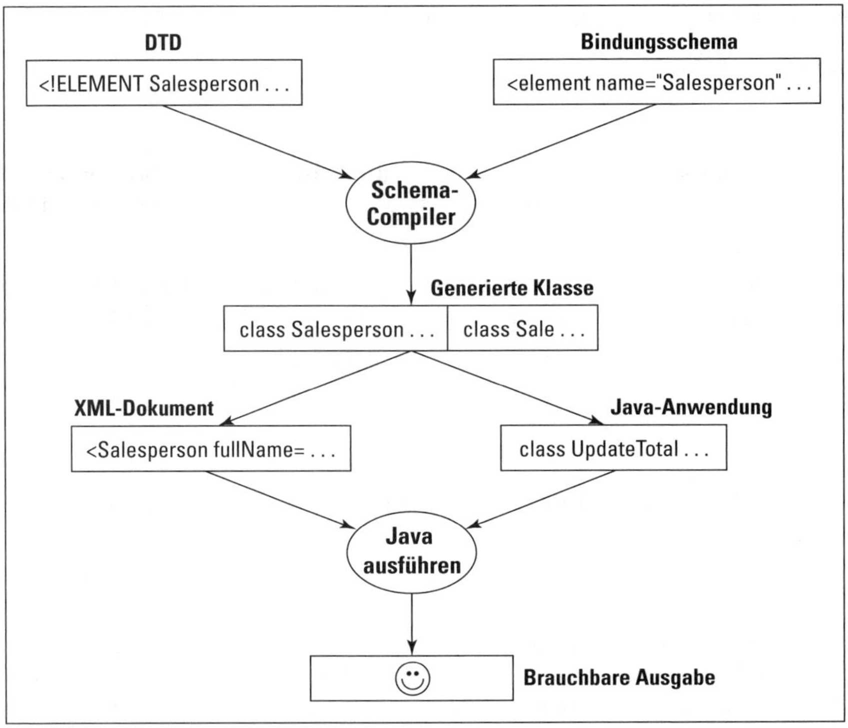

Abbildung 15.1: Generierte Klassen erzeugen und verwenden

```
/*
 * Dieses Listing ist unvollständig. Es kann so nicht kompiliert werden.
 * Es wurde so erstellt, dass es auf Ihren Bildschirm passt.
 * Um das komplette Listing zu erhalten, führen Sie den Schema-Compiler
 *    für die Listings 15.3 und 15.4 aus. Sie erhalten das komplette
 *    Listing auch unter www.mitp.de.
 */

public class Salesperson
    extends MarshallableRootElement
    implements RootElement
{

    private String _FullName;
    private double _Total;
    private boolean has_Total = false;
    private List _Sale =
       PredicatedLists.createInvalidating
       (this, new SalePredicate(), new ArrayList());
```

```
public String getFullName() {
    return _FullName;
}

public void setFullName(String _FullName) {
    this._FullName = _FullName;
    if (_FullName == null) {
        invalidate();
    }
}

public double getTotal() {
    if (has_Total) {
        return _Total;
    }
    throw new NoValueException("Total");
}

public void setTotal(double _Total) {
    this._Total = _Total;
    has_Total = true;
    invalidate();
}

public boolean hasTotal() {
    return has_Total;
}

public void deleteTotal() {
    has_Total = false;
    invalidate();
}

public List getSale() {
    return _Sale;
}

public void deleteSale() {
    _Sale = null;
    invalidate();
}

public void emptySale() {
    _Sale = PredicatedLists.createInvalidating
       (this, pred_Sale, new ArrayList());
}
```

```
    public static Salesperson unmarshal(InputStream in)
        throws UnmarshalException
    {
        return unmarshal(XMLScanner.open(in));
    }

}
```

Listing 15.5: Höhepunkte aus `Salesperson`

```
/*
 * Dieses Listing ist unvollständig. Es kann so nicht kompiliert werden.
 * Es wurde gekürzt, auch wenn ich sechzig weitere Seiten bis Montag
 *    abschicken soll.
 * Um das komplette Listing zu erhalten, führen Sie den Schema-Compiler
 *    für die Listings 15.3 und 15.4 aus. Sie erhalten das komplette
 *    Listing auch unter www.mitp.de.
 */

public class Sale
    extends MarshallableObject
    implements Element
{

    private String _ItemName;
    private double _UnitCost;
    private boolean has_UnitCost = false;
    private int _Quantity;
    private boolean has_Quantity = false;

    public String getItemName() {
        return _ItemName;
    }

    public void setItemName(String _ItemName) {
        this._ItemName = _ItemName;
        if (_ItemName == null) {
            invalidate();
        }
    }

    public double getUnitCost() {
        if (has_UnitCost) {
            return _UnitCost;
        }
        throw new NoValueException("UnitCost");
    }
```

```
    public void setUnitCost(double _UnitCost) {
        this._UnitCost = _UnitCost;
        has_UnitCost = true;
        invalidate();
    }

    public boolean hasUnitCost() {
        return has_UnitCost;
    }

    public void deleteUnitCost() {
        has_UnitCost = false;
        invalidate();
    }

    public int getQuantity() {
        if (has_Quantity) {
            return _Quantity;
        }
        throw new NoValueException("Quantity");
    }

    public void setQuantity(int _Quantity) {
        this._Quantity = _Quantity;
        has_Quantity = true;
        invalidate();
    }

    public boolean hasQuantity() {
        return has_Quantity;
    }

    public void deleteQuantity() {
        has_Quantity = false;
        invalidate();
    }

    public static Sale unmarshal(InputStream in)
        throws UnmarshalException
    {
        return unmarshal(XMLScanner.open(in));
    }
}
```

Listing 15.6: Höhepunkte aus `Sales`

Die erzeugten Dateien besitzen alles, was Sie brauchen, um ein Salesperson-Dokument wie ein Java-Objekt zu behandeln. (Ich schätze, Verkäufer werden immer wie Objekte behandelt.)

Beachten Sie im Speziellen die Deklaration von _Sale in Listing 15.5; die _Sale-Variable speichert eine Java-List. Schauen Sie sich nun noch einmal Listing 15.1 an und Sie werden sehen, dass ein Salesperson-Element mehrere Sale-Unterelemente besitzen kann. Der Schema-Compiler bearbeitet die sich wiederholenden Unterelemente, indem er eine Java-List erzeugt.

Die generierten Klassen verwenden

Wenn Sie sich noch einmal Abbildung 15.1 ansehen, können Sie erkennen, wo wir uns im Gesamtschema befinden. Der vorige Abschnitt versorgte uns mit einigen generierten Klassen – die Klassen, die in den Dateien Salesperson.java und Sale.java beschrieben sind. Nun benötigen wir also eine Java-Anwendung. Die Anwendung nimmt die generierten Klassen, führt sie einer vernünftigen Anwendung zu und erzeugt eine lohnenswerte Ausgabe. Diese Java-Anwendung (Listing 15.7) aktualisiert die Gesamtsumme in Salesperson.xml aus Listing 15.1.

```
import java.io.FileInputStream;
import java.io.FileOutputStream;
import java.io.IOException;
import java.io.FileNotFoundException;

import javax.xml.bind.UnmarshalException;
import javax.xml.bind.StructureValidationException;

import java.util.List;
import java.util.Iterator;

class UpdateTotal
{
    static Salesperson salesperson;

    public static void main(String args[])
        throws IOException, UnmarshalException
    {
        Sale sale;

        String fullName;
        double total, newTotal;
        String itemName;
        double unitCost;
        int quantity;
```

```
        List saleList;
        Iterator saleIterator;

        salesperson = readSalesperson();

        fullName = salesperson.getFullName();
        total = salesperson.getTotal();
        newTotal=total;

        saleList = salesperson.getSale();
        saleIterator = saleList.iterator();

        System.out.println(fullName + " sold");

        while (saleIterator.hasNext())
        {
            sale = (Sale)saleIterator.next();

            itemName = sale.getItemName();
            unitCost = sale.getUnitCost();
            quantity = sale.getQuantity();
            newTotal += unitCost*quantity;

            System.out.print("\t" + quantity);
            System.out.println(" " + itemName + "s");

            saleIterator.remove();
        }

        salesperson.setTotal(newTotal);
        writeSalesperson();
    }

    static Salesperson readSalesperson()
        throws FileNotFoundException, UnmarshalException
    {
        FileInputStream salespersonIn =
            new FileInputStream("Salesperson.xml");

        salesperson = Salesperson.unmarshal(salespersonIn);

        return salesperson;
    }

    static void writeSalesperson()
        throws IOException, StructureValidationException
    {
```

```
        FileOutputStream salespersonOut =
            new FileOutputStream("Salesperson.xml");

        salesperson.validate();
        salesperson.marshal(salespersonOut);
    }
}
```

Listing 15.7: Die Gesamtsumme aktualisieren

Listing 15.7 illustriert die enorme Leistungsfähigkeit der JAXB-Verarbeitung. Wenn dies ein DOM-Programm wäre, würden wir uns durch einen Morast von rekursiven Methodenaufrufen wühlen. Wir würden den Dokumentknoten abrufen, einen rekursiven Aufruf an den `Salesperson`-Knoten durchführen und einen weiteren rekursiven Aufruf, um den `Total`-Knoten zu erfassen. Mit JAXB in Listing 15.7 machen wir dasselbe in zwei Zeilen:

```
salesperson = readSalesperson();
total = salesperson.getTotal();
```

Andere Teile der Dokumentstruktur sind genauso einfach. Um beispielsweise das `ItemName`-Element in einem `sale`-Element abzurufen, verwenden wir folgenden Aufruf:

```
itemName = sale.getItemName();
```

Wenn es irgendetwas Vertracktes in Listing 15.7 gibt, ist es der Umgang mit einer Verkaufsliste. Ein Aufruf von `salesperson.getSale` gibt eine Java-`List` zurück. Es gibt eine Liste von `Sale`-Elementen innerhalb des `Salesperson-root`-Elements. Obwohl Sie auf verschiedene Weise die Einträge einer Liste bearbeiten können, ist dies am elegantesten mit einem Java-`Iterator` möglich.

In Listing 15.7 erhalten wir eine `Iterator`-Instanz, indem wir `saleList.iterator` aufrufen. Dann initiieren wir eine Schleife und führen die Aufrufe der `next`-Methode des Iterators durch. Jeder Aufruf von `next` fördert ein weiteres Objekt der Liste zutage.

Mit einem Objekt aus der Liste zur Hand sind wir beinahe bereit, `getUnitCost` und `getQuantity` aufzurufen. Die einzige Hürde ist, dass jeder Eintrag in einer Java-`List` vom Typ `Object` und nicht vom Typ `Sale` ist. Um also alles aus der `next`-Methode herauszuholen, führen wir eine Konvertierung durch:

```
sale = (Sale)saleIterator.next();
```

Da wir nun ein vollwertiges `Sale`-Objekt besitzen, können wir `getUnitCost` und `getQuantity` aufrufen. Mit den Ergebnissen dieser Aufrufe können wir anfangen, die Gesamtsumme zu aktualisieren.

Ein Dokument schreiben

Der Marshalling-Code in Listing 15.7 schreibt ein XML-Dokument in eine Datei. Die Datei, die geschrieben wird, ist in Listing 15.2 aufgeführt. Beachten Sie wiederum, dass das Dokument in Listing 15.2 keine `Sale`-Elemente besitzt. Wenn wir ein `Sale`-Element verwendet haben, um die Gesamtsumme zu aktualisieren, benötigen wir dieses Element nicht mehr.

In Listing 15.7 entfernen wir ein `sale`-Element mit einem Aufruf von `saleIterator.remove`. Die `remove`-Methode eines Iterators löscht einen Eintrag aus der dem Iterator zugrunde liegenden Liste. Wenn wir also den Marshalling-Code erreichen, besitzt die Klasse keine `Sale`-Elemente mehr.

Die Java-Klassen `List` und `Iterator` besitzen ihre eigenen `remove`-Methoden. Listing 15.7 verwendet die `remove`-Methode des Iterators, die viel einfacher zu verwenden ist als die `remove`-Methode der Liste. Die `remove`-Methode der Liste verwendet einen Index, und es ist einfach, die Übersicht über die Listenindexe zu verlieren. Das Entfernen eines Eintrags führt dazu, dass die Liste schrumpft, so dass sich der Zählerstand der Einträge ändert – wodurch es vertrackt wird, einen Schleifenzähler in Ihrem Code zu verwenden. Im Gegensatz dazu kümmert sich die `remove`-Methode des Iterators für Sie um die Indexe. Ein Aufruf an die `remove`-Methode des Iterators bringt keinen Folgeaufruf der `next`-Methode desselben Iterators durcheinander (deshalb ist der Einsatz der `remove`-Methode des Iterators sehr sicher).

Auf den Bildschirm schreiben

Ich werde richtig aufgeregt beim Marshalling und Erzeugen eines neuen XML-Dokuments, so dass ich leicht die Befehlzeilenausgabe vergesse. Wenn Sie den Code in Listing 15.7 ausführen, erhalten Sie die Ausgabe, die in Abbildung 15.2 zu sehen ist. Die Ausgabewerte stammen freundlicherweise von einigen Methoden, die zu der generierten Klasse gehören. Die Methoden, die ich in Listing 15.2 für diesen Zweck verwendet habe, sind `getFullName`, `getQuantity` und `getItemName`.

Abbildung 15.2: Ausgabe aus Listing 15.7 in der Eingabeaufforderung Ihres Computers

Ein Bindungsschema verändern

Die Zahl `1405.0` in Listing 15.2 stört Sie womöglich ein wenig. Diese Zahl repräsentiert einen Dollarbetrag, sieht aber nicht wie ein Dollarbetrag aus. (Was ist los? Ist die Inflation so schlimm, dass Cents nicht mehr wichtig sind?)

Den String-Standardwert verwenden

Um die Art zu ändern, in der die Gesamtsumme in Listing 15.2 formatiert ist, können Sie aus mehreren verschiedenen Tricks auswählen. Der brachiale Trick ist, zurück zum Bindungsschema zu gehen (Listing 15.4) und `convert="double"` aus dem `Total`-Tag zu löschen. Das Löschen von `convert="double"` verwandelt `Total` in einen Wert vom Typ `String`. Aber dann in Listing 15.7 müssen Sie `total` zu einer Variablen vom Typ `String` konvertieren. Natürlich können Sie, wenn `total` ein `String` ist, nicht länger Zahlen zu `total` hinzufügen.

Bis Sie fertig sind, haben Sie genug gebastelt, um die Erzeugung einer brandneuen Unterklasse zu gewährleisten, wie die in Listing 15.8 dargestellte. Die neue, gut formatierte XML-Ausgabe mit dieser Unterklasse ist in Listing 15.9 zu sehen.

```
import java.text.NumberFormat;

import java.io.IOException;
import javax.xml.bind.UnmarshalException;
import java.util.List;
import java.util.Iterator;

class UpdateCurrencyTotal extends UpdateTotal
{
    public static void main(String args[])
        throws IOException, UnmarshalException
    {
        Sale sale;

        String fullName;
        String total, newTotal;
        double doubleTotal;

        String itemName;
        double unitCost;
        int quantity;

        List saleList;
        Iterator saleIterator;

        salesperson = readSalesperson();

        fullName = salesperson.getFullName();
        total = salesperson.getTotal();
        doubleTotal = Double.parseDouble(total);

        saleList = salesperson.getSale();
        saleIterator = saleList.iterator();
```

```
        System.out.println(fullName + " sold");

        while (saleIterator.hasNext())
        {
            sale = (Sale)saleIterator.next();

            itemName = sale.getItemName();
            unitCost = sale.getUnitCost();
            quantity = sale.getQuantity();
            doubleTotal += unitCost*quantity;

            System.out.print("\t" + quantity);
            System.out.println(" " + itemName + "s");

            saleIterator.remove();
        }

        NumberFormat currency =
            NumberFormat.getCurrencyInstance();
        newTotal = currency.format(doubleTotal);
        salesperson.setTotal(newTotal);
        writeSalesperson();
    }
}
```

Listing 15.8: Die `UpdateTotal`-Klasse erweitern

```
<?xml version="1.0" encoding="UTF-8"?>

<Salesperson fullName="Barry Burd">
    <Total>$1,405.00</Total></Salesperson>
```

Listing 15.9: Ein echter Dollarbetrag

Zu einem Klassentyp konvertieren

Listing 15.8 besitzt eine Menge Konvertierungscode. In dem Listing wechseln Sie vom `String`-Wert `total` zum `double`-Wert `doubleTotal` und dann zurück zu einem `String`-Wert (`newTotal`). Vielleicht gibt es eine Möglichkeit, diese Ping-Pong-Bewegung der Werte im Code zu vereinfachen, bevor jemand einen steifen Hals bekommt.

Die `unmarshal`- und `marshal`-Methoden führen hinter den Kulissen einige Konvertierung durch. Sie benötigen nur einen Java-Typ, der anmutig zwischen numerischen und String-Repräsentationen konvertiert.

Der gesuchte Typ heißt `java.math.BigDecimal`. Dieser Typ besitzt einige sehr nette Funktionen:

- ✔ Wenn Sie ein `BigDecimal`-Objekt aus einem String erzeugen, merkt sich der Konstruktor die Genauigkeit im String. Wenn Sie beispielsweise ein `BigDecimal`-Objekt aus `1130.00` erzeugen, merkt sich das Objekt zwei Ziffern hinter dem Dezimalpunkt.
- ✔ Sie können Berechnungen mit Methoden der `BigDecimal`-Klasse durchführen. Sie müssen nicht von `String` zu `double` oder von `double` zurück zu `String` konvertieren.

Damit ist die Sache erledigt. Wir müssen uns ein Beispiel ansehen, das die `BigDecimal`-Klasse verwendet. Als Erstes müssen wir das Bindungsschema darüber informieren, dass wir beabsichtigen, `BigDecimal` zu verwenden. Listing 15.10 zeigt das überarbeitete Bindungsschema.

```
<?xml version="1.0" encoding="UTF-8"?>
<!-- Salesperson.xjs -->

<xml-java-binding-schema version="1.0-ea">
    <element name="Salesperson" type="class" root="true">
        <attribute name="fullName"/>
        <content>
            <element-ref name="Total"/>
            <element-ref name="Sale"/>
        </content>
    </element>

    <element name="Total" type="value" convert="BigDecimal"/>

    <element name="Sale" type="class">
        <content>
            <element-ref name="ItemName"/>
            <element-ref name="UnitCost"/>
            <element-ref name="Quantity"/>
        </content>
    </element>

    <element name="ItemName" type="value"/>
    <element name="UnitCost" type="value" convert="double"/>
    <element name="Quantity" type="value" convert="int"/>

    <conversion name="BigDecimal"
                type="java.math.BigDecimal"/>
</xml-java-binding-schema>
```

Listing 15.10: Zu `BigDecimal` konvertieren

Listing 15.10 enthält eine neu entdeckte Deklaration. Sie wird als *Konvertierungsdeklaration* bezeichnet. Mit einer Konvertierungsdeklaration verweisen Sie auf den vollen Namen einer Java-Klasse. In Listing 15.10 legen Sie beispielsweise fest, dass `BigDecimal` ein Kurzname für `java.math.BigDecimal` ist. (Sie könnten auch festlegen, dass `FishStick` ein Spitzname für `java.math.BigDecimal` ist. Aber warum sollten Sie das tun?)

Eine Konvertierungsdeklaration steht für ein gesamtes Bindungsschema. Wenn Sie in Listing 15.10 beispielsweise `Total` und `UnitCost` zu `BigDecimal` konvertieren wollen, können Sie das mit nur einer Konvertierungsdeklaration tun.

Nach der Konvertierung zu einem `BigDecimal` ist der Code, der die Gesamtsumme aktualisiert, sanft wie Seide. Der Code ist in Listing 15.11 zu sehen. Das resultierende Dokument `Salesperson.xml` befindet sich in Listing 15.12.

```
import java.text.NumberFormat;

import java.io.IOException;
import javax.xml.bind.UnmarshalException;
import java.util.List;
import java.util.Iterator;

import java.math.BigDecimal;

class UpdateBigDecimal extends UpdateTotal
{
    public static void main(String args[])
        throws IOException, UnmarshalException
    {
        Sale sale;

        String fullName;
        BigDecimal total, newTotal;
        String itemName;
        double unitCost;
        int quantity;

        List saleList;
        Iterator saleIterator;

        salesperson = readSalesperson();

        fullName = salesperson.getFullName();
        total = salesperson.getTotal();
        newTotal=total;

        saleList = salesperson.getSale();
        saleIterator = saleList.iterator();
```

```
        System.out.println(fullName + " sold");

        while (saleIterator.hasNext())
        {
            sale = (Sale)saleIterator.next();

            itemName = sale.getItemName();
            unitCost = sale.getUnitCost();
            quantity = sale.getQuantity();
                newTotal =
                newTotal.add(new BigDecimal(unitCost*quantity));

            System.out.print("\t" + quantity);
            System.out.println(" " + itemName + "s");

            saleIterator.remove();
        }

        salesperson.setTotal(newTotal);
        writeSalesperson();
    }

}
```

Listing 15.11: Die `BigDecimal`-Klasse verwenden

```
<?xml version="1.0" encoding="UTF-8"?>

<Salesperson fullName="Barry Burd">
    <Total>1405.00</Total></Salesperson>
```

Listing 15.12: Marshal's Delicious Mystery Appetizer

Listing 15.11 reduziert den schwerfälligen Konvertierungscode auf nur eine Anweisung – die `unitCost*quantity` zu `newTotal` hinzufügt. Für diese Ausführung guten Codes schulden wir Javas `BigDecimal`-Klasse Dank. Aber wir schulden auch JAXB Dank. Mit dem JAXB-Bindungsschema können wir uns nahtlos von einem XML-Dokument zur bequemen, natürlichsten Java-Klasse bewegen. (Ah, Fortschritt.)

Teil III

Spezialwerkzeuge für die Webdienst-Revolution

»Na, das ist festlich - ein Miniatur-Intranet inmitten eines Schwarms von Java-Applets.«

In diesem Teil ...

Wenn Sie mit Java und XML Geld verdienen wollen, überspringen Sie nicht diesen Teil des Buches. Jeder begeistert sich für Webdienste, und dieser Teil des Buches enthält die Werkzeuge, mit denen Sie loslegen können. Sie können Dienste erzeugen, Dienste verwenden und die Dienste anderer Leute finden.

Das erste dieser Kapitel befasst sich mit den Webdienst-Techniken und geht dann in die Details. Die verbleibenden zwei Kapitel holen zu einem Rundumschlag aus. So oder so arbeiten Sie mit Webdiensten – der nächsten großen Welle in der Informationstechnologie.

SOAP-Nachrichten mit JAXM versenden

16

In diesem Kapitel

- Nachrichten über das Netz senden
- Unternehmen finden
- Anfragen zu Unternehmen beantworten

Dieses Kapitel ist meiner Tante Nettie gewidmet, die gut darin war, Leuten beim Wiederfinden von Dingen zu helfen. Wenn man seine Schlüssel verloren hatte, wusste Nettie genau, welche Fragen sie stellen musste. Wann hattest du sie noch? Wo warst du heute? Wo bewahrst du sie normalerweise auf? Wenn irgendjemand helfen konnte, die Schlüssel wiederzufinden, dann Nettie.

Ich denke, sie konnte auch dabei helfen, immaterielle Dinge zu finden. Welche Art von Fakten benötigst du für deinen Aufsatz? Wo war deine Freundin, als sie auf mysteriöse Weise verschwand? Die Parser welcher Händler unterstützen die neueste Version von SAX?

Wenn Nettie noch da wäre, dann bräuchten wir keine UDDI-Anfragen, die Unternehmenslisten durchsuchen. Benötigen Sie ein Unternehmen, das einen Online-Nachrichtenticker über Aktienkurse anbietet? Formulieren Sie einfach Ihr Bedürfnis als UDDI-Anfrage! Wünschen Sie einen Dienst, der den Versand Ihres Online-Shops protokolliert? Senden Sie eine Anfrage an eine Registrierung und rufen Sie eine Liste von entsprechenden Diensten ab.

Nettie würde UDDI nicht als eine Form von Wettkampf betrachten. Sie würde die Notwendigkeit nach schnellen, effizienten Suchen in unserem heutigen umtriebigen Markt verstehen. Sie würde die Art zu schätzen wissen, in der die UDDI-Standards den Übergang vom Konzept zur Produktion beschleunigen. Sie würde UDDI als einen bedeutenden Bestandteil des heutigen Webdienst-Paradigmas betrachten. Und außerdem: Wenn Sie jeden Ihrer Autoschlüssel verlören, bräuchten Sie immer noch meine Tante Nettie.

Nachrichten senden und empfangen

Sie möchten also gerne eine Million Euro verdienen? Und das soll schnell gehen. Springen Sie einfach auf den großen Webdienstzug auf. Heutzutage sind Webdienste der letzte Schrei. Unter den Unternehmen, die heftig in Webdienste investieren, sind Microsoft, Microsoft und Microsoft. (Mit dem .NET Framework setzt Microsoft alles auf den Bedarf nach Webdienstwerkzeugen.) Mit Webdiensten können Unternehmen Daten und Anwendungen gemeinsam nutzen, ohne mit der Unternehmenswimper zu zucken. Es ist also an der Zeit, dass Sie sich diese heiße, neue Technologie ansehen.

Es gibt in Kapitel 1 eine Fibel über Webdienste. Die grundlegende Idee ist, dass ein Webdienst eine gemeinsam genutzte Anwendung ist. Unternehmen A stellt einen Dienst im Web zur Verfügung, und Unternehmen B gliedert diesen Dienst in seine eigenen Bearbeitungsroutinen ein. Diese Eingliederung findet mit nur wenig menschlichem Dazutun statt, weil bestimmte Standards und Werkzeuge auf diese Aufgabe ausgerichtet sind.

Webdienste repräsentieren den nächsten Sprung im gemeinsam genutzten, verteilten Computerwesen. Mit Webdiensten können Unternehmen den Prozess der Generierung ausgefeilter Software-Anwendungen automatisieren. Sie liefern nicht länger kostspielige Software von einem Ort zum anderen oder laden ein unabhängiges Exemplar eines Software-Produktes herunter. Stattdessen verwenden Sie eine Software, die sich in einem zentralen Magazin befindet. Diese Software passt in Ihren eigenen Code, so als ob sie dafür geschaffen wäre, und die Übertragung von Befehlen und Daten ist voll automatisiert.

Standards, Standards, Standards

Webdienste nutzen Daten *und Aufgaben* gemeinsam über das Internet. Die große Frage ist also, wie diese gemeinsame Nutzung vor sich geht. Wir benötigen Standards jeglicher Art – zur gemeinsamen Nutzung von Bits, zur gemeinsamen Nutzung von reinen Daten und zur gemeinsamen Nutzung von Befehlen auf hoher Ebene.

Glücklicherweise gibt es keinen Mangel an Standards. Es gibt drei sehr nette, die Ihnen helfen können, Webdienste ins Leben zu rufen.

- ✔ **UDDI: Universal Description, Discovery and Integration**

  Mit XML-basierten UDDI-Standards listen Unternehmen ihre Dienste in zentralisierten Registern auf. Diese Register speichern Informationen über die Unternehmen sowie Beschreibungen der Webdienste, die diese Unternehmen anbieten.

  Wenn Sie nach einer bestimmten Art von Dienst suchen, müssen Sie nicht die Website eines Registers durchsuchen. Stattdessen automatisieren Sie den Suchprozess, indem Sie UDDI-Abfragen an den Server des Registers senden. Wenn Ihr Unternehmen hohe Verarbeitungsanforderungen stellt, dann ist die automatisierte Suche von enormem Nutzen.

- ✔ **WSDL: Die Web Services Description Language**

  Wenn Sie sich einmal entschieden haben, einen bestimmten Webdienst zu nutzen, müssen Sie diesen Dienst in Ihre bestehende Software-Struktur einbinden. Üblicherweise ist es sehr schmerzlich, verschiedene Software-Produkte am Ende der Entwicklung zur Zusammenarbeit zu bewegen. Ein Produkt läuft unter Windows, das andere unter Linux. Ein Produkt verwendet eine Access-Datenbank, das andere eine Oracle-Datenbank. Ein Produkt ist in Java geschrieben, das andere in COBOL. Keines der Produkte ist gut dokumentiert. (Die Entwickler jedes Produktes sind damit beschäftigt, ihr Revier zu verteidigen.)

Hier kommt WSDL als Retter. Mit WSDL beschreibt der Anbieter eines Webdienstes die genauen Schnittstellen, die der Dienst bietet. Um den Dienst nutzen zu können, muss Ihr Unternehmen nur den WSDL-Code interpretieren. Und die Interpretation des WSDL-Codes kann von einem Programm erledigt werden. Indem Sie Software ausführen, können Sie die WSDL-Beschreibung eines Webdienstes verwenden, um Aufrufe an diesen Dienst durchzuführen.

Nebenbei, was glauben Sie, auf welcher Auszeichnungssprache WSDL basiert? Schauen wir mal. Könnte es möglicherweise XML sein?

- ✔ **SOAP: Das Simple Object Access Protocol**

  SOAP ist ein Standard zum Senden von Daten und Befehlen über Internetleitungen. Mit SOAP können Sie UDDI-Nachrichten, WSDL-Nachrichten und fast jede andere Art von Nachrichten senden.

  Mit SOAP ummanteln Sie die Daten in einem XML-Dokument. Sie senden dieses Dokument an einen anderen Nutzer, ein anderes Unternehmen oder an einen Androiden in einer anderen Galaxie. Wenn der Empfänger die SOAP-Nachricht entpackt, interpretiert er die SOAP-Daten und reagiert darauf. Weil SOAP standardisiert ist, werden die Informationen in der SOAP-Nachricht korrekt interpretiert.

Die meisten SOAP-Nachrichten reisen genauso über das Internet, wie Webseiten zum Webbrowser Ihres Computers gelangen. Diese Nachrichten verwenden das HTTP-Protokoll. Wie alles, was mit Netzwerken zu tun hat, ist auch der Satz der Protokolle, die Sie für Webdienste verwenden, mehrschichtig aufgebaut.

Die Schichten sind in Abbildung 16.1 illustriert. Die Entwicklung von Webdiensten beruht auf UDDI und WSDL, das auf SOAP beruht, das wiederum auf HTTP beruht usw.

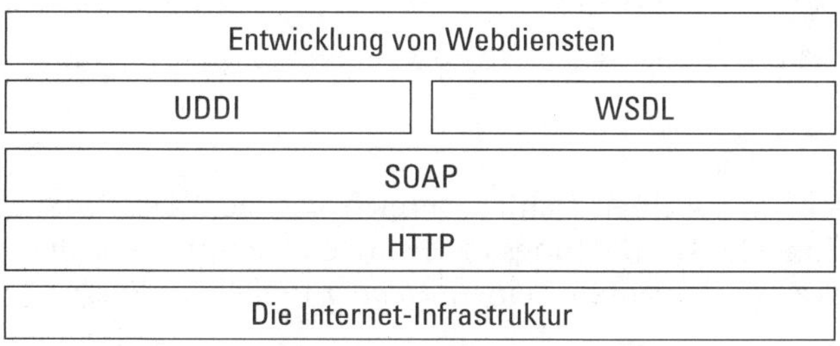

Abbildung 16.1: Die Schichtung von Protokollen

SOAP

UDDI und WSDL basieren auf SOAP. Die grundlegende Aufgabe in den nächsten Kapiteln ist es also, SOAP-Nachrichten zusammenzusetzen, zu senden und zu entpacken. Das ist nicht allzu schwierig, weil eine SOAP-Nachricht in erster Linie ein XML-Dokument ist. Aber eine SOAP-Nachricht hat eine spezielle Struktur, wie in Abbildung 16.2 dargestellt.

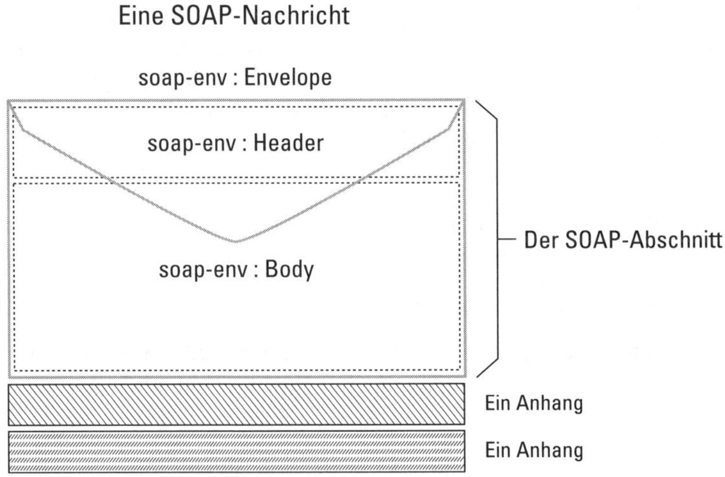

Abbildung 16.2: Die Anatomie einer SOAP-Nachricht

Für die meisten Zwecke sind die Ausdrücke »SOAP-Nachricht« und »SOAP-Dokument« austauschbar. Die Worte »SOAP-Nachricht« betonen die Übermittlung von Inhalt, und der Ausdruck »SOAP-Dokument« erinnert uns daran, dass alles nur XML-Text ist. Interpretieren Sie nicht zu viel in meine Verwendung beider Ausdrücke hinein. (Gelegentlich schalte ich aus Gründen der Abwechslung hin und her.)

Eine SOAP-Nachricht besteht aus einem *SOAP-Teil* und *Anhang-Teilen*. Der SOAP-Teil ist für uns – die XML-Fanatiker – am interessantesten. Der SOAP-Teil besteht aus nur einem XML-Dokument namens *SOAP-Envelope* (engl. für Umschlag, Kuvert). Das Root-Element des Dokuments heißt demgemäß `Envelope`.

```
<Envelope xmlns="http://schemas.xmlsoap.org/soap/envelope/">
...
</Envelope>
```

Ein SOAP-Dokument muss einen Namensbereich besitzen. Das Dokument braucht keine `DOCTYPE`-Deklaration oder Bearbeitungsanweisungen zu enthalten. Die Innereien des Dokuments bestehen aus zwei Elementen – einem *Header* und einem *Body*.

- **Der optionale Header enthält Informationen über die Handhabung der SOAP-Nachricht.**

  Stammt diese Nachricht wirklich vom Benutzer Barry Burd? Möchte Barry, dass alle Nachrichtendaten gleichzeitig bearbeitet werden (oder ist ein Teil der Bearbeitung optional)? Welchen Betrag wird Barry für die Bearbeitung der Daten in Rechnung stellen? Diese und weitere Belange können im Header einer SOAP-Nachricht beschrieben werden.

- **Der Body enthält Textdaten.**

  Daten, die effizient mit Text repräsentiert werden können, stehen im Body einer SOAP-Nachricht. Beispielsweise können die Gesamtsumme eines Verkäufers oder die Zutaten für ein fettiges Käsesteak im Body einer SOAP-Nachricht übermittelt werden. Alles in einem gewöhnlichen XML-Dokument kann in den Body einer SOAP-Nachricht verwandelt werden.

Wenn eine SOAP-Nachricht irgendwelche Anhang-Teile enthält, dann besteht jeder Anhang aus binären Daten. Weil ein Anhang kein Text ist, kann ein Anhang alles sein, was Sie wollen. Er kann ein Bild sein, ein Word-Dokument, ein *Für-Dummies*-Kapitel oder was auch immer. Meistens sende ich SOAP-Nachrichten, die keine Anhänge haben.

Listing 16.1 enthält eine kurze SOAP-Nachricht. Diese Nachricht hat keine Anhänge, daher ist die gesamte Nachricht ein einziges XML-Dokument. Die Nachricht startet mit dem `Envelope`-Tag und enthält sowohl `Header`- als auch `Body`-Elemente.

```
<soap-env:Envelope xmlns:soap-env=
       "http://schemas.xmlsoap.org/soap/envelope/">
    <soap-env:Header/>
    <soap-env:Body>
        <find_business xmlns="urn:uddi-org:api" generic="1.0">
            <name>Computer</name>
        </find_business>
    </soap-env:Body>
</soap-env:Envelope>
```

Listing 16.1: Eine SOAP-Nachricht

Mehr Informationen über den SOAP-Standard finden Sie unter `www.oasis-open.org/cover/soap.html` oder `www.w3c.org/2002/ws`.

Eine UDDI-Abfrage zusammenstellen und versenden

Unser Ziel ist es, Code zu schreiben, der eine SOAP-Nachricht sendet. Die Nachricht, die wir senden werden, ist in Listing 16.1 zu sehen. Diese spezielle SOAP-Nachricht ist eine UDDI-Abfrage. Die Abfrage fragt nach einer Liste von Unternehmen mit der Zeichenfolge `Computer` im Namen.

Wenn Sie diese Nachricht an ein UDDI-Register senden, sendet das Register eine weitere SOAP-Nachricht an Sie zurück. Die Nachricht, die Sie erhalten, listet die Unternehmen auf, die in der Datenbank des Registers gespeichert sind.

Die vielen Versionen von JAXM

Der Code in diesem Kapitel verwendet JAXM – die *Java API for XML Messaging*. Während ich diese Worte schreibe, ist die JAXM-API eine *frühe Einstiegsversion*. Das bedeutet, dass die Software noch nicht einmal ein Beta-Produkt ist. Natürlich ist der Unterschied zwischen einer frühen Einstiegsversion und einer Beta-Version, was immer Sie wollen. Ich habe Beta-Produkte gesehen, die nicht so ausgereift waren wie diese frühe Einstiegsversion von JAXM.

In jedem Fall enthält das JAXM-Entwicklerforum Einträge mit Bemerkungen wie »Diese Klasse wurde seit der frühen Einstiegsversion 0.0001 abgelehnt« und »Wir planen, eine Methode hinzuzufügen, die String-Argumente akzeptiert«. Die Dinge ändern sich schnell zwischen der frühen Einstiegsversion und der endgültigen Version. Daher ist das Material in diesem Kapitel ein bewegliches Ziel. Wenn Sie versuchen, meinen Code auszuführen und eine übel aussehende Fehlermeldung erhalten, überprüfen Sie die JAXM-API-Dokumentation. Vielleicht hat sich ein Methodenname geändert, und Sie können die Sache schnell beheben. Sie können auch auf meiner Website nach Aktualisierungen suchen: `www.users.drew.edu/bburd`.

Ihren Computer für die Verwendung von JAXM einrichten

Die JAXM-Pakete sind nicht Bestandteil der Java-Kern-API. Um also die Beispiele dieses Kapitels ausführen zu können, müssen Sie JAXM herunterladen. Sie finden die API unter `java.sun.com/xml/jaxm`.

Wenn Sie das Produkt herunterladen und sich die Dokumentation ansehen, empfinden Sie die Anleitung vielleicht als ein wenig einschüchternd. In der Version, die ich besitze, beginnt die Anleitung mit sieben oder acht Schritten, die die Installation eines Webservers betreffen sowie das Kopieren von Dateien zwischen Verzeichnissen. Die gute Nachricht ist, dass Sie das vielleicht nicht alles tun müssen.

- ✔ **Um eine UDDI-Abfrage an ein vorhandenes Register zu senden, genügt eine minimale Software-Konfiguration.**

  Das erste große Beispiel in diesem Kapitel sendet eine Abfrage an ein öffentliches Register bei `ibm.com`. Um das Register abzufragen, führen Sie einfach den Code in Listing 16.3 aus. Natürlich kann das Ausführen des Codes mit einigen Voraussetzungen verbunden sein. Beispielsweise müssen Sie vielleicht den Systemklassenpfad so einrichten, dass er auf eine oder mehrere der folgenden JAR-Dateien zeigt: `jaxm.jar`, `jaxm-client.jar`, `mail.jar`, `activation.jar`, `dom4j.jar`, `log4j.jar`.

  Die JAR-Dateien, die Sie benötigen, gehören zum JAXM-Download. Um mehr über die Einrichtung Ihres Systemklassenpfads zu erfahren (etwas, das ich nicht gerne tue), sehen Sie in Kapitel 2 nach.

- ✔ **Um auf eine Abfrage zu antworten, benötigen Sie eine etwas komplexere Konfiguration.**

  Das zweite große Beispiel dieses Kapitels generiert eine Antwort auf eine UDDI-Abfrage. Hierfür muss der Code die Abfrage empfangen, und der übliche Kanal zum Empfang solcher Abfragen ist das World Wide Web. Also benötigen Sie einen Mini-Webserver, um das zweite Beispiel in diesem Kapitel auszuführen.

  Kapitel 13 beschreibt den Download und die Installation eines Servers namens Tomcat. Sobald Sie über die Tomcat-Setup-Datei verfügen, benötigen Sie nicht länger eine

Internetverbindung. (Sie können Abfragen von Ihrem eigenen Computer an Ihren eigenen Computer senden. Ich mache das die ganze Zeit.) Sie sollten allerdings überprüfen, ob JAXM besondere Anforderungen stellt, die die Ausführung von Tomcat betreffen. Die frühe Einstiegsversion von JAXM verlangt beispielsweise, dass einige Dateien in die Tomcat-Verzeichnisse `common/lib` und `webapps` kopiert werden. Glücklicherweise ist die JAXM-Dokumentation sehr genau.

Eine UDDI-Antwort

Sehen Sie sich noch einmal die SOAP-Nachricht in Listing 16.1 an. Diese Nachricht ist eine UDDI-Abfrage. Die Abfrage fordert alle Unternehmen an, die die Zeichenfolge `Computer` im Namen enthalten. Wenn ich diese Abfrage zusammensetze und an `http://www-3.ibm.com/services/uddi/testregistry/inquiryapi` sende, erhalte ich die Antwort aus Listing 16.2.

```
<?xml version="1.0" encoding="UTF-8"?>
<Envelope xmlns="http://schemas.xmlsoap.org/soap/envelope/">
    <Body>
        <businessList generic="1.0" xmlns="urn:uddi-org:api"
        operator="www.ibm.com/services/uddi"
        truncated="false">
            <businessInfos>
                <businessInfo businessKey=
                "0FB2B330-00D2-11D6-8C49-0004AC49CC1E">
                    <name>Computer Hardware</name>
                    <description xml:lang="en">Real Time
                    Procurement of Computer Hardware via Internet
                    </description>
                    <serviceInfos/>
                </businessInfo>
            <businessInfo businessKey=
            "29064E10-36C3-11D6-83CD-000C0E00ACDD">
                    <name>ComputersToYou</name>
                    <description xml:lang="en"/>
                    <serviceInfos>
                        <serviceInfo serviceKey=
                        "348B5E00-36CE-11D6-83CD-000C0E00ACDD"
                        businessKey=
                        "29064E10-36C3-11D6-83CD-000C0E00ACDD">
                      <name>DomainRegistrationService</name>
                      </serviceInfo>
                      <serviceInfo serviceKey=
      ...   Etc.
```

Listing 16.2: Eine Antwort aus einem UDDI-Register

Um ehrlich zu sein, erhalte ich eine Antwort, die größer ist als die in Listing 16.2. Und die echte Antwort ist nicht hübsch gestaltet oder mit Zeilenumbrüchen versehen. Ich habe die Elementnamen fett markiert, so dass die Struktur der Antwort hervorsticht. Beachten Sie bitte einige wichtige Dinge:

✔ **Die Antwort in Listing 16.2 ist eine SOAP-Nachricht.**

Die Antwort verwendet ein `Envelope`-Element und besitzt einen Body. Glauben Sie mir, diese Antwort folgt all den anderen Regeln und Gesetzen, denen SOAP-Nachrichten folgen sollen.

✔ **Die Antwort listet verschiedene Unternehmen auf, jede in ihrem eigenen `businessInfo`-Element.**

Alle `businessInfo`-Elemente sind Children eines großen `businessInfos`-Elements. Die Wörter `businessInfo` und `businessInfos` sind Bestandteil des UDDI-Standards.

Listing 16.2 enthält Unternehmen namens `Computer Hardware` und `ComputersToYou`. Eine vollständige Auflistung kann Hunderte, vielleicht sogar Tausende von Unternehmen zurückgeben.

✔ **Die Antwort verwendet zwei verschiedene Arten von `name`-Elementen.**

Ich unterstreiche diese Tatsache, weil sie dazu neigt, Leute zu irritieren. Jedes Unternehmen hat einen Namen, jedes Unternehmen listet einen oder mehrere Dienste auf, und jeder Dienst hat einen Namen. Also bietet das Unternehmen namens `ComputersToYou` einen Dienst namens `DomainRegistrationService`. Daher sehen Sie in Listing 16.2 die folgenden Zeilen:

```
<businessInfo ... >
    <name>ComputersToYou</name>
    <serviceInfos>
        <serviceInfo ... >
            <name>DomainRegistrationService</name>
```

Weil der Name `DomainRegistrationService` in einem `serviceInfo`-Element enthalten ist, spielt er in dieser UDDI-Abfrage keine Rolle. (Das `serviceInfo`-Element eines Unternehmens kann sich auf andere UDDI-Abfragen auswirken, aber nicht auf eine Abfrage, wie sie in Listing 16.1 dargestellt ist.)

Weitere Informationen über den UDDI-Standard finden Sie unter `www.uddi.org`. Es gibt auch eine exzellente Gruppe von UDDI-Referenzseiten unter `www.zvon.org/xxl/uddiReference/Output`.

Eine UDDI-Abfrage durchführen

Ich verwende ein Programm, das eine Abfrage (eine SOAP-Nachricht) generiert und diese an ein UDDI-Register sendet. Dies ist eines dieser Programme, das zunächst mit zehn Zeilen anfing. Der Code dehnte sich auf das Zwanzigfache seiner ursprünglichen Größe aus, als ich ihn in Klassen unterteilte. Zum Glück ist jede Klasse ein gut verdaulicher Happen. Sie können jeden dieser Happen der Reihe nach kennen lernen oder einige Happen auslassen. Es liegt bei Ihnen.

Das Programm, das die Abfrage sendet, beginnt in Listing 16.3. Wenn ich das Programm ausführe, rufe ich es mit dem folgenden Befehl auf:

```
java AskUDDIquery Computer
    http://www-3.ibm.com/services/uddi/testregistry/inquiryapi
```

Ich erhalte die Ausgabe, die in Abbildung 16.3 zu sehen ist.

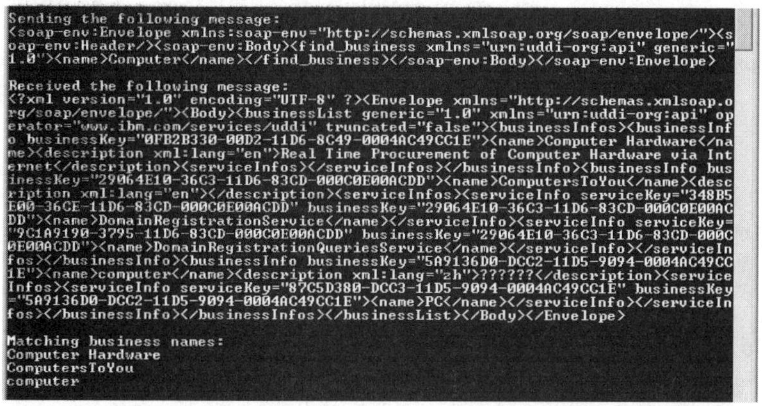

```
Sending the following message:
<soap-env:Envelope xmlns:soap-env="http://schemas.xmlsoap.org/soap/envelope/"><s
oap-env:Header/><soap-env:Body><find_business xmlns="urn:uddi-org:api" generic="
1.0"><name>Computer</name></find_business></soap-env:Body></soap-env:Envelope>

Received the following message:
<?xml version="1.0" encoding="UTF-8" ?><Envelope xmlns="http://schemas.xmlsoap.o
rg/soap/envelope/"><Body><businessList generic="1.0" xmlns="urn:uddi-org:api" op
erator="www.ibm.com/services/uddi" truncated="false"><businessInfos><businessInf
o businessKey="0FB2B330-00D2-11D6-8C49-0004AC49CC1E"><name>Computer Hardware</na
me><description xml:lang="en">Real Time Procurement of Computer Hardware via Int
ernet</description><serviceInfos></serviceInfos></businessInfo><businessInfo bus
inessKey="29064E10-36C3-11D6-83CD-000C0E00ACDD"><name>ComputersToYou</name><desc
ription xml:lang="en"></description><serviceInfos><serviceInfo serviceKey="348B5
E00-36CE-11D6-83CD-000C0E00ACDD" businessKey="29064E10-36C3-11D6-83CD-000C0E00AC
DD"><name>DomainRegistrationService</name></serviceInfo><serviceInfo serviceKey=
"9C1A9190-3795-11D6-83CD-000C0E00ACDD" businessKey="29064E10-36C3-11D6-83CD-000C
0E00ACDD"><name>DomainRegistrationQueriesService</name></serviceInfo></serviceIn
fos></businessInfo><businessInfo businessKey="5A9136D0-DCC2-11D5-9094-0004AC49CC
1E"><name>computer</name><description xml:lang="zh">??????</description><service
Infos><serviceInfo serviceKey="87C5D380-DCC3-11D5-9094-0004AC49CC1E" businessKey
="5A9136D0-DCC2-11D5-9094-0004AC49CC1E"><name>PC</name></serviceInfo></serviceIn
fos></businessInfo></businessInfos></businessList></Body></Envelope>

Matching business names:
Computer Hardware
ComputersToYou
computer
```

Abbildung 16.3: Eine Ausführung des Programms in Listing 16.3

```
import javax.xml.soap.SOAPConnectionFactory;
import javax.xml.soap.SOAPConnection;
import javax.xml.soap.SOAPMessage;
import javax.xml.soap.SOAPException;

import javax.xml.messaging.URLEndpoint;
import java.io.IOException;

public class AskUDDIquery
{
    static SOAPConnection connection;
    static URLEndpoint endpoint;

    public static void main(String args[])
        throws SOAPException, IOException
```

```
    {
        SOAPMessage request, response;
        MyRequestMaker maker = new MyRequestMaker();
        MyDisplayer displayer = new MyDisplayer();

        request = maker.createRequest(args[0]);

        System.out.println("Sending the following message:");
        displayer.displayOnConsole(request);

        doNetworkPlumbing(args[1]);
        response = connection.call(request, endpoint);

        System.out.println("Received the following message:");
        displayer.displayOnConsole(response);

        System.out.println("Matching business names:");
        displayer.displayBusinessNames(response);

        connection.close();
    }

    static void doNetworkPlumbing(String urlEndpoint)
        throws SOAPException
    {
        SOAPConnectionFactory connFactory;

        endpoint = new URLEndpoint (urlEndpoint);
        connFactory = SOAPConnectionFactory.newInstance();
        connection = connFactory.createConnection();
    }
}
```

Listing 16.3: Eine UDDI-Abfrage erzeugen und senden

Die grundlegende Funktionalität von Listing 16.3 wird in drei Schritten erzielt.

- **Erzeugen Sie eine Anfrage.**

  Ich erzeuge eine Anfrage, indem ich eine Methode in meiner eigenen `MyRequestMaker`-Klasse aufrufe. (Beachten Sie die erste fette Zeile in Listing 16.3 Der Code für die `MyRequestMaker`-Klasse kommt später in Listing 16.4.) Das `MyRequestMaker`-Objekt erzeugt aus einem Java-String eine Anfragenachricht (alias SOAP-Nachricht, alias UDDI-Abfrage).

  Vor Listing 16.3 rufe ich den Code mit dem Befehlzeilenargument `Computer` auf. Daher hat der `createRequest`-Aufruf in Listing 16.3 den folgenden Effekt

  ```
  request = maker.createRequest("Computer");
  ```

✔ **Erzeugen Sie eine Verbindung.**

Die zweite fett gesetzte Zeile in Listing 16.3 ruft die Methode `doNetworkPlumbing` auf. In der Methode `doNetworkPlumbing` erzeuge ich eine `SOAPConnectionFactory`, und aus dieser Factory erzeuge ich eine Verbindung. Die Verbindung reicht von meiner Netzwerkkarte bis zu einem bestimmten *Endpunkt*. Im Beispiel dieses Abschnitts ist der Endpunkt `www-3.ibm.com/services/uddi/testregistry/inquiryapi`.

✔ **Senden Sie die Anfrage über die Verbindung und Sie erhalten eine Antwort.**

Dieser Schritt ist die dritte fett gesetzte Zeile in Listing 16.3. Die `call`-Methode der Verbindung sendet die Anfragenachricht an den Endpunkt und gibt eine Antwort vom Endpunkt des UDDI-Registers zurück. Sobald ich eine Antwort erhalten habe, kann ich sie auf dem Bildschirm darstellen, parsen, verwenden, um einen Webdienst auszuwählen, oder mit ihr machen, was immer ich will. In Listing 16.3 stellt der Aufruf an `System.out.println` die Nachricht und einige ihrer Daten dar.

Eine Anfrage erzeugen und zusammensetzen

Der nächste Stopp auf unserer Tour ist die `MyRequestMaker`-Klasse. Der Code befindet sich in Listing 16.4.

```
import javax.xml.soap.SOAPMessage;
import javax.xml.soap.SOAPEnvelope;
import javax.xml.soap.SOAPElement;
import javax.xml.soap.Name;
import javax.xml.soap.SOAPException;

class MyRequestMaker
{
    SOAPMessage request;
    MyMessageHelper helper = new MyMessageHelper();

    SOAPMessage createRequest(String businessName)
        throws SOAPException
    {
        request = helper.createMessageObject();
        composeRequest(businessName);
        return request;
    }

    void composeRequest (String businessName)
        throws SOAPException
    {
        SOAPEnvelope envelope;
        SOAPElement element;
        Name name;
```

```
        envelope = helper.getMessageEnvelope(request);
        element = helper.getMessageBody(request);

        element = element.addChildElement
            ("find_business", "", "urn:uddi-org:api");

        name = envelope.createName("generic");
        element.addAttribute(name, "1.0");

        element = element.addChildElement("name");
        element.addTextNode(businessName);

        request.saveChanges();
    }
}
```

Listing 16.4: Eine SOAP-Nachricht erzeugen

Die Arbeit in Listing 16.4 kann in zwei Abschnitte unterteilt werden – ein Anfrageobjekt erzeugen und das Anfrageobjekt mit XML-Elementen füllen (das bezeichne ich als »die Anfrage zusammensetzen«). Glücklicherweise können wir die Erzeugung eines Anfrageobjektes auf einen späteren Zeitpunkt in diesem Kapitel verschieben. (Die Details zur Anfrageerzeugung erhalten Sie während der Vorstellung der `MyMessageHelper`-Klasse, die Sie in Listing 16.5 finden.) Für den Moment wollen wir annehmen, dass wir ein leeres Anfrageobjekt erzeugt haben, und uns nur über die Zusammensetzung einer nützlichen UDDI-Anfrage Gedanken machen.

Listing 16.4 setzt nicht einfach irgendeine Anfrage zusammen. Der Code generiert eine Anfrage nach allen Unternehmen mit einer bestimmten Zeichenfolge im Namen. Ein Umriss, der die `composeRequest`-Methode beschreibt, ist nachfolgend aufgeführt:

```
Rufe den Body des Anfrageobjekts ob.
Füge dem Body ein Child-Element mit Namen find_business
    und den Namensbereich urn:uddi-org:api hinzu.
Füge dem find_business-Element ein generic="1.0"-Attribut hinzu.
Füge dem find_business-Element ein name-Child-Element hinzu.
Füge dem name-Element den Text Computer hinzu.
```

Es gibt ein paar Dinge, die bei der `composeRequest`-Methode beachtet werden müssen.

- ✔ Anweisungen der Form

  ```
  element = element.addChildElement(JavaString);
  ```

  nehmen ein vorhandenes Element, erzeugen ein Child und lassen dann die `element`-Variable auf dieses neue Child verweisen.

- ✔ Alle Elemente, die in dieser `composeRequest`-Methode erzeugt werden, sind als Bestandteil einer UDDI-Abfrage erforderlich. Selbst das `generic="1.0"`-Attribut ist Teil des UDDI-Standards.
- ✔ In der frühen Einstiegsversion von JAXM kann ich kein Attribut erzeugen, ohne zuvor das XML-Element `Name` zu erzeugen. Eine Instanz der `javax.xml.soap.Name`-Schnittstelle besitzt ein Präfix, einen URI, einen vollständig gekennzeichneten Namen und all die anderen guten Sachen. Um also ein Attribut zu erzeugen, muss ich einen Namen aus einem SOAP-Envelope erstellen und dann ein Attribut mit dem neuen Namen generieren.

  Dies alles ist nur Geschwätz, bis Sie beginnen, Ihren eigenen JAXM-Code zu schreiben. (Man kann jedoch mit Sicherheit sagen, dass es dann immer noch *etwas* zu erzählen geben wird.)
- ✔ Der Aufruf an `saveChanges` ist nicht unbedingt notwendig. Der Aufruf von `saveChanges` aktualisiert die SOAP-Nachricht und erfasst die Anhangteile der Nachricht. All dies wird automatisch mit der `call`-Methode in Listing 16.3 gemacht. Doch auch so tut es nicht weh, `saveChanges` aufzurufen, sobald Sie die Nachricht zusammengesetzt haben. Außerdem mag ich es, gründlich zu sein.

Mein kleiner Helfer

Der Code in Listing 16.4 verweist mehrmals auf einen Helfer – eine Instanz der `MyMessageHelper`-Klasse. Es ist Zeit. sich hinzusetzen und die `MyMessageHelper`-Klasse zu betrachten. Die Klasse ist in Listing 16.5 zu sehen.

```
import javax.xml.soap.MessageFactory;
import javax.xml.soap.SOAPMessage;
import javax.xml.soap.SOAPPart;
import javax.xml.soap.SOAPEnvelope;
import javax.xml.soap.SOAPBody;
import javax.xml.soap.SOAPElement;
import javax.xml.soap.SOAPException;

import java.util.Iterator;

class MyMessageHelper
{

    SOAPMessage createMessageObject()
        throws SOAPException
    {
        MessageFactory messFactory =
            MessageFactory.newInstance();
        return messFactory.createMessage();
    }
```

```
    SOAPEnvelope getMessageEnvelope(SOAPMessage message)
        throws SOAPException
    {
        SOAPPart soapPart;

        soapPart = message.getSOAPPart();
        return soapPart.getEnvelope();
    }

    SOAPBody getMessageBody(SOAPMessage message)
        throws SOAPException
    {
        SOAPPart soapPart;
        SOAPEnvelope envelope;

        soapPart = message.getSOAPPart();
        envelope = soapPart.getEnvelope();
        return envelope.getBody();
    }

    static SOAPElement findSubelement(SOAPElement element,
                                      String targetQualName)
    {
        String qualName;
        Iterator iter;

        do
        {
            iter = element.getChildElements();
            element = (SOAPElement)iter.next();
            qualName =
                element.getElementName().getQualifiedName();
        }
        while (!qualName.equals(targetQualName));

        return element;
    }
}
```

Listing 16.5: Mit einer SOAP-Nachricht arbeiten

Listing 16.5 enthält drei Arten von Methoden – eine `create`-Methode, einige `get`-Methoden und eine `find`-Methode. Natürlich kann ich mir die Namen aller Methoden, die ich benötige, selbst ausdenken, aber in diesem Fall arbeite ich wirklich mit drei Arten von Methoden:

- ✔ Die Methode `createMessageObject` erzeugt eine brandneue SOAP-Nachricht. Wie üblich erzeugt die Methode zuerst eine Factory und verwendet dann die Factory, um eine Nachricht zu erzeugen.

- ✔ Die Methoden `getMessageEnvelope` und `getMessageBody` werden von einigen Programmierern als »Bequemlichkeitsmethoden« bezeichnet. Ich für meinen Teil hatte genug davon, `getSOAPPart` in meinen Code zu schreiben, wenn ich genau wusste, dass der SOAP-Teil lediglich ein Sprungbrett zu allen anderen Nachrichtenelementen war. Also erzeugte ich diese `get`-Methoden.

- ✔ Die Methode `findSubelement` verrichtet einen nützlichen Dienst. Die Methode beginnt an einem bestimmten Punkt in einer SOAP-Nachricht und gräbt sich dann nach unten, bis sie ein bestimmtes Element findet (ein `businessInfos`-Element, ein `name`-Element oder welches Element auch immer die Methode finden soll).

  Die Methode `findSubelement` ist ein weiteres Beispiel für eine Ich-habe-genug-vom-Umschreiben-Methode. Bislang enthalten die Listings keinen Code zum Auffinden von Unterelementen, aber Sie werden auf den nächsten Seiten mit einigen Beispielen konfrontiert. Das Auffinden von Unterelementen ist vertrackt und fehleranfällig, also ist es gut, dass ich eine vertrauenswürdige Methode für diese Aufgabe erzeugt habe.

Nachrichten und Nachrichtendaten darstellen

Der Code in Listing 16.3 erzeugt die Ausgabe in Abbildung 16.3. Er tut dies, indem er Aufrufe an eine `MyDisplayer`-Klasse vornimmt. Diese `MyDisplayer`-Klasse (ein weiterer selbst gezüchteter Code) ist in Listing 16.6 zu sehen.

```
import javax.xml.soap.SOAPMessage;
import javax.xml.soap.SOAPElement;
import javax.xml.soap.SOAPException;

import java.io.IOException;
import java.util.Iterator;

public class MyDisplayer
{
    MyMessageHelper helper = new MyMessageHelper();


    void displayOnConsole (SOAPMessage message)
        throws SOAPException, IOException
    {
        message.writeTo(System.out);
        System.out.println();
        System.out.println();
    }
```

```
    void displayBusinessNames(SOAPMessage message)
        throws SOAPException
    {
        SOAPElement element;
        Iterator iter;

        element = helper.getMessageBody(message);
        element =
            helper.findSubelement(element, "businessInfos");

        iter = element.getChildElements();
        while (iter.hasNext())
        {
            element = (SOAPElement)iter.next();
            element = helper.findSubelement(element, "name");
            System.out.println(element.getValue());
        }
    }
}
```

Listing 16.6: Informationen darstellen

Abbildung 16.3 zeigt zwei SOAP-Nachrichten – die Nachricht, die zum IBM-Register gesendet wird, und die Nachricht, die vom IBM-Register zurückkommt. In Listing 16.3 werden sowohl die gesendete als auch die empfangene Nachricht mit einem Aufruf von `displayOnConsole` dargestellt. In Listing 16.6 ruft diese `displayOnConsole`-Methode die `writeTo`-Methode einer Nachricht auf und fügt ein paar zusätzliche `println`-Aufrufe als Zugabe hinzu.

Die `displayBusinessNames`-Methode in Listing 16.6 vollzieht eine sehr spezifische Aufgabe. Die Methode jagt in der Antwort allen `name`-Einträgen der `businessInfo`-Tags nach. Hierfür führt die Methode eine komplizierte Suche-innerhalb-einer-Suche-Schleife aus.

- ✔ Zuerst findet der Code das `businessInfos`-Element der Antwort.
- ✔ Dann erstellt der Code eine Liste mit allen `businessInfo`-Elementen (alle Children des großen `businessInfos`-Elements).
- ✔ Schließlich findet der Code für jedes `businessInfo`-Element das `name`-Element und stellt den Text des `name`-Elements dar.

Das Resultat sind die letzten Zeilen in Abbildung 16.3.

Auf eine UDDI-Abfrage antworten

Haben Sie sich je gefragt, was in Ihrem Kühlschrank vor sich geht, während die Tür geschlossen ist? Versteckt sich eine kleiner Mann hinter der Mayonnaise und wartet darauf, das Licht einzuschalten? Wird Ihr Gemüse von Öl und Essig betrunken und schmeißt eine wilde Party?

Fragen wie diese können Sie verrückt machen. Sie können auch verrückt werden, wenn Sie sich fragen, wie eine UDDI-Anfrage beantwortet wird. Als Dienst an der Öffentlichkeit und um Ihnen zu helfen, Ihre wertvolle geistige Gesundheit zu bewahren, zeige ich Ihnen, was passiert, wenn Sie eine UDDI-Anfrage durchführen.

Ein Überblick

Im Rest dieses Kapitels setzen Sie die Software zusammen, um auf eine UDDI-Abfrage zu antworten. Es ist keine harte Arbeit, aber dazu gehört, Ressourcen von einigen verschiedenen Stellen zu sammeln. Um Sie bei Ihrer Arbeit zu unterstützen, habe ich eine Zusammenfassung der Schritte erstellt, denen Sie folgen sollen.

1. **Laden Sie einen Webserver herunter, wenn Sie noch keinen besitzen.**
2. **Installieren Sie den Webserver.**
3. **Wenn JAXM Konfigurationsänderungen an Ihrem Webserver erfordert, nehmen Sie diese Änderungen vor.**
4. **Speichern Sie den Code aus den Listings 16.5, 16.7 und 16.8 im Servlets-Verzeichnis Ihres Servers.**
5. **Stellen Sie sicher, dass Ihr Systemklassenpfad die JAXM-JAR-Dateien enthält und die `servlet.jar`-Datei, die zu Ihrem Webserver gehört.**
6. **Kompilieren Sie den Code aus den Listings 16.5, 16.7 und 16.8.**
7. **Starten Sie Ihren Server.**
8. **Führen Sie den Code aus Listing 16.3 aus.**

Der Rest dieses Kapitels behandelt alle Details Schritt für Schritt.

Ihren Webserver einrichten

Dies ist das Szenario. Sie arbeiten mit dem Code in Listing 16.3. Dies ist der Code, um eine UDDI-Anfrage zu formulieren und zu senden. Sie führen den Code aus und senden die UDDI-Anfrage an Ihren eigenen Server auf Ihrem eigenen Computer. Hierfür geben Sie den folgenden Befehl ein:

```
java AskUDDIquery Jennie
    http://localhost:8080/Know-it-all/servlet/AnswerUDDIquery
```

Sie suchen nach Unternehmen mit `Jennie` im Namen, also senden Sie eine Anfrage an einen Ort namens `http://localhost:8080/Know-it-all/servlet/AnswerUDDIquery`. Dieser URL zeigt auf Ihren eigenen Computer (`localhost`) und auf einen Ort auf Ihrem Computer namens `Know-it-all/servlet/AnswerUDDIquery`. Damit dies funktioniert, müssen Sie natürlich einen Ort namens `Know-it-all/servlet/AnswerUDDIquery` zur Verfügung stellen. Wenn Sie Apache Tomcat ausführen, folgen Sie einfach diesen Schritten:

1. **Suchen Sie in Ihrem Tomcat-Verzeichnis nach einem Unterverzeichnis namens** `webapps`**.**
2. **Erzeugen Sie im** `webapps`**-Verzeichnis ein Unterverzeichnis namens** `Know it all`**.**
3. **Erzeugen Sie im** `Know it all`**-Verzeichnis ein Unterverzeichnis namens** `WEB INF`**.**
4. **Erzeugen Sie im** `WEB INF`**-Verzeichnis ein Unterverzeichnis namens** `classes`**.**
5. **Speichern Sie im** `classes`**-Verzeichnis den Code aus den Listings dieses Abschnitts (die Dateien** `AnswerUDDIquery.java`**,** `MyResponseMaker.java` **and** `MyMessageHelper.java`**).**
6. **Kompilieren Sie den Quellcode, den Sie im** `classes`**-Verzeichnis gespeichert haben.**

Bevor Sie versuchen, den Code in diesem Abschnitt zu kompilieren, stellen Sie sicher, dass Sie den Klassenpfad Ihres Systems einrichten. Verweisen Sie auf die `jar`-Dateien, die zum JAXM-API-Download gehören. Zusätzlich sollten Sie auf die Datei `servlet.jar` verweisen, die zu Ihrem Java-fähigen Server gehört. (Wenn Sie mit Apache Tomcat arbeiten, finden Sie `servlet.jar` wahrscheinlich im Verzeichnis `common/lib`.)

Nachdem Sie Änderungen im Quellcode im `webapps/Know-it-all/WEB-INF/classes`-Verzeichnis vorgenommen haben, halten Sie den Tomcat-Server an und starten ihn neu. Wenn Sie dies nicht tun, haben die Änderungen womöglich keine Wirkung.

Wenn Sie nicht Tomcat verwenden, müssen Sie das Undenkbare tun. Sie müssen die Dokumentation zu Ihrem Server lesen und herausfinden, welchen Aufbewahrungsort der Server für Ihre Servlets verlangt. Jeder Server favorisiert bestimmte Verzeichnisse, so dass Sie ein wenig herumschnüffeln und feststellen müssen, was der Server von Ihnen erwartet. Sie sollten in jedem Fall die folgenden zwei Aspekte berücksichtigen:

✔ Die Verwendung des Ports 8080 ist für Tomcat selbst reserviert. Um also den Code dieses Abschnitts auszuführen, vergeben Sie womöglich einen Befehl der folgenden Art:

```
java AskUDDIquery Jennie
    http://localhost/Know-it-all/servlet/... etc.
```

Mit `localhost` anstelle von `localhost:8080` wird der Befehl für den standardmäßigen HTTP-Port 80 ausgeführt.

✔ Die Dokumentation Ihres Servers sagt Ihnen wahrscheinlich nicht, wo Sie ein JAXM-Programm speichern sollen. Aber solange der Server Java-fähig ist, sagt Ihnen die Dokumentation, wo Sie ein Servlet speichern sollen. Behandeln Sie die Beispiele dieses Abschnitts, so als ob es sich dabei um gewöhnliche Java-Servlets handeln würde.

- Speichern Sie die `class`-Dateien dort, wo der Server die Servlets erwartet.

- Rufen Sie die `class`-Dateien mit dem URL auf, den der Server für Servlets verwendet.

Wenn beispielsweise Servlets ohne irgendwelche Unterverzeichnisse im URL aufgerufen werden, führen Sie den Code dieses Abschnitts mit einem Aufruf der folgenden Art aus.

```
java AskUDDIquery Jennie http://localhost/AnswerUDDIquery
```

Der Code, der auf eine Abfrage antwortet

Sie sitzen vor dem Computer und beschäftigen sich mit Ihren Angelegenheiten. Sie haben den erforderlichen Code (den Code in den Listings 16.5, 16.7 und 16.8) in Ihren Tomcat-Verzeichnissen gespeichert. Sie starten einen Java-fähigen Server, vielleicht Apache Tomcat. Sie wechseln zu dem Verzeichnis, das Listing 16.3 enthält, und führen das Programm aus, indem Sie den folgenden Befehl eingeben:

```
java AskUDDIquery Jennie
    http://localhost:8080/Know-it-all/servlet/AnswerUDDIquery
```

Nun übernimmt Tomcat und führt Ihr `AnswerUDDIquery`-Programm aus. Das Programm ist in Listing 16.7 zu sehen.

```
import javax.xml.soap.SOAPMessage;
import javax.xml.soap.SOAPException;

import javax.xml.messaging.JAXMServlet;
import javax.xml.messaging.ReqRespListener;

public class AnswerUDDIquery extends JAXMServlet
    implements ReqRespListener
{

    public SOAPMessage onMessage(SOAPMessage request)
    {
        try
        {
            SOAPMessage response;
            String businessName;

            MyResponseMaker maker =
                new MyResponseMaker(request);

            response = maker.createResponse();

            return response;
        }
        catch(SOAPException e)
        {
            e.printStackTrace();
```

```
            return null;
        }
    }
}
```

Listing 16.7: Eine UDDI-Abfrage beantworten

Was für eine faule Software! Der Code in Listing 16.7 übergibt die meiste Arbeit an die `MyResponseMaker`-Klasse. Die einzige Arbeit, die dieser Code ohne Hilfe verrichtet, ist, die SOAP-Anfrage abzufangen und dann eine Antwort zurückzuschleudern.

Natürlich ist es keine kleine Angelegenheit, eine eingehende Anfrage abzufangen. Listing 16.7 fängt eine Anfrage ab, indem es die `onMessage`-Methode implementiert. (Die `onMessage`-Methode ist Bestandteil der `javax.xml.messaging.ReqRespListener`-Schnittstelle.)

Eine UDDI-Antwort generieren

Die wirkliche Arbeit in diesem Beispiel wird erledigt, wenn der Code in Listing 16.7 `create Response` aufruft. Ich habe die `createResponse`-Methode in der `MyResponseMaker`-Klasse definiert. Diese Klasse ist in all ihrer Pracht in Listing 16.8 zu sehen.

```
import javax.xml.soap.SOAPMessage;
import javax.xml.soap.SOAPEnvelope;
import javax.xml.soap.SOAPElement;
import javax.xml.soap.Name;
import javax.xml.soap.SOAPException;

class MyResponseMaker
{
    SOAPMessage request, response;
    MyMessageHelper helper = new MyMessageHelper();


    MyResponseMaker (SOAPMessage request)
    {
        this.request = request;
    }

    SOAPMessage createResponse ()
        throws SOAPException
    {
        String businessName;

        response = helper.createMessageObject();
        businessName = getBusinessName();
        composeResponse(businessName);
```

```
        return response;
    }

    String getBusinessName()
        throws SOAPException
    {
        SOAPElement element;

        element = helper.getMessageBody(request);
        element = helper.findSubelement(element, "name");
        return element.getValue();
    }

    void composeResponse(String businessName)
        throws SOAPException
    {
        SOAPEnvelope envelope;
        SOAPElement element;
        Name name;

        envelope = helper.getMessageEnvelope(response);
        element = helper.getMessageBody(response);

        element = element.addChildElement
            ("businessList", "", "urn:uddi-org:api");
        name = envelope.createName("generic");
        element.addAttribute(name, "1.0");

        element = element.addChildElement("businessInfos");

        element = element.addChildElement("businessInfo");
        name = envelope.createName("businessKey");
        element.addAttribute(name, "000A00-A000");

        element = element.addChildElement("name");
        element.addTextNode
            (businessName + "'s Turing Machine Repair Service");
    }
}
```

Listing 16.8: Eine Antwort erzeugen

Ah, ja! Listing 16.8! Da haben wir ein richtiges Arbeitspferd. In der `createResponse`-Methode des Listings habe ich drei Anweisungen fett gesetzt. Jede dieser drei Anweisungen erfüllt eine besondere Funktion.

- **Die erste fett gesetzte Anweisung ruft eine leere SOAP-Nachricht ab.**

  Die Anweisung ruft eine SOAP-Nachricht ab, indem sie die Methode `createMessageObject` aufruft. (Die Deklaration der Methode befindet sich in Listing 16.5.) Diese SOAP-Nachricht wird schließlich die UDDI-Antwort des Programms. Aber an diesem Punkt ist sie keine Antwort – sie ist nur eine leere Nachricht.

  Weil der Code in Listing 16.8 eine Methode aus der `MyMessageHelper`-Klasse verwendet, sorgen Sie besser dafür, dass Ihr Server auf Listing 16.5 zugreifen kann. Der einfachste Weg hierfür ist es, eine Kopie von Listing 16.5 im selben Serververzeichnis zu speichern wie den Code in Listing 16.8. Das ist plump, aber es funktioniert.

- **Die zweite fett gesetzte Anweisung sucht nach einem Unternehmensnamen.**

  Die Anweisung sucht in der ursprünglichen anfragenden SOAP-Nachricht nach dem Namen. Wenn Sie Listing 16.3 mit dem Befehl `java AskUDDIquery Jennie ... usw.` ausführen, ist der Unternehmensname `Jennie`.

  Um einen Unternehmensnamen zu finden, gibt die `createResponse`-Methode den schwarzen Peter an eine andere Methode in Listing 16.8 weiter. Und diese andere Methode, `getBusinessName`, greift auf unsere treue `MyMessageHelper`-Klasse aus Listing 16.5 zurück. Die einzige unabhängige Anweisung in diesem Teil des Codes ist der Aufruf von `element.getValue` am Ende der `getBusinessName`-Methode. Die Methode `getValue`, Teil der JAXM-API, ruft Text zwischen den Start- und den End-Tags eines Elements ab.

- **Die dritte fett gesetzte Anweisung verwendet den Unternehmensnamen, um die Antwort zusammenzusetzen.**

  An dieser Stelle schummelt Barry. Die Methode `createResponse` ruft die Methode `composeResponse` auf, und die Methode `composeResponse` erstellt eine falsche UDDI-Antwort. Eine echte `composeResponse`-Methode würde eine Datenbank durchsuchen und alle Unternehmensnamen finden, die die Zeichenfolge `Jennie` enthalten. Stattdessen fügt die Methode in Listing 16.8 einfach `Jennie's Turing Machine Repair Service` zu dem hinzu, was andernfalls eine sorgfältig handgemachte UDDI-Nachricht wäre.

  Sehen Sie sich noch einmal Listing 16.2 an und erinnern Sie sich daran, dass eine UDDI-Antwort Elemente wie `businessList`, `businessInfos`, `businessInfo` und `name` besitzt. Der Code in der Methode `composeResponse` versammelt dieselben Elemente. Wie in Listing 16.4 verwendet der Code `envelope.createName`, um das erforderliche `generic`-Attribut hinzuzufügen. (Gemäß der UDDI-Spezifikation besitzt das `businessInfo`-Element einer Antwort auch ein entsprechendes `businessKey`-Attribut.)

  Wenn die Antwort richtig gestaltet ist, ist sie wie das Dokument in Listing 16.9 aufgebaut. (Der einzige Unterschied ist, dass die echte Antwort keine Zeilenumbrüche oder Einrückungen enthält.)

```
<soap-env:Envelope xmlns:soap-env=
        "http://schemas.xmlsoap.org/soap/envelope/">
    <soap-env:Header/>
    <soap-env:Body>
        <businessList xmlns="urn:uddi-org:api" generic="1.0">
            <businessInfos>
                <businessInfo businessKey="000A00-A000">
              <name>
                    Jennie's Turing Machine Repair Service
                <name>
                </businessInfo>
            </businessInfos>
        </businessList>
    </soap-env:Body>
</soap-env:Envelope>
```

Listing 16.9: Eine weitere UDDI-Antwort

Wenn Sie schließlich den Code dieses Abschnitts ausführen, erhalten Sie die Ausgabe, die in Abbildung 16.4 zu sehen ist.

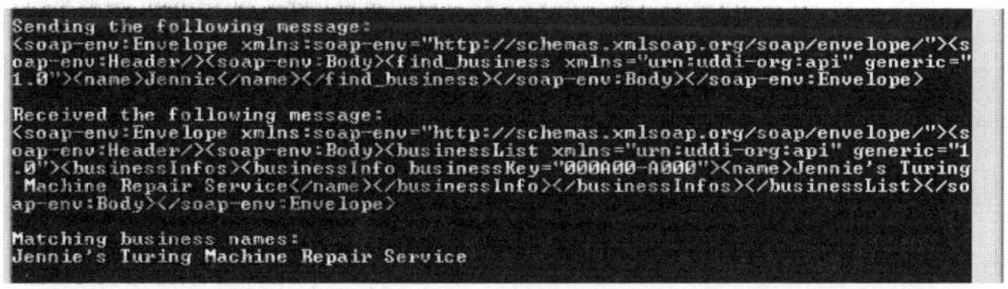

Abbildung 16.4: Eine weitere Ausführung des Programms in Listing 16.3

Wow! Neben dem Senden und Beantworten einer nützlichen UDDI-Abfrage habe ich es geschafft, dieses ganze Kapitel zu schreiben, ohne irgendwelche billigen Wortspiele mit dem Wort »Seife« (engl. Soap) zu machen.

Mit XML-Registern arbeiten

17

In diesem Kapitel

- Ein Unternehmen finden
- Ihr Unternehmen in einem Register verzeichnen
- Registereinträge löschen

Es ist Ihr großer Tag. Sie halten eine Rede beim jährlichen Treffen der Handelsvertreter Ihres Unternehmens. Sie berichten über die neue Marketing-Initiative des Unternehmens. »Wir erzählen der ganzen Welt etwas über unser Unternehmen«, sagen Sie. »Unsere Dienste befinden sich in verschiedenen UDDI-Registern.«

Einer der Bezirksdirektoren unterbricht mit einer Frage. »Ich bin daran interessiert, Ihnen eine aktualisierte Liste mit Diensten zu senden. Können Sie mir etwas über den Prozess erzählen, den Sie verwenden, um Dienste in einem Register zu veröffentlichen?« Sie lächeln und beginnen, Kapitel 16 aus *Java und XML für Dummies* zu zitieren: »Dies Kapitel ist meiner Tante Nettie gewidmet, die gut darin war, Leuten beim Wiederfinden von Dingen zu helfen ...«

»Nein«, sagt der Bezirksdirektor. »Ersparen Sie uns die Details. Erzählen Sie uns von den wichtigsten Schritten in diesem Prozess.« Also beginnen Sie, die Ideen in Kapitel 16 zu erklären – Dinge wie SOAP-Envelopes, Nachrichten-Bodies und XML-Elemente. Sie erklären das `find_business`-Element und sein `name`-Child-Element.

Das ist viel besser, oder? Sie wurden gefragt, wie man einem Register ein Unternehmen hinzufügt, und Sie antworten mit Vorstellungen über SOAP und XML. Sie sind in diesen Stoff aufgrund der Werkzeuge in Kapitel 16 eingetaucht. Mit diesen Werkzeugen bleiben Sie sehr nah am Boden. Sie arbeiten mit kleinen Details und kombinieren Details, um größere Prozesse zu erzeugen. Die Klassen in Kapitel 16 ermöglichen Ihnen eine detaillierte Kontrolle, aber für diese Kontrolle bezahlen Sie einen Preis. Sie müssen Ihre Kommunikation mit dem UDDI-Register umständlich verwalten, und diese umständliche Verwaltung verlangsamt Sie.

Der Verkaufsleiter folgt mit einem weiteren Bündel Fragen. »Haben Sie nie genug davon, SOAP-Nachrichten zusammenzusetzen? Können Sie nicht einfach ›Veröffentliche dies‹ eintippen und die Software den Rest erledigen lassen? Gibt es keine Momente, in denen Sie keine detaillierte Kontrolle benötigen?«

Der Verkaufsleiter weist auf etwas Wichtiges hin. Manchmal benötigen Sie SOAP-Nachrichten für sehr individuell zugeschnittene Aufgaben. Aber sehr häufig erledigen Ihre SOAP-Nachrichten Routineaufgaben: Unternehmen finden, Unternehmen im Register verzeichnen, Dienste finden und Dienste im Register verzeichnen. Also benötigen Sie eine weitere API. Die neue API schwebt über Dingen wie SOAP und XML. Mit dieser API machen Sie, was der Verkaufsleiter vorschlägt – Sie geben »Veröffentliche dies« ein und die Software erledigt den Rest für Sie.

Die wundersame API heißt *JAXR*. Sie ist die *Java API for XML Registries*. Sie ersetzt einige der mühsamen Aufgaben in Kapitel 16 durch hochrangige Klassen und Methoden.

Kehren wir zurück zum Handelsvertretertreffen. »Können Sie nicht einfach ›Veröffentliche dies‹ eingeben und die Software den Rest erledigen lassen?«, fragt der Bezirksdirektor. »In der Tat, ich kann«, sagen Sie. »Lassen Sie mich Kapitel 16 verlassen und stattdessen ein paar Worte aus Kapitel 17 zitieren.«

Sie räuspern sich und beginnen dann: »Es ist Ihr großer Tag. Sie halten eine Rede beim jährlichen Treffen der Handelsvertreter Ihres Unternehmens ...« (Ein hohes, schauriges Gitarrenriff beginnt. Ein adretter Mann mit Zigarette erscheint, grinst ironisch und bemerkt: »Dies alles, zu Ihrer Unterhaltung ...«)

UDDI-Register

JAXR verwenden ist wie träumen, dass Sie fliegen können. Sie gehen nicht allein die Straßen entlang und haben es mit XML-Elementen zu tun. Stattdessen schweben Sie über einer Stadt und sehen den großen Plan auf einen Blick. Im Westen sehen Sie eine Suche nach einem benötigten Webdienst. Im Osten ist der Name Ihres Unternehmens. Wenn Sie JAXR verwenden, arbeiten Sie mit Unternehmensbelangen, nicht mit den eigentlichen Details von SOAP und XML.

In der Tat gibt es in diesem Kapitel nicht ein einziges XML-Tag. Sie sehen eine Menge Java-Code, aber keinen Verweis auf Elemente oder Attribute. Was hat also dieses Kapitel in einem *Java und XML*-Buch zu suchen? Der Code in diesem Kapitel arbeitet mit UDDI-Registern, und UDDI-Register basieren auf SOAP und XML. Der Code in diesem Kapitel tut dieselbe Art von Dingen wie der Code in Kapitel 16, aber alles unter der Motorhaube.

Alles über Register

Stellen wir sicher, dass wir uns über die Terminologie einig sind. Ein Register ist eine Liste von Dingen, und jedes Ding in der Liste wird als *Eintrag* bezeichnet. Die Einträge können Mannschaftsnamen sein, Anweisungen zur Haustierfütterung oder jede andere Art von Daten. Aber typischerweise sind die Einträge auf Unternehmen und andere Unternehmen bezogen. (In der Welt der Register sind die Worte »Unternehmen« und »Organisation« beinahe synonym.)

Ein Eintrag ist ein Unternehmen, ein weiterer Eintrag führt die Dienste des Unternehmens auf, und ein dritter Eintrag ist eine Information zum Unternehmenskontakt. Diese Einträge beziehen sich aufeinander, also hilft es, Daten hierarchisch zu repräsentieren. Natürlich haben wir schon einen exzellenten Weg, um Daten hierarchisch zu repräsentieren. Wir repräsentieren Daten in XML-Dokumenten.

Es gibt zwei populäre Standards zur Repräsentierung von Registerdaten mit XML-Dokumenten. In diesem Buch hebe ich den UDDI-Standard hervor. Ein weiterer aufkommender Standard heißt *ebXML* – die *Electronic Business eXtensible Markup Language*.

Es gibt verschiedene Dinge, die Sie mit einem Register tun können, und verschiedene Wege, um diese Dinge zu tun. Sie können ein Register *abfragen*, wie wir es in Kapitel 16 tun. Sie können ein Register auch *aktualisieren*. Eine Aktualisierung kann das Hinzufügen von Einträgen, das Ändern von Einträgen oder das Löschen von Einträgen umfassen. Wenn Sie einen Eintrag hinzufügen, können Sie auch sagen, dass Sie den Eintrag *posten* oder im Register *veröffentlichen*.

Mit einem Register arbeiten

Wie fragen Sie ein XML-Register ab oder aktualisieren es? Zwei Möglichkeiten tauchen im Geist auf:

- ✔ **Sie können Ihren Lieblingswebbrowser ausführen und die Website des Registers besuchen.**

  Die Website des Registers hat Seiten mit Schaltflächen wie UNTERNEHMEN HINZUFÜGEN, DIENST HINZUFÜGEN, UNTERNEHMEN LÖSCHEN usw. Wenn Sie diese Schaltflächen anklicken, verwenden Sie die *Webschnittstelle* des Registers.

- ✔ **Sie können Java-Programme ausführen, die SOAP-Nachrichten an das Register senden.**

  Sie senden SOAP-Nachrichten in Kapitel 16 und auch in diesem Kapitel. Sie verwenden dazu die SOAP-Schnittstelle des Registers.

Die SOAP-Schnittstelle eines Registers besitzt zwei verschiedene URLs. Der erste wird als *Abfrage-URL* bezeichnet und der zweite als *Veröffentlichungs-URL*.

- ✔ Um Informationen vom Register zu erhalten, senden Sie eine SOAP-Nachricht an den Abfrage-URL des Registers.
- ✔ Um das Register zu aktualisieren, senden Sie eine SOAP-Nachricht an den Veröffentlichungs-URL des Registers.

Im weiteren Verlauf dieses Kapitels finden Sie Beispiele für beiden Arten von URLs.

Informationen über ein UDDI-Register erhalten

Einige Register ermöglichen den Zugriff nur über die Webschnittstelle – das bedeutet, dass Sie die Einträge des Registers nicht abfragen oder aktualisieren können, indem Sie ein JAXR-Programm ausführen. Wenn Sie versuchen, den Code dieses Kapitels für ein solches Register auszuführen, funktioniert der Code ganz einfach nicht.

Wie erkennen Sie ein böses Register, das keine SOAP-Schnittstelle besitzt? Ich verwende eine recht umständliche Technik. Jedes Register hat eine Website mit einer hilfreichen, informativen Homepage. Die Seite enthält nützliche Informationen über das Register und Links zu wichtigen Dokumentationen. Die Seite enthält außerdem Links zur Webschnittstelle des Registers.

Gehen Sie auf der Website eines Registers angeln und suchen Sie nach Dokumentationen, die den Abfrage-URL und den Veröffentlichungs-URL nennen. Wenn Sie lange geangelt haben und keinerlei Dokumentation über diese beiden URLs finden, dann unterstützt das Register wahrscheinlich keine SOAP-Nachrichten. So finden Sie es heraus.

Es gibt einen Unterschied zwischen den Webschnittstellenseiten eines Registers und seiner Homepage. Die Webschnittstellenseiten dienen der Interaktion mit dem Register, sie besitzen Schaltflächen zum Abfragen und Aktualisieren der Einträge im Register. Im Gegensatz dazu enthält die Homepage eines Registers nützliche Informationen über das Register, Links zu anderen Dokumentationsseiten und wahrscheinlich Links zu den Webschnittstellenseiten des Registers. (Sehen Sie beispielsweise Abbildung 17.1.)

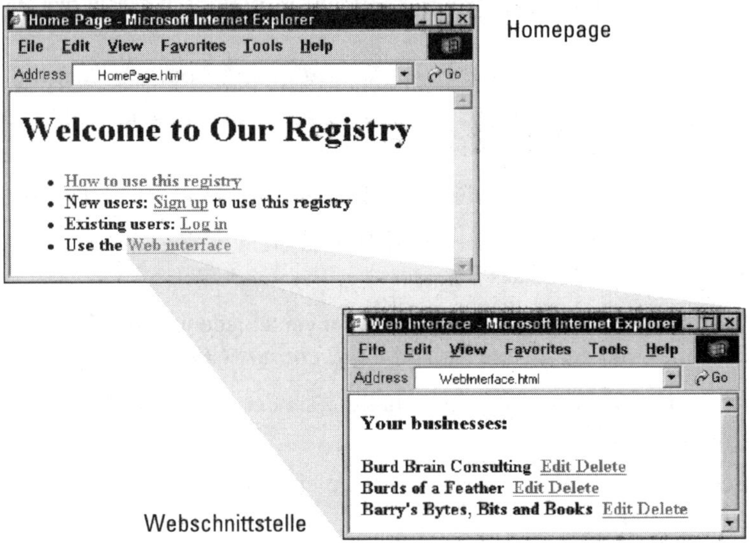

Abbildung 17.1: Die Webseiten eines Registers

Die Verwendung von JAXR vorbereiten

Wie führen Sie den Code in den Beispielen dieses Kapitels aus? Es gibt zwei Möglichkeiten:

✔ **Sie senden eine Abfrage an ein UDDI-Register.**

Sie führen den Code in den Listings 17.1 und 17.2 aus. Vielleicht möchten Sie eine Liste von Unternehmen mit dem Wort »Burd« im Namen abrufen. (Möchte das nicht jeder?)

Die Informationen im Register sind für den öffentlichen Gebrauch bestimmt, also benötigen Sie keine speziellen Privilegien, um eine Abfrage zu senden. Sie benötigen nur die

JAXR-API. Diese API gehört nicht zum Kern-Java-2-Download, also müssen Sie sich die API unter `java.sun.com/xml/jaxr` besorgen.

Sobald Sie die API heruntergeladen haben, richten Sie einfach den Klassenpfad Ihres Systems auf alle `.jar`-Dateien, die zum Download gehören. (Bei meiner frühen Einstiegsversion der JAXR-API befinden sich fast alle `.jar`-Dateien in einem Unterverzeichnis namens `lib`.) Hilfe zum Einrichten Ihres Systemklassenpfads finden Sie in Kapitel 2.

✔ **Sie aktualisieren Informationen in einem UDDI-Register.**

Sie führen den Code in den Listings 17.3, 17.4 und 17.5 aus. Sie fügen dem Register ein Unternehmen hinzu, ändern die Beschreibung eines der Dienste Ihres Unternehmens oder löschen Einträge aus dem Register. Sie können dies nicht tun, wenn Sie nicht ein gutgläubiger Benutzer eines UDDI-Registers sind. Bevor Sie also den Code in der letzten Hälfte dieses Kapitels ausführen, müssen Sie sich bei einem Register registrieren.

Glücklicherweise ist die Registrierung bei einem UDDI-Register nicht schwierig.

✔ Besuchen Sie die Homepage eines Registers und suchen Sie nach der Seite NEUER BENUTZER.

✔ Geben Sie Ihren Namen, Ihre E-Mail-Adresse, den Mädchennamen Ihrer Mutter und Ihre Blutgruppe ein.

✔ Klicken Sie auf die Schaltfläche ABSCHICKEN.

An dieser Stelle schickt Ihnen das Register vielleicht eine Bestätigungs-E-Mail. Sobald Sie auf diese Bestätigungsnachricht antworten, können Sie den Code in den Listings 17.3, 17.4 und 17.5 ausführen.

Ein Register finden

Bevor Sie sich zur Benutzung eines Registers registrieren können, müssen Sie das Register finden. Wo sind all diese Register, und wie wählen Sie unter den verfügbaren Registern aus?

Es gibt ein paar Dinge zu bedenken. Beispielsweise gibt es Testregister und Unternehmensregister. Die Testregister dienen Ihren Testzwecken. Die Unternehmensregister dienen der Veröffentlichung der Dienste Ihres Unternehmens.

Es gibt andere Unterschiede zwischen den Registern. Die meisten haben Webschnittstellen, aber viele bieten keine SOAP-Schnittstelle. Wenn Sie bei einem Register registriert sind, das keine SOAP-Schnittstelle besitzt, dann können Sie nicht den Code in den Beispielen dieses Kapitels verwenden. Mein Rat ist, ein Register mit SOAP-Schnittstelle zu finden. (Ratschläge zum Finden eines SOAP-Registers finden Sie ein paar Seiten zuvor im Abschnitt *Informationen über ein UDDI-Register erhalten*.)

Natürlich hat jedes Register seine eigenen speziellen Funktionen, und viele dieser Funktionen sind nicht dokumentiert. Beispielsweise ignorieren manche Register Anfragen nach Suchen, die die Groß-/Kleinschreibung berücksichtigen. Andere Register listen alle Unternehmensnamen als `null` auf. Also schalte ich zwischen den Registern hin und her, abhängig davon, welches Register Funktionen implementiert, die ich verwenden möchte. Ein bisschen kompliziert, aber es funktioniert.

Meine Empfehlungen

Zum Testen des Codes in diesem Kapitel habe ich drei nützliche Websites. Jede Site ist der Startpunkt für mindestens ein Register.

- **IBM**

  IBM hat Testregister und Unternehmensregister. Die Homepage der IBM-Register finden Sie unter `www-3.ibm.com/services/uddi`. Diese Homepage sagt Ihnen, wie Sie einen Benutzernamen und ein Kennwort bekommen. Die Seite enthält außerdem Links zur Webschnittstelle jedes Registers.

  Um SOAP-Nachrichten an das IBM-Testregister zu senden, verwenden Sie die Abfrage und Veröffentlichungs-URLs des Registers. Der Abfrage-URL ist `http://www-3.ibm.com/services/uddi/testregistry/inquiryapi`, und der Veröffentlichungs-URL ist `https://www-3.ibm.com/services/uddi/testregistry/protect/publishapi`. (Verwendungsbeispiele für die Abfrage- und Veröffentlichungs-URLs finden Sie in den Listings 17.2 und 17.4.)

- **Microsoft**

  Die Homepage für Microsofts Testregister ist `test.uddi.microsoft.com`. Die Homepage für Microsofts Unternehmensregister ist `uddi.rte.microsoft.com`.

- **Systinet**

  Die Homepage für Systinets Testregister finden Sie unter `www.systinet.com/web/uddi`. Der Abfrage-URL des Registers ist `http://www.systinet.com:80/wasp/uddi/inquiry/` und der Veröffentlichungs-URL des Registers ist `https://www.systinet.com:443/wasp/uddi/publishing/`. (Verwendungsbeispiele für die Abfrage- und Veröffentlichungs-URLs finden Sie in den Listings 17.2 und 17.4.)

Wenn Sie wild nach UDDI-Registern sind, können Sie versuchen, Ihr eigenes Register herunterzuladen und zu installieren. Die Register-Serversoftware unter `www.systinet.com` ist kostenlos für Entwicklungs- und Testzwecke. (Damit die Software funktioniert, müssen Sie Ihre eigene Datenbank betreiben.) Ein weiterer kostenloser Registerserver gehört zu verschiedenen JAXR-Versionen. In der frühen Einstiegsversion heißt er *Java WSDP Registry Server*. (Die Abkürzung *WSDP* bezieht sich auf das *Web Services Developer Pack* von Sun.)

Eine Abfrage ausführen

Listing 17.1 enthält ein Programm, das ein UDDI-Register abfragt. Wie üblich beruht das Listing auf einem Hilfscode, damit es funktioniert. Listing 17.1 vermittelt Ihnen das Gesamtbild, und ein späteres Listing enthält die Details des Hilfscodes.

```
import javax.xml.registry.BusinessQueryManager;
import javax.xml.registry.BulkResponse;
import javax.xml.registry.JAXRException;

import java.util.Vector;

public class DoQuery
{
    public static void main(String[] args)
        throws JAXRException
    {
        MyBusinessHelper helper;
        BusinessQueryManager manager;
        Vector names;
        BulkResponse response;


        helper = new MyBusinessHelper();
        helper.createConnection();

        manager = helper.createBusinessQueryManager();

        names = new Vector();
        names.add("%Burd%");
        response = manager.findOrganizations
            (null, names, null, null, null, null);

        helper.displayResults(response);
    }
}
```

Listing 17.1: Eine Abfrage an ein UDDI-Register senden

Ich arbeite mit einer frühen Einstiegsversion von JAXR. Einige der Dinge, die ich in diesem Kapitel mache, werden nicht mehr aktuell sein, wenn das Produkt zur allgemeinen Verwendung veröffentlicht wird. Wenn Sie meinen Code ausführen und die Dinge nicht so laufen, wie sie sollen, können Sie meine Website besuchen (`users.drew.edu/bburd`), um Aktualisierungen für den Code dieses Kapitels zu finden. Sie können sich auch auf eigene Faust ein wenig mit der JAXR-Dokumentation herumschlagen. (Das ist immer lustig.)

Den Code analysieren

Das Herz des Codes in Listing 17.1 ist der Aufruf an die `findOrganizations`-Methode. Alles andere im Listing sind bloß Details. Eine Beispielausgabe von Listing 17.1 ist in Abbildung 17.2 zu sehen.

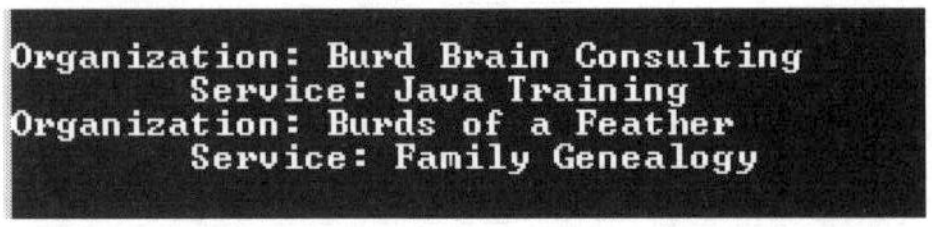

Abbildung 17.2: Eine UDDI-Abfrage ausführen

Listing 17.1 beginnt mit dem Aufruf einer `createConnection`-Methode – einer Methode, deren Code in meiner berühmten Hilfsklasse begraben ist. (Der Code für meine Hilfsklasse befindet sich in Listing 17.2. Aber schauen Sie noch nicht nach. Wenn Sie es tun, verderben Sie sich die Vorfreude.)

Nach dem Erstellen der Verbindung erzeugt das Listing einen großen Java-Vektor, der das Wort `"%Burd%"` enthält. Sie sehen, die `findOrganizations`-Methode ist so konstruiert, dass sie jeder Art von Abfrage standhält. (Der Aufruf an `findOrganizations` ist die große, fett gesetzte Anweisung in Listing 17.1.) Die sechs Parameter der Methode repräsentieren verschiedene Arten von Beschränkungen, die Sie Ihrer Abfrage auferlegen können. Sie können alle oder einige der Parameter mit Werten ausfüllen, die Ihre Suche einengen. (Bei jedem Parameter bedeutet der Wert `null`, dass Sie keine spezielle Art von Einschränkung verwenden.)

Nehmen Sie beispielsweise den zweiten Parameter im Aufruf von `findOrganizations`. Was immer Sie an dieser Stelle eingeben, beschränkt den Namen des Unternehmens, nach dem Sie suchen. Wenn Sie an dieser Stelle `"%Burd%"` verwenden, finden Sie alle Unternehmen mit der Zeichenfolge `Burd` im Namen. (Die Prozentzeichen fungieren als Platzhalter, so dass Sie alle Unternehmensnamen der Form *beliebige Zeichen*Burd*beliebige Zeichen* finden.)

Natürlich ist keiner der `findOrganizations`-Parameter einfach nur eine Zeichenfolge. Stattdessen ist jeder Parameter eine Auflistung von Zeichenfolgen, und jede Zeichenfolge in einer Auflistung macht eine einzelne Einschränkung aus. Nehmen wir an, ich ändere Listing 17.1 folgendermaßen:

```
names = new Vector();
names.add("Do%");
names.add("Re%");
names.add("Mi%");
response = manager.findOrganizations
    (null, names, null, null, null, null);
```

Dann sucht die Abfrage nach Namen, die eine der drei Silben `Do`, `Re` oder `Mi` enthalten. Meine Suche fördert Unternehmen zutage wie Dot's Restaurant, Real Estate Brokers' Anonymous und Michigan Society for Fifes and Flugelhorns.

Jedes UDDI-Register hat sein eigenes idiosynkratisches Verhalten. Ein Register gibt eine große Fehlermeldung aus, wenn ich ihm eine Abfrage mit der Auflistung `"Do%"`, `"Re%"`, `"Mi%"` sende.

Ein wenig Gerede über die Parameter der findOrganizations-Methode

Die `findOrganizations`-Methode besitzt sechs Parameter. In Tabelle 17.1 gibt es eine Beschreibung jedes `findOrganizations`-Parameters.

Position	JAXR-Name	UDDI-Name	Bedeutung
1	`findQualifiers`	`findQualifiers`	Betrifft Dinge wie Sortierreihenfolge, Berücksichtigung der Groß-/Kleinschreibung und exakt übereinstimmende Suchergebnisse gegenüber Suchen vom Typ »im Ergebnis enthalten«.
2	`namePatterns`	keiner	Bestimmt eine Zeichenfolge für die Suche nach Unternehmensnamen.
3	`classifications`	`categoryBag`	Beschränkt die Suche auf Industrietypen, Produkt- und Diensttypen oder geografische Positionen.
4	`specifications`	`tModelBag`	Beschränkt die Suche auf bestimmte technische Spezifikationen der Software-Angebote eines Unternehmens.
5	`externalIdentifiers`	`identifierBag`	Beschränkt die Suche auf bestimmte Standard-Unternehmenskennziffern.
6	`externalLinks`	`overviewDoc`	Spezifiziert Links zu Informationen, die sich außerhalb des Registers befinden.

Tabelle 17.1: Die Parameter der `findOrganizations`-Methode

Einige Elemente in Tabelle 17.1 bedürfen einiger Erklärung.

- ✔ Die erste Spalte der Tabelle bezieht sich auf eine Position in der Parameterliste der `findOrganizations`-Methode. Zum Beispiel im `findOrganizations`-Methodenaufruf in Listing 17.1 enthält Parameter Nummer 2 die Variable `names`. Die Parameter 1, 3, 4, 5 und 6 enthalten den Wert `null`.
- ✔ Die meisten `findOrganizations`-Parameter besitzen zwei Namen. Ein Name wird in der JAXR-Dokumentation verwendet und ein weiterer Name in der UDDI-Dokumentation. Tabelle 17.1 zeigt beide Namen.

- Der erste findOrganizations-Parameter betrifft die Art, wie sich die anderen Parameter verhalten. Der Wert FindQualifier.CASE_SENSITIVE_MATCH im ersten Parameter führt beispielsweise dazu, dass die Suche die Groß-/Kleinschreibung berücksichtigt. Der Wert FindQualifier.SORT_BY_NAME_DESC im ersten Parameter listet die Ergebnisse in umgekehrter alphabetischer Reihenfolge auf.

  Es gibt ein richtig niedliches Element unter den Optionen des ersten Parameters. Es heißt FindQualifier.SOUNDEX. Mit diesem Wert in Ihrer Auflistung schaut die Suche nach Namen, die wie der Name in Ihrer Suchzeichenfolge klingen. Eine Suche nach "%Burd%" kann Joe's House of Snakes and Birds liefern.

- Der fünfte Parameter listet Kennziffern auf, die bestimmte Unternehmen repräsentieren. Viele Unternehmen haben beispielsweise neunstellige Dun & Bradstreet-D-U-N-S-Nummern. Mit einer D-U-N-S-Nummer in diesem fünften Parameter wird die Abfrage auf eine bestimmte Organisation beschränkt. (Zwei Unternehmen können denselben Namen haben, aber nicht dieselbe D-U-N-S-Nummer.)

Die Hilfsklasse

Listing 17.1 beruht auf der MyBusinessHelper-Klasse, so dass es nun an der Zeit ist, sich den Code dieser Klasse in Listing 17.2 anzusehen. (Endlich! Etwas Hilfe!)

```
import javax.xml.registry.Connection;
import javax.xml.registry.ConnectionFactory;
import javax.xml.registry.RegistryService;
import javax.xml.registry.BusinessQueryManager;
import javax.xml.registry.BulkResponse;
import javax.xml.registry.JAXRException;

import javax.xml.registry.infomodel.Organization;
import javax.xml.registry.infomodel.Key;
import javax.xml.registry.infomodel.Service;

import java.util.Properties;
import java.util.Collection;
import java.util.Iterator;

class MyBusinessHelper
{
    Connection connection;
    RegistryService registryService;

    void createConnection()
        throws JAXRException
    {
        Properties properties;
        ConnectionFactory factory;
```

```
        properties = new Properties();
        properties.setProperty
            ("javax.xml.registry.queryManagerURL",
            "http://www.systinet.com:80/wasp/uddi/inquiry/");
        properties.setProperty
            ("javax.xml.registry.factoryClass",
            "com.sun.xml.registry.uddi.ConnectionFactoryImpl");

        factory = ConnectionFactory.newInstance();
        factory.setProperties(properties);

        connection =  factory.createConnection();
        registryService = connection.getRegistryService();
    }

    BusinessQueryManager createBusinessQueryManager()
        throws JAXRException
    {
        return registryService.getBusinessQueryManager();
    }

    void displayResults(BulkResponse response)
        throws JAXRException
    {
        Collection organizations;
        Organization organization;
        Collection services;
        Service service;
        Iterator orgIterator, servIterator;

        organizations = response.getCollection();

        orgIterator = organizations.iterator();
        while (orgIterator.hasNext())
        {
            organization = (Organization) orgIterator.next();

            System.out.print("Organization: ");
            System.out.println
                (organization.getName().getValue());

            services = organization.getServices();
            servIterator = services.iterator();
            while (servIterator.hasNext())
            {
                service = (Service) servIterator.next();
```

```
                System.out.print("\tService: " );
                System.out.println
                    (service.getName().getValue());
            }
        }
    }
}
```

Listing 17.2: Eine Hilfsklasse

Ein Eilmarsch durch die Methoden in Listing 17.2 sieht so aus:

- `createConnection`

  Diese Methode erzeugt eine Verbindung zwischen Ihrem Computer und einem bestimmten Registerdienst. Wie immer verwenden wir eine Factory, die uns hilft, die Verbindung zu schmieden. Wenn etwas an dieser Factory ungewöhnlich ist, dann die Tatsache, dass wir die Einstellungen der Factory mit einer Sammlung von Java-Eigenschaften justieren.

  Eine Java-Eigenschaft ist wie ein XML-Attribut. Eine Eigenschaft hat einen Namen und einen Wert.

  - In Listing 17.2 ist der Name der ersten Eigenschaft `javax.xml.registry.queryManagerURL`. Der Wert der Eigenschaft, `http://www.systinet.com:80/wasp/uddi/inquiry/`, ist ein Abfrage-URL. Sie können mehr über Abfrage-URLs im Abschnitt *Mit einem Register arbeiten* lesen (früher in diesem Kapitel).
  - Die zweite Eigenschaft mit dem Namen `javax.xml.registry.factoryClass` verweist auf die Klasse, die verwendet wird, um eine Verbindung zu erzeugen. Glücklicherweise gehört die Klasse `ConnectionFactoryImpl` zum JAXR-API-Download.

  Listing 17.2 bahnt einen kurvenreichen Weg von der abstrakten Klasse `ConnectionFactory` über die echte Klasse `ConnectionFactoryImpl` bis hin zum `connection`-Objekt selbst. (Entschuldigung, aber so wird es nun einmal gemacht.)

- `createBusinessQueryManager`

  Mit JAXR schleudern Sie nicht einfach eine Anfrage an ein Register. Sie übergeben die Anfrage an einen Manager, und der Manager behandelt die Anfrage in Ihrem Namen. In Listing 17.2 erhalten wir von der Verbindung ein `RegistryService`-Objekt, und dann erhalten wir von dem `RegistryService`-Objekt einen Manager.

- `displayResults`

  Wie viele Unternehmen erhalten wir aus unserer Abfrage? Und wie viele Dienste sind mit jedem Unternehmen verknüpft? Wenn die Antworten auf diese Fragen immer »eins« wären, dann würden wir keine Auflistungen und Iteratoren in der `displayResults`-Methode benötigen. Leider ist das Leben nie so einfach. Eine Abfrage kann viele Unternehmen zurückgeben, und jedes Unternehmen kann mehrere Dienste anbieten.

Daher ist ein `BulkResponse`-Objekt wirklich umfangreich. Um Informationen aus dem `BulkResponse`-Objekt abzurufen, rufen Sie Methoden wie `getCollection` und `getServices` auf. Diese Methoden geben Java-Auflistungen zurück, die mit Iteratoren sukzessive bearbeitet werden können.

Die Sache mit den Iteratoren ist nicht neu, ich habe in Listing 15.7 mit der Verwendung von Iteratoren angefangen und seitdem nicht aufgehört.

In Listing 17.2 ist die Ausgabe, die von der `displayResults`-Methode erzeugt wird, nur die Spitze des UDDI-Eisbergs. Zusätzlich zum Aufruf von `getServices` können Sie `getUsers`, `getTelephoneNumbers`, `getParentOrganization` und eine Menge anderer `get`-Methoden aufrufen. Details finden Sie auf der `Interface Organization`-Seite in der JAXR-Dokumentation.

Daten in einem Register veröffentlichen

Sie sind der Geschäftsführer eines großen Konzerns und daran interessiert, die Dienste des Konzern zu bewerben. Weil Sie sehr schlau sind, erwägen Sie, das Unternehmen in einem UDDI-Register aufzulisten.

Aber mit all den Fusionen, Verkäufen und neuen Projekten ändert sich die Konzernliste der Unternehmen und Dienste ständig. Sie können jemanden anstellen, der den ganzen Tag vor dem Computer sitzt und Schaltflächen auf der Webschnittstelle des Registers anklickt. Aber Schaltflächen anzuklicken wird langweilig, und langweilige Aufgaben werden nur sehr schlecht erledigt.

Die Antwort ist Automatisierung. Verwenden Sie Java-Code, um Daten über die Dienste Ihres Unternehmens zu veröffentlichen. Speisen Sie von Terminals überall auf der Welt Informationen in den Java-Code ein. Halten Sie den Java-Code am Laufen, so dass die Auflistungen Ihres Unternehmens immer aktuell sind.

Viele Testregister weisen Einschränkungen auf, die jeden Benutzer auf nur eine Unternehmensauflistung gleichzeitig beschränken. Um also ein Veröffentlichungsprogramm mehrfach zu testen, müssen Sie ein anderes Programm zwischen jedem Paar von Veröffentlichungsausführungen starten. Das andere Programm löscht den Registrierungseintrag, den Sie in Ihrer Veröffentlichungsausführung erzeugen. Mein eigenes Veröffentlichungsprogramm befindet sich in Listing 17.3 und mein Löschprogramm in Listing 17.5.

Den Code ansehen

Das Beispiel dieses Abschnitts veröffentlicht Daten in einem UDDI-Register. Die Aufgabe ist ein wenig vertrackter als die Abfrage eines Registers, aber nicht viel vertrackter. Der große Unterschied ist, dass Sie keinen Registereintrag hinzufügen oder verändern können, ohne sich zuerst anzumelden.

In diesem Zusammenhang muss die Anmeldung nicht interaktiv erfolgen. Ein Programm kann einen Benutzernamen und ein Kennwort an ein anderes Programm übergeben, und genau so funktioniert das Beispiel dieses Abschnitts. Natürlich sollten Sie, wenn Sie ein sensitives Kennwort von einer Stelle an eine andere übergeben, dieses Kennwort nicht für jedermann sichtbar machen. Aber das ist eine Sicherheitsfrage, keine XML-Frage. Die Programme in diesem Abschnitt verbergen keine Passwörter – aber Sie befassen sich besser erst mit der Sicherheitsfrage, bevor Sie mit ihnen im Internet arbeiten.

Wie einige frühere Beispiele kommt auch das Beispiel dieses Abschnitts in zwei Teilen – einem Hauptprogramm und einer Hilfsklasse. Das Hauptprogramm befindet sich in Listing 17.3. Es gibt keine sichtbare Ausgabe, die von der Ausführung des Hauptprogramms erzeugt wird. Das Programm wird einfach gestartet, verrichtet seine Veröffentlichungsarbeit und hört dann auf.

```
import javax.xml.registry.BusinessLifeCycleManager;
import javax.xml.registry.JAXRException;

import javax.xml.registry.infomodel.Organization;
import javax.xml.registry.infomodel.Service;

import java.util.Vector;

public class DoPublish
{
    public static void main(String[] args)
        throws JAXRException
    {
        MyBusinessCycleHelper helper;
        BusinessLifeCycleManager manager;
        Organization organization;
        Service service;
        Vector organizations;

        helper = new MyBusinessCycleHelper();
        helper.createConnection();
        helper.addCredentials();

        manager = helper.createBusinessLifeCycleManager();

        organization = manager.createOrganization
                              ("Burd Brain Consulting");
```

```
        service = manager.createService("Java Training");
        organization.addService(service);

        organizations = new Vector();
        organizations.add(organization);

        manager.saveOrganizations(organizations);
    }
}
```

Listing 17.3: Etwas in einem Register veröffentlichen

Oberflächlich sieht Listing 17.3 verdammt wie Listing 17.1 aus. Aber es gibt etwas Wichtiges, das Sie beachten sollten. Listing 17.1 und 17.3 erhalten Unterstützung von Helfern, aber die Helfer in den beiden Listings stammen aus verschiedenen Klassen.

In Listing 17.1 zeigt die `helper`-Variable auf ein `MyBusinessHelper`-Objekt, und in Listing 17.3 zeigt die `helper`-Variable auf ein `MyBusinessCycleHelper`-Objekt. Der Grund hierfür ist einfach. Der Code in Listing 17.3 benötigt mehr Hilfe. Man braucht zum Veröffentlichen mehr Code als zum Abfragen.

Wenn Sie also die nächsten Absätze lesen, behalten Sie im Hinterkopf, dass einige Details in einer weiteren Hilfsklasse versteckt sind. Die Hilfsklasse ist wie die Hilfsklasse in Listing 17.2, aber dicker. (Wenn Sie darauf bestehen, vorzublättern, dann finden Sie den Helfer für Listing 17.3 in Listing 17.4. Verraten Sie aber niemandem das überraschende Ende.)

Den Code analysieren

Die Bearbeitung in Listing 17.3 hat fünf Phasen. Hier ist alles:

- ✔ **Eine Verbindung herstellen**

  Wie in Listing 17.1 müssen Sie sich mit einem Register verbinden, bevor Sie mit dem Register kommunizieren können. Oberflächlich betrachtet, sehen die Verbindungen in den Listings 17.1 und 17.3 identisch aus. Aber um etwas in einem Register zu veröffentlichen, benötigen Sie eine gehaltvollere Verbindung als die Verbindung, die ein Register abfragt. Darum geht der `createConnection`-Aufruf in Listing 17.3 an die `MyBusinessCycleHelper`-Klasse und nicht an die `MyBusinessHelper`-Klasse. (Sie können mehr darüber lesen, wenn Sie zu Listing 17.4 gelangen.)

- ✔ **Sicherheitsinformationen zur Verbindung hinzufügen**

  Hier fügen Sie Ihren Benutzernamen und Ihr Kennwort in die Verbindung ein. Wiederum schieben wir die schmutzigen Details auf einen Hilfscode ab (in Listing 17.4).

- ✔ **Ein `BusinessLifeCycleManager`-Objekt bekommen**

  Die JAXR-API besitzt verschiedene Managerschnittstellen. Diese Managerschnittstellen sind im Paket `javax.xml.registry` definiert.

  In Listing 17.1 verwenden wir `BusinessQueryManager`, um nach Unternehmen mit dem Wort `Burd` zu fragen. Das ergibt Sinn, weil das Fragen nach Unternehmensnamen eine Abfrage ausmacht. In Listing 17.3 benötigen wir etwas, um unsere Anfragen nach Registeraktualisierungen zu verwalten. Also führen wir einen Aufruf an ein `BusinessLifeCycleManager`-Objekt durch.

  Was suggeriert nun der Ausdruck »life cycle« (»Lebenszyklus«)? Ein Life-Cycle-Manager bleibt das ganze Leben bei Ihnen. In Listing 17.3 erzeugen wir einen Unternehmenseintrag mit einem `BusinessLifeCycleManager`-Objekt. Später in diesem Kapitel verwenden wir ein `BusinessLifeCycleManager`-Objekt, um einen Unternehmenseintrag zu löschen. Das also bedeutet »Lebenszyklus«. Sie verwenden einen Manager dieser Art von der Wiege bis zur Bahre.

- ✔ **Die Daten vorbereiten**

  Dieser Teil der Geschichte mag Ihnen inzwischen vertraut vorkommen. In Listing 17.3 erzeugen Sie nicht einfach ein Unternehmen. Sie erzeugen eine Auflistung von Unternehmen. (Die Klasse `java.util.Vector` ist eine Unterklasse von `java.util.Collection`.) Sie machen dies sogar, wenn Sie nur die Daten eines Unternehmens veröffentlichen.

- ✔ **Die Daten veröffentlichen**

  Mit all dieser Vorbereitung ist der eigentliche Veröffentlichungsschritt in Listing 17.3 nicht gerade ein Höhepunkt. Sie rufen die `saveOrganizations`-Methode des Managers auf und übergeben Ihre Auflistung von Unternehmen an die Methode. Das genügt. Ihr Unternehmen ist nun veröffentlicht.

Die Hilfsklasse

Die Welt braucht eine weitere Hilfsklasse – eine Klasse, die beim Veröffentlichen und Aktualisieren eines UDDI-Registers assistiert. Es gibt eine Klasse dieser Art in Listing 17.4. Die Klasse fügt die Details ein, die in Listing 17.3 gefehlt haben.

```
import javax.xml.registry.Connection;
import javax.xml.registry.ConnectionFactory;
import javax.xml.registry.RegistryService;
import javax.xml.registry.BusinessLifeCycleManager;
import javax.xml.registry.JAXRException;

import java.net.PasswordAuthentication;
```

```
import java.util.Properties;
import java.util.HashSet;

class MyBusinessCycleHelper extends MyBusinessHelper
{

    void createConnection()
        throws JAXRException
    {
        Properties properties;
        ConnectionFactory factory;

        properties = new Properties();
        properties.setProperty
            ("javax.xml.registry.queryManagerURL",
            "http://www.systinet.com:80/wasp/uddi/inquiry/");
        properties.setProperty
            ("javax.xml.registry.lifeCycleManagerURL",
             "https://www.systinet.com:443/" +
             "wasp/uddi/publishing/");
        properties.setProperty
            ("javax.xml.registry.factoryClass",
            "com.sun.xml.registry.uddi.ConnectionFactoryImpl");

        factory = ConnectionFactory.newInstance();
        factory.setProperties(properties);

        connection =  factory.createConnection();
        registryService = connection.getRegistryService();
    }

    BusinessLifeCycleManager createBusinessLifeCycleManager()
        throws JAXRException
    {
        return registryService.getBusinessLifeCycleManager();
    }

    void addCredentials()
        throws JAXRException
    {
        PasswordAuthentication authentication;
        HashSet credentials;

        char[] password =
            {'s','w','o','r','d','f','i','s','h'};
        authentication =
            new PasswordAuthentication("myUsername", password);
```

```
        credentials = new HashSet();
        credentials.add(authentication);

        System.setProperty("java.protocol.handler.pkgs",
            "com.sun.net.ssl.internal.www.protocol");
        System.setProperty("javax.net.ssl.trustStore",
            "C:\\JavaPrograms\\.keystore");

        connection.setCredentials(credentials);
    }

}
```

Listing 17.4: Hilfe bei der Aktualisierung eines Registers

Listing 17.4 hat alles, was Listing 17.2 hat, und mehr. Das liegt daran, dass die Klasse in Listing 17.4 eine Unterklasse der `MyBusinessHelper`-Klasse aus Listing 17.2 ist. Daher besitzt Listing 17.4 automatisch die Variablen `Connection` und `RegistryService` sowie die Methode `createBusinessQueryManager`. Das ist gut, weil wir all diese Dinge verwenden, wenn wir etwas in einem Register veröffentlichen. Wir verwenden auch die drei Dinge, die in Listing 17.4 neu deklariert sind.

Dies sind die neuen Dinge in Listing 17.4: eine Verbindung, ein Manager und einige Sicherheitsinformationen. (Beachten Sie die Zeilen, die im Listing fett gesetzt sind.)

- **Eine kräftigere Verbindung erzeugen**

  Wenn wir in Listing 17.2 ein Register abfragen, rufen wir `setProperty` auf, um den Abfrage-URL einzugeben. Hier in Listing 17.4 geben wir zwei URLs ein – einen Abfrage-URL und einen Veröffentlichungs-URL. Dieser Veröffentlichungs-URL ist der Wert der Eigenschaft namens `javax.xml.registry.lifeCycleManagerURL`. Sie können im Abschnitt *Mit einem Register arbeiten* (früher in diesem Kapitel) mehr über Veröffentlichungs-URLs lesen.

Jedes Register hat eine Homepage. Die Homepage verweist auf Dokumentationen, die die Abfrage- und Veröffentlichungs-URLs des Registers enthalten. Sie verwenden diese Abfrage- und Veröffentlichungs-URLs in Ihren `setProperty`-Aufrufen.

Bevor Sie die `createConnection`-Methode aufrufen können, müssen Sie immer die `queryManagerURL`-Eigenschaft einrichten. Sie müssen dies auch dann tun, wenn Ihr Programm keine Abfrage ausführt. (So weit ich es beurteilen kann, kann der Wert der `queryManagerURL`-Eigenschaft jede beliebige Zeichenfolge sein. Der `queryManagerURL`-Wert muss kein echter URL sein, es sei denn, Sie vollziehen tatsächlich eine Abfrage.)

✔ **Einen `BusinessLifeCycleManager` erzeugen**

Sehen Sie sich meine arme kleine Methode in der Mitte von Listing 17.4 an. Der Name der Methode ist beinahe so lang wie der Rest des Codes der Methode. Diese Methode dient demselben Zweck wie die `createBusinessQueryManager`-Methode in Listing 17.2. Der einzige Unterschied ist, dass die Methode in Listing 17.4 einen Manager erzeugt, der ein Register aktualisieren kann. (Mit dem `BusinessQueryManager` in Listing 17.2 können Sie ein Register nur abfragen.)

✔ **Sicherheitsinformationen der Verbindung hinzufügen**

Das Hinzufügen von Sicherheitsinformation kann der unangenehmste und mühseligste Teil des ganzen Unterfangens sein. Wie werden Passwörter übertragen? Wie sind die Informationen verschlüsselt? Welche Teile des Puzzles sind öffentlich und welche sind privat? Sicherheit ist ein wichtiger Punkt, und er wird mit jedem Sicherheitsverschluss wichtiger.

In diesem Beispiel überlasse ich all die harten Fragen den Java-Sicherheitsexperten. Ich bin einfach glücklich, dass ich die Erlaubnis habe, etwas in dem Register zu veröffentlichen. Wie Sie in Listing 17.4 sehen können, sind mein Benutzername und mein Kennwort völlig öffentlich. Ich konzentriere mich auf die Mechanik der Versendung von Authentifizierungsinformationen und nicht auf die technischen oder politischen Fragen rund um die Sicherheit.

In Listing 17.4 bringt mich die `addCredentials`-Methode zwei Schritte näher an die Verwendung des Registers. Im ersten Schritt bereitet die Methode meinen Benutzernamen und mein Kennwort vor. Der Benutzername und das Kennwort werden in einem `java.net.PasswordAuthentication`-Objekt gespeichert, und dieses Objekt wird einem Satz von Sicherheitsinformationen hinzugefügt.

Der Benutzername und das Kennwort in Listing 17.4 sind Attrappen. Es gibt niemanden namens `myUsername` im Systinet-UDDI-Register, und niemand mit ein wenig Verstand verwendet `swordfish` als Kennwort. (Ein Kennwort wie `swordfish` ist zu leicht zu erraten.) Bevor Sie den Code in Listing 17.4 ausführen können, müssen Sie die Website eines Registers besuchen und Ihren eigenen Benutzernamen und Ihr eigenes Kennwort beantragen. Details finden Sie im Abschnitt *Die Verwendung von JAXR vorbereiten* (ganz in der Nähe in diesem Kapitel).

Nach dem Einrichten eines Benutzernamens und eines Kennwortes nimmt der Code in Listing 17.4 Aufrufe an `setProperty` vor. Diese Aufrufe suchen nach einer Datei namens `C:\JavaPrograms\.keystore` und stellen den Inhalt dieser Datei Ihrer Verbindung zur Verfügung.

In einer Java-Zeichenfolge repräsentieren Sie einen einzelnen Backslash, indem Sie zwei nebeneinander stehende Backslashes schreiben. Darum gibt es in Listing 17.4 Backslash-Paare in der Zeichenfolge `"C:\\JavaPrograms\\.keystore"`.

Eine Keystore-Datei abrufen

Der Name `.keystore`, beginnend mit einem Punkt, ist nicht ungewöhnlich für eine Datei dieser Art. Ärgerlich ist, dass einige Browser durcheinander geraten, wenn Sie versuchen, eine Datei namens `.keystore` herunterzuladen. Ich habe verschiedene Browser ausprobiert und mehrere unterschiedliche Ergebnisse erhalten.

- Meine Linux-Browser haben kein Problem, die `.keystore`-Datei herunterzuladen.
- Wenn ich im Netscape Navigator für Windows einfach auf die Datei klicke, bietet das Programm nicht die Option an, die Datei herunterzuladen. Stattdessen stellt das Programm die unverständlichen Bits der Datei auf meinem Bildschirm dar.

  Wenn ich rechts klicke und SPEICHERN UNTER auswähle, lädt der Navigator eine Datei herunter. Aber die Datei hat die zwölffache Größe der normalen `.keystore`-Datei. Dieses aufgeblähte Monster ist keine gültige Keystore-Datei.
- Unter Windows speichert der Microsoft Internet Explorer eine Datei namens `[1].keystore`. Ich benenne die Datei um, indem ich in der Eingabeaufforderung `rename [1].keystore .keystore` eingebe. (Die Zeigen-und-Klicken-Oberfläche des Windows-Explorers lässt mich den Dateinamen nicht in `.keystore` ändern.)

  Die Wahrheit ist, dass Sie dieser Datei jeden Namen geben können, den Sie wollen. Sie können sie `duckDip` statt `.keystore` nennen. Stellen Sie einfach sicher, dass der letzte `setProperty`-Aufruf in Listing 17.4 den Namen verwendet, den Sie der Datei gegeben haben.
- Die meisten Browser führen einen ordentlichen Download durch, wenn ich die `Shift`-Taste gedrückt halte und gleichzeitig die linke Maustaste klicke.

Ich bin sicher, dass Sie mit dem unverkennbaren Verhalten Ihres Browsers zurechtkommen werden, wie auch immer dieses sein mag.

Einen Keystore verwenden

Ein *Keystore* ist eine Auflistung von Authentifizierungselementen. Der Keystore von Systinet enthält Daten, die es Ihnen erlauben, das Systinet-Register zu aktualisieren. Wenn dieser Keystore nicht mit Ihrer Verbindung verknüpft ist, werden alle Anfragen, die Sie durchführen, um das Systinet-Register zu aktualisieren, zurückgewiesen. Im Wesentlichen ist dieser Keystore wie ein zusätzliches Kennwort für das Register.

Im Gegensatz zu einem gewöhnlichen Kennwort ist das Material in einem Keystore verschlüsselt. Das bedeutet, dass Sie das Material in dem Keystore nicht untersuchen oder verändern können. Sie können beobachten, wie jemand ein Kennwort auf der Tastatur eingibt, aber wenn Sie versuchen, die Authentifizierungsdaten in einem Keystore zu untersuchen, sehen Sie nur entstellte Bits.

Weil ein Keystore keinen gewöhnlichen Text enthält, tippen Sie nicht die Inhalte des Keystores in Ihren Code ein. Stattdessen nehmen Sie Aufrufe an die `setProperty`-Methode vor. Dies mache ich in Listing 17.4.

Wenn Ihr Register verlangt, dass Sie einen Keystore verwenden, dann müssen Sie die `setProperty`-Methoden des Keystores aufrufen, bevor Sie `connection.setCredentials` aufrufen. Wenn Sie zuerst `setCredentials` und später die `setProperty`-Methoden des Keystores aufrufen, haben die `setProperty`-Methoden des Keystores keine Wirkung. Sie werden nicht mit dem Register verbunden.

Einige Register verwenden keinen Keystore. Andere schon.

✔ Wenn Sie mit einem Register arbeiten, das keinen Keystore verwendet, stellen Sie sicher, die Aufrufe an `setProperty` in der `addCredentials`-Methode von Listing 17.4 zu entfernen. Sie werden kein Glück damit haben, ein Register zu aktualisieren, wenn Sie einen Keystore verwenden, der dort nicht hingehört.

✔ Wenn Sie mit einem Register arbeiten, das einen Keystore verwendet, können Sie den Keystore wahrscheinlich von einer Seite der Website des Registers herunterladen. Laden Sie einfach die Datei herunter und setzen Sie die Datei an eine bekannte Stelle auf der Festplatte Ihres Computers. Ändern Sie dann den letzten `setProperty`-Aufruf in Listing 17.4 so, dass er auf die Keystore-Datei auf der Festplatte Ihres Computers verweist.

Registereinträge löschen

Was aufsteigt, muss auch wieder herunterkommen. Jeder, der ins Geschäft geht, geht schließlich aus dem Geschäft hinaus. Alle schwarzen Löcher verfallen langfristig zu nichts. Und jeder Eintrag, den Sie in einem UDDI-Register anordnen, muss schließlich wieder entfernt werden.

Der Zyklus von veröffentlichen/abfragen/löschen

In der JAXR-API besitzt die `BusinessLifeCycleManager`-Klasse mehrere `delete`-Methoden. Sie können Dienste (`deleteServices`), Objekte (`deleteObjects`) und alle Arten von unerwünschten Dingen löschen. Im Beispiel dieses Abschnitts löschen wir ein Unternehmen. Sie werden den Code praktisch finden, wenn Sie die anderen Programme in diesem Kapitel testen. Mein üblicher Testzyklus ist wie folgt:

```
Führ eine Abfrage durch, um Unternehmen mit Burd
   im Namen zu finden. (Listing 17.1)
Veröffentliche einen neuen Eintrag wie Burd Brain Consulting.
   (Listing 17.3)
Führ eine Abfrage durch, um zu verifizieren, dass Burd Brain Consulting
   sich im Register befindet. (Listing 17.1)
```

```
Lösche Unternehmen mit Burd im
   Namen. (Listing 17.5)
Führ eine Abfrage durch, um zu verifizieren, dass Burd Brain Consulting
   sich nicht länger im Register befindet. (Listing 17.1)
```

Aber warten Sie noch einen Moment! Ich suche nach Unternehmen mit dem Wort `Burd` im Namen. Sicher, ich finde »Burd Brain Consulting«, aber ich finde auch »Burdette's Bookstore« und »Burdensome Business Associates«. Ich möchte diese anderen Unternehmen nicht löschen. Und selbst wenn ich nichts gegen zufällige Löschungen habe, habe ich nicht die Sicherheitsinformationen, um andere Auflistungen als meine eigenen zu löschen.

Der Code dieses Abschnitts besitzt zwei Funktionen, die mich vom Versuch abhalten, die falschen Registereinträge zu löschen.

- ✔ Der Code führt eine Abfrage durch, die keine anderen Unternehmen abruft.
- ✔ Die `delete`-Methode des Codes bezieht sich nicht namentlich auf andere Unternehmen.

Der Code befindet sich in Listing 17.5. Die wichtigsten Zeilen sind fett gesetzt.

```
import javax.xml.registry.BusinessQueryManager;
import javax.xml.registry.BusinessLifeCycleManager;
import javax.xml.registry.BulkResponse;
import javax.xml.registry.JAXRException;

import javax.xml.registry.infomodel.Organization;

import java.util.Collection;
import java.util.Vector;
import java.util.Iterator;

public class DoDelete
{
    public static void main(String[] args)
        throws JAXRException
    {
        MyBusinessCycleHelper helper;
        BusinessQueryManager queryManager;
        BusinessLifeCycleManager cycleManager;
        BulkResponse response;
        Organization organization;
        Collection organizations;
        Vector keys;
        Iterator iterator;
        String orgName;

        helper = new MyBusinessCycleHelper();
        helper.createConnection();
        helper.addCredentials();
```

```
        queryManager = helper.createBusinessQueryManager();
        response = queryManager.getRegistryObjects();


        organizations = response.getCollection();
        iterator = organizations.iterator();
        keys = new Vector();

        while (iterator.hasNext())
        {
            organization = (Organization)iterator.next();
            orgName = organization.getName().getValue();
            System.out.print(orgName);

            if (orgName.indexOf("Burd") != -1)
            {
                keys.add(organization.getKey());
                System.out.print(" is being DELETED.");
            }
            else
            {
                System.out.print(" is NOT being deleted.");
            }

            System.out.println();
         }

        if (!keys.isEmpty())
        {
            cycleManager =
                helper.createBusinessLifeCycleManager();
            cycleManager.deleteOrganizations(keys);
        }
    }
}
```

Listing 17.5: Registereinträge löschen

Listing 17.5 führt eine Abfrage durch, gefolgt von einer Löschung. Die Abfragemethode, `getRegistryObjects`, liefert nur die Einträge zurück, die zu mir gehören. Sagen wir, dass `Burd Brain Consulting` von mir stammt, aber nicht `General Motors` oder `Burdette's Bookstore`. Dann wird weder `General Motors` noch `Burdette's Bookstore` von der Abfrage zurückgegeben.

Unternehmen herauspicken

Sobald Sie ein Register abgefragt und einige Unternehmen gefunden haben, die Sie löschen möchten, müssen Sie diese Unternehmen zur Löschung markieren. Ihre erste Idee ist, die Unternehmen dem Namen nach zu markieren. Namen sind in der alltäglichen Sprache nützlich, aber sie funktionieren kaum in einer automatisierten Bearbeitung. Eine schnelle Suche nach »Joe's Diner« bringt Restaurants in den USA, in England und in Deutschland hervor. (Die Suche enthüllt auch einen Ort in einer *Simpsons*-Folge und den URL für einen sehr aktiven Chatroom.) Der Name »Joe's Diner« identifiziert nicht nur ein Unternehmen oder eine Organisation.

Unternehmensnamen sind also nicht die Antwort. Sie könnten versuchen, Geneva Milters zu löschen und würden stattdessen General Motors löschen. Die beste Möglichkeit, Unternehmen zu identifizieren, ist, jedem Unternehmen eine eigene Nummer zuzuweisen. Denken Sie an all die Vorteile, die Sie haben, wenn Sie Unternehmen Nummern zuweisen.

- ✔ Sie können sicherstellen, dass keine zwei Unternehmen dieselbe Nummer haben.
- ✔ Sie können Nummern anhand von Unternehmensgruppen zuweisen.
- ✔ Sie können sicherstellen, dass ähnliche Unternehmen unähnliche Nummern erhalten.

Der letzte Vorteil ist sehr wichtig. Wenn Unternehmen A Unternehmen B ähnelt und es einfach ist, A und B zu verwechseln, dann sollten die beiden Unternehmen sehr verschiedene Nummern haben.

Sie haben Glück. Wenn Sie ein Unternehmen in einem UDDI-Register auflisten, wird dieser Auflistung eine Nummer zugewiesen. Diese Nummer wird als *UUID-Schlüssel* bezeichnet, wobei »UUID« für »Universally Unique Identifier« steht. (Und »Schlüssel« steht für »Schlüssel«!). Dieser Schlüssel ist eine große 128-Bit-Zahl, die zugewiesen wird, wenn Sie Ihre Unternehmen auflisten.

Die Abkürzung »UUID« hat nichts mit der Abkürzung »UDDI« zu tun. Das Wort »Schlüssel« in »UUID-Schlüssel« hat nichts mit dem Sicherheits-Keystore des letzten Abschnitts zu tun. Zusammengefasst hat nichts mit irgendetwas anderem zu tun.

Um einen UUID-Schlüssel zuzuweisen, verbindet das Register eine Nummer aus einem eigenen Netzwerk mit einer Nummer aus einer internen Uhr. Also spielen sowohl Zeit und Ort einer Auflistung eine Rolle.

- ✔ Sie können ein Unternehmen auflisten, das Unternehmen löschen und dann dasselbe Unternehmen wieder auflisten. Der Schlüssel des Unternehmens ist jedes Mal anders.
- ✔ Sie können ein Unternehmen in zwei verschiedenen Registern auflisten. Die beiden Listings haben dann zwei verschiedene Schlüssel.

Mit einem eindeutigen Schlüssel können Sie unzweifelhaft eine Unternehmensauflistung in einem Register identifizieren. Sie können diese Unternehmensauflistung zur Löschung aus dem Register anvisieren und dieses Unternehmen entfernen, ohne andere Unternehmen zu entfernen (Unternehmen mit ähnlichem Namen beispielsweise).

Um den UUID-Schlüssel einer Organisation abzurufen, verwenden Sie in Ihren Code eine Anweisung wie `System.out.println(organization.getKey().getId())`.

In Listing 17.5 verwende ich UUID-Schlüssel.

- ✔ Ich frage das Register ab und finde Unternehmen, die ich zu löschen beabsichtige.
- ✔ Ich rufe den Schlüssel für jedes gewünschte Unternehmen ab.
- ✔ Ich verwende den Schlüssel, um die Unternehmen aus dem Register zu löschen.

Um Registereinträge zu löschen, rufe ich `deleteOrganizations` auf. Dieser Aufruf entfernt den gesamten Eintrag zum Unternehmen in der `keys`-Auflistung.

Wenn ich `deleteOrganizations` aufrufe und der `keys`-Vektor im Parameter nur den einen Schlüssel besitzt, den ich nicht löschen darf, dann schlägt der gesamte Aufruf an `deleteOrganizations` fehl. Der Aufruf löscht noch nicht einmal die Einträge, die ich zu löschen berechtigt bin. (Es hilft nichts, wenn die Einträge, die ich löschen darf, früher in der Liste erscheinen als die, die ich nicht löschen darf. Selbst in dieser Situation wird überhaupt nichts gelöscht.)

Wenn ich den Code in Listing 17.3 ausführe, erhalte ich ein Ergebnis der Art, wie in Abbildung 17.3 zu sehen.

Abbildung 17.3: Burd Brain Consulting löschen

Wenn Sie aus irgendeinem Grund den Code dieses Abschnitts nicht ausführen können, können Sie immer noch die Webschnittstelle des Registers benutzen, um eine Organisation zu löschen.

Ich habe den Code in Listing 17.5 ausgeführt und möchte überprüfen, dass sich Burd Brain Consulting nicht länger im Register befindet. Also führe ich Listing 17.1 noch einmal aus. Der Code in diesem Listing sucht nach Unternehmen mit dem Wort `Burd` im Namen, und es gibt keine solchen Unternehmen im Register. Ach! Wenn ich die Abfrage vornehme, erhalte ich die Ausgabe, die in Abbildung 17.4 zu sehen ist.

Abbildung 17.4: Ein Beispiel für Jean-Paul Sartres Nichts

Webdienstprozesse automatisieren (mit JAX-RPC)

18

In diesem Kapitel

- Einen umfassenderen Blick auf Webdienste werfen
- Software auf den Server bringen
- Einen Webdienst verwenden

Stellen Sie sich dieses Szenario vor. Mein Unternehmen verkauft Schnutterdings für zehn Euro das Stück. Ich habe einen großen Vorrat an Schnutterdings, die ich auf meiner Website bewerbe. (Schnutterdings gibt es in allen Formen, Größen und Farben. Das Beste ist, dass sie fast geruchsneutral sind!) Wenn jemand ein Schnutterdings kauft, lasse ich es von Ihrer Lieferfirma ausliefern. Weil Sie eine Website unterhalten, verweise ich meinen Kunden auf Ihre Website wegen der aktuellen Versandinformationen. (Schnutterdings halten sich in trockenem Wetter nicht gut, also ist die Lieferzeit wichtig.)

Ich möchte die Kunden so lange wie möglich auf meiner Website halten. Da habe ich eine brillante Idee. Ich kann die Versandinformationen auf meiner eigenen Website erscheinen lassen. Das ist nicht nur gutes Marketing, es vereinfacht die Dinge auch für den Kunden. Anstatt Ihre Website zu besuchen und von Grund auf neu anzufangen, meldet sich der Kunde bei meiner Website an, erhält eine Liste der gekauften Schnutterdings und klickt auf einen Link, um Protokolldaten zu sehen. (Die Schnutterdings-Inspektoren der Regierung können die Lieferungen ebenfalls überwachen!)

Die Frage ist also: Wie bekomme ich die Daten von Ihrer Website in Echtzeit auf meine eigene Website? Es gibt verschiedene Möglichkeiten.

✔ **Eine Möglichkeit: Software-Komponenten kopieren**

  In diesem Szenario kaufe ich Software von Ihrer Firma. Diese Software liest Protokolldaten von Ihrem System und stellt die Daten meinen eigenen Software-Systemen zur Verfügung. Ich verbinde Ihre Software mit meiner und hoffe das Beste.

  Es gibt mindestens hundert Gründe, warum dieser Plan zum Scheitern verurteilt ist. Hier sind ein paar Gründe:

  - Mein Programm langt in die Datenbank Ihres Systems. Sie wissen, als Nächstes lange ich in Ihr Bankkonto.
  - Ich muss vielleicht hart daran arbeiten, Ihre Software in mein System zu integrieren.

- Sie verlieren die Kontrolle über Ihre Software. Wenn ich mein Exemplar unpassend oder illegal verwende, erfahren Sie nie davon. Und wenn Sie es doch herausfinden, können Sie nicht viel dagegen tun. (Sie können mir ein Einschreiben schicken oder mich vor Gericht zerren, aber Sie sind damit beschäftigt, Pakete auszuliefern und nicht ein Gast bei Richterin Barbara Salesch zu werden.)
- Ich muss Ihre Komponente als Teil meines eigenen Codes warten. Wenn diese Komponente zusammenbricht, telefoniere ich mit den Leuten von Ihrer Service-Hotline (die mich anderthalb Stunden in der Warteschleife halten). Bei großen Firmen ist die Sache mit der Service-Hotline problematisch. Ihre Leute wissen womöglich nicht viel über meine eigene Software-Umgebung.
- Ich verliere den Kontakt zur Quelle der Software. Wenn Sie die Software aktualisieren, muss ich ein neues Exemplar herunterladen. Ich erhalte keine Aktualisierungen in Echtzeit.

✔ **Eine weitere Möglichkeit: Screen-Scraping**

Der Ausdruck *Screen-Scraping* bezieht sich auf jeden Prozess, der Zeichen oder andere Inhalte von einer Webseite erfasst. Beispielsweise kann ich die Protokollnummer einer Schnutterdings-Lieferung nehmen und die Nummer an Ihre Website senden. Wenn ich eine Webseite zurückbekomme, sende ich die Seite nicht an den Browser meines Kunden. Stattdessen führe ich verschwenderisches, unzuverlässiges Textfiltern durch, um Protokolldaten auf der Seite zu finden. Ich kopiere die Protokolldaten in meine eigene Webseite und sende meine Seite an den Browser des Kunden.

Der Himmel stehe mir bei, wenn Sie je das Format Ihrer Webseite ändern! Und was passiert mit all den Bildern auf Ihrer Webseite? Ich werfe diese Bilder einfach in meinen virtuellen Papierkorb. Für meine Zwecke blähen diese Bilder die Datenübertragung nur unnötig auf. Sie tun dies jedes Mal, wenn ich Protokollinformationen anfrage.

✔ **Ihr bester Einsatz: Webdienste mit SOAP aufrufen.**

Verglichen mit den vorigen schrecklichen Szenarien ist ein Webdienst ein Lebensretter. Sie erzeugen eine Java-Methode der folgenden Art:

```
public TrackingData getData(TrackingNumber num)
```

Sie stellen diese Methode der Welt zur Verfügung. Um die Methode aufzurufen, müssen Sie nur eine SOAP-Nachricht an einen URL schicken. Vielleicht sieht der URL so aus:

```
http://my-car-rier.biz/jaxrpc-tracking/jaxrpc
```

SOAP ist ein Standard. Daher können mein Methodenaufruf und die Protokolldaten, die von der Methode zurückgegeben werden, ohne Ärger an beiden Enden interpretiert werden. Die Protokollinformationen sind zuverlässig, weil sie nicht mit anderem Müll von einer kundenorientierten Webseite gebündelt sind. Und weil Sie nur die Protokolldaten senden, ist die Antwort prägnant und effizient.

Das genügt. Wir verwenden einen Webdienst mit SOAP. Um zu sehen, wie das funktioniert, schauen Sie sich Abbildung 1.1 an (in Kapitel 1). Sie betreiben einen Paketdienst, und ich benutze diesen Paketdienst. Die Software des Dienstes läuft auf Ihrem Computer. Wenn meine Software Protokollinformationen benötigt, sendet meine Software über das Internet eine Nachricht an Ihre Software. Meine Software erhält eine Nachricht mit Protokollinformationen zurück, und ich verwende diese Informationen, um meine Webseite zusammenzusetzen. In der Zwischenzeit machen beide Firmen, was sie am besten können. Die Software Ihrer Firma überwacht Pakete, und die Software meiner Firma verkauft Schnutterdings.

Lassen Sie uns den Vorgang einen Schritt weiter spinnen. Wir können die Konfigurierung meines Systems automatisieren, so dass mein System die Daten Ihrer Software akzeptiert. Immerhin bieten Sie mir eine `getData`-Methode an. Die Existenz dieser Methode ist eine ziemlich offene Tatsache. Anstatt meine Programmierer für zwölf Monate in ihre Arbeitsnische zu schicken, kann vielleicht ich eine Software ausführen und die Software Aufrufe an die `getData`-Methode erzeugen lassen.

Die Software, die Aufrufe erzeugt, hat einen Namen. Die Software ist Bestandteil von *JAX-RPC* – die *Java API for XML-based Remote Procedure Calls*. Und die »offene Tatsache« der Existenz der `getData`-Methode kann in einem XML-Dokument codiert werden. Das XML-Dokument entspricht einem Standard namens *WSDL* – der *Web Services Description Language*.

Lassen Sie uns also die Webdienst-Angelegenheit untersuchen. Der Rest dieses Kapitels zeigt Ihnen einige felsenfeste Beispiele. Die Beispiele gehören zur JAX-RPC-API. Sie können die API bei `java.sun.com/xml/jaxrpc` herunterladen.

Wie felsenfest kann ein Beispiel sein, wenn das Beispiel auf einer frühen Einstiegsversion basiert? In diesem Kapitel habe ich nicht den Luxus, über ein echtes Produkt zu schreiben. Meine Version von JAX-RPC ist noch nicht einmal eine Beta-Version. Abhängig von Ihrer Sicht der Dinge halten Sie mich wahrscheinlich für einen Helden oder einen Narren. Ich bin ein Held, weil ich über Software schreibe, die noch nicht stabil ist, oder ich bin ein Narr, weil ich über Ideen schreibe, die sich noch ändern werden. So oder so können Sie Änderungen an JAX-RPC verfolgen, indem Sie die Website dieses Buches besuchen. Der URL ist `users.drew.edu/bburd`.

Die Details in den Griff bekommen

In diesem Kapitel müssen wir uns um die Ablage von Dateien kümmern. Ich erwähne mehrere Dateinamen und sage Ihnen, wohin diese Dateien auf verschiedenen Computern gehören. Die Situation ist nicht zu kompliziert, solange Sie eine Karte für all die Dateinamen haben. Also stelle ich Ihnen eine Karte in Abbildung 18.1 zur Verfügung. Die Karte trennt Dateien auf dem Client von Dateien auf dem Server.

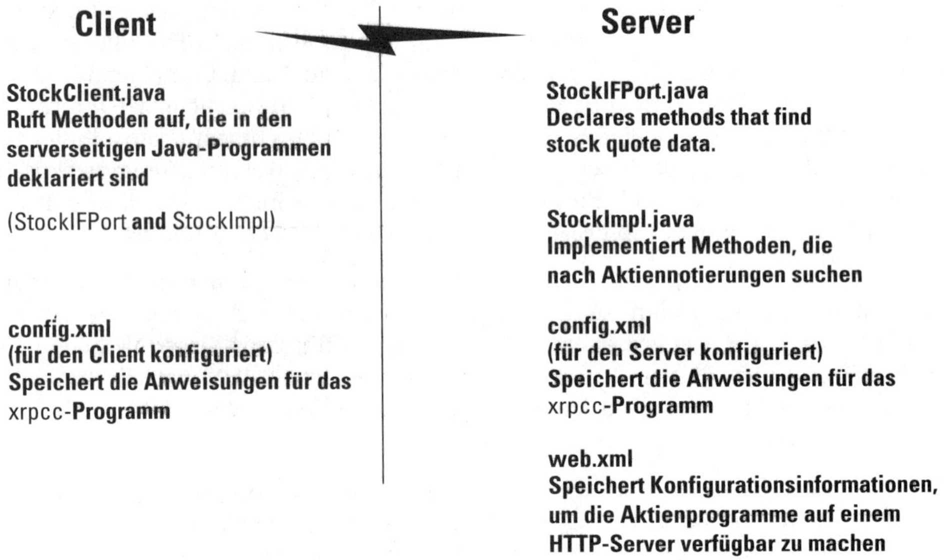

Abbildung 18.1: Clientdateien und Serverdateien

- Der *Server* enthält Programme, die einen Dienst bieten. Im großen Beispiel dieses Kapitels bieten die Serverprogramme Informationen über Aktienkurse. Im Schnutterdings-Beispiel (zuvor erwähnt) bietet Ihr Server Paketüberwachungsinformationen.
- Der *Client* nutzt Programme, die einen Dienst verwenden. Im großen Beispiel dieses Kapitels fordert das Clientprogramm Aktieninformationen von den Serverprogrammen an. Im Schnutterdings-Beispiel (zuvor erwähnt) fragt mein Programm Protokollinformationen von Ihren Server-Programmen ab.

Normalerweise gehören die beiden Computer (Client und Server) zu zwei verschiedenen Firmen.

In diesem Kapitel können Sie Beispiele für alle Dateien finden, die in Abbildung 18.1 erwähnt werden. Die grundlegende Idee ist, dass `StockClient.java` Methoden in `StockImpl.java` aufruft. Hierfür muss der Clientrechner von seiner eigenen Java Virtual Machine aus auf die Java Virtual Machine des Serverrechners zugreifen. Dieser Zugriff ist schwieriger, als Sie glauben mögen. Auf dem Client- wie auf dem Serverrechner muss zusätzlicher Code vorhanden sein (siehe Abbildung 18.2).

- Auf dem Clientrechner benötigen wir Code, der Methodenaufrufe an den Server weiterleitet. Dieser Code heißt *Stub*.
- Auf dem Serverrechner benötigen wir Code, der eingehende Methodenaufrufe empfängt. Dieser Code heißt *Tie*. Der Tie-Code führt Aufrufe an das `StockImpl`-Programm in Abbildung 18.2 durch. Wenn das `StockImpl`-Programm einen Wert zurückgibt, gibt der Tie-Code den Wert an den Client zurück.

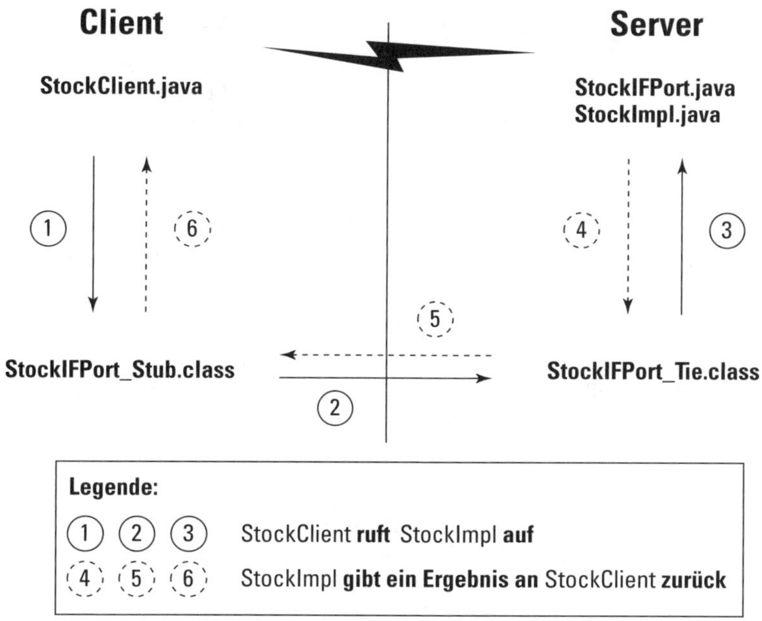

Abbildung 18.2: Einen Fernmethodenaufruf durchführen

Mit all den Stubs und Ties in Abbildung 18.2 sieht es so aus, als ob jeder viel Code schreiben müsse. Und das nennen wir »Fortschritt«? Was ist mit all diesen automatisierten, leicht zu verwendenden Webdiensten geschehen?

Die Stubs und Ties müssen nicht von menschlicher Hand bearbeitet werden. Wir können mit Software arbeiten, die all den Code für uns schreibt. Wir verwenden ein Programm namens `xrpcc`. (Der Name ist eine Abkürzung für »XML-based RPC Compiler«.) Dies `xrpcc`-Programm ist Teil von JAX-RPC. Abhängig vom Inhalt einer Konfigurationsdatei funktioniert das `xrpcc`-Programm auf eine von zwei Arten. Eine ist für den Server, die andere für den Client (siehe Abbildung 18.3).

✔ **Auf dem Server** nimmt das `xrpcc`-Programm `StockIFPort.java` und `StockImpl.java` und verwendet sie, um Ties zu erzeugen. Das Programm erzeugt ebenfalls ein WSDL-Dokument, das nützliche Informationen enthält (darunter die folgenden):

- Das WSDL-Dokument enthält die Namen, Parameterlisten und Rückgabetypen der Methoden in den `StockIFPort`- und `StockImpl`-Programmen des Servers.
- Das WSDL-Dokument enthält URLs auf dem Server, wo diese Methoden zum Aufruf zur Verfügung stehen.

✔ Auf dem Client nimmt das `xrpcc`-Programm das WSDL-Dokument und verwendet es, um Stubs zu erzeugen.

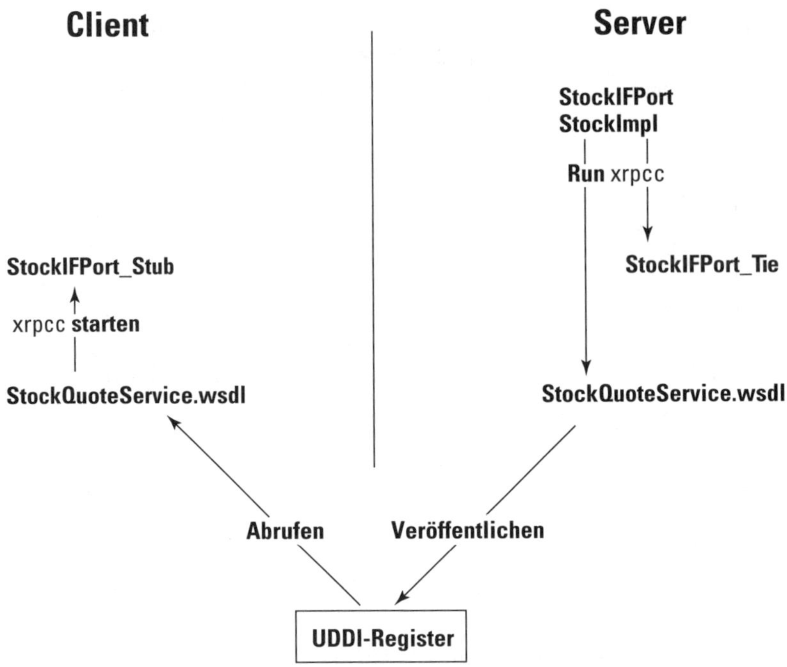

Abbildung 18.3: Die beiden Gesichter von `xrpcc`

Das `xrpcc`-Programm vervollständigt also die Webdienstschleife. Dies machen die Leute, die den Server betreiben:

- ✔ Sie starten mit Java-Code, dessen Methoden als Webdienst zur Verfügung gestellt werden sollen.
- ✔ Sie führen `xrpcc` aus, um Ties und ein WSDL-Dokument zu erzeugen.
- ✔ Sie veröffentlichen das WSDL-Dokument in einem UDDI-Register (siehe Kapitel 17).

Und dies machen die Leute, die den Client betreiben:

- ✔ Sie erhalten vom UDDI-Register eine Kopie des WSDL-Dokuments.
- ✔ Sie führen `xrpcc` aus, um Stubs zu erzeugen.
- ✔ Sie führen Java-Code aus, der die Methoden des Servers aufruft.

Im Rest des Kapitels beschreibe ich die sechs Schritte im Detail. Legen Sie ein Lesezeichen auf diese Seite, und Sie wissen immer, wo Sie sich im großen Schema befinden.

Die Serverseite der Geschichte

In diesem Abschnitt sind Sie ein großer Finanz-Hexenmeister. Sie stellen Finanzdaten für die weltweite Geschäftsgemeinschaft bereit. (Lieben Sie nicht *Java und XML für Dummies*? Indem Sie dieses Buch lesen, sind Sie sofort ein großer Erfolg geworden.)

Webdienstcode schreiben

Ihre Firma bietet einen Webdienst an, der Aktienkurse in Echtzeit liefert. Das Rückgrat des Dienstes befindet sich in zwei Java-Quelldateien. Die Dateien erscheinen in den Listings 18.1 und 18.2. Die erste Datei beschreibt zwei Methoden, die für jeden verfügbar sind, der Aktienkurse abrufen möchte. Die zweite Datei sagt einem Computer, was zu tun ist, wenn jemand eine der beiden Methoden aufruft.

```
package stock;

import java.rmi.Remote;
import java.rmi.RemoteException;

public interface StockIFPort extends Remote
{
    public double getQuote(String s) throws RemoteException;

    public String getSymbol(String s) throws RemoteException;
}
```

Listing 18.1: Eine Aktienkurs-Schnittstelle

```
package stock;

public class StockImpl implements StockIFPort
{
    public double getQuote(String company)
    {
        if (company.equals("SUNW"))
            return 17.5300;
        else
            return 8.6600;
    }

    public String getSymbol(String company)
    {

        if (company.equals("Sun"))
            return ("SUNW");
        else
```

```
            return "other";
        }
}
```

Listing 18.2: Die Aktienkurs-Schnittstelle implementieren

Die Listings 18.1 und 18.2 folgen einem Muster, das vielen Java-Programmierern vertraut ist. Das Muster ist besonders den Programmierern vertraut, die mit Java-RMI arbeiten – *Remote Method Invocation*. Mit RMI können Sie den Code, der auf einem Computer ausgeführt wird, den Code aufrufen lassen, der auf einem anderen Computer ausgeführt wird. Tatsächlich ist RMI nicht nur für den Methodenaufruf von Computer zu Computer gedacht. Mit RMI können Sie zwei Kopien der Java Virtual Machine auf einem einzigen Computer ausführen. Der Code, der in einer JVM ausgeführt wird, kann Code aufrufen, der in der anderen JVM ausgeführt wird.

Es ist nicht schwierig, zwei Kopien der Java Virtual Machine auf einem Computer auszuführen. Öffnen Sie einfach zwei Eingabeaufforderungsfenster und geben Sie in jedem Fenster `java Klassenname` ein.

Schnittstelle und Implementierung

Die Listings 18.1 und 18.2 illustrieren die Trennung der Schnittstelle von der Implementierung. Nehmen wir an, Sie führen ein Clientprogramm aus, das Aktienkurse abruft. Das Programm erzeugt selbst keine Informationen. Das Programm ruft nur die Methoden `getSymbol` und `getQuote` in Listing 18.2 auf.

Was muss das Clientprogramm nun wissen, um die Methoden `getSymbol` und `getQuote` aufzurufen? Der Client muss Methodenrufe vornehmen wie

```
getSymbol("Sun Microsystems");
```

und

```
getQuote("SUNW");
```

Das Clientprogramm muss das Material in Listing 18.1 kennen – die Namen der Methoden, den Parametertyp, den jede Methode annimmt, und den Werttyp, der von jeder Methode zurückgegeben wird. Der Client braucht nicht zu wissen, welche Anweisungen ausgeführt werden, wenn die Methoden `getSymbol` und `getQuote` aufgerufen werden. Anders gesagt, der Client braucht das Material in Listing 18.2 nicht zu kennen. Das Material in Listing 18.2 wird auf einem Serverrechner ausgeführt.

Bei knapper Bandbreite und noch knapperen Programmierpraktiken ist es am besten, dem Clientrechner Code auf Basis dessen zu präsentieren, was er wissen muss. Verschwenden Sie keine Ressourcen, indem Sie versuchen, Listing 18.2 an den Client zu senden. Behalten Sie stattdessen Listing 18.2 auf einem Serverrechner und senden Sie die *Informationen* in Listing 18.1 an einen Client.

Dies ist ein wichtiger Punkt. Wir senden nicht Listing 18.1 (die `.java`-Quelldatei) an den Client. Wir senden noch nicht einmal die `.class`- Bytecodedatei aus Listing 18.1 an den Client. Das ist der ganze Punkt bei den Webdiensten. Wir senden keine Java-Dateien, weil wir nicht wissen, ob der Client Java, C# oder Schnutterdings++ ausführt. Alles, was Sie wissen, ist, dass der Client SOAP und WSDL versteht. (Das ist alles, was Sie wissen müssen.)

Wir senden keine Java-Dateien an den Client. Stattdessen senden wir WSDL-Dokumente, die in SOAP-Envelopes verpackt sind.

Natürlich trägt dieses Buch *Java* im Titel, also ist in diesem Kapitel der Code des Clients in Java geschrieben. In gewissem Sinne rekonstruiert der Client Listing 18.1 aus den Informationen, die in einem empfangenen WSDL-Dokument enthalten sind.

Einige Beobachtungen

Sie werden vielleicht feststellen, dass die Klasse in Listing 18.1 `java.rmi.Remote` erweitert. Die `Remote`-Schnittstelle ist Bestandteil der Java-RMI-API. Jede Schnittstelle, deren Methoden von einem Code eines anderen Computers aus aufgerufen werden können (oder einer anderen Java Virtual Machine, die auf demselben Computer läuft), muss diese `Remote`-Schnittstelle implementieren.

Nebenbei, Sie werden nicht verrückt werden. Der Code in Listing 18.2 ist nur Testkram, und das ist Absicht. Dieser Code behandelt nur ein Unternehmen gleichzeitig. Ein echtes Aktienkurs-Programm würde die erhaltenen Eingaben analysieren, eine Datenbank abfragen und ein ehrliches Ergebnis zurücksenden. Listing 18.2 antwortet auf eine Nachricht nur mit den Daten, die es ausgeben kann. Wenn Sie einen realistischeren Blick auf Datenbanken werfen wollen, müssen Sie *JDBC™ 3.0: Java™ Database Connectivity* von Bernard Van Haecke lesen.

Ties und ein WSDL-Dokument erzeugen

Dies ist der Plan: Wir nehmen die Listings 18.1 und 18.2 (Programme auf dem Server) und lassen sie durch das JAX-RPC-`xrpcc`-Programm laufen. Wenn wir dies tun, erzeugt das `xrpcc`-Programm auf magische Weise auf dem Server etwas Tie-Code. Das Programm erzeugt auch ein WSDL-Dokument. (Zuvor in diesem Kapitel habe ich die Aktion des `xrpcc`-Programms im Detail beschrieben.) Wir sehen uns nicht den Code innerhalb des `xrpcc`-Programms an, weil wir es nicht müssen. So weit es uns betrifft, ist `xrpcc` eine Black Box.

Was ich als »das `xrpcc`-Programm« bezeichne, ist in Wirklichkeit eine Kombination von Dingen. Wenn Sie unter Windows arbeiten, gibt es ein Script namens `xrpcc.bat`. Dieses Skript ruft den Code in einem Java-Paket auf, und der Name des Pakets ist `com.sun.xml.rpc.tools.xrpcc`. Sie können den Code auch mit einem Generierungswerkzeug wie Unix make oder Apache Ant aufrufen.

Um das `xrpcc`-Skript auszuführen, geben Sie einen Befehl der folgenden Art ein:

```
xrpcc.bat config.xml
```

Ich werde nicht besonders spezifisch, weil es eine Million Variationen gibt, abhängig von Dingen wie Ihrem Betriebssystem, dem Wochentag und der Windrichtung. Aber wenn Sie der Dokumentation folgen, die zu JAX-RPC gehört, sollte alles in Ordnung sein. Das Wichtigste, was Sie beachten müssen, ist, dass `xrpcc` eine Konfigurationsdatei erfordert. Die Konfigurationsinformationen (natürlich in XML geschrieben) sagen `xrpcc`, was zu tun ist, womit es zu tun ist, wo es zu tun ist und wie es billiger zu tun ist.

Die Konfigurationsdatei

Die Konfigurationsdatei gibt es in zwei Geschmacksrichtungen – Vanille für den Server und Schokolade für den Client. Eine kostenlose Probe der Version mit Vanillegeschmack findet sich in Listing 18.3.

```
<?xml version="1.0" encoding="UTF-8"?>
<!-- config.xml (server version) -->

<configuration
    xmlns="http://java.sun.com/jax-rpc-ri/xrpcc-config">

    <rmi name="StockQuoteService"
        targetNamespace="http://stock.org/wsdl"
        typeNamespace="http://stock.org/types">

        <service name="StockQuote" packageName="stock">
            <interface name="stock.StockIFPort"
                servantName="stock.StockImpl"/>
        </service>
    </rmi>

</configuration>
```

Listing 18.3: Die serverseitige Konfiguration für `xrpcc`

Das Dokument in Listing 18.3 besitzt ein großes `rmi`-Element, und das ist wichtig. Es ist wichtig, weil `rmi` eine Kurzform für den Befehl »Untersuche und verwende den Code, der `java.rmi.Remote` erweitert« ist. (Der Code, der `java.rmi.Remote` erweitert, befindet sich in Listing 18.1.) Nur der Server besitzt das Originalexemplar von Listing 18.1, also kann der Server `xrpcc` mit einer `rmi`-Konfigurationsdatei ausführen. (Wenn Sie die Clientversion von `config.xml` kennen lernen, werden Sie sehen, dass die Clientdatei `config.xml` kein `rmi`-Element besitzt.)

Die Ausführung von `xrpcc` mit den Listings 18.1, 18.2 und 18.3 erzeugt einen ganzen Haufen neuer Dateien. Die meisten von ihnen sind `.class`-Dateien wie `StockIFPort_Tie.class`.

Diese Tie-Dateien geben Methodenaufrufe von einem Client an den Servercode in Listing 18.2 weiter. Sie können den Code in diesen Dateien nicht lesen, weil es keine Java-Quelldateien sind. (Es sind Bytecode-Dateien.) Aber das ist in Ordnung. Sie brauchen sich das Zeug in diesen Dateien nicht anzusehen. Lassen Sie sie einfach da, wo das `xrpcc`-Skript sie gespeichert hat, und die Dateien werden tun, was sie sollen.

Ungeachtet dessen, was ich im vorigen Absatz geschrieben habe, werden Sie sich bisweilen den Code ansehen wollen, der von `xrpcc` erzeugt wird. (Vielleicht funktioniert etwas nicht korrekt, und Sie müssen ein wenig Detektivarbeit leisten.) Um den Code in den `.class`-Dateien zu entschlüsseln, müssen Sie sie zurück in Java-Quelldateien konvertieren. Es gibt ein nettes Programm namens DJ Java Decompiler, das dies für Sie tut. Um den Decompiler herunterzuladen, besuchen Sie `members.fortunecity.com/neshkov/dj.html`.

Das neue WSDL-Dokument

Neben einigen neuen `.class`-Dateien erzeugt eine Ausführung von `xrpcc` auf dem Server eine WSDL-Datei. Die WSDL-Datei, die von meiner frühen Einstiegsversion erzeugt wird, ist in Listing 18.4 zu sehen.

```
<?xml version="1.0" encoding="UTF-8"?>

<definitions name="StockQuoteService"
    targetNamespace="http://stock.org/wsdl"
    xmlns:tns="http://stock.org/wsdl"
    xmlns="http://schemas.xmlsoap.org/wsdl/"
    xmlns:soap="http://schemas.xmlsoap.org/wsdl/soap/"
    xmlns:xsd="http://www.w3.org/2001/XMLSchema">

    <types/>

    <message name="getQuote">
        <part name="String_1" type="xsd:string"/>
    </message>
    <message name="getQuoteResponse">
        <part name="result" type="xsd:double"/>
    </message>
    <message name="getSymbol">
        <part name="String_1" type="xsd:string"/>
    </message>
    <message name="getSymbolResponse">
        <part name="result" type="xsd:string"/>
    </message>

    <portType name="StockIFPort">
        <operation name="getQuote">
            <input message="tns:getQuote"/>
```

```
        <output message="tns:getQuoteResponse"/>
    </operation>
    <operation name="getSymbol">
        <input message="tns:getSymbol"/>
        <output message="tns:getSymbolResponse"/>
    </operation>
</portType>

<binding name="StockIFBinding" type="tns:StockIFPort">
    <operation name="getQuote">
        <input>
            <soap:body encodingStyle=
               "http://schemas.xmlsoap.org/soap/encoding/"
                   use="encoded"
                   namespace="http://stock.org/wsdl"/>
        </input>
        <output>
            <soap:body encodingStyle=
               "http://schemas.xmlsoap.org/soap/encoding/"
               use="encoded"
               namespace="http://stock.org/wsdl"/>
        </output>
        <soap:operation soapAction=""/>
    </operation>
    <operation name="getSymbol">
        <input>
            <soap:body encodingStyle=
              "http://schemas.xmlsoap.org/soap/encoding/"
               use="encoded"
               namespace="http://stock.org/wsdl"/>
        </input>
        <output>
            <soap:body encodingStyle=
           "http://schemas.xmlsoap.org/soap/encoding/"
               use="encoded"
               namespace="http://stock.org/wsdl"/>
        </output>
        <soap:operation soapAction=""/>
    </operation>
    <soap:binding transport=
        "http://schemas.xmlsoap.org/soap/http"
        style="rpc"/>
</binding>

<service name="StockQuote">
    <port name="StockIFPort" binding="tns:StockIFBinding">
        <soap:address location=
```

```
    "http://localhost:8080/jaxrpc-stock/jaxrpc/StockIFPort"/>
        </port>
    </service>

</definitions>
```

Listing 18.4: Ein WSD-Dokument

Um ganz ehrlich zu sein, habe ich (schnauf!) die Datei in Listing 18.4 bearbeitet, bevor ich sie auf der Seite eingefügt habe. Die von xrpcc erzeugte Datei hat einige sehr lange Zeilen, daher habe ich viele Zeilenumbrüche eingefügt. Falls Sie neugierig sind, werden Sie glücklich sein zu wissen, dass das Beispiel in diesem Kapitel mit meiner modifizierten Version von Listing 18.4 funktioniert.

Sie setzen Listing 18.4 nicht selbst zusammen, also werde ich das Listing nicht Zeile für Zeile erklären. Beachten Sie einfach, dass das Listing vertraute Dinge enthält – Dinge wie StockIFPort, getQuote und service. Das Listing beschreibt die Methoden, die von dem Code in den Listings 18.1 und 18.2 zur Verfügung gestellt werden, und beschreibt die Art, in der ein Computer diese Methoden aufrufen kann.

In der frühen Einstiegsversion von JAX-RPC ist das WSDL-Dokument, das durch die Ausführung von xrpcc erzeugt wird, nicht für Round-Trips gedacht. Und was meine ich damit? Sie können mit einer Datei namens StockIF.java anfangen und mit einem WSDL-Dokument enden, das auf StockIF.java angewendet wird. Das ist ein großes Problem, weil die Namen der Dateien auf dem Client und dem Server nicht in jeder Hinsicht zueinander passen müssen. Deshalb ist es besser, die Dinge konsistent zu halten. Darum habe ich mich bei der Erzeugung von Listing 18.1 dafür entschieden, StockIFPort als Klassennamen zu verwenden.

Die Routine erledigen

Bei all diesem Gerede über die Erzeugung einer WSDL-Datei ist es leicht, die Grundlagen zu vergessen. Zusätzlich zur Ausführung von xrpcc müssen Sie Ihren Java-Code kompilieren und den Code auf einem Webserver installieren. Viele JAX-RPC-Fans verwenden den Server Apache Tomcat, und die JAX-RPC-Dokumentation enthält viele Hinweise über die Installation von Code für Tomcat. Um also den Code für Tomcat zu installieren, folgen Sie diesen Schritten.

1. **Finden Sie die Konfigurationsdateien für die Beispiele, die zur JAX-RPC-Dokumentation gehören.**

2. **Ändern Sie alle beispielspezifischen Verweise, so dass sie sich auf das Aktienkursbeispiel dieses Kapitels beziehen.**

3. **Folgen Sie den Anweisungen in der JAX-RPC-Dokumentation, um den Code auf Tomcat zu installieren.**

Um beispielsweise die Beispiele dieses Kapitels zu installieren, suchte ich nach der `web.xml`-Datei für das Hello-World-Beispiel der Dokumentation. Ich ersetzte jedes `HelloWorld` durch `StockQuote`. Mit dieser veränderten `web.xml`-Konfigurationsdatei war ich bereit, die Beispiele dieses Kapitels unter Tomcat zu installieren. Es funktionierte wunderbar.

Das WSDL-Dokument veröffentlichen

Wie ich in Kapitel 17 schrieb, kann ein UDDI-Register mindestens zwei Schnittstellen besitzen – eine Webschnittstelle und eine SOAP-Schnittstelle. Mit jeder Schnittstelle können Sie eine WSDL-Datei in ein UDDI-Register laden.

Natürlich können Sie auch eine Datei ohne UDDI-Register übertragen. Sie können die Clientfirma anrufen und sagen: »Hey, Paul, komm her und hol diese Diskette mit einer WSDL-Datei.« Oder Sie können eine Datei von einer Stelle an eine andere auf der Festplatte Ihres Computers kopieren, wie Sie im nächsten Abschnitt sehen werden.

Bitte lesen Sie weiter.

Die Clientseite der Geschichte

Wenn Sie es bis zu diesem Punkt in Kapitel 18 geschafft haben, haben Sie alles über das Erzeugen eines Webdienstes gelesen. Sie haben einen einfachen Dienst gesehen, der Aktienkurse anbietet, und etwas über `xrpcc` gelesen – ein Programm, das Ties und WSDL-Dateien erzeugt.

Nun ist es an der Zeit, ein Client für den Webdienst zu werden. In diesem Abschnitt stellen Sie sich vor, dass Sie einen anderen Computer verwenden, und Sie rufen die Methoden in Listing 18.2 auf. Diese Vorstellung wird nicht funktionieren, wenn nicht ein Webserver ausgeführt wird, also starten Sie Ihren Server und machen Sie sich bereit für die guten Zeiten!

Das WSDL-Dokument abrufen

Im wirklichen Leben bestände Ihre erste clientseitige Aktion darin, die WSDL-Datei des Dienstes abzurufen. (Das ist das Dokument in Listing 18.4. Die Ausführung des `xrpcc`-Programms auf dem Server erzeugt diese Datei.) Als Client würden Sie die WSDL-Datei wahrscheinlich von einem UDDI-Register erhalten. Um den Code im Beispiel dieses Kapitels zu testen, benötigen Sie keine UDDI-Register. Sie kopieren nur die Datei namens `StockQuoteService.wsdl` von Ihrem Serververzeichnis in das Verzeichnis Ihres Clientcodes.

Wenn Sie noch kein Verzeichnis für Ihren Clientcode haben, erzeugen Sie einfach eins. Hier ist eine Liste der Dateien, die Sie in Ihrem Clientverzeichnis brauchen.

- ✔ Sie benötigen die `.wsdl`-Datei, die durch die Ausführung von `xrpcc` zuvor in diesem Kapitel erzeugt wurde (siehe Listing 18.4).

- Sie benötigen eine Konfigurationsdatei, um `xrpcc` auf der Clientseite auszuführen (siehe Listing 18.5, später in diesem Abschnitt).
- Schließlich benötigen Sie ein Programm, das Aktienkurse von dem Webdienst anfragt. Dieses Programm nimmt Aufrufe an die Methoden in Listing 18.2 vor.

  Von all dem, was sich in Ihrem Clientverzeichnis befindet, gebührt dem Programm, das die Aktienkurse anfragt, die Ehre, als *Clientprogramm* bezeichnet zu werden. Andere Programme in dem Clientverzeichnis unterstützen dieses Clientprogramm. Das Clientprogramm erscheint später in diesem Abschnitt in Listing 18.6.
- Sie benötigen alle anderen Dateien, die von der JAX-RPC-Dokumentation verlangt werden.

  Es gibt beispielsweise eine Anleitung, die zu JAX-RPC gehört. Die Anleitung verwendet ein Generierungswerkzeug namens Apache Ant, und Ant benötigt seine eigene Konfigurationsdatei (eine Datei namens `build.xml`), um ausgeführt werden zu können. Streng genommen können Sie JAX-RPC ohne Ant oder die Ant-Konfigurationsdatei verwenden. Aber das Leben ist einfacher, wenn Sie den Empfehlungen der offiziellen Dokumentation folgen.

Wenn Sie ein neues Clientverzeichnis erzeugen, vergessen Sie nicht, dieses Verzeichnis dem Klassenpfad Ihres Systems hinzuzufügen. Hilfe zur Einrichtung des Klassenpfads erhalten Sie in Kapitel 2.

Sie benötigen das Clientprogramm auf Ihrer Festplatte so lange nicht, bis Sie bereit sind, einen Aktienkurs anzufragen. Das ist interessant. Sie können `xrpcc` ausführen und Aktienkurs-Stubs erzeugen, bevor der Client über irgendwelchen handgeschriebenen Aktienkurscode verfügt. Wenn Sie `xrpcc` ausführen, erzeugt das Programm wieder den Code in Listing 18.1. Sie können diesen Code untersuchen, um die Arten der Methodenaufrufe aufzuspüren, die Sie in Ihr Client-Programm schreiben.

Den Client vom Server trennen

Software wie JAX-RPC ist dafür gedacht, auf zwei Computern ausgeführt zu werden – ein Client, der Tango mit einem Server tanzt. Falls Sie keine zwei Computer verwenden, können Sie Ihre Arbeit in zwei verschiedene Verzeichnisse unterteilen. Aber wenn Leute Beispielcode für diese Art von Software erzeugen, bündeln sie oft den Beispielcode in kombinierten Verzeichnissen.

Beispielsweise verwendet das Hello-World-Beispiel in der JAX-RPC-Anleitung zwei Verzeichnisse – ein Verzeichnis namens `hello` und eines namens `common`. Aber sowohl das `hello`- als auch das `common`-Verzeichnis enthalten Client- und Serverdateien. Wenn Sie Code testen, ist es Ihnen in der Regel egal, ob die Clientdateien von den Serverdateien getrennt sind. Außerdem ist es einfacher, den Code zu testen, wenn sich die Dateien in kombinierten Verzeichnissen befinden.

Ich stimme zu, dass kombinierte Verzeichnisse das Testen vereinfachen. Und wenn Sie nicht sicher sind, wie eine neue API funktioniert, möchten Sie nicht von den Instruktionen der Anleitung abweichen. Sie fahren am besten, wenn Sie die vorgefertigte Verzeichnisstruktur der Anleitung verwenden.

Aber ich möchte die gespaltene Persönlichkeit des Codes testen. Wenn ich diese Art von Code in kombinierten Verzeichnissen ausführe, bin ich oft in eine falsche Vorstellung von Sicherheit eingelullt. Also beginne ich damit, den Code in den kombinierten Verzeichnissen zu testen. Der Code wird ausgeführt, und ich bin glücklich. Dann frage ich mich, welche Dateien sich normalerweise auf dem Server und welche sich auf dem Client befinden würden. (Immerhin steht das »R« in »JAX-RPC« für »Remote«.) Wenn ich versuche, einige Dateien in ein getrenntes Verzeichnis zu verschieben, hören die Werkzeuge manchmal mit der Arbeit auf. Das bedeutet, dass ich die Zusammenarbeit zwischen dem Client und dem Server nicht wirklich verstehe. Oftmals ist die Dokumentation wenig hilfreich.

Dies empfehle ich: Falls die Beispieldateien der Anleitung zusammengebündelt auftreten, arbeiten Sie zuerst mit der kombinierten Verzeichnisstruktur. Sobald der Code korrekt ausgeführt wird, machen Sie eine Sicherungskopie Ihrer Arbeit. Sehen Sie sich dann Abbildung 18.1 an und versuchen Sie, Dateien in getrennte Verzeichnisse zu verschieben. Wenn Dinge wie `xrpcc` nicht länger funktionieren oder falls der resultierende Code nicht ausgeführt wird, überdenken Sie Ihre Auswahl der Dateipositionen.

PS: Fangen Sie nicht an dem Tag an, Dateien zu verschieben, an dem Ihre Kinder von Ihnen zum Einkaufszentrum gefahren werden möchten.

Stubs erzeugen

Sie haben eine `.wsdl`-Datei in Ihrem Clientverzeichnis platziert. Sie wollen gerade `xrpcc` ausführen, um Stubs für den Client zu erzeugen. Aber warten Sie! Das `xrpcc`-Programm benötigt eine Konfigurationsdatei, und die Datei muss auf die Bedürfnisse des Clients zugeschnitten sein. Sie können nicht die `config.xml`-Datei aus Listing 18.3 verwenden. Diese Datei ist nicht dafür gedacht, ein WSDL-Dokument zu verwenden. (Sie ist dafür gedacht, ein WSDL-Dokument zu erzeugen.)

Sie benötigen eine Datei mit Schokoladengeschmack wie die in Listing 18.5. Das `wsdl`-Element in Listing 18.5 unterscheidet diese Datei von der Datei in Listing 18.3. Das `wsdl`-Element weist `xrpcc` an, damit anzufangen, `StockQuoteService.wsdl` zu untersuchen. Wenn Sie also `xrpcc` ausführen, erzeugt der Computer Stub-Code aus den Informationen, die er in `StockQuoteService.wsdl` findet. (Die Datei `StockQuoteService.wsdl` befindet sich in Listing 18.4.)

```
<?xml version="1.0" encoding="UTF-8"?>
<!-- config.xml (client version) -->

<configuration xmlns=
```

```
        "http://java.sun.com/jax-rpc-ri/xrpcc-config">

    <wsdl name="StockQuoteService"
          location="StockQuoteService.wsdl"
          packageName="stock">
    </wsdl>

</configuration>
```

Listing 18.5: Die clientseitige Konfiguration für `xrpcc`

Wenn Sie `xrpcc` mit der Konfigurationsdatei in Listing 18.5 ausführen, erhalten Sie einen Haufen neuer Dateien auf Ihrer Festplatte. Zu diesen Dateien gehören `StockQuote_Impl.class`, `StockIFPort_Stub.class`, `GetQuote_RequestStruct.class` und eine Menge anderer Bonbons.

Den Clientcode schreiben und ausführen

Ein Clientprogramm ruft die Methoden auf, die in Listing 18.2 deklariert sind. Um ein Clientprogramm zu sehen, betrachten Sie Listing 18.6.

```
package stock;

import java.rmi.RemoteException;

public class StockClient
{
    public static void main(String[] args)
        throws RemoteException
    {
        String symbol;
        double quote;

        StockIFPort_Stub stub = (StockIFPort_Stub)
            (new StockQuote_Impl().getStockIFPort());

        symbol = stub.getSymbol("Sun");
        quote = stub.getQuote(symbol);

        System.out.println("Sun Microsystems: " + quote);
    }
}
```

Listing 18.6: Ein Aktienkurs-Client

Die Aktion in Listing 18.6 hat zwei Phasen.

- **Ein Stub-Objekt erzeugen**

  Die Listings 18.3 und 18.4 enthalten Tags, die mit `<service name="StockQuote" ...` beginnen. Diese Tags geben dem Webdienst, der von den Listings 18.1 und 18.2 angeboten wird, den Namen `StockQuote`. Wenn der Client `xrpcc` ausführt, erzeugt das `xrpcc`-Programm eine Datei namens `StockQuote_Impl.class`.

  In Listing 18.6 verwenden Sie die `StockQuote_Impl`-Klasse, um ein neues `StockQuote_Impl`-Objekt zu erzeugen. Dann rufen Sie vom `StockQuote_Impl`-Objekt ein Stub-Objekt ab, indem Sie `getStockIFPort` aufrufen.

- **Die Methoden des Webdienstes aufrufen**

  Hier ist der gute Teil. Sobald Sie ein Stub-Objekt besitzen, verwenden Sie einfach den Stub, um die Methoden des Webdienstes aufzurufen. Daher enthält Listing 18.6 die Aufrufe `stub.getSymbol("Sun")` und `stub.getQuote(symbol)`. Es gibt keine spezielle Syntax. Ein Programmierer, der diesen Teil des Codes schreibt, braucht nichts über Webdienste oder RMI zu wissen. Tatsächlich braucht der Programmierer nicht zu wissen, dass überhaupt irgendein anderer Computer oder irgendeine andere Java Virtual Machine im Spiel ist.

  Erinnern Sie sich nun, dass der Serverrechner den Code in Listing 18.2 ausführt. Wenn der Client `getSymbol` und `getQuote` aufruft, kann der Serverrechner auf der anderen Seite der Welt sein. Es spielt keine Rolle. Die zwischengeschalteten Klassen (Abbildung 18.2) leiten SOAP-Nachrichten zwischen dem Clientprogramm und dem Code in Listing 18.2 weiter.

Sie finden eine Ausführung von Listing 18.6 in Abbildung 18.4. Der `System.out.println`-Aufruf des Listings stellt einen Firmennamen und einen minutengenauen Aktienkurs dar. (Es muss ab und zu um Minuten gehen, wenn der Wert von Suns Aktien 17.53 ist. Sie müssen mein Programm in einer dieser Minuten ausführen.)

Abbildung 18.4: Den Code in Listing 18.6 ausführen

Teil IV

Der Top-Ten-Teil

Echte Programmierer trachten danach, die Benutzer mit Fehlermeldungen zu beleidigen.

In diesem Teil ...

Sie sind fast am Ende des Buches angelangt, und die Zeit der Zusammenfassung ist gekommen. Dieser Teil des Buchs ist Ihre Knall-Bumm-zweitausend-Worte-oder-weniger-Ressource für Java und XML. Bitte? Sie haben nicht *jedes Wort* in den Kapiteln vor diesem gelesen? Ist schon recht. Sie können viele nützliche Informationen in diesem Top-Ten-Teil finden.

Zehn wichtige Websites

19

In diesem Kapitel

- Websites, die Sie mit einem Lesezeichen versehen sollten
- Meine Anmerkungen und Gedanken zu jeder Website

Ich habe eine Suchmaschine besucht und nach Websites Ausschau gehalten, die mit Java und XML zu tun haben. Ich erhielt 11.600.000 Treffer. Also habe ich alle 11.600.000 Websites besucht. Glauben Sie mir, es hat fast eine Stunde gedauert.

Von den 11.600.000 Websites habe ich zehn meiner Favoriten in diesem Kapitel eingeschlossen. Aufgrund von Platzbeschränkungen musste ich über sieben Millionen exzellenter Websites auslassen. (Die übrigen 4.599.990 Websites sind meiner Meinung nach ganz in Ordnung.)

Hier sind meine zehn Favoriten. Ich hoffe, sie gefallen Ihnen.

✔ `java.sun.com`

Diese Website ist deeeer Platz für Informationen über Java. Besonders interessante Seiten sind für mich `java.sun.com/j2se` (für die Java™ 2 Platform Standard Edition) und `java.sun.com/xml` (für die XML-bezogenen Produkte von Sun).

Ich mag auch den Diskussionsabschnitt unter `forum.java.sun.com`. Dort stelle ich Fragen an die Java-Entwicklergemeinde.

✔ `www.jdom.org`

Die JDOM-Initiative ist auf keine offizielle Weise auf der Website von Sun repräsentiert. Um also das letzte Wort über JDOM zu erfahren, müssen Sie einen Abstecher machen. Diese JDOM-Website enthält Quellcode, Klassendateien, API-Dokumentation, die formale JDOM-Spezifikation und eine aktive Mail-Liste.

✔ `www.w3.org`

Die Dokumente der offiziellen Standards sind auf dieser Website zu Hause. Es ist die Hauptseite des geschätzten World Wide Web Consortium. Viele Dokumente auf dieser Website sind schwer zu lesen, aber das ist in Ordnung. Immerhin sind sie offiziell. Behandeln Sie sie als Referenzmaterialien zum Überprüfen von Tatsachen und Beilegen von Streitigkeiten.

Nebenbei, wenn Sie diese Website besuchen, sollten Sie auch unter `www.w3.org/XML` vorbeischauen.

- ✔ `www.xml.org`

  Dies ist eine große Sammlung von Links und Ressourcen zu XML. Mein Lieblingsteil ist das Register der XML-Schemen. Sie finden Schemen für die Buchhaltung, Fertigung, Immobilienangelegenheiten, Klassenraumplanung, Höhlenkarten, Gedichtverzeichnisse und mehr. Es gibt einen Link zum Register auf der Hauptseite, oder Sie können direkt zum Register wechseln, indem Sie `www.xml.org/xml/registry.jsp` besuchen.

  Wenn Sie diese Website besuchen, überprüfen Sie auf jeden Fall die XML-Entwickler-Mail-Liste und deren Archive. Folgen Sie dem Link auf der Hauptseite oder besuchen Sie `www.xml.org/xml/xmldev.shtml`.

- ✔ `xml.coverpages.org`

  Diese von Robin Cover verwaltete Website ist eine umfassende Liste von Links und Ressourcen zu XML. Glauben Sie mir, alles, was mit XML zu tun hat, ist irgendwo auf dieser Website vertreten.

  Ganz besonders mag ich die Artikel, die hier abgelegt sind. Die Artikel neigen dazu, lang zu sein. Sie verwenden eher komplette Absätze anstelle von Gliederungspunkten und Links. Es ist nicht gerade die Art, in der die meisten Websites sind, aber es ist extrem nützlich.

- ✔ `www.uddi.org`

  Diese Website ist der Startpunkt für Informationen über UDDI. Für mich sind die nützlichsten Ressourcen der Website die technischen Online-Schriften. Zusätzlich zu diesen Schriften können Sie FAQs, Foren und Links zu speziellen Ereignissen finden.

- ✔ **Die UDDI-Register**

  Um Ihre Dienste zu veröffentlichen oder UDDI-Software zu testen, besuchen Sie eine der folgenden Websites: `www.systinet.com/web/uddi`, `www-3.ibm.com/services/uddi`, `uddi.microsoft.com`, `www.xmethods.com`, `udditest.sap.com`, `https://uddi.hp.com/uddi`.

- ✔ `www.zvon.org`

  Noch nie zuvor habe ich Referenzmaterialien gesehen, die so gut organisiert waren. Die Multi-Frame-Oberfläche der Anleitungen lässt andere Online-Trainings-Websites schamhaft dastehen. Wenn Sie eine schnelle technische Frage haben oder eine geführte Tour zu einem bestimmten XML-Thema wünschen, dann ist diese Website die erste Adresse.

- ✔ `sourceforge.net`

  Viele laufende Projekte, die mit Java und XML zu tun haben, sind die Arbeit von unabhängigen Gruppen, die ihre Software als Open-Source-Code veröffentlichen. Diese Website ist ein Lager für Open-Source-Aktivitäten.

Sie können alle Arten von Software-Bonbons auf dieser Website finden – Dinge, die Sie nicht von den offiziellen Sun-APIs erhalten. Sie können ein Teilnehmer werden, indem Sie einer Diskussion beitreten oder helfen, Software zu schreiben. Es ist eine tolle Möglichkeit, um Teil der Open-Source-Gemeinschaft zu werden.

✔ `groups.google.com`

Es ist zwei Uhr morgens, und Paul möchte Kapitel 25 bis zum Mittag, geschliffen und Korrektur gelesen. Das Problem ist, dass mein Code nicht funktioniert. Ich kann mir irgendwelchen Unsinn ausdenken, um zu verbergen, was ich nicht verstehe, oder ich kann die Google-Website besuchen.

Sicherlich stand schon zuvor jemand vor diesem Problem. Sie haben eine Frage gestellt und mehrere Antworten erhalten. Ich kann die Seite nach relevanten Schlüsselwörtern durchsuchen und Beiträge über das Beheben meines dummen Problems lesen. Wenn ich keine Lösung finde, kann ich meine eigene Frage stellen. Ich erhalte wahrscheinlich innerhalb von 24 Stunden Antworten.

Wer weiß? Vielleicht schaffe ich den Abgabetermin am Mittag doch noch.

Zehn Wege zur Vermeidung von Fehlern

20

In diesem Kapitel

- Häufige SAX-Fehler
- Verzwickte DOM-Gefahren

Um dieses Kapitel zu schreiben, habe ich mein Manuskript nach den zehn häufigsten Fehlern durchkämmt, die den Anwendern unterlaufen. Seltsamerweise sind die Beschreibungen dieser Fehler nicht über alle Kapitel verteilt. Sie konzentrieren sich auf einige Abschnitte dieses Buches.

Alle Fehler beziehen sich auf SAX und DOM – die ersten beiden Themen in diesem Buch. Dies ist in gewisser Hinsicht auch logisch. Sowohl SAX als auch DOM sind primitiv und leistungsfähig. Beide lassen Sie die Verarbeitung eines XML-Dokuments bis ins kleinste Detail verwalten. Beide zwingen Sie, die gesamte Verantwortung zu übernehmen. Sie verfügen über sehr viel Macht, aber Sie können auch sehr viel falsch machen.

Sechs SAX-Haken

Meine große Fehlerliste enthält sechs SAX-Makel. Fünf dieser sechs Fehler beziehen sich auf die Zeichen zwischen den Tags.

✔ **Der SAX-Parser kann die `characters`-Methode mehrmals für nur eine Zeichenfolge aufrufen (siehe Kapitel 3).**

Mein SAX-Parser liest im folgenden Code die Zeichen zwischen den Tags `MyThreeSins` und `Sin`.

```
<MyThreeSins>
   <Sin rank="favorite" ... Etc.
```

An diesem Punkt ruft mein Parser die `characters`-Methode dreimal auf. Der erste Aufruf enthält keine Zeichen. Der zweite Aufruf enthält das Zeilenvorschubzeichen, das dem Tag `<MyThreeSins>` folgt, und der dritte Aufruf enthält die drei Leerzeichen, die vor dem Tag `<Sin>` angeordnet sind.

✔ **Der erste Parameter der `characters`-Methode kann irrelevante Zeichen enthalten (siehe Kapitel 3).**

In einigen Fällen enthält dieser Parameter ein gesamtes XML-Dokument. Um mit den relevanten Zeichen des ersten Parameters arbeiten zu können, verwenden Sie den zweiten und dritten Parameter der Methode.

Wenn mein Parser beispielsweise das folgende `Sin`-Element bearbeitet, enthält der erste Parameter der `characters`-Methode alle 140 Zeichen des XML-Dokuments.

```
<Sin rank="favorite">sloth</Sin>
```

Der zweite Parameter ist auf den Wert 79 gesetzt (der auf das 79. Zeichen im Dokument verweist, also auf das *s* in *sloth*). Der dritte Parameter der Methode ist 5 (für die fünf Buchstaben, aus denen das Wort *sloth* besteht).

✔ **Verschiedene SAX-Parser weisen unterschiedliche Verhaltensmuster auf (siehe Kapitel 3).**

Sie glauben nun, zu wissen, wie ein SAX-Parser seine `characters`-Methode aufruft. Sie schreiben also ein Programm, dessen Code von einem bestimmten Verhaltensmuster abhängig ist. Sie geben dieses Programm an einen Kunden weiter, und der Kunde stellt fest, dass das Programm abstürzt. Was ist geschehen? Das Programm ist abgestürzt, weil der Parser des Kunden und Ihr Parser die `characters`-Methode auf unterschiedliche Weisen aufrufen.

Was tun Sie also, um dieses Fiasko zu vermeiden? Zunächst testen Sie Ihren Code mit dem Parser, den Ihr Kunde benutzen möchte. Dann testen Sie Ihren Code mit mehreren Parsern (sofern der Code sehr robust sein muss). Und zu guter Letzt sollten Sie auf Vermutungen verzichten, die die Art und Weise betreffen, in der die `characters`-Methode aufgerufen wird. Sie sollten stattdessen immer den zweiten und dritten Parameter der `characters`-Methode verwenden und den resultierenden Inhalt überprüfen, um sicherzustellen, dass dieser den Text enthält, den Sie erwartet haben.

✔ **Ein SAX-Parser weist unterschiedliche Verhaltensmuster für Dokumente mit und ohne DTD auf (siehe Kapitel 5).**

Wenn ein Dokument eine DTD aufweist, ruft der Parser sowohl die Methode `characters` als auch `ignorableWhitespace` auf. Wenn ein Dokument keine DTD besitzt, verzichtet der Parser auf einen Aufruf der Methode `ignorableWhitespace`. Ohne DTD wird der gesamte Text, der andernfalls von der Methode `ignorableWhitespace` gehandhabt würde, von der `characters`-Methode bearbeitet.

✔ **Zeilenumbrüche trennen die Aufrufe der `characters`-Methode nicht voneinander (siehe Kapitel 6).**

Jemand händigt Ihnen ein Dokument aus, das Zeilenumbrüche als Trennzeichen verwendet. Es ist wie folgt aufgebaut:

```
<MyFourSins>
   Kleinkrämerei
   Bank ausrauben
   Gereizt sein
   Zu viel Geld verdienen
</MyFourSins>
```

Verlassen Sie sich nicht darauf, das SAX diese Elemente für Sie trennt. Erzeugen Sie stattdessen Ihren eigenen lexikalischen Parser-Code. Sie werden hierfür die Java-Klasse `StringTokenizer` als sehr nützlich erachten.

- **SAX leidet an Gedächtnisschwund (siehe Kapitel 6).**

  Wenn der Parser die Ausführung der `startElement`-Methode beendet, vergisst er die Attribute des Elements. Wenn er die Ausführung der `characters`-Methode beendet, vergisst er den Text. Weder die Attribute noch der Text werden für Methoden wie `endElement` und `endDocument` gespeichert.

  Wenn Sie zum Schluss der Verarbeitung eines Elements die Attribute oder den Text benötigen, müssen Sie diese Informationen in Instanzvariablen speichern. Bisweilen genügen einfache Variablen jedoch nicht. Wenn Sie verschachtelte Elemente verwenden, müssen Sie möglicherweise mehrere Versionen der Attribute oder des Textes speichern – in diesem Fall sollten Sie einen Stack benutzen.

Diese verflixten DOM-Gefahren

Sowohl SAX als auch DOM weisen potenzielle Stolpersteine auf. Dieser Abschnitt beschreibt einige Überraschungen, mit denen Sie in DOM-Programmen konfrontiert werden können.

- **Eine DOM-Baumstruktur beginnt nicht mit einem XML-Element (siehe Kapitel 7).**

  Die oberste Ebene einer DOM-Baumstruktur ist ein XML-Dokument. Unter diesem Dokumentknoten ist der Inhalt des Dokuments angeordnet.

  Die äußeren Positionen des Inhalts können etwas anderes als Elemente enthalten. Das folgende Dokument weist beispielsweise einen Kommentarknoten direkt unter dem Dokumentknoten auf.

  ```
  <?xml version="1.0" encoding="UTF-8"?>
  <!-- Yum! -->
  <ChocolateLoversClub>
     <ILoveChocolate/>
  </ChocolateLoversClub>
  ```

  Der Kommentar und der Knoten `ChocolateLoversClub` sind gleichgeordnete Elemente (Geschwister) in der DOM-Baumstruktur.

  Ich beging häufig den Fehler, dass ich einer Methode, die einen Elementknoten erwartete, eine DOM-Baumstruktur übergab. Dies blähte die Methode auf, da die Struktur ein Dokument und kein Element ist. Um das Problem zu lösen, nahm ich das `root`-Element aus der DOM-Baumstruktur heraus und übergab es der Methode.

- **Die Bedeutung von `nodeName` und `nodeValue` variiert abhängig vom Typ des Knotens (siehe Kapitel 7).**

  Es ist schwierig, ein einzelnes Gedankenmuster zu entwickeln, um sich alle Knotennamen und -werte zu merken. Betrachten Sie zum Beispiel die folgende Zeile:

  ```
  <Sin rank="favorite">Faulheit</Sin>
  ```

Der Elementname lautet in dieser Zeile `Sin`. Der Name des Textknotens ist jedoch `#text`. Der Wert des Elements ist `null`, doch der Wert des Textes ist `sloth`. Das Element hat keinen Wert, aber es besitzt Attribute. Kein anderer Knotentyp besitzt Attribute.

Bevor Sie Methoden wie `getNodeName`, `getNodeValue` und `getAttributes` benutzen, sollten Sie in diesem Buch einen Blick auf die Tabelle 7.1 werfen.

- **DOM ist langsam (siehe Kapitel 7).**

  DOM verwendet ein vollständiges XML-Dokument und formt daraus eine Datenstruktur. Diese Struktur wird im Speicher Ihres Computers verwahrt. Bei kleinen XML-Dokumenten ist die Verwendung des Speichers nicht von Bedeutung. Bei großen Dokumenten werden Sie jedoch mit all den Problemen konfrontiert, die mit speicherfressenden Programmen einhergehen. Andere Programme, die ausgeführt werden, müssen etwas von ihrem Speicherplatz abgeben, so dass Ihre Festplatte quietschen wird, während die Speichersegmente hin und her bewegt werden.

  Selbst wenn der Speicherplatz kein Thema ist, benötigt der Computer viel Zeit, um eine große DOM-Datenbaumstruktur zu bearbeiten. Wenn Sie mit großen Dokumenten arbeiten und die Verarbeitungszeit sehr wichtig für Sie ist, sollten Sie auf DOM verzichten.

- **Um einen neuen DOM-Knoten zu erstellen, benötigen Sie ein bereits bestehendes DOM-Dokument (siehe Kapitel 8).**

  Ein DOM-Knoten entsteht nicht aus dem Nichts. Sie müssen zuerst ein DOM-Dokument mit einem ähnlichen Code wie dem folgenden erzeugen:

  ```
  DocumentBuilderFactory factory =
     DocumentBuilderFactory.newInstance();
  DocumentBuilder builder =
     factory.newDocumentBuilder();
  Document doc = builder.newDocument();
  ```

  Dann benutzen Sie dieses Dokument, um den Knoten zu erstellen:

  ```
  Node eltNode = doc.createElement("Item");
  ```

  Schließlich fügen Sie Ihrem DOM-Dokumentbaum den Knoten mit einer Anweisung wie dieser hinzu:

  ```
  doc.appendChild(eltNode);
  ```

  Dies ist aus zwei Gründen verwirrend. Erstens könnten Sie vergessen, dass ein Knoten aus einem Dokument stammt. Zweitens könnten Sie vergessen, dass die Erzeugung eines Knotens aus einem Dokument nicht automatisch dazu führt, dass der Knoten im Dokumentbaum angeordnet wird. Diese Anordnung geschieht mit einem Aufruf der Methode `appendChild`.

Das war's: eine Sammlung von Gotchas für SAX und DOM. Verwahren Sie diese in Reichweite.

Stichwortverzeichnis

Symbole

#document-Knoten 137

A

Abfrage ausführen 331
Abfrage-URL 327
add-Methode 181
addChildren-Methode 186
Application Programming Interface 31
Attributarten 225
Attribute abrufen 141
attribute-Deklaration 284
Attribute-Klasse 192
AttributeHandler 225
Attributes-Objekt 69
Aufruf, rekursiver 199
Ausgabe 100

B

Befehlszeilenfenster öffnen 41
Benutzeranpassung 264
BigDecimal 296
Bindungen 265
Bindungsdeklaration 280, 284
Bindungsschema 267
  verändern 293
builder.newDocument 191
BulkResponse-Objekt 337
businessInfo-Element 308

C

CallDOM-Klasse 171
CallSAX-Klasse 63
CASE_SENSITIVE_MATCH 334
Child-Knoten 131, 141
ClassCastException 258
CLASSPATH-Variablen 42
Clientcode schreiben und ausführen 367
Clientprogramm 365
Code
  aktiver 60
  analysieren 332, 339
  ausführen 50, 79
  benutzerdefiniert 263, 264
  passiver 60
  portabler 28
  vielseitiger 264
Comment-Klasse 192
ComponentMaker-Konstruktor 222
content-Deklaration 284
convert-Attribut 282, 283
create-Methoden 165
createAttribute-Methode 165
createBusinessQueryManager 336
createConnection 336
createElement-Methode 191
createMessageObject-Methode 315
createResponse-Methode 320

D

Daten
  portable 28
  reorganisieren 232
  strecken und biegen 232
Datenteil 103
Datumsstempel 106
DefaultMutableTreeNode-Klasse 182
deleteOrganizations 349
displayChildren-Methode 141
displayOnConsole-Methode 316
displayResults 336
DOCTYPE abrufen 201
Document-Objekt 134
doGet-Methode 254
Dokument-Lokator 85
Dokumente
  beschreiben 279
  erstellen mit DOM 161
  überprüfen 75
Dokumentobjektmodell 129
Dokumenttypen beschreiben 267

DOM 32
aufrufen 136
Programmiertechniken 167
DOM-API 152
Werkzeuge 155
DOM-Baumstruktur 160
DOM-Code 158
DOM-Ergebnis bearbeiten 137
DOM-Knoten 130, 160
DOM-Knotentypen 140, 144
DTD 90, 92

E

Element-Klasse 192
element-ref-Deklaration 284
Elementdeklarationen 281
endDocument-Methode 125
Entitätsreferenz-Knoten 151
Envelope-Element 304
Ereigniseintritt 59
Ereignisse 58
Erweiterbare Stylesheet-Sprache (XSL) 233
exit 125
EXIT_ON_CLOSE 181

F

Factory-Objekt 63
factoryClass 336
Features 88
Fehlerbehandlungsroutine
erzeugen 80
FileInputStream-Objekt 274
FileOutputStream 103
findOrganizations-Methode 332
Parameter 333
findSubelement-Methode 315
forName 223
Frames 176
erzeugen 180

G

Generierte Klassen
verwenden 271, 290
GET-Anfragen 254
getAttributeValue-Methode 198
getColumnNumber-Methode 85
getContent-Methode 202
getContentPane-Methode 181
getDocType-Methode 201
getDocumentElement 171
getFirstChild-Methode 137
getLineNumber-Methode 85
getMessageBody-Methode 315
getMessageEnvelope-Methode 315
getNamedItem-Methode 172
getNextSibling-Methode 137
getNodeName-Methode 140
getNodeType-Methode 141
getNodeValue-Methode 140
getRegistryObjects 347
getWriter-Methode 257

H

Handler 66
Handler-Klasse 66, 78
hasAttributes-Methode 141
HTML-Code 250

I

INDENT 242
Inhalts-Handler 97, 111, 121
Inhaltsobjekte bearbeiten 203
Inhaltsvalidierung 283
instanceof-Operator 204
Internet Explorer 253
isAncestorOf-Methode 224

J

Java-Frame beschreiben 213
Java-Layouts 215
Java-Sound 118
Java-Swing-Werkzeuge 181
Java-Werkzeuge 37
java.awt.BorderLayout-Klasse 216
java.util.List 191
JAVA_HOME 258
javax.swing-Klassen 214
javax.xml.transform.Transformer 240

JAX-RPC 37, 353
JAXB 33, 264, 265, 277
JAXB-API
  Verwendungsmöglichkeiten 275
JAXM 37, 305
JAXP 32
JAXR 37
  Verwendung vorbereiten 328
JButton 215
JComponent 214
JDOM 33, 190
  Elemente 205
  Kommentare 204
  Konstruktoren 191
JDOM-API 193
JDOM-Baum 192, 197
JFrame 181, 214
JPanel 214
JTree 182

K

Keystore 344
Keystore-Datei 344
Klassen
  generierte, erzeugen 268, 277
Klassenpfad 41
  Beispiele 43
  einrichten 44, 49
Klassentyp konvertieren 295
Knoten 130, 131, 138
Knotentypen 144
  darstellen 148
Kommentare
  bearbeiten 204
Konstruktoren
  JDOM 191
Konvertierungsdeklaration 297

L

Label 176
Layout-Attribut 228
Leerraum 90
Leerräume
  mit DTD 90
  ohne DTD 92
List-Schnittstelle
  get-Methode 199
Locator-Schnittstelle 85

M

marshal-Methode 267
method-Attribut 251
Methodenaufrufe 103, 226
MIDI-Musik-Synthese 113
MusicXML 113
Musik-Klassen 125
MyContentHandler 67
MyFrame-Klasse 183
MyTreeNode-Klasse 182
MyTreeTraversal-Objekt 175
MyTreeTraverser-Klasse 140

N

Nachrichten senden und empfangen 301
Namen
  vollständig gekennzeichnete 94
Namensbereiche 93, 95
Namensbereichsfähigkeit 97
newDocument 165
newInstance 224

O

objektorientierte Programmiertechnologie 30
OMIT_XML_DECLARATION 241
onMessage-Methode 320

P

pack-Methode 222
param-Element 244
Parameter
  Java-Programm 245
  XSL-Stylesheets 243
Parent-Knoten 131
parse-Methode 134
Parsen
  lexikalisches 110
Parser
  Konflikt 258

peek-Methode 107
pop-Methode 107
processingInstruction-Methode 103
Programmierung
  ereignisgesteuerte 58
  ereignisgesteuerte, Bestandteile 59
Property-Attribute 228
push-Methode 107

Q

queryManagerURL 336

R

Region-Attribut 228
Register
  Daten veröffentlichen 337
  finden 329
Registereinträge löschen 345
Registrierung 59, 67
RegistryService-Objekt 336
Rekursion 138, 142, 151, 172
Rekursive Aufrufe 224
Remote Method Invocation 358
Remote-Schnittstelle 359
remove-Methode 293
RMI 358
rmi-Element 360
root-Attribut 282
Root-Element 171
Rückruf 59
Rückruf-Methoden 69
Rückrufmethoden
  Characters 70
  endElement 72
  startDocument 69
  startElement 69
run-Methode 124

S

saveOrganizations-Methode 340
SAX 32
SAX-API 73, 89
SAX-Ereignisse 61
SAX-Parser 77
SAXParseException-Methoden 81
Schema-Compiler 265, 269
Schema-Validierung 87
Servlets schreiben 254
setAttributeNode-Methode 165
setDefaultCloseOperation 181
setDocumentLocator-Methode 87
setLayout-Methode 225
setOutputProperty-Methode 165
setProperty-Methode 88
setSize 182
setUserObject-Methode 185
show 182
Siblings 131
SOAP 36, 303
  Body 304
  Header 304
SOAP-Nachrichten 301, 314
  Anhang-Teile 304
  SOAP-Teil 304
SORT_BY_NAME_DESC 334
SOUNDEX 334
Sprachabhängigkeit 191
Sprachunabhängigkeit 190
Stacks
  für SAX 105
  verwenden 107
start-Methode 124
startElement-Methode 121
startPrefixMapping-Methode 98
StreamResult 241
StreamSource 241
String-Standardwert 294
StringTokenizer-Klasse 112
Strukturvalidierung 283
Stub-Code 354
Stubs erzeugen 366
Stylesheet
  mit Internet Explorer anwenden 253
Stylesheet anwenden
  HTML-Code erzeugen 250
Stylesheet-Sprache (XSL) 233
Swing 176
Swing-Klassen 214
Swing-Objekt erzeugen 223
Syntaktisch korrekt 76
Systemanforderungen 39

T

Threads erzeugen 121
Tie-Code 354
Ties erzeugen 359
Tomcat 257
transform-Methode 240
TreeExtender 185
TreeExtender-Klasse 184
TreeExtender-Konstruktor 185

U

UDDI 302
UDDI-Abfragen
  antworten 316
  durchführen 309
  senden 305
UDDI-Antworten 307
  generieren 320
UDDI-Register 326
  arbeiten mit 327
UDDI-Registrierung 35
Umwandler, Eigenschaften 241
unmarshal-Methode 265
UUID-Schlüssel 348

V

Validierung einschalten 84
Validierungsfehler 83
Verarbeitungsanweisungen 99
Veröffentlichungs-URL 327
virtuelle Maschine 30

W

Webdienstcode schreiben 357
Webdienste 34, 302
Webdienstprozesse automatisieren 351
Webschnittstelle 327
Webserver einrichten 317
Websites, wichtige 371
WSDL 302
WSDL-Dokumente
  erzeugen 359
  veröffentlichen 364
wsdl-Element 366

X

XML-basierte Remoteprozeduraufrufe 37
XML-Daten
  formatieren 247
  umwandeln 231
XML-Dokument
  abrufen 65
  interpretieren 220
  lesen 220
  ohne Stylesheet 249
XML-Messaging 37
XML-Parser 63
XML-Register 325
XML-Registrierungen 37
xml-stylesheet-Tag 253
XPath 234
xrpcc 355
XSL 233
  Parameter 243
xsl
  element-Tag 238
XSL Formatting Objects 235
XSL-Stylesheet 237
XSLT 32, 234

Z

Zielabschnitt 103